關羽

由凡入神的歷史與想像

Guan Yu: The Religious Afterlife of a Failed Hero

作者 田海 (Barend J. ter Haar)
譯者 王健、尹薇、闫愛萍、屈嘯宇

導讀

田海教授：在文獻裡跑田野的漢學家

羅士傑（臺灣大學歷史學系副教授）

田海（Barend ter Haar）老師現為德國漢堡大學亞非學院教授，他受業於知名的漢學家許理和教授（Erik Zürcher, 1928–2008），是目前歷史學界最知名的宗教社會史學者。他每一次出版的著作，都會引起學界很大的關注。

我記得我是在唸研究所的時候，透過上康豹（Paul Katz）老師的課，開始在康老師的介紹下，有系統地研讀田海教授的研究。我想我可以很確定地說：只要是上過康老師的課的臺灣人，都一定都可以把田海老師的姓唸對。

記得那時候我們是先讀田海老師於一九九五年發表的一篇關於宋代以來中國地方組織與宗教信仰的文章。到了現在都還印象很深刻的是：田海的文章的內容與之前讀過的一些由英文撰寫的宗教社會史文章很不同。在那個還沒有電腦與資料庫輔助的年代，田老師的文章就運用了大量來源與性質不同的史料，並根據對所蒐集資料的整理，從而去編織出一個之前讀者沒想過的歷史圖像與觀點。我那時基於好奇，以及其實是一個研究生想要學功夫的企圖，嘗試去查對田老師用的資料是怎樣找出來的。結果我發現，田老師在文章裡面引用的資料並不是一個單一的文集或資料集。當年驚嘆此一上窮碧落下黃泉、動手動腳找資料的功力之餘，倒也是更清楚地看到田老師對文獻積累的痕跡與努力，我想這都充分地展現出一位受過良好訓練的歐洲漢學家的深厚功力，著實令人折服。

除此之外，一九九〇年代末，在清華歷史所上康豹老師的課時，因為康老師上課的內容真得很豐富，常會引起我們進一步探問的興趣，也往往會好奇地問康老師說：咦！老師剛說到的那一個問題，請問有誰做過研究？又該要如何去找呢？我記得康老師跟我們說：喔！你們可去查一下田海教授的網站。在那一個網際網路才剛進入我們生活的年代，就已經開始有學者會把自己的工作與成果放到網路上了！我們點進康老師給的網址，這才發現田海老師基本上列了一個非常豐富的宗教相關問題的研究書目，涵蓋的範圍之廣，到了後來我讀博士與日後任教的時候，都還常去查對上面的文獻。可以說，田海老師對史料跟研究史都有相當的積累，同時也非常善用當時科技的幫助。文章撰寫的同時，也順手查了一下，目前這個網站也還在繼續運作中。有興趣的讀者，也應該常去查對。（網址：https://bjterhaa.home.xs4all.nl/）

要向讀者介紹田海老師的學問，自然也不能錯過我念博士時的一起往事。記得我那時有機會跟著康老師一起去香港開會。那次會議便是我第一次有機會親炙田海老師的風采。那時我真得是興奮極了！還記得我在會場有一段發言，顯然因為不夠完備，結果引來田老師當場有禮貌但不客氣的指正。會議散後，我馬上跑去跟田海老師請教。記得我們一路上都在說話，到了會議主辦方所安排的交通車上，也還在繼續跟老師討論。那一次討論的內容，主要是我當時計畫用一部由溫州地方塾師張棡（一八六〇—一九四二）寫的日記作為博士論文的主要資料。我因此向田老師求教，對這批要處理的史料，除了仔細閱讀外，又該如何去整理這些超過三百萬字的資料呢？記得田老師說，他建議我勤寫筆記，然後就筆記的內容，進行一次又一次的篩選。並透過篩選的過程中，逐步地去澄清自己在史料閱讀中所發現的問題。田老師還說，你可以多用電腦的幫助喔！記得他還打趣地說，他在寫書的時候，總是會禁止他的小孩去碰到他的電腦，雖說那並不是一件容易的事。

走筆至此，我也想起我有一個老師說過，之前的人文社會科學對中國歷史的研究，往往有以西方理論為師的現象。最特出的現象，就是出現了一系列西文中國學的翻譯著作。但這一位老師也提醒我們，作為讀者，請大家一定要記得，那些先以英文寫成的書，原先所設定的目標並不是中文世界，而是英文世界的讀者。我也才想起來，以前唸英文書的時候，若說書全部有五個章節，我們則往往會跳過第二、三章的狀況。也因為如此，這一位老師提醒我們必須格外注意與重視此間的差異，避免出現被若干不是基於本土經驗的先驗理論「牽著鼻子走」的處境。作為一位歐洲漢學家，我認為田海老師的著作，就很有說服力地去平衡了上述來自中國學界對西方學者成果的質疑，主要的原因正是田老師對原始資料掌握與整理的能力，以及透過梳理的過程所產生的富含原創性的脈絡性思考。

除了研究方法的啟迪外，若說我們都同意鄭振滿教授所講過的：「田野是一個歷史學家思想的試煉場」這句話，我們在閱讀人文社會科學理論的時候，最好是可以把這些所謂的理論運用在我們所最熟悉的一群人身上去做印證，印證過程中若出現扞格處，自然也就是我們可以去反思並修正理論的時刻。我認為田海老師的著作則是展現出一種在文獻裡進行田野的功力。我始終認為歷史學家所謂的田野，並不是只是跑到地方社會去進行訪查與蒐集資料，而是要親身進入歷史現場去進行對史料的再思考，並期許自己能在最大的程度上結合並運用在田野間所蒐集到的資訊，去對史料本身進行提問，如此便可以重新編織出新的歷史解釋。我也常在想，這應該也就是當年田海老師在香港跟我說過的資料整理的功力以及樂趣吧！但我也常碰到學生問的問題是，那看來田野與歷史結合的歷史人類學研究，應該只限於對中國明清兩代以後歷史的研究吧？我既然不做明清時代的研究，那田野對我的幫助應該就很有限吧？我想會出現這樣問題的人，都很適合去閱讀田海老師的著作，去瞭解田老師所展現出的史家技藝。這樣的技藝，以我的理解，就是在資料裡進行田野，更進一步地說，就是在資料裡進行像是考古發掘般的知識系譜研究。是故，田海老師的書往往都可以呈現出一個關於知識傳統「形成」過程的討論。

這樣的研究方法的掌握，我建議讀者可以跟我一樣去系列地閱讀田老師的著作。以我自己的經驗而言，我最早接觸的就是他關於白蓮教的專書。這一本書到目前對我的影響都還是很大，我尤其印象深刻的是，這本書的緒論中直言，過往對白蓮教的瞭解，往往是不脫於從標籤（label）走向刻板印象（stereotype）的過程。這對當時已經展現出對民間歷史有興趣的我，不啻是找到一個非常關鍵的方向感。我開始知道要如何去釐清我們常用且由精英所書寫的史料中，所可以找到的關於地方社會的信息。到了我在寫碩士論文的時候，田海老師又出版了一本關於天地會與洪門的著作。我只能說，我真是非常幸運，能在準備寫關於臺灣戴潮春事件的碩士論文的階段，就碰到田老師對天地會等地方人群組織的史料，進行全面且抽絲剝繭的研究。這些民間的祕密結社，在田老師以可得的資料的梳理下，我們得到了一個具有結構性與冷靜的分析。之後，田老師更以非常驚人的速度在進行宗教社會史的研究，他於二〇〇六年又出版了一本關於巫術、謠言與替罪羊文化的討論，二〇一四年則出版了一本關於寶卷與底層佛教徒的討論，二〇一七年則出版了這一本備受學者期待的關羽專門著作。我也相信在可見的未來，田老師還會有更多有意思的著作會問世。

在結束這一篇導讀之前，我特別想要指出，田老師所建立基於史料的分析方法，對準備要進村找廟，進廟找碑的研究者而言，有著非常高的實用性價值。簡單地說，田老師研究的選題，我們目前仍多可在田野間輕易地發現，或說至少會聽聞到相關資訊。以我自己的經驗而言，面對田野現場的眾多訊息，其實我們非常需要以史料為基礎的知識去進行冷靜的應對，才不會一下就被田野裡的豐富性所震攝住。這些透過文獻積累所產生的知識，帶給我們冷靜的判斷，這對田野研究的進行非常關鍵，因為不是每個人都能有長久的鄉村生活經驗可以一眼看出田野知識所能展現的脈絡性，但以史料為本的梳理，則會揭示與刺激研究者去思考這些地方知識形成的過程，從而能讓研究者在田野中很快地找到需要的學術問題的方向感。我想這也會是未來每一個想要實踐「進村找廟，進廟找碑」的研究者，都必須具備的最重要的基礎能力之一。

臺灣版序

臺灣、關羽與傳統中國宗教生活研究

能將自己關於中國歷史和文化的學術著作翻譯成中文出版，令人既興奮又害怕。興奮的是，突然之間，讀者群體擴大了許多，從已成名和初出茅廬的學者，到感興趣的普通人。然而，這也讓人害怕，因為翻譯總意味著解釋和變更，有時甚至是審查，也代表著原本就存在的錯誤上會再加上翻譯的錯誤。就我這本關於關公崇拜的書而言，這讓我更加害怕，因為關公至少從明代起，甚至可能溯及到更早的元代，一直是帝國最重要的神祇之一，尤其在中國北方。研究如此重要的宗教現象時，學者的任務是做一個批判性的歷史學家，而這不可避免地與那些同時也是信徒的讀者期望相衝突。不僅是那些崇拜這位神祇的信徒，還有更多世俗的人，他們普遍是透過《三國演義》來認識關羽。而這本書的一個核心觀點，就是這部小說在關公神祇的興起及其在中華世界的傳播中並未起到作用。實際上，小說內容與真正的宗教崇拜關係不大。人們崇拜這位神祇是因為祂的力量，而不是因為他在歷史或文學中是個失敗的英雄。

我以前的大部分關於中國歷史和宗教的作品，讀者主要限於學術界和業餘歷史愛好者。然而，這本書也吸引了崇拜關羽者和關公的信徒。我甚至不得不在某些版本上簽名，就像我是一位受歡迎的作家一樣——這對研究中國問題的西方學者來說確實是罕見的事。這種情況在中國發生過，在臺灣發生得更頻繁。這讓我意識到，歷史研究並不一定是遠在天邊的某所大學中孤立的活動，也可能同時存在於宗教和文化的生活之中。

自一九八〇年代初，作為一名學生在香港和臺灣首次接觸到關公廟宇以來，關公一直是我學術生活的一部分。歷史材料非常豐富，我花了很長時間才鼓起勇氣開始寫這本書。在此期間，我蒐集資料並對此進行解釋闡述。完成書稿後，我當然也發現了一些錯誤和遺漏，但這些都留給我的同行來指正。其中一個未預見的遺漏，也可能根本上就是一個錯誤，就是對女性崇拜關公缺乏足夠的關注。儘管我認為祂的神話中帶有厭女的現象，但祂仍可以被女性崇拜，我在此後也發現了更多這方面的證據。另外還因篇幅、懶惰或是知識不足等原因，在各種層面有所忽略。對於臺灣來說，恩主公崇拜是特別重要的遺漏。在臺灣背景下，這確實是一個重要的缺失，儘管當然有足夠的中文資料來討論這個話題。我的書著重於關公崇拜的歷史，直到十九世紀末，而恩主公的崇拜主要是十九世紀末以後的發展。這也說明了，宗教傳統是無限靈活和富有創造力的，但若要加入這個討論，我便需要考量二十世紀甚至二十一世紀的發展，例如祂被納入中國東南部和越南的新興宗教傳統中，或在臺灣關公信仰成為官方認可的宗教。同樣，我還應該更多地著墨在一九四九年之後，關公崇拜在中國大陸的命運。這是一個悲傷、敏感且重要的話題，但我需要進行更多的研究。若要囊括這些，也就意味著對早期歷史的關注會少得多，因為本書大約十五萬字了（不知道翻譯成中文後會有多少），對於一本英文學術書來說已經相當多了。再增加一萬到兩萬字，當時出版商不會樂見這樣的情況。

自一九八〇年夏天以來，我定期訪問臺灣，主要是為了見證其充滿活力的宗教生活。這樣的情況對比其它地方而言是非常難得的，而一九七九年至一九八〇年，我在中國的第一年，這幾乎是不可能的。全國大多數寺廟不是消失，就是被改作他用。所以一九八〇年夏天的首訪和一九八三年的再訪臺灣，對我的學術發展具有重要影響，使我初步理解了宗教生活對塑造中華文化的巨大重要性。臺灣不同於中國，但研究中國社會和宗教歷史讓我明白，大陸曾經也有與臺灣同樣充滿活力的宗教文化，這種文化滲透到社會生活的各個角落。但在臺灣，我學會了透過燒香和鞠躬來表示對神祇的尊敬，這對有基督新教背景的人來說並不是理所當然的事。[1]最近，我能夠在臺灣待上兩個月，更深入地觀察其活生生的宗教文化，特別是當地寺廟和道教儀式。在此期間，當地同事和當地人給了我很多幫助，他們總是歡迎我進入他們的寺廟，或許有點好奇一個外國人為什麼會對這些感興趣。我希望在即將退休後的未來幾年裡，能繼續進行這些訪問。

漢堡／萊頓，二〇二四年五月二十八日

1 我曾為此寫過一篇文章，請參見 ter Haar, 'Teaching with Incense', in *Studies in Central and East Asian Religions* 11 (2000), 1–15.

目次

前言

本研究最初開始於一九八二年至一九八四年我在日本求學時。出於對我的信任，日本文部省給了我為期兩年的獎學金，我必須再次表示感謝。作為更大範圍的地方神靈研究的一部分，當年我蒐集了部分材料，但不久，我的工作重心就轉向學位論文和其他專案，只是偶爾還會關注這個課題。一九三三年十二月，我在蘇黎世作了與關帝有關的第一次演講，當年那些參加歐洲學者中國人類學研究網絡（European China Anthropology Network，現已解散）的成員或許還記得。從那以後，出現大量的相關研究成果和資料彙編，其中大部分是中文文獻，也有一些日文的，很多我當年費了很大力氣蒐集到的古文獻，以及當時還未見過的文獻，都變得唾手可得。在一九九九年，隨後是二〇〇六年夏天，我試圖重返這一課題，但由於該計畫過於龐大，最終不得不放棄。與此同時，令人有些沮喪的是，許多我曾經發現的獨家資料，也已被其他學者所注意到。在我的中國同行裡，胡小偉（二〇一四年初已去世）、王見川、游子安等，都在這一領域作了細緻的研究，值得特別關注。二〇〇七年，當我和兒子梅里恩（Merijn）在中國作短期訪問時，胡小偉非常大方地介紹我前往解縣的一個宗祠和北京的寶林寺。一九八〇年代初我剛開始構思本書時，無從參考他們的研究成果，而當我在二〇一二年至二〇一五年重返並完成這一課題時，卻已經能夠充分參考這些傑出中國學者的論著了。所有人都大大受惠於那些自一三〇八年以來持續編纂的與關羽聖蹟相關的文獻資料。因為某些實際的原因，我無法說明每則文獻是如何被發現的，但是會在導論中提及這些早期學術成果對我研究的總體性影響。每當我有意識地從其他學者那裡得到一些關鍵性的啟發時，同樣也會注意到那些完全不同的觀點。

多年來，我從萊頓大學圖書館獲益甚多，陳青雲（Chen Qingyun）、漢諾・萊徹（Hanno Lecher）、奧雷婭・西森（Aurea Sison）、納迪亞・克雷夫特（Nadia Kreeft）、艾利斯・德揚（Alice de Jong）、庫斯・凱珀（Koos Kuiper），以及他們那些經常出差的同事，總是願意幫助我尋得一些珍貴文獻及影本。當我於二〇一三年一月至牛津大學任職後，在受惠於該校文獻資源的同時，也得到大衛・赫拉韋爾（David Helliwell）、傑舒亞・索伊弗特（Joshua Seufert）、明・鍾（Minh Chung），以及其他圖書館職員同樣慷慨的協助。

在我所接觸的學者中，以下學者對於本書的完成尤為重要：我的老師伊維德（Wilt Idema，曾任教於萊頓大學和哈佛大學，現居於萊頓），他曾經教我們傳統戲曲和白話文學；我曾經的學生，現在則是科研人員的伊夫・門海爾（Yves Menheere，萊頓—臺北）和馬克・梅倫貝爾（Mark Meulenbeld，萊頓—普林斯頓—麥迪森），他們研究地方宗教文化；我的同僚戈蘭·艾傑默（Goran Ajjmer，哥德堡），在他的啟發下我第一次仔細思考暴力的文化結構這一問題。我還應該感謝牛津大學出版社（實際則是編輯委員會）的兩位匿名審稿人對這一課題的支持，同時他們也讓我仔細思考原始文獻中很多有問題的地方。

最後，我也應該感謝活躍在網路中的每一個人。網路已經形塑國際學術交流網，同時也讓我們可以以之前不可能的速度進行大規模的文獻搜索。最近，網路還使我能夠瞭解到中國過去很多關羽崇拜非常流行的地方，由於缺乏時間和經費，我本來是不可能前往這些地方參訪的。我要感激電子郵件，讓我得以自一九四四年以來一直與全世界的同事和朋友們保持聯繫，儘管我有時的確會留戀那個郵件往來沒那麼頻繁，但信件內容卻更富情感的「蝸牛郵件」時代，在信箱中觸摸到一封信件時遠非在電子郵箱中不時收到一些資料所能替代。

牛津／福爾豪特
二〇一六年九月

第一章
神人之間

關公（Lord Guan）或關帝（Emperor Guan），是中國最受歡迎和影響最大的諸多神靈之一，正如佛教的觀音菩薩一樣。[1] 關公信仰肇始於唐代後期並一直持續到現在。本書不僅是對關公信仰本身的研究，同時也是對口頭文化在一個文字變得越來越重要的世界中如何保持其巨大影響力的研究。我們將逐一討論關公信仰興起的各個階段：剛開始，祂以餓鬼的形象出現，之後在唐代（六一八－九〇七）被一位著名的佛教高僧所點化，皈依佛門，成為佛教伽藍神，到了宋代（九六〇－一二七六）又被道教張天師招募成為驅魔將軍。緊接著，我們將繼續討論關公作為雨神，作為對抗惡魔、野蠻人的保護神，並最終成為道德典範和萬能救世主的過程。在關公成神的歷程中，關公自身的威力，尤其是關公利用暴力（violent action）去行善，在其形象演變中始終是一個非常重要的層面。

當我們關注某一神靈崇拜的時候，就會研究人們對於自己和他人生活中（與神靈相關的）重要時刻的記憶。在本研究涉及的那些記憶中，關公及其相關活動總會在個體或群體的生活中占據重要位置。在那些故事裡，人們常常會記著神靈如何支持和保護他們，甚至如何懲罰壞人。當然，他們的記憶也經常提供一些資訊，包括自己的親身經歷，而不僅僅是作為敘述者講述各類事實和故事。那些對這些故事的形成做出積極貢獻的人，自然也就決定了這些所謂「記憶」將以什麼樣的形式呈現給後人。除了研究那些作為文本保留下來的記憶，我還會透過這些記憶去分析各種不同的行動，儘管相關的內容並不完美也不完整。這些行動包括不時發生的、花費高昂的修建和重建活動、年度的祭祀和巡遊，集體儀式和個體性的崇拜等，在這些活動中為了表達對神靈的尊崇，或者為了便於在儀式活動中列出神靈具體的護佑內容，會產生大量的口頭和文字敘述、戲劇表演和宗教經文等。儘管我無法保證可以顧及關羽崇拜的所有方面，但還是會努力描繪出幾個世紀以來這一信仰合乎情理並具有典型意義的變遷圖景。

在本書中，我們遇到的一些事件是非常個體化的，甚至有些是個人生命中非常私密的時刻。這種私密性的層面通常隱藏在口頭用語或者奇聞逸事中，這些奇聞逸事的重點往往在於突出故事情節的戲劇性，而非揭示隱藏在故事後面的人的情緒變化。此外，還有一些事件則不僅關乎個體，更關乎不同的群體。從鄉村到城鎮、到整個區域，乃至整個國家，這些事件都是更大範圍內的歷史的重要組成部分。在這些故事中，關公和其他神靈都扮演了重要的角色，當這些故事化為人們記憶的一部分，它們自身就凝成歷史。歷史學家的首要任務就是去恢復這些故事，以便進一步理解在共同歷史背景中被建構的地方認同。

因此，透過研究關公成神的過程，我們將會觸及帝制時期中國的政治、社會乃至經濟等各個層面，揭示出地方社會的焦慮，精英和普通人的關切，有時甚至會討論到居住於深宮中帝王們的憂慮。我們的材料主要源於占社會主導地位的男性作者所撰寫的非常有影響的各類文本，儘管我們往往不是很清楚這些作者確切的社會背景。由於這些作者具有文字書寫的能力，所以我們可以肯定他們接受過良好教育，但無法判斷他們屬於上層還是下層士紳、是商人還是店主，或者僅僅是地方書吏或衙役。當然，如果我掌握更多的資訊，就會試圖給出更為明確的稱謂。

本書主要針對研究宗教文化的歷史學家，但更面向具有各種不同背景的中國歷史學家，希望他們不要把宗教文化的研究僅僅留給一些（宗教研究的）專家。事實上，如果說我還希望一般的歷史學家能夠從本書中獲得什麼的話，那就是我們應該把宗教文化視為歷史上人們從事各種社會、經濟、文化和政治等諸多活動中非常重要的動力之一，更關鍵的是，還應該把宗教文化視為社會和教育背景不同的人們所構築的，關於過去共同記憶的有機組成部分。這無疑是一項關於傳統中國最為重要的廟宇崇拜的個案研究，但也涵蓋很多其他更為廣泛的議題。我們關注的中心始終是與神祇相關的人們的親身經歷、他們的故事、他們的實踐和他們形塑自身信仰的具體方式。與此同時，我試圖表明在那個我們通常認為文字已經占據壓倒性優勢的時代，口頭文化及透過口頭方式進行文化傳播仍然是引人注目的。在這個意義上，本書可以看作對口頭文化的知識考古，也就是去發掘那些隱藏在文本與實物背後的口頭文化。

歷史上的關羽

當我們審視那些與作為歷史人物關羽相關的極其有限的歷史證據時，很快就會發現，透過對現有證據進行更為嚴格的檢討而重構出的歷史，與（關羽的）宗教形象之間的差別是如此巨大。在本研究中，當重點討論作為歷史人物的關羽時，我會用他的本名，但當提到作為神靈的關羽時，我則會使用「關公」這一尊稱或者其他神聖的頭銜來稱呼。在傳統中國，甚至今天，直呼人的名字會被認為是一種冒犯，在皇家更是被視為大不敬，對神靈也是如此。這類禁忌適用於任何有等級關係的人們，諸如君臣、父子和師生。[2] 在這方面，神靈也不例外，因為祂們在很多方面都被等同於擁有很高社會地位的人。因此在當代社會，為了避免直呼其名，冒犯神靈，關公是最為普遍的稱呼之一。

關羽生活在東漢（二五－二二〇）末年，卒於二二〇年漢獻帝遜位、曹丕稱帝建立魏國之前。事實上，由於一八四年在黃河流域爆發的黃巾軍起義，以及發源於四川，後來影響及於漢中地區的天師道（五斗米道）的打擊，東漢朝廷很早就已經失去對其領土的控制。關於關羽及其一生的最重要的史料是陳壽（二三三－二九七）的《三國志》。陳壽在劉備和關羽共同建立的蜀漢朝廷中開始了官僚生涯，蜀漢降晉後，陳壽隨之進入晉朝為官。[3]可以想見經歷朝代更迭的陳壽應該對那段歷史相當熟悉。但即便如此，在事件發生數十年之後，陳壽也不得不依託以口述傳播為基礎的資料來記錄那段歷史，因為構成敘事主體的絕大多數人都生活在官僚體系之外，所以很難留下相應的文字資料，並且在持續進行的戰爭中，大部分記載可能都已經遺失了。事實上，《三國志》中的〈關羽傳〉具有強烈的逸事色彩，暴露出其最初的史料來源是口頭文獻的特點。關羽作為「歷史」人物角色的一些關鍵方面，在《三國志》中甚至沒有提及，之後裴松之（三七二－四五一）的《三國志注》才彌補了這一缺憾，這可能反映出之後口頭傳播的情形。

根據陳壽的記載，關羽是河東郡解州（或解縣，今山西南部）人。由於一些不明原因，他「亡命」涿州。[4]當時劉備正在召集人馬，關羽和張飛（？－二二一）屬於他早期的追隨者。他們二人與劉備生死相隨，榮辱與共。[5]儘管劉備、關羽和張飛三人關係很親近，但是歷史記載中並未提及兄弟結拜之事。劉備帶領他的隊伍投奔於其他軍事集團，聯合鎮壓了一八四年爆發的黃巾軍起義，平叛成功後，他獲得（更可能是他為自己設置）了一個地方低階官吏的職位。此後，朝廷開始重整中央權力，並且派人前往地方接收那些本來由不同的軍事領袖所占據的地方職位，劉備卻將前來接收者痛打一頓，直到後者求饒為止，這非常清楚地表明他根本無意承認朝廷的權力。在隨後數年間，劉備和他的隊伍支持不同的軍事集團，並最終加入曹操的陣營。曹操是當時主要的諸侯之一，並且名義上與朝廷保持著聯繫。[6]然而，從天命觀的角度來說，劉備和他的隊伍並非漢室政權的忠實擁護者，而僅僅是中國北方諸多割據力量中的一員，希望能夠建功立業，並且經常改換門庭。總之，他們就是一支叛軍。

二〇〇年，曹操發動的一場戰役使得劉備逃亡到袁紹集團。與此同時，關羽卻被曹操所擒，但受到非常好的禮遇，因為曹操希望將他收於麾下。當曹操軍隊和袁紹集團相遇時，歸順於曹操的關羽英勇殺敵，將敵軍首領顏良刺於馬下，並割下首級。作為獎賞，關羽受封為漢壽亭侯。[7]在此之前，關羽曾告訴曹操，他很感激對方的厚愛，並將在戰場上回報曹操。但是他「已受劉將軍厚恩，誓以共死，不可背之」。當曹操的軍隊行進至袁紹大營附近時，關羽知道了劉備的下落，決定回到劉備的身邊，當時他可能還帶著一同被抓的劉備的兩個妻子。[8]出於對關羽這種忠誠的欽佩，曹操下令手下士兵不得阻攔關羽。關羽斬顏良、逃離曹營的故事，成為後世關羽題材作品的創作來源。同樣地，他含糊提到的效忠誓言後來也成為劉、關、張結義故事之底本。在歷史材料中存在這樣一個有趣的細節，即關羽是透過刺的方式殺死顏良，這表明當時用的是劍，而不可能是刀，後者經常出現在他的宗教和文學形象中。

關羽回來之後不久，劉備又投奔了另一位劉姓軍閥，並且在後者去世後開始建立自己的政權。關羽在此後的歲月中一直輔佐劉備，後來鎮守荊州（今湖北省南部）。當時有一位著名的將領要歸降劉備，使得關羽開始懷疑能否確保自己的地位，因此他向劉備著名的軍師諸葛亮寫信詢問此事。諸葛亮回信說（他）與「美髯公」沒有辦法相比。諸葛亮用關羽引以為傲的「美髯」來指稱他，關羽對此非常高興。作為漢朝的締造者，劉邦也因自己的鬍鬚而出名。之後「鬚髯」這個詞經常被用來形容關羽的鬍鬚（主要指長在臉頰和下巴處的鬍子）。⁹因此，關羽的三綹長髯已經成為關公神靈肖像中必不可少的要素。而關羽寫給諸葛亮的信，則是唯一提及關羽具有書寫能力的比較可靠的歷史材料。

二一九年，關羽到達權力的頂峰。他受命攻打荊州北部的樊城。因為秋雨導致漢水暴漲，曹操派出的七支軍隊組成的援軍均被洪水所淹。儘管關羽的貢獻實則很有限，但這次勝利卻成了後世此類文學故事的重要題材來源，接著他繼續攻打樊城，終因實力不濟而未能取得決定性的勝利。此時，曹操手下謀士建議他與當時割據長江下游的孫權聯手。關羽之前拒絕孫權之子向自己女兒的求婚，招致孫權的怨恨。除此之外，曹操的謀士策反了劉備手下的兩位將軍，這二人因在之前的戰役中沒有全力支援關羽，害怕關羽怨恨他們。最終，孫權逼退關羽，攻下荊州城。他還處決荊州城內關羽所有下屬的妻兒，極大地打擊了蜀軍士氣。在第二次進攻中，孫權擒獲關羽及其子關平。在二一九年末或二二〇年初，關羽和關平父子二人最終在臨沮被殺害。據說現在沮河旁邊還有二人的墳墓。從漢朝起，這個地區被稱為當陽縣或荊門縣，屬於長江沿岸的荊州管轄。

二六〇年，關羽被追封為「壯繆侯」[10]。此外，大約在二〇〇年時，曹操封關羽為「漢壽亭侯」，這兩個封號經常被用來稱呼作為神靈的關羽。除了關平，關羽的另一個兒子關興在軍需供應部門任職時也英年早逝。他的第三個兒子關統亦是早夭，並且沒有子嗣，最終由關興養子繼承關羽的爵位。裴松之在《三國志注》中引用成書於四世紀，如今已經失傳的《蜀記》中的很多材料，並增加關鍵性的評述：二六五年蜀國最終被征服後，一位魏國將軍由於先人敗於關羽，並為其所殺，因而「盡滅關氏家」[11]。也就是說，不管是親生的還是收養的，關羽的後裔均被殺害，所以關羽信仰並非源於祖先崇拜，而是由和他沒有親屬關係的地方人士建構出來的。在此後的幾個世紀中，沒有關姓族人聲稱自己是關羽的後裔，直到晚明時期才有一部分群體開始將關羽作為祖先崇拜[12]。鑑於他們的行為並未實質性地影響到整體的關公信仰，因此在我的研究中將不予考慮。

綜上所述，我緊緊圍繞陳壽《三國志》向我們提供的資訊，指出這些表述與後來的關公信仰之間存在的顯著異同之處，其中也包括對他肖像的描述。但這些歷史上存在的表述和說法是否完全準確，並不是我要討論的重點，因為很難有確鑿無疑的證據去支撐這些說法。陳壽的說法被後世諸多學者採納為信史。陳壽《三國志》中與關羽相關的核心要素有二：一是極其忠誠，比如他對劉備忠心耿耿；二是非常守信，比如他透過斬殺顏良來表達對曹操寬宏大量的感激之情。作為蜀國舊臣，陳壽並沒有明確指出劉備、關羽和張飛實質上是一個機會主義幫派。因此，對於蜀漢及其統治者的虛構化實則始於《三國志》。[13]

聖蹟傳和歷史編纂

按理說，對於關公崇拜歷史編纂學的調查，應始於對其整個神化過程中各個時期史料集的蒐集和整理。[14]後世諸代的關公崇拜者和現代學者都很倚重這些材料，以至於在現代學術研究中存在對假想中關公所具有的「忠誠」和「正義」品質進行頌揚的傾向，這在很大程度上是因為受到關羽相關宗教和文學作品的影響。

表1.1中收錄與關羽相關的聖蹟傳絕非完整，但這些傳記無疑是最有價值和影響力的。與關公崇拜相關的「聖地」（比如玉泉寺或者傳說中位於洛陽的關羽的墳寺）的方志並未被列入該表，同樣地，我也沒有列出這些資料再版重印的情況。二〇〇八年出版的大型資料集《關帝文化集成》中包括很多重印的關羽聖蹟傳，這些書被編成四十三冊，封皮用黃布包裹，每張紙的邊緣刷成金色，但卻沒有任何學術機構參與。從很多方面看，該書都可以被視為一部新的關羽聖蹟傳。這些材料中包括相當多的重複、刪削、概述和晦暗不明的闡釋。

聖蹟傳的編撰是出於宗教的原因，出於對神靈的敬仰和奉獻，而非基於中立的立場去傳播神靈最完整和客觀的形象。編撰者的關切通常會在他們的序言和蒐集的材料中清楚地體現出

表 1.1　部分關公聖蹟文集

書名	編撰者	編撰者籍貫	時間
關王事蹟（已佚）	胡琦	巴郡（今重慶）	1308
義勇武安王集（已佚）	呂柟	高陵（今山西）	1525[a]
義勇武安王集	顧問		1564[b]
漢前將軍關公祠志	趙欽湯編，焦竑校	解州（今山西）	1603[c]
關聖帝君聖蹟圖誌全集	盧湛	淮陰（今江蘇）	1692[d]
關帝事蹟徵信編	周廣業、崔應榴		1824[e]
關帝全書	黃啟曙	湘潭（今湖南）	1858[f]

a　胡琦和呂柟版本中的很多內容在顧問和趙欽湯編輯的版本中得以保存下來（參見下文）。

b　《關帝文化集成》卷十二，頁1–164。

c　《關帝文化集成》卷十五，頁45–492。該版本保存完好。

d　《關帝文化集成》卷二至卷三。一八〇二年的版本可參見以下網址：http://repository.lib.cuhk.edu.hk/en/item/cuhk–700542。

e　《關帝文化集成》卷五至卷六。

f　《關帝文化集成》卷七至卷十一。

來。一三〇六年至一三〇八年在當陽生活的胡琦，十分崇拜作為歷史人物的關羽和作為神靈的關公，他對於民間口頭文化非常反感，在為《關王事蹟》所作的序言中他寫道：「世俗所傳，道聽塗說，鄙俚怪誕，予竊笑之。」透過編撰聖蹟傳，他試圖將「真實」的歷史與更為多樣的敘事主體的論述區分開來，後者中的大部分如今已經湮沒無聞。胡琦的行為當時得到一位來自北方的地方官員的鼓勵，後者希望瞭解更多和關羽相關的資訊。[15] 焦竑是《漢前將軍關公祠志》的作者之一，也是非常著名的《漢前將軍關侯正陽門廟碑》碑文的撰寫者，據說他一五八九年和一五九一年的科考獲得成功是因為得到關公幫助。[16] 十七世紀晚期，盧湛在與前解州知州的一次偶遇中獲得靈感，該官員曾經撰寫非常詳細的碑記，其中包含豐富的與關公神祇相關的新資料，並且首度提及關羽出生和死亡的確切日期。[17] 另外，黃啟曙則注意到十九世紀大規模叛亂期間，關帝支持清朝（一六四四－一九一一）的不同案例。[18] 在這場糟糕的軍事與政治危機中，黃啟曙撰寫《關帝全書》的序言，對神靈援助的希冀顯然是他編纂該書的一個重要動機。他進一步的靈感似乎來自湘潭當地的關公崇拜。他沒有明確提到這一點，但他在蒐集的大量材料的結尾處，提供一份獨特的記錄，其中包括在太平天國叛亂前夕發生一百多件關羽顯聖的事蹟，所有這些事件都發生在關羽故鄉的西部。[19]

透過資料的選取和編排，聖蹟傳的編撰者們希望藉此表達對關帝的崇敬。儘管他們對要提供「準確」的歷史資訊非常在意，但仍無法避免持續地呈現與宗教相關的資訊，以及能夠證明神力的相關證據。對他們而言，作為歷史人物的關羽和作為宗教人物的關帝最終是合而為一的。在每一部新纂成的關羽聖蹟傳中都會增加一些新的資料，但它們當然不可能提供在特定歷史時期圍繞關公傳說和關公崇拜而形成的全部資料，甚至也無法被視作具有代表性的樣本。從現代學術的角度來看，這些書籍在如實徵引文獻和他人研究成果等方面往往顯得比較草率。由於現代研究者對這些材料的依賴度很高，所以關公聖蹟傳編撰者的做法在很多方面限制了我們的研究。研究人員傾向從這些彙編中直接引用史料，而不去考慮這些史料最初的來源，有些史料實則與原文有很大出入。有些學者完全依賴於這些彙編，而沒有試圖獨立蒐集材料來進行補充。幸運的是，過去幾十年的研究積累和資料庫的使用愈加便利，再加上一些十分扎實的傳統研究成果，使得透過更多的材料來糾正各種關公聖蹟傳中存在的偏見成為可能。儘管像我的同事一樣，透過這些聖蹟傳找到資料，但我還是盡可能地從原始文本中引用，除非有些聖蹟傳本身就是原始材料。

對於關公信仰的系統性學術研究始於二十世紀的日本。一九四一年，井上以智為寫了第一篇關公信仰的研究論文，影響很大，被視為關公研究的里程碑。他認為佛教是關公信仰興起和傳播的一個重要因素，儘管不是關鍵性因素。[20]緊接著，早期研究者如黃芝岡、原田正巳等在一九五五指出道教和關公信仰之間存在的關係。[21]另一位日本學者大塚秀高也展開非常重要的研究，廣泛考察關羽和關公在各種不同類型敘事傳統中的形象。[22]雖然大塚秀高的最終關注點是文學傳統，而不是宗教崇拜，但他對這些史料的各個方面都非常敏感，包括史料的宗教背景和流傳於地方社會的大量的關公故事（通常稱為民間傳說，之後我們將進一步討論）。

西方學術界對於關公信仰的研究成果仍然非常稀少。德國學者京特・迪辛格（Günter Diesinger）於一九八四年出版他的博士論文，在該論文中，他主要依賴於井上以智為的解釋和上述若干種關公聖蹟傳展開開拓性研究。[23]他的研究更多地可以被視為是概述性的，致力於對那些截然不同的材料的蒐集，而非進行連貫性的歷史分析。杜贊奇（Prasenjit Duara）在一九八八年撰寫的那篇影響巨大的論文則恰恰相反。他的目的並非在於提供新史料，而是希望從一個新的視角去審視（歷史上）關公靈力的擴大和圍繞關公形成的不同類型宗教敘事的層累問題，他將其稱為「複刻」（superscription）。他這一研究視角非常具有闡釋力，在學術界也頗有影響。[24]從根本上說，迪辛格和杜贊奇的研究都非常依賴於井上以智為和黃華節的著述（關於黃華節的研究參見下文）。在諸多研究中仍然存在這樣的關鍵性假設，即關公崇拜起源於佛教，而在其傳播和普及的過程中書面敘述傳統發揮重要作用。二〇〇三年，奧利弗·摩爾（Oliver Moore）發表一篇有趣的文章，分析明代中期一幅著名的關羽擒獲敵軍將領的繪畫作品。[25]法國學者黃錦熙（Edith Wong Hee Kam）的靈感源於她家鄉留尼旺島（馬達加斯加東部）普遍存在的關公信仰，二〇〇八年她出版一部關公信仰研究的專著，在書中依然假設該崇拜的源頭是《三國演義》以及更早的書面敘事傳統。[26]然而總的來說，除了迪辛格和黃錦熙有點類似於列舉式的研究外，西方學者並未對這個重要的崇拜給予持續關注。

俄羅斯的中國民間傳說研究者、白話文學家李福清的研究有他自己的特點。[27]他對關公／關羽民間故事和年畫的研究都非常有價值。雖然我不能閱讀他的俄語原著，但似乎他那些最主要的關公崇拜研究成果都已經被譯成中文。[28]然而，李福清的研究興趣主要在於作為敘事傳統存在的民間傳說本身，而我自己的興趣主要在於宗教崇拜，因此我對他研究成果的利用主要局限於這個層面。

近年來，這一領域最重要的研究成果都出自中國學者之手。我嘗試利用那些覺得有所創見的研究成果，這些研究或是提供新的經驗性資料（文本的或定量的），或是提出分析性的創見。我會選擇性地利用現有的中文研究文獻。因為首先，我無法窮盡所有與關公信仰相關的研究成果。[29] 此外，從學術角度來看，許多研究存在缺陷，從注釋的不完整（甚至缺失）到引用的不嚴謹等，所在多有。一些研究更多是在表達對於關公和作為歷史人物關羽的崇拜。很多現有的研究經常不會充分考慮前人的成果，從而導致相關研究數量不斷增多，但內容卻多有重複。我未能參考所有現存研究的另一原因是，我並不認同很多中文學術成果的一些先驗性假設，比如優先考慮文字傳統以及將歷史文獻置於宗教證據之上等。當一位文化素養深厚的碑記作者深入討論與關羽和三國相關的歷史文獻時，我並不認為這反映了人們對關公的普遍信仰，儘管這可以被看作和關公信仰相關的潛在證據，並且反映了一小部分文人對於關公崇拜的文飾，而現存的絕大部分關公信仰文獻就出自這一群體之手。

中文學界一項重要的早期研究成果是，一九六七年出版的臺灣學者黃華節的專著。[30] 儘管這本質上是一部普及性質的著作，它將在中文二次文獻中反覆出現的不同主題糅合在一起，包括對作為神祇的關公和作為歷史人物的關羽的持續神化傾向。我沒有太多引用這項研究，因為相關學者的後續研究已經完全涵蓋該書所涉及的主題。

從一九八〇年代開始，中國社會科學院研究員、中國古典文學研究專家胡小偉發表一系列與關公信仰相關的文章，這些文章結集成冊，於二〇〇五年在香港出版，成為《關公信仰研究系列》叢書。[31]這套叢書很難被視為歷史分析，因為作者把不同時期和不同類型的材料混為一談。更重要的是，他對關公信仰的主要研究興趣在於所謂民族主義，甚至可以說就是漢民族主義。他將漢族、滿族這類現代民族分類投射到歷史情境中，缺乏批判性反思，導致他的很多結論不是非常客觀。[32]他的另一個主張是他相信碑刻資料有助於從新儒家的角度重構關公信仰。即使這是可能的，我也不認為這樣的重構有助於還原人們對於關公神祇實際的觀感和信仰狀況，當然也包括這些碑記作者的信仰情形。它能告訴我們的或許只是一些與意識型態正當性相關的東西，而與宗教信仰無關。因此，我把這個話題留給比我更加適合的研究者們。

與胡小偉的研究相類似，臺灣學者洪淑苓的博士論文主要探討關羽的文學形象，該論文出版於一九九四年，是另一項非常具有包容性的研究。為了獲得單一「民間造型」的實證，她透過各種不同類型的材料展開研究，比如戲曲資料和文學刻本，並且將民間傳說和神蹟故事結合在一起考察。[33]由於該書的邏輯性很強，與胡小偉的著作雖然材料豐富，但組織欠妥的情況相比，洪淑苓的著作使用起來就容易很多，它將關公／關羽的研究向前推進了一大步。

諸如胡小偉和洪淑苓等學者採用包容性的研究方法本身就是合乎情理的選擇，因為傳統文獻在體裁方面的劃分並沒有當代學者認為的那樣涇渭分明。傳統的中國作家經常嘲笑街談巷議，但我們在本研究中將發現，這類口頭文化在真實的關公信仰塑造過程中仍然扮演重要角色。身為精英的聖蹟傳作者們儘管對口頭文化持有偏見，但仍然參與到這一神靈的塑造過程中。關公崇拜的相關史料總是體現了男性視角，從現存的書面材料中很難看到女性的觀點，更不用說兒童的。只有透過現代田野調查才能從某種程度上破除這種偏見，因此這種方式非常重要，特別是由女性開展調查時，她們可以利用自身性別優勢獲得同性的信任，而這是男性研究者無法做到的。在第五章中，我提到這樣一種可能性，即起初這位特殊的神靈對女性而言並不特別具有吸引力，因為在相關敘事中，關公被描繪成一個厭惡女性的男人。

另一位臺灣學者王見川則另闢蹊徑。除了積極協助來自臺灣地區虔誠的關公信徒組織學術會議外，他還分析晚清時期關帝向新的玉皇大帝轉變的問題，包括這一重要發展在文本上的進一步呈現。他主要關注的是追溯起源，尤其是在文本方面，而不是從更廣泛的意義上去追蹤習俗的社會影響。[34] 從這點上來說，他的工作對我目前的研究非常有參考價值，儘管我有時可能會偏離他的結論。

所有的這些研究都認為和關羽/關公相關的傳統歷史文獻、白話文學傳統及更為專門的宗教文獻彙編，構成一個無差別的整體。換句話說，他們相信對關羽在歷史上的接受過程，以及白話文學傳統中對歷史記載再加工的研究，都有助於我們進一步瞭解關公崇拜。在他們看來，對關公的崇拜是其歷史地位自然延伸的結果。此外，有一種強烈的傾向認為，是白話文學的流行導致宗教崇拜的流行，這又反映出兩個基本假設：第一，關公崇拜是隨著白話文學傳統的興起而發展起來的；第二，一般民眾（透過閱讀或其他方式）瞭解這些白話文學，並且受到啟發。

在我看來，傳統中國的實際情況完全不同。並不是所有的中國人都能夠獲得或者讀懂這些傳統的白話，即使在關公信仰非常流行的北方地區也是如此，相對而言，在那裡，各地的方言與所謂白話之間的差異並不大。

傳統中國社會中的絕大多數人並不讀書，即使閱讀，也局限於商業領域中用正式的書面語言（「古文」）所書寫的實用性很強的資料，以及參加科舉考試所需要的意識型態類典籍。因此我們不能預設歷史與文學傳統之間的相關性，而必須從「接受史」的角度加以分析。在第四和第五章中，我將回到這個問題，討論宗教崇拜對文學傳統的影響，還將深入分析一些文學傳統（尤其是戲劇）如何在關公崇拜的相關敘事和神話框架中發揮作用。在稍後的第七章，我會舉出一個顛覆性的個案來討論所謂白話傳統對宗教崇拜的影響問題，尤其涉及關公能夠熟讀《春秋》的傳統說法。因此，這不是對三國敘事傳統的研究，更不是關於《三國演義》起源、影響及其眾多版本的研究——關於這個重要主題存在大量的文獻，需要多年的閱讀、整理和分析。[35] 不過，我確實參考這方面的重要成果，用以幫助我分析口頭敘事傳統對書面文本的影響，特別是大塚秀高的研究給我很多啟發。如果說本書能夠對這個特定領域的研究做出一些小小的貢獻，那就是我假設宗教文化有其獨立存在意義的部分。

在本研究中，我對另一個主題——即作為戰神的關公的看法也與前人有本質上的差異。至少從十九世紀開始，「戰神」這一西方式的標籤被用到關公的身上，直到今天仍然如此。[36]它可以與漢字中的「武」相對應，反映了以積極方式使用暴力的能力，英語中的「martial」（尚武）可以更好地表達這層意思。「武」的消極面便是「暴」，或者說是為了錯誤的目的而使用暴力，經常被理解為隨意或過度使用武力。重要的是，我們必須意識到我們完全是從主觀的角度去評判何謂暴力，否則便無法理解為什麼某些人或群體的經常性行為對其他人而言可能就是一種暴力。在中文的語境裡，如果換個角度看，只要是暴力，無論是被貼上「武」還是「暴」的標籤，都是很殘忍的。[37]在西方話語中，「戰爭」這個詞彙也一樣，它通常是積極的，當然在主導我們領域的美國話語體系中（以及其他很多方面）除外。當涉及我們不贊同的各類武裝行動時，使用諸如「侵略」、「恐怖主義」、「叛亂」、「游擊」，甚至「暴力」這些替代性詞語，而當我們贊同其目的時，我們就會使用「戰爭」或「抵抗」這樣的詞語。「尚武」（武）這個標籤傳統上被視為關羽的標誌性特徵，在我的分析中，認為其核心內容主要指他使用暴力與邪惡勢力展開對抗。這些邪惡勢力包括野蠻人、叛軍、盜匪和真正的惡魔。按照當代說法，「戰爭」這個術語通常不會將所謂「敵人」的範疇定義得如此寬泛，儘管高延（J. J. M. de Groot）曾經意有所指地將細緻描述中國驅魔行為那一章節命名為「反對戰爭的幽靈」。[38]按照我們對「戰爭」這個術語極其有限的瞭解，我傾向於不要繼續再把關公稱為「戰神」。

來自地方社會的體驗

本書關於史料的分析會從兩個層面展開。一方面，我對傳統的歷史進程感興趣，諸如神祇崇拜的起源、傳播及其追隨者。與此同時，我也願意關注人們是如何形塑自身對神祇的信仰和相關實踐方式，他們又是怎樣想像神祇形象及其在日常生活中的降凡顯靈現象的。這就意味著我需要按照不同的方式來處理史料，以期闡明這些不同層面的問題。重構歷史事件需要對史料作出相對明確的評判，還要構建一個資料庫，以便於求證這些傳統的歷史問題。為了理解人們的宗教關切，就需要將奇聞逸事類的資料同樣視為史料。這些資料或許並不總能告訴我們真正發生了什麼，但是確實同樣會為我們提供重要而有趣的資訊，以便我們瞭解人們相信發生了什麼。

自始至終，我都努力從各類史料中擇用那些在時間和空間上與人們所描述的事件最為接近的資料。在任何時候，當我們判斷某則史料所涉及的人和事時，必須考慮史料的年代。我的史料不僅僅來源於奇聞逸事，同樣也來源於各類文獻的序文和跋語，這些文獻包括地方志、日記、善書等。我盡可能去追溯這些史料的最初來源，而不是依賴於後出的那些聖蹟傳，因為被收錄於聖蹟傳中的資料通常會隱沒其來源，而且作者對相關資料的取捨也會有所選擇。傳統中國的書面文獻在本質上反映了男性文化精英的觀點。對本研究而言同樣如此，儘管我也會盡可能地注意到非精英群體的觀點。我不僅會細讀相關個體的敘述，其中特別會注意到神蹟及其社會背景，而且還會對隱藏其中的宗教體驗作出闡釋。在相關注釋中，我會額外提供一些個案，但限於篇幅，我們無法對這些個案展開充分的討論。與真正的民族志田野工作者不同，社會歷史學家無法回到田野去提問，但在某種程度上，現存史料中豐富的口述文獻可以彌補這一缺憾，當然這僅僅是就關公崇拜這一個案而言。

儘管我們永遠無法獲知個體對神靈最直接的體驗是怎樣的，因為這些體驗都來自口頭描述，部分甚至無法描述，但那些傳聞確實有助於我們從某些方面，在不同的層次上重構或者理解這些經驗。第一個層次是這些事件的主角和目擊者。呈現在我們面前的是關於這些事件經過的最終版本，在此之前，那些主角和目擊者由於受到多方面因素的影響，已經對最初的事件內容進行改編，這些因素包括他們此前（或此後）的經歷、其他人對他們經歷的反應，以及那些流傳更廣和神祇相關的故事。特別是到了十六世紀晚期，我們會有相當多由當事人自己記錄內容的翔實描述。只要我們充分認識到那些作者在呈現自身形象時肯定會考慮到其他人的觀感，那麼這些記載便可以視為極其有用而有趣的史料。我認為此類資料與人類學家所使用的田野訪談報告並沒有多大的差別。

有些史料是由那些與最初發生的事件或經歷完全無關的人所編寫的，他們和事件的主角身處不同的時空，有著完全不一樣的社會和教育背景。在這裡，和其他任何層面的重構一樣，人們在觀察與講述類似事件時，會受到很多因素的影響，比如出於規範性的考慮決定哪些部分適合講、哪些部分不適合講，再比如經過改編的神蹟故事是在怎樣的情境下被講述的等等。

但正因為我所感興趣的是人們的信仰，換句話說，也就是講述者對這些事件的看法以及他們表述人神互動的方式，所以即使是那些來自不同時空的資料仍然有其價值，它們可以告訴我們什麼是人們覺得可信而有意義的。無論我們的史料是來自事件的發生地附近還是遙遠的他鄉，它們總會被重新改編，在這一過程中，文化發揮決定性的作用，但是我們幾乎無法追溯這一重構發生的過程。很多看似非常個人化的事件都有著類似的文化表達，這本身就是它們經歷改造過程的證據。

在任何時代，現存的故事最終都是大大小小的社會群體集體記憶的呈現，它們經過相關文獻作者的編輯，恰巧流傳到我們手中。因此，在這些被改編的故事中，我們所瞭解到的不僅是作者的個人觀點，同時也是地方社會群體的想法，這些社會群體透過血緣、業緣、地緣等不同紐帶而聯繫在一起。真正發生了什麼並不重要，因為史料肯定會告訴我們，人們是如何進行選擇性的記憶，又是希望透過什麼樣的方式將這些故事告訴後人。最後流傳下來的，是現實中人們選擇並接受與之共存的故事版本，我們可以從中瞭解到人們是如何解釋突發事件，無論是好事還是壞事，他們又是怎樣為生活中的偶然事件賦予意義。

在關於歷史和記憶的大量文獻中，「記憶」這個詞彙通常被用於指稱最近的歷史以及人們關於這段歷史的印象，或者也涉及國家、社會群體和個人積極建造紀念物以記住和紀念這段歷史的不同方式。[39] 對更久遠的過去來說，它並沒有太多用處，也許是因為如果太久的話，記憶就喪失自身的口頭屬性，轉變成書面文字，之後就感覺不再像是記憶了。在我看來，奇聞逸事類的文獻就是基於類似的久遠記憶而形成，它們從口耳相傳的階段開始就被不斷地重構，但這樣的重構並沒有削弱其價值。在本研究中，我並非僅僅將筆記小說中記載的個人關於神助的記憶看作史料，同時也將這些記載本身作為主要的研究對象。在本書中，我們將個人的主觀體驗看作有效的研究對象。

除了在這些史料中反映出的所謂記憶外，人們還可以透過很多方式建構起關於地方廟宇的記憶文化（memory culture），甚至在國家層面上也可以做到這一點。國家授予關公很多頭銜，以紀念一些特定的事件，有趣的是，關公所擁有的一些最重要的頭銜卻是透過非官方管道獲得。尤其重要的是為了紀念一些重要的事件而立碑的傳統，比如一座寺廟的創建、修復或擴建。通常，面向參觀者的碑陽包括敘述性的碑文，以及相關的日期和落款，碑陰則列出修建所涉及的各類捐助者資訊。石碑可能會放置在一個底座上，碑上的文字會用線條框起來，也可能會在整篇文字的頂部加上龍紋或者其他紋飾。只要我們認識到一方石碑上的內容既包括對神祇的描述，同時也反映製作團體的情形，那麼一塊石碑的正反兩面都是重要的資訊來源。碑文提供廟宇修建和復建的精確日期，對於我們追溯神祇崇拜的歷史有著巨大的價值。它也許會給出對獲得神靈幫助從而修建寺廟的簡要性說明，或者之前廟宇破敗情況的資訊，但它們很少會提供關於當地信仰和地方傳說的可靠資訊，反而幾乎總是在重複關公和他的兩個結義兄弟的官方歷史敘事。儘管如此，當罕見的例外確實突破上述類型的限制時，它們可以提供關於神靈顯應助力寺廟建設的絕對有用的資訊。有時候，這些資訊甚至透過回憶的形式出現在碑文中，例如在一〇八〇年的一方碑記中顯示，當地士兵總結了他們前往遙遠的南方抵禦外來侵略者的痛苦經歷，以及在他們戰鬥和撤退過程中神祇顯靈護佑的事蹟。[40] 同時，我們也要認識到，只有當地方上有人能夠記起那些正在被紀念的實際發生的事情時，才能夠提供有價值的碑記內容，而絕大部分的當地人剛開始或許根本不知道碑記中說的是什麼。所以，碑記是可以證明廟宇重要性的第一手實物。

逸聞筆記和碑刻文獻是我使用的兩個最重要的資料來源，前者在幫助我梳理人們的記憶方面更為重要，而後者在重構神祇如何為地方社區甚至特定的個人提供支持方面扮演著更為關鍵的角色。地方志通常會使用到這兩類資訊，有時會引用碑刻正文中的部分內容，同時還會添加一些口頭故事或逸聞。我們會用到與關公崇拜相關的一些早期詩歌，以確認這一崇拜的某些發展動向，但這些詩歌所包含的意義經常是隱晦不明的，對歷史分析而言用處並不是很大。其他類型的材料是更廣泛意義上的崇拜行為的產物，比如把關羽當作驅邪將軍以對抗惡魔軍隊的儀式，以及講述在成為劉備部下之前關羽經歷的民間傳說等。這些材料不保存記憶，也不是在紀念神祇的過程中直接形成的，但是它們確實反映了人們對關公神祇的感知，以及神祇對於人們的生活所具有的潛在重要性。還有一類印刷出版的書籍，其中有神祇透過道德教化類的文字向世人發出忠告的內容。這些書籍再版時，可能會在開頭提到神祇透過夢境或者扶鸞顯應時所給予的建議。這類書籍既可以視為記憶的產物，同時也可以視為對神祇及其所給予幫助的紀念。

在關於神祇崇拜的歷史編纂學中，人們常常會忽視民間故事。這些故事確實流傳於「民間」（among the people），並沒有確切的作者，也無法確定產生的時間。它們是地方民眾共用文化的一部分，正如我們在後面章節中將會看到的，這裡所謂地方民眾當然包括精英階層。一部分故事的源頭可以追溯到十七世紀早期。有的故事會告訴我們關羽的前世是一條可以興雲布雨的龍，在被處決後，又化身為一個歷史人物；而有的故事則告訴我們，他為什麼會離開家鄉，成為劉備的結義兄弟。這些故事反映了與關公相關的地方信仰傳播之廣泛，其中總是能夠令人感受到祂對地方百姓的關心，這也是這些故事的核心。

透過這些不同的方式，一般民眾和上層的知識精英都在講述著無數有關關公的故事，故事的內容總是圍繞著他如何幫助個人及群體而展開。透過這些故事，我們可以間接地瞭解到人們的焦慮和期望，是我們理解地方社會生活的一扇窗口。除了這些故事外，我們還會探討關公崇拜如何在祭祀、儀式、演劇、節日活動以及寺廟壇宇的修建過程中被加以塑造。本書大致按照時間順序展開論述，剛開始的兩章主要探討這一崇拜的佛教（第二章）和道教（第三章）的源頭。正如我們將會看到的，這些源頭都很重要，但並不是決定性的。荊州（它的一部分最終改名為當陽縣）玉泉寺中帶有佛教背景的唐代神龕為宋代關公崇拜的鵲起邁出了第一步，但並沒有證據表明它在此後關公崇拜的傳播過程中扮演了任何決定性角色。宋代關公崇拜的道教背景更加重要，它帶動中國南方早期的一些關帝廟的創建。這兩章的基本論述所利用的主要是一些紀念性或者規範性的史料，但是有時也會用到一些逸聞類的材料，這些材料同樣表現人們在與神靈接觸時的一些感官性體驗。

無論如何，關公崇拜在中國北方的廣為傳播是多種因素造成的，但和早期這一崇拜所具有的佛教或道教背景關係甚小，與後世類似於《三國演義》這樣的白話敘事傳統更是沒有多大關係。關於那些據說最早供奉關公的中國神壇和廟宇，我已經蒐集到非常詳細的資料，在第四章中會進一步分析。這些資料使得我們可以從時間和空間兩個層面對關公崇拜的興衰作出較為精確的分析。如此一來，我們還可以對白話敘事傳統推動關公崇拜這一傳統的說法進行重新考察，這一推斷經常出現在一些二手文獻中，但這僅僅是一個有待驗證的假設，而且事實上並不成立。在此，石刻文獻以及地方志中對內容的概括（摘要）才是主要的資料來源，這使我們有可能從時序和空間的角度重構信仰的流變。在絕大多數情況下，我們都不會用到戲曲方面的資料，儘管此類資料在其他類似的大型課題中經常會被考慮在內。

接下來的問題當然是當我們討論到關公崇拜的傳播時，所謂「傳播」（transmit）究竟意味著什麼。絕大多數情況下，我們無法確定那些講述關公及其超能力的故事在某地開始傳播的精確時間。當神祇在現存的史料中出現時，比如我們通常會在一座廟宇的創建和早期修建的史料中首次發現祂的蹤跡，毫無疑問，此時和關公相關的故事一定已經流傳多年，他剛開始可能只是被奉祀於民宅之中，而這段歷史在書面史料中了無痕跡。我們可以分析的就是人們是如何想像神靈、如何描述神靈存在，又是如何在不同的儀式和戲劇中扮演神靈。在第五章中，我會討論人們是如何感知神靈的存在，以及他們所講述那些帶有普遍性意義的故事，而不僅僅是談論一個個具體的神蹟故事。這些故事以及對神靈的扮演，有助於人們圍繞神靈展開想像，當神靈顯應時，就可以（根據想像）描繪出祂的樣子。在此，當具有不同社會和教育背景的各個地方社會階層中都有人曾經感受到神靈的存在，並且將其銘記於心時，人們就會覺得自己確實和神靈保持著密切的聯繫。幸運的是，我們掌握一些（與神靈相關的）描述性資料，其敘述者通常是那些故事中的主人公，所以應該更接近於（和神靈交流的）原始體驗。

圖 1.1　對關公的祭祀

在對神靈的祭祀中，最重要的崇拜方式一定是焚香，正如我們所看到的二十一紀初閩南一座關帝廟中的情景。（作者攝）

在本書中，我最初的預設是關公首先是一位武夫，他會帶有善意地運用武力（而非暴力）來為百姓爭取利益。作為一個生前非正常死亡的餓鬼，關羽仍然擁有殘存的「生氣」（life energy），對祂周邊的人和物而言，這本身是極具威脅性的，但是如果祂獲得人們的供祀，作為回報，就會為祭祀祂的人提供幫助。比如在位於今天福建南部的一座繁忙的廟宇中（參見圖1.1），無論何時，只要當人們需要得到關公的支援和保護時，他們就會前往拜祀，在神前焚香獻祭。在身為神靈的關公的「職業生涯」中，他對武力的運用無疑仍是一個非常重要的觀察層面，但是我不可能簡單地把神靈所有的基本職能都與此相聯繫。由於受到非常廣泛的歡迎，所以當面對不同的受眾和需求時，關公實踐著不同的職能。祂可以施雨，也可以透過文字與人們（當然主要是男性）交流，但這些行為和他使用武力打敗惡魔和野蠻人，以及使用武力維護道德之間，很難相互聯繫起來。另一方面，關公所具有的所有這些職能集中出現於十七世紀初以來的民間故事中，這表明了一種可能性，即他的不同職能之間的關聯比我們從現有歷史材料中看到的更多。我將在第六章中探討這些問題和關公崇拜其他方面的內容。一般而言，神靈可以幫助所有的群體，乃至為全天下蒼生抵抗惡魔、土匪或者軍隊，或者也可以為他們降下甘霖，緩解旱象。他為地方社區提供的這種超自然的幫助隨處可見，在北方尤其如此，這一現象持續好幾個世紀，直到二十世紀後半葉，我們才不再聽到這樣的消息——這可能意味著類似情形不再發生，不過也可能反映了我們對當代中國的宗教生活還缺乏足夠的瞭解。第六章的史料來源非常多樣，其中包括逸聞筆記，在這些資料中人們證實自己獲得關公的幫助，並且牢記於心；還包括那些不同版本講述關公生前和成神後經歷的敘事性文獻；另外，還有地方志和碑刻中所保存相當具有描述性的記載等。

早在十六世紀後期，我們就可以看到人們越來越把關公視為一個識字之人，他可以透過鸞書和文字形式的預言與人溝通。關公現在演變成受過教育的男性精英所崇拜的神靈，該形象也得以在其他受教育群體中傳播開來。這一變化看似和當時人們識字能力的提高有關，但同樣也和識字能力變得越來越重要有關。在第七章中，我將探討這個問題。關公現在把自己變得足夠像一個文人，這樣文人群體才會承認祂，並且繼續崇祀祂。結果，人們就越來越關注到據說作為歷史人物的關羽所具有的閱讀《春秋左氏傳》的能力，到了十七世紀中葉，他擁有一個新的頭銜——關夫子（Master Guan），從而得以與孔子齊名——孔子是歷史上另一位著名的精通《春秋》的專家。在這一章中，關於神靈的祭祀談得很少，但是我們有大量的證據可以說明文人是如何重新塑造關公形象，同時還有很多敘事性文獻，其中記載神靈如何透過不同的形式向文人提供幫助，以及後者關於這些靈異事件的記憶。

在關公發展為文士之神的過程中，祂還逐漸具有道德監督者的角色。人們往往認定是因為崇祀者實踐正確的道德行為，關公才會給他帶來奇蹟般的保護和支持。到了人們通常把關公稱為關聖帝君（Imperial Lord Saint Guan）的十七世紀晚期，開始出現託名為關帝所著的各式各樣的宗教小冊子，這時我們看到關公崇拜又有了進一步的發展。我認為這一發展的趨勢和人們可以越來越輕易地提高自己的識字能力有關，到了十八、十九世紀，這種聯繫會變得更加顯而易見。重要的是，作為道德監督者的關公仍然非常崇尚武力，大量的資料都提到那些惡人是如何受到關公的武力懲戒。長期以來，祂都被視為一位為了幫助地方民眾，勇於站出來挑戰玉帝的神祇，但是到了十九世紀晚期，進一步發展出一種信仰——人們認為他取代玉帝的位置，成了萬神殿中的最高神。第八章的主題就是討論作為道德之神的關公和那些用文字記錄下來的宗教訓諭的起源。在該章中，我們主要用到兩類文獻。其中逸聞筆記告訴我們，人們往往認為是因為道德良善，才獲得神祇關公的幫助，並呈現了人們建構的過程；而各種宗教道德類的小冊子則向我們表明，在人們的想像中，關公對於社會道德的提升做出貢獻，而為了獲得他的幫助，人們又必須做些什麼。

因為宗教文化是一切社會現象的組成部分，可以透過不同的方式建構地方的、區域的乃至整個帝國的身分認同。透過使用關公或者其他神祇作為象徵性的資源，不同的話語社群（discourse communities）形成不同的身分認同。他們之間可以透過集體崇拜（collective worship）和互相分享有關神祇的故事來交流。在華北地區，崇拜關公可以被認為是一種地方認同的表達，因為祂首先是一位北方的神祇；但是在中國的其他地區，在城市中，祭祀關公也可以被認為是在承擔一種全國性的責任。地方社會中的農民、小店主、商人、儀式專家、軍人及文人在如何看待關公方面稍有不同。在某種程度上，我們可以重構這些差異，但通常對於這些信仰和故事的內容，我們只能作整體上的理解，而無法把它們和特定的社會與教育群體聯繫起來加以考察。整體而言，本研究一方面可以被視為對一種特定宗教崇拜的考察；另一方面也可以被看作從社會史（social history）的角度去觀察人們的恐懼與希望、焦慮與不安，以及他們的應對之方的著作。

關於關公崇拜的各個層面，可以也應該有更多的考察，我只能在這一本專著和有限篇幅內對關公崇拜展開有限的討論。此外，我的討論中並沒有涉及關公崇拜的現狀，一九四九年之後，中國大陸的宗教生活背景發生了巨大變化，材料源頭也出現顯著惡化，使得瞭解真實情況變得非常困難。研究那些困難年代裡宗教生活的壓迫，以及理解一九七六年後有限的復興和額外的變化，需要採取不同的方式進行，包括口述歷史和民族志田野調查。[41] 臺灣的情況也有變化，但總體上宗教生活持續繁榮，關公崇拜在整個二十世紀中一直是其中的重要部分。因此，儘管我在本書的相關部分進行了一些評論，但現代時期的系統性討論被有意地排除在外。

---

1 Yu, chun-fang, *Kuan-yin: The Chinese Transformation of Avalokitesvara*（中譯本參見于君方：《觀音：菩薩中國化的演變》，法鼓文化，二〇〇九年）一書是關於觀音崇拜的代表性著作。

2 Adamek, *A Good Son Is Sad if He Hears the Name of His Father: The Tabooing of Names in China as a Way of Implementing Social Values* (Leeds: Maney Publishing, 2015).

3 關於陳壽，可參考 Crespigny, *Imperial Warlord: A Biography of Cao Cao 155–220 AD*（中譯本參見張磊夫：《國之梟雄：曹操傳》，江蘇人民出版社，二〇一八年）頁29–30、464–466，以及他的另一部更早一些的著作 *The Records of the Three Kingdoms: A Study in the Historiography of Sankuo Chih*。

4 在此，我們遇到對後世關公傳記撰寫至關重要的第一個概念。陳壽用了「亡命」一詞，後人據此認為關羽（關公）是因為伸張正義而殺了人。但在當時，這一詞語的原意指的是因某人離開原籍地，當地的戶籍被注銷。「亡命」最有可能是為了逃避賦稅和勞役，而不是因為犯罪。相關討論見羅竹風主編：《漢語大詞典簡編》卷二，頁二九五－二九六，以及Barbieri–Low and Yates, *Law, State, and Society in Early Imperial China: A Study with Critical Edition and Translation of the Legal Texts from Zhangjiashan Tomb no. 247*, pp. 216–217, 229–230.

5 陳壽：《三國志》卷三十六，頁939–942。在《三國志》中，關羽、張飛及其他三個著名的人物被列入同一卷中。《三國志》僅僅告訴我們關羽的卒年，而且還沒有給出具體的月分。

6 Crespigny, *Imperial Warlord*, pp. 98–103, 110, 199–200, 496. 中有不同的說法。

7 「漢壽亭」這個封號一直困擾著學者們。有人認為它指的是漢代後期一個位於今湖南境內稱為漢壽縣的地方，但卻無法解釋「亭」這個字，所以這一說法不能成立。而且當時該地區也不在曹操控制之下，無法將其分封給關羽。另一方面，曹操也有可能創造這個虛構的貴族頭銜，因為他不用付出任何代價。「亭侯」這個封號可以在文獻中找到，但卻沒有一個和叫「漢壽」的地方產生關聯。劉斐、張虹倩：〈漢壽亭侯考辨〉（《蘭州教育學院學報》，二〇一一年第一期）一文中考察迄今所知和「亭侯」有關的各種不同的地理標識，結果並沒有發現「漢壽」所在何處。考慮到陳壽是以口述資料為基礎來撰寫這段歷史的，所以關羽原來的封號很可能已經失傳，而「漢壽亭侯」則是一個以訛傳訛的版本。

8 關於劉備妻子被俘一事也僅僅在劉備的相關傳記中被提及，參見陳壽：《三國志》卷三十二，頁875。儘管這一情節具有一定的合理性，但所有的史料中都沒有明確提到她們和關羽一起出亡之事。參見陳壽：《三國志》卷三十二，頁875，以及卷三十六，頁940。

9 參見班固：《漢書》卷一，頁2。

10 「繆」通常更多讀作「ㄇㄧㄡˋ」，意思是「錯誤」，似乎不太可能出現在諡號中。而當其讀作「ㄇㄨˋ」時，與之對應的字是「穆」，意思是「虔誠」、「慷慨」、「樂於助人」。

11 陳壽：《三國志》卷三十六，頁942，如今已經失傳的《蜀記》的作者生活在四世紀初。

12 中國學者對此經常信以為真。參見楊箏：〈關公神格的地方性闡釋〉，《河南科技大學學報》，二〇〇五年第二期。周廣業、崔應榴輯：《關帝事蹟徵信編》卷五，頁6b–9b（182–188），提到清代對洛陽、解州以及荊州所有聲稱是關羽後代的關姓家族進行加封。

13 Simon Shen, 'Inventing the Romantic Kingdom: the Resurrection and Legitimization of the Shu Han Kingdom Before the Romance of the Three Kingdoms'. *East Asian History* 25/26 (2003): 25–42.

14 另可參見Diesinger, Gunter, *Vom General zum Gott: Kuan Yü (gest. 220 n. Chr.) und seine 'posthume Karriere'*(Frankfurt am Main: Haag und Herchen, 1984), 13–18.

15 趙欽湯編，焦竑校：《漢前將軍關公祠志》卷二，頁6a–7a（119–121），卷七，頁1b–2a、4a（184–185、189）。

16 Naquin, *Peking: Temples and City Life, 1400–1900* (Berkeley, CA: University of California Press, 2000), 194–195.（中譯本參見韓書瑞：《北京：寺廟與城市生活》，稻鄉，二〇一四年。）

17 第七章中將具體論述這點。

18 黃啟曙：《關帝全書》卷一，頁3a–5b（41–46）。

19 黃啟曙：《關帝全書》卷四十，頁1a–51a（403–505）。參見ter Haar, 'Divine Violence to Uphold Moral Values: The Casebook of an Emperor Guan Temple in Hunan Province in 1851–1852'. In *Law and Empire*, edited by J. Duindam, J. Harries, C. Humfress, and N. Hurvitz (Leiden: Brill, 2013), 314–338.

20 井上以智為：〈關羽祠廟の由來并びに變遷〉，《史林》，一九四一年，卷二十六，第一號，頁41–51、242–275。

21 原田正巳：〈關羽信仰の二三の要素について〉，《東方宗教》，一九五五年，卷八、九，頁29–40。

22 大塚秀高：〈關羽の物語について〉，《埼玉大學紀要教養學部》，一九九四年，第三十期，頁69–103；〈斬首龍の物語〉，《埼玉大學紀要教養學部》，一九九五年，卷三十一，頁41–75；以及〈関羽と劉淵：羽像の成立過程〉，《東洋文化研究所紀要》，一九九七年，卷一百三十四，頁1–17。非常感謝作者將這些很難獲得的論文單行本贈予我。

23 Diesinger, *Vom General zum Gott*.

24 Duara, 'Superscribing Symbols: The Myth of Guandi, Chinese God of War'. *Journal of Asian Studies* 47.4 (1988): 778–795. 該論文經壓縮後收錄於*Duara, Culture, Power, and the State: Rural North China, 1900–1942* (Stanford, CA: Stanford University

Press, 1988), 139–148.（中譯本參見杜贊奇：《文化、權力與國家：1900–1942年的華北農村》，江蘇人民出版社，二〇〇三年。）

25 Moore, 'Violence Un-scrolled: Cultic and Ritual Emphases in Painting Guan Yu'. *Arts asiatiques* 58 (2003): 86–97.

26 Kam, Édith Wong Hee, *Guan Yu–Guan Di: Heros regional, culte imperial et populaire*, Sainte Marie: Azalées Éditions, 2008.

27 Johnston Laing, Ellen. 'Boris Riftin and Chinese Popular Woodblock Prints as Sources on Traditional Chinese Theater'. *Chinoperl Papers* 29 (2010): 183–208.

28 李福清：《關公傳說與三國演義》，臺北：雲龍出版社，一九九九年。

29 關於關帝研究，我於二〇一五年九月十九日在中國學術期刊全文資料庫中以「關帝」為關鍵字加以搜尋，可以獲得一千三百四十一篇文章，以「關公」為關鍵字則有一千五百五十九篇。李福清《關公傳說與三國演義》一書列出一九九五年以前的相關書目。

30 黃華節：《關公的人格與神格》，臺北：臺灣商務印書館，一九六七年。

31 胡小偉：《關公信仰研究系列》叢書，香港：科華圖書出版公司，二〇〇五年。

32 參見Elliott, Mark. 'Hushuo胡說: The Northern Other and the Naming of the Han Chinese'. In *Critical Han Studies: New Perspectives on Chinese Culture and Society*, edited by Thomas Mullaney, James Patrick Leibold, Stéphane Gros, and Eric Armand Vanden Bussche (Berkeley, CA: University of California Press, 2012), 173–190.

33 洪淑苓：《關公「民間造型」之研究：以關公傳說為重心的考察》，臺北：國立臺灣大學出版委員會，一九九五年。

34 王見川：〈臺灣「關帝當玉皇」傳說的由來〉，收錄於王見川、李世偉：《臺灣的民間宗教與信仰》，臺北：博揚文化，二〇〇〇年，頁213–240。關於該主題，最近王見川又發表〈從「關帝」到「玉皇」探索〉一文，收入王見川、蘇慶華、劉文星主編：《近代的關帝信仰與經典：兼談其在新、馬的發展》，臺北：博揚文化，二〇一〇年，頁107–121。他的其他一些重要的相關研究，包括〈清代皇帝與關帝信仰的儒家化〉和〈臺灣「關帝當玉皇」傳說的由來〉，這兩篇文章收錄在他的論文集《漢人宗教民間信仰預言書的探索》中，頁55–76、411–430。同時〈清朝中晚期關帝信仰的探索：從「武廟」談起〉一文也收錄在此書的頁71–106。

35 關四平：《三國演義源流研究》（第三版），哈爾濱：黑龍江教育出版社，二〇〇一年。

36 例如 Doolittle, Justus. *Social Life of the Chinese* (New York: Harper and Brothers, 1865), 1: 284–285, 296–297.（中譯本參見盧公明：《中國人的社會生活：一個美國教士的晚清福州見聞錄》，福建人民出版社，二〇〇九年。）de Groot, J. J. M. *Les fêtes annuellement célébrées à Émoui (Amoy): étude concernant la religion populaire des Chinois* (Paris: Leroux, 1886), 146–187.

37 另可參見 ter Haar, 'Rethinking "Violence" in Chinese Culture'. In *Meanings of Violence: A Cross Cultural Perspective*, edited by Göran Aijmer and Jos Abbink (Oxford: Berg, 2000), 123–140.

38 De Groot, *The Religious System of China*, VI (Leiden: E. J. Brill, 1892–1910): 929–1185.（中譯本參見高延：《中國的宗教系統及其古代形式、變遷、歷史及現狀》，花城出版社，二〇一八年。）

39 Klein, *From History to Theory* (Berkeley, CA: University of California Press, 2011), 112–137; Tumblety (ed.), *Memory and History: Understanding Memory as Source and Subject* (London: Routledge, 2013).

40 相關內容詳見我在第四章中的討論。當然，即使在這一個案以及其他相似的個案中，碑文也並非出自主人公之手；相反地，他們會把自己的故事告訴代筆者，而最終文本的形成必然會因此受到影響，至於其中的原因則很難加以驗證。

41 有關當地寺廟復興的討論，請參閱周亞當（Adam Yuet Chau）《神奇的回應：在當代中國研究大眾宗教》（*Miraculous Response: Doing Popular Religion in Contemporary China*）。關於一般性的陳述，請參見高萬桑（Vincent Goossaert）、宗樹人（David A. Palmer）《近代中國的宗教問題》（*The Religious Question in Modern China*）。我的牛津同事史蒂芬・史密斯（Stephen Smith）正在寫一本書，其中將詳細討論蘇聯（一九一七－一九四一）和中華人民共和國（一九四九－一九七六）共產主義政權為消除日常生活中的「迷信」所做的努力。

第二章
護法惡魔

當佛教文化的蹤跡於東漢時期第一次出現在都城洛陽和幾個宗教中心時，我們看到重大變革的開始。最終，佛教在制度化宗教領域擁有統治性的地位，無論是在宗教知識的建構，還是宗教制度的完善等方面都是如此，並且一直延續至此後數百年。在此背景下，我們在湖北的一座寺廟中發現關公崇拜的第一個證據，時間大約在八〇〇年。一八四年，在四川和湖北北部發生另一場重要的宗教運動，即由張魯領導的五斗米道叛亂。張魯聲稱他的教義可以追溯到一四二年，當時他的祖父張道陵受到哲學家老子《道德經》的啟示，自稱第一代天師。張魯在二一五年向華北的曹操投降，交出他的神治政權，但他領導的運動在之後三至四世紀貴族精英群體中繼續蓬勃發展。後來，這一運動逐漸銷聲匿跡，但從九世紀後期開始，居住在江西龍虎山的儀式專家聲稱他們是早期天師的後代，這一策略取得成功。[1]然而，他們的（宗教）活動形式完全不同，他們專注於各類儀式，把關公視為他們的驅魔神將之一。儀式專家和關公之間的關係將在本書第三章進行論述。

一直以來，中國本土的宗教文化並未間斷，包括用新鮮的肉和酒作為祭拜神靈的供品。分享祭品（肉和酒）是建立社會紐帶的基本方式，這種祭祀文化從根本上就與佛教教義相悖，佛教是不允許殺生和飲酒的，因為這些行為會使人們造「業」，並體現在生死輪迴之中。在極少數情況下，道教儀式實踐似乎接受肉食和酒類，但是總體上道家也強烈反對用肉和酒作為祭品。[2] 儘管如此，當道教徒進行召喚神將的驅魔儀式時，還是得為這些飢餓的神靈獻上酒肉。對精英和當地人來說，儘管這些行為同時出現在儀式活動中會顯得有些互相矛盾，但最終這些不同的傳統還是混合成一種獨立的宗教文化。就佛教的祭祀實踐而言，不論其教派背景如何，焚香都被視為最基本的祭祀形式和所有宗教活動的開端。在不同的儀式中，為了達到不同的目的，人們往往會邀請不同的佛教和道教儀式專家參與，其依據就是他們自身所能觀察到的這些專家具有的靈力和獲得的效驗，然而實際上他們還是會延續自身的祭祀實踐傳統，很少會完全轉向佛教或道教。關公信仰的興起就發生在這種歷史背景之下，隨後的章節將重點關注這些傳統。

關公崇拜始於二一九年末或二二〇年初長江北岸的荊州——關羽被殺害的地方。漢代在這裡建立獨立的縣，在行政區劃上稱為荊門或當陽（參見圖2.1）。從唐代某時期開始，關公崇拜被當陽縣附近山上日益知名的佛教寺廟玉泉寺所利用。在此期間，關公仍然被視為狂暴的惡魔，令人敬畏和恐懼，但有時候也會幫助人。我在本章中使用的大多數現存史料反映經過長

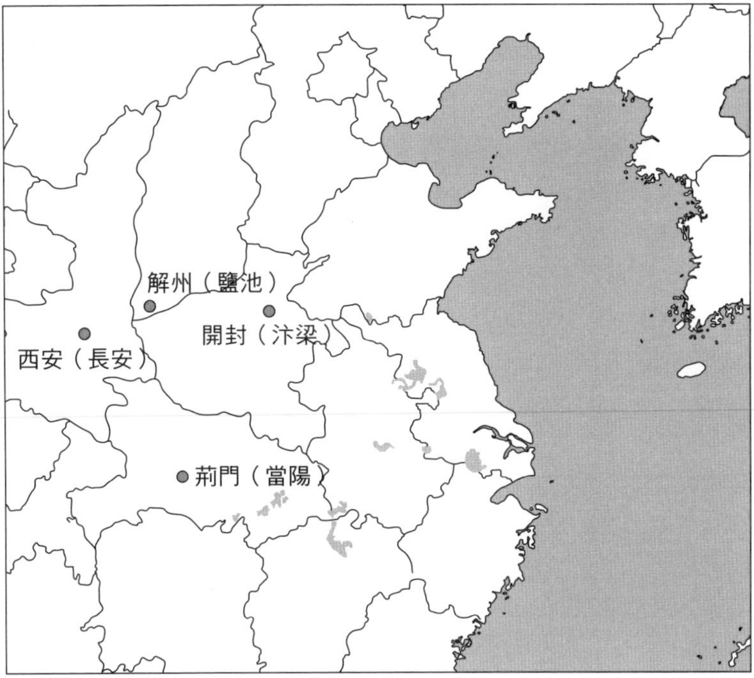

圖 2.1　早期關公崇拜的重要地點

期口頭傳播後所結晶而成的集體記憶。這些資料有時候會包含個人資訊，但在絕大多數情況下，我們所獲取的資訊都已經經過好幾個階段的再加工，這就導致個人資訊的大量缺失。這些傳說首先要說明的是神祇崇拜的魅力和神祇的能力，關於這些傳說所涉及的相關個人經歷往往很少談到。儘管這些逸事來自受教育階層的記載，但其中描寫的人物則是各個階層都有。

當陽崇拜

由於我們無法得知關公信

仰早期確切的歷史資訊，因此我們的分析需要把自己所知道的與一定程度上的推理結合起來。那些遭受暴力橫死的將軍有的也獲得人們的崇拜，對此類崇拜早期階段相關情形的整體把握是我們分析的基礎。因此，我們的討論並不是完全基於猜想，我將盡力指出哪些地方的論述是基於直接的證據，而哪些地方屬於猜測。

河邊的原始崇拜

最初的關公崇拜很可能始於他和他兒子於二一九年末或二二〇年初被殺害地點的附近，即當地一條河流沮河的岸邊。這裡埋葬著他的無頭屍身，我們可以從三世紀晚期的一種史料——《吳歷》的記載中得知，孫權將關羽的首級送給曹操，並以諸侯禮葬其屍骸。[3] 很顯然關羽的屍體依照某種儀式被安葬了，而不是任其暴露腐爛。他的墳墓很可能也有一些外在的標記，比如說一個小山丘，以便於當地人辨認並記住這個地方。

由於關羽所屬的集團是漢朝最後幾十年內戰中的戰敗者之一，所以極有可能並沒有進一步官方崇拜的存在。關公崇拜反映當時一種相對新興的崇拜類型，即人們會崇拜那些遭受暴力橫死而變成餓鬼的人。這一類型的崇拜經常成為志怪小說的重要內容，在當時，志怪小說是文化精英階層中流行的一種故事體裁。早期道教信徒的一些帶有論戰性質的文章中，極力抨擊對這些餓鬼的崇拜，這間接地表明此類崇拜在當時極具影響力。人們相信這些餓鬼一直留在人世間，因為祂們仍然充滿未耗盡的生命力（用道教批評者的話來說，就是祂們仍然具有「古氣」），所以對活著的人具有潛在危害性。這些餓鬼需要崇拜者提供剛剛屠宰的動物作為祭品，動物的血液可以補充祂們的「生命力」（生氣）。這些祭品通常被稱為「血食」。作為回報，祭祀者將受到保護。與老一代並非發源於人類的惡魔不同，這些新的惡魔／神靈也可能降生人世，就像在喪葬儀式中死者會附在某位年輕後代身體上的古老習俗一樣。[4] 與經典的祖先崇拜是在寺院（廟）而不是露天祭壇舉行類似，這些新的崇拜也發生在有屋頂的建築物中（經常被蔑稱為「屋」或「房」），為此，「寺」（廟）這樣的術語很快就被人們接受。[5] 由此可能會在惡魔與靈媒之間，繼而與社區之間建立一種更為長久的關係，進而創制出一種新的關於惡魔的版本，使其看上去更像一位神祇。關羽崇拜就屬於這種新的崇拜類型，並且在接下來的幾個世紀裡將變得越來越流行。[6] 儘管當時祂還不能被稱為關公，我還是會在下文中使用這一稱謂來指稱作為宗教崇拜對象的關羽，討論作為歷史人物的關羽和早期關公崇拜之間的關係時則用本名。

八六〇年到八七四年，唐王朝遇到一連串的麻煩，隨後在八七四年發生黃巢之亂，引發巨大的社會恐慌和破壞。在此背景下，長安發生一次恐慌事件，在這次事件中，關公作為惡魔的本性充分暴露出來。當時，各地的人們都非常緊張不安，關三郎的「鬼兵」已經進城的傳聞鬧得沸沸揚揚。我們使用的這些事件的相關史料大約出現在一百年後，當時有人把那些流傳於社會精英階層中的逸事整理記錄下來，向我們講述一個貴族如何帶領全家沿著駱谷路遷往陝西南部的洋源的故事。到達秦嶺後，那位貴族回頭看了看都城長安，說：「此處應免關三郎相隨也。」他的遷徙最終被證明沒有任何意義，因為他還是病倒了。[7]「鬼兵」是除了「陰兵」、「神兵」及「天兵」以外的另一個稱謂，這些兵士組成惡魔將軍的部屬，而以上四種稱謂被用於不同的儀式文本中，但所指的大致都是相同的現象。很明顯，關三郎被視為惡魔，但對於其身分並沒有進一步的說明。早期幾種關於玉泉山關公崇拜的史料，特別提到有個供奉關三郎的神龕。[8]我們已經知道，歷史上，關羽確實有三個兒子，但他和大兒子被葬在一起，後者的年齡足夠大，可以和他一起在戰場殺敵。其餘兩個兒子和他的埋葬地沒有任何關係。進一步而言，那個神廟中崇拜的主神一直是關羽本人，神廟不可能用其中供奉的一個從神的名字來命名，而且其他的文獻中從未記載這一從神。實際上，「關三郎」這個稱呼有一個非常不同的起源。

那些幫助人們趕走惡鬼的神魔經常會獲得富有朝氣和活力的名稱，[9]著名的四川本地神靈李冰最初被稱為灌口二郎，但最終這一形象被重新定義，人們將灌口二郎視為李冰的二兒子。另外一位著名的驅魔將軍是李三太子或哪吒，現在這個稱呼專用來指李靖的三兒子，也是他最小的兒子。李靖是唐代的一位將軍，後來被當作雨神崇拜。李三太子這一形象非常後起，而且很有可能是李靖本人形象的翻版。[10]因此，使用「關三郎」一詞並非專指第三個兒子，而是指作為惡魔的關羽本身，祂不僅有製造災害的能力，也可以擊退其他惡魔，避免災難的降臨。

幾個世紀以後，有人聲稱關羽屍骸的一部分埋葬在另一個地方，因此在進一步分析荊州的（關公）崇拜之前，我們需對此進行簡要的分析。他們所聲稱的那個地方是洛陽，那裡有座宏麗的清代廟宇，表面上，人們都認為這座廟宇是為埋葬著關羽頭顱的墳墓而建，網路和遊客宣傳單中都在重複這樣的說法。[11]正如前文已經論述的，孫權恭敬地埋葬關羽的屍身，把關羽的頭送給洛陽的曹操。歷史上並沒有曹操如何處理這顆頭顱的相關記載，如今卻宣稱它被埋葬於洛陽。一三二九年的一方碑記說當地有一座供奉關公的廟宇，卻沒有任何與墓祭相關的記載。據碑文，當時元朝皇帝派遣一位官員來到這座寺廟。因為在「內亂」發生時，關公顯靈，幫助皇帝打敗敵人，平定戰亂——毫無疑問，這裡的戰亂指的是軍事政變以及隨後使蒙古國王登上皇位的戰爭。結果，關公獲得額外的加封。不久，關公因洛陽一場可怕的旱災而獲得崇拜。[12]現存寺廟的建築時間要晚很多，從一五九五年開始，這裡又出現了一座墳墓。據我們所知，當地的關公崇拜直到當代仍然在很大程度上局限於本地，並沒有成為關羽崇拜傳播的中心。近代一些史料描述孫權如何將關羽的頭放置在木匣中送給曹操，之後曹操給關羽做了一個木身，並用諸侯之禮厚葬，這些敘述主要基於明代小說《三國演義》。[13]這極有可能並非史實，正是這一故事相關的文學版本為洛陽地方精英建構當地與關羽的聯繫提供靈感。

在唐代，關羽同樣因為有戰功而被供奉在武廟中。武廟崇拜的主神是齊太公——因其協助建立周朝而聞名。[14] 如今，他更多地被人們稱為姜子牙，是《封神演義》裡商周之戰中的統帥，同時也是保護百姓房屋的驅魔神。[15] 目前沒有證據表明，武廟中對戰爭神靈的集體崇拜影響到之後的關公崇拜，後者應該是以一種不同尋常的方式發展起來的，起初具有非常強烈的地方色彩。

玉泉寺的創修奇蹟

我們只有從那些留下文字紀錄的佛教僧侶和官員那裡，才能夠瞭解到早期玉泉寺和附近神靈之間、寺院和那些神靈崇拜者之間的關係。透過仔細研讀這些史料，我們會發現最初關羽和玉泉寺及其創始人天臺僧智顗（五三〇—五九八）之間毫無關聯。根據隋代當地縣令皇甫昆（毗）撰寫的碑文記載，玉泉寺是由地方施主捐建的，他們每人捐獻一塊磚瓦，寺廟很快就建成了，「如有神助」[16]。這些都是在五九二年初智顗來到玉泉山後發生的，因為當時他是全國最著名的僧人之一，所以在如此短的時間內得到地方各界的支持也就不足為奇了。[17] 智顗也是荊州某地名門望族的後裔，這一家族與南朝幾代統治者都有著密切的關係。當時距離五八九年隋朝征服南方並不是很久，反隋的騷亂仍在持續，社會一直處於高度動盪之中。作為南方貴族文化和佛教勢力的傑出代表，隋朝新的統治者極力拉攏智顗，但收效甚微。因此，智顗在五九二年隱退玉泉寺也就具有強烈的政治意味，他之所以會選擇一個如此偏遠的地方，就是為了遠離朝廷的視線。智顗在玉泉寺停留了兩年，在此期間極其活躍，從而成功地為他的天臺宗建立一個新的據點。這座新的寺廟獲得官賜匾額，被稱為「一音寺」，但人們之後仍然稱其為「玉泉寺」，該名稱一直沿用至今。[18] 關公墳墓和關公崇拜場所與玉泉寺相鄰是非常偶然的巧合，但隨後名聲大振的關公崇拜，與唐宋時期當地佛教僧侶和世俗信徒之間的規律性交往卻絕對關係密切。

灌頂（五六一—六三二）撰寫的《智者大師傳》為我們提供寺廟創建的宗教背景。作為智顗的學生，灌頂的敘述主要來自他在玉泉寺期間的所見所聞。[19]

其地本來荒險，神獸蛇暴。諺云：三毒之藪，踐者寒心。創寺其間，決無憂慮。是春夏旱，百姓咸謂神怒。故智者躬至泉源，滅此邪見。[20] 口自呪願，手又搗略。隨所指處，重雲靉靆籠山而來，長虹煥爛從泉而起。風雨衝溢，歌詠滿路。當時龍佔其境，智者於金龍池側以建玉泉。[21]

這則史料清楚地說明，上文提及的神靈是一條龍，而不是關羽這樣的擬人神。此外，整個儀式的重點就在於要摧毀當地神靈，而不是令祂皈依。至少從佛教徒的角度出發，他們與當地神靈的對抗經常以摧毀對方為目的，因為在地性的實踐經常會導致新舊信仰在某種程度上的融合，從而有損佛教的純潔性。[22] 玉泉寺這一約定俗成的名稱表明它和當地的一眼泉水有緊密的聯繫，毫無疑問，這也是寺院的水源地。

附近山民很有可能曾經崇拜「神獸和蛇」，更確切地說，應該就是寺院旁邊水池裡的龍神。他們可能會把新建的寺院理解成是對龍神領地的侵犯，這也就意味著智顗和他的僧眾們是被迫參與到這場關於儀式權力的鬥爭中。我們從以上史料中得知，那個神祇居住在水池中，而且並沒有被確認為是關羽。儘管玉泉寺仍然是天臺宗傳統（後來被禪宗所取代）的一個非常有影響力的中心，但長遠而言，寺院也不能忽視周邊的鄉村社區，那些在山下勞作的農民為僧侶們承擔各式各樣重要且瑣碎的事務。假設當地社區確實存在對關羽的崇拜，那麼與智顗相關的故事從一個摧毀地方龍神的傳說，轉變為一個有些歷史淵源的地方神祇忠誠為其服務的故事也就不足為奇了。因此，關羽不可能一開始就出現在玉泉寺的創寺神話中，而是在後來的發展中被逐漸加入的。雖然玉泉寺位於當陽城外的山上，但關羽墳墓和他最初的祭壇都在離城很近的地方，而且位於沿河區域的一條古老的道路上。這種將地方崇拜納入寺院儀式活動中的做法，最終將不僅有利於僧侶——讓他們與地方社區緊密地聯繫在一起，也有利於地方社區——因為這種做法提高了他們敬奉神祇的地位。

與這一地方神祇相關的最早的史料是，唐代官員郎士元在七五六至七六二年間所寫的〈關羽祠送高員外還荊州〉。該詩首先稱頌關羽是一位「義勇冠今昔」的將軍，然後繼續寫道：

雖為感恩者，竟是思歸客。流落荊巫[23]間，裴回故鄉隔。離筵對祠宇，灑酒暮天碧。去去勿復言，銜悲向陳跡。[24]

這首詩將作為歷史人物的關羽客死他鄉，與兩位官員彼此在遙遠他鄉告別的情形作了類比。對我們而言，關鍵點就是詩中提到關羽祠，作者和他的朋友在祠中飲酒道別。最後一句提到「陳跡」，在這裡，「陳」可能是指隋朝之前的南陳政權（五五七－五八九），也可能是指俗家姓氏為陳的智顗和尚，當然，後者的可能性要小一些。這兩種理解方式都表明對過往輝煌的追憶。這首詩中絲毫沒有提到玉泉寺，而飲酒活動發生在「祠宇」的對面，這表明該次會面的地點是在墓祠之中，而不是在玉泉寺中，否則，所謂「祠宇」對面就應該指的是玉泉寺了。即使在今天，這座墳墓也位於通往荊州的大路上。雖然這首詩無疑反映出作者對於荊州的溫馨回憶，但它提供的細節是非常模糊的，從中很難獲得我們需要的資訊。

到了八〇二年，為關公建造的寺廟已經存在很長時間，並且開始衰敗。在寺廟修復過程中，一位監察官員撰寫了碑記，在記文中明確指出該寺位於玉泉寺東北方約三百步（約三百公尺）處。修復寺廟的命令由官員下達，他們對於供奉關羽的寺廟出現衰敗的情形非常不滿，這表明對關羽的崇拜已經從地方社區上升至更高的社會層級。神靈被稱為關公，而且其身分被明確認定為關羽。關公與智顗會面的情形被描述如下：

（智顗）宴坐喬木之下，夜分忽與神遇，云願捨此地為僧坊，請師出山，以觀其用。[25]指期之夕，萬壑震動，風號雷虩，前擘巨嶺，下堙澄潭，良材叢樸，周帀其上，輪奐之用，則無乏焉。[26]

至此，該神靈被認定為關羽，取代了先前引起旱災、必須摧毀的惡龍，並且成為玉泉寺最初修建過程中的關鍵性合夥人。儘管這則碑記是把關羽崇拜和玉泉寺聯繫在一起的最早的一則史料，但是在此以前，這種聯繫肯定已經至少存在幾十年。透過這則碑記，我們脫離了《智顗傳》中描述關於驅逐惡龍的直接記憶，轉而連結到關於建寺的歷史想像，在這一想像中，有人為寺廟的創建提供幫助。

這個故事的要旨被稍晚些的作家范攄（九世紀後期）證實，他援引以下說法，即人們是為了答謝建寺過程中運送木石的神鬼而建造這座神祠。該祠所供奉的神祇被稱為「三郎神」或者「關三郎」。從上下文來看，這個神靈很明確，指的就是關羽。同時，作者還增添一些與神靈非凡能力相關的資訊，比如沒有人敢偷別人的財物，即使這些財物隨處放置，並且大門沒有關上；如果有人敢在廚房偷吃，他的臉上就會有一個大的巴掌印，並且幾週後才會消散；如果有人出言不遜，他（或她）將會被蛇和毒獸尾隨。因此，住在此地者沒有人敢不遵守齋戒和禁令。[27] 眾所周知，玉泉寺是天臺宗祖庭之一，後來又成了禪宗北宗的祖庭，信徒們在這裡所立的誓言尤其莊嚴，而上文中的最後一句話與這樣的事實是相符的。

關羽在修建玉泉寺時所表現出的神力，在其他地方的類似傳聞中同樣得到證實。八四一年，容州的士兵奉命將一百多棵樹木透過水路運往州城，用來擴建當地的衙門並修復一座寺廟。一個多月後，一個長得猿猴似的人來說：關將軍派他來取木材。由於當時容州的兵士已經取走了木料，所以將軍要在明年把這些木材拿回來。到了八四二年七月，一場可怕的洪水沖毀了新修的縣衙和寺廟的大部分建築。[28] 當然，這個故事所隱喻的事實是，木料很可能被取回到關將軍所在的聖地，就是玉泉寺。蜀國（位於今天的四川，是九〇七年終結唐朝的地方政權之一）皇帝不久後曾命人繪製一幅〈關將軍起玉泉寺圖〉，[29] 這表明關羽助力玉泉寺創建的故事在當時已經傳播開來。

有關玉泉寺神奇修建的完整敘述，出現於為紀念寺廟在一〇八〇年至一〇八一年間重修而撰寫的碑記中，該次重修實際上由當地的一位僧人主導。當時，僧規並沒有被好好的遵守，導致關羽信仰陷入低谷。在一〇八〇年時該信仰出現復興的跡象，有一個陳氏家族的兒子（正好與智顗同姓！）突然可以為神靈代言（即被神靈附體），他說：「自今以往，祀我如初。」[30]第二年寺廟重修完畢，僧人們順利地得到張商英（一〇四三—一一二二）撰寫的一篇碑文。張商英熱衷於佛教的信仰和實踐，最終官居宰相高位，他時任荊州地區的稅務稽查員，因此很可能與玉泉寺的僧人有過交往。[31]他可能透過與地方僧人的深入交談來蒐集撰寫碑刻所需要的素材，他在碑記中頻繁使用佛教術語可以證明這一點。原始的碑文沒有保存下來，但是有人將其從他的文集中抄錄下來，而此人自己也曾在一一九五年為山西北部的平遙縣慈相寺撰寫過一篇碑記，該寺中同樣有供奉關公的殿宇。[32]該寺院的住持曾請求作者寫一篇碑文來紀念一一六五年至一一九五年的一次漫長的寺院修復工程，碑文作者看到之前張商英撰寫的碑文後，當即決定全文引用該碑記的內容。[33]

和此前的史料相比，張商英更詳細地描述智顗和關羽之間的遭遇，展示自中唐以來整個故事發展的脈絡。

此山先有大力鬼神與其眷屬，怙恃憑據，以帝通力，故法行業，即現種種諸可怖畏：虎豹號躑，蛇蟒盤瞪，鬼魅嘻嘯，陰兵悍怒，血唇劍齒，毛髮鬅鬙，妖形醜質，剡然千變。

這裡神靈已經不再是一條龍，而是一位能控制野獸並擁有一支魔鬼軍隊的強大惡魔。很顯然，祂不願意佛教僧侶來這座山上居住。另一方面，這次遭遇也非常像佛陀沒有徹悟之前所受到的瑪拉和其他妖怪們的引誘，這表明當時的智顗處在與徹悟前的佛陀相同的階段。

> 法師愍言：「汝何為者，生死於幻，貪著餘福，不自悲悔？」作是語已，音跡消絕。頎然丈夫，鼓髯而出，曰：「我乃關羽，生於漢末，值世紛亂，九州瓜裂。曹操不仁，孫權自保，虎臣蜀主，同復帝室，精誠激發，洞貫金石。」

這位神靈，或者說張商英以及給他提供資訊的僧人，在這裡完全忽視一個事實，即關羽和劉備都是造反者。

> 「死有餘烈，故主此山。諦觀法師，具足殊勝，我從昔來，本未聞見。今我神力，變見已盡。而師安定，曾不省視，汪洋如海，匪我能測。大悲我師，哀愍我愚，方便攝受，願舍此山，作師道場。我有愛子，雄鷙類我，相與發心，永護佛法。」師問所能，授以五戒。帝誠受已，復白師曰：「營造期至，幸少避之。」其夕晦冥，震霆掣電，靈鞭鬼菫，萬壑浩汗，湫潭千丈，化為平址。[34]

張商英和給他提供資訊的地方僧侶，將這位已經受了五戒的神靈描述成一位佛教徒，這在當時世俗信徒中是司空見慣的做法。

玉泉山附近關羽崇拜的史料大多反映佛教對這一崇拜的看法，也體現地方僧侶在不同階段對關公崇拜的利用情況。顯然，他們曾面對的是非常廣泛的地方信仰，儘管在早期他們試圖忽視這一情況，但這些信仰仍然持續存在。由智顗嫡傳弟子灌頂所撰寫的《智顗傳》表明，智顗當初在山上遇見的神靈本是一條當地的龍及其屬下，而不是關羽本人，關羽的廟宇位於山谷的另一側。很久以後，在八〇二年和一八〇一年記述這一故事的版本中，神靈明確地被確認為是關羽。所有的版本都表明，僧侶們竭力試圖將關公崇拜納入可以感知超自然世界的佛教框架之中。他們不僅將關羽描繪成建造寺廟的幫手，而且在范攄關於地方寺廟的記載中，這個神靈還透過在僧侶和普通人中強制推行相關戒律，以表示對佛教價值觀的支持。到了一〇八〇年，寺廟和關公崇拜同時出現衰落，這表明當時兩者已經結合為一個有機整體，因此關公廟宇的重修有助於寺院的復興。

最初位於河邊的墳墓現在只是一個紀念地，並未成為當地宗教崇拜和社會聯繫的焦點。到了元代，墓祭已經徹底被玉泉寺接收了。在一三〇六年，第一本關公聖蹟傳的編撰者胡琦做出如下的觀察：

> 今塚以大王為號，每歲清明，鄉人相率上塚，如拜掃之禮。宋淳熙十五年，荊門守臣王銖始建祭亭，環以垣牆，樹以松柏。經端平甲午之變，塚塋翳然。自至元十二年，荊門歸附之後，玉泉住山慧珎，翦其荊榛，封其丘隴，重作行祠以表之。

慧珎還安排了一個僧人來管理這裡的祭祀供品。[35]很顯然，關羽墳墓在當時，或者說此後已經不再是當地人關注的重點，以至於要透過玉泉寺的僧侶來提醒這一點。「行祠」這一概念表明，這一祠廟現在已經被重新定義為玉泉寺的附屬。

晚明時期，講述關羽與智顗間關係的故事已經流傳到天臺宗的傳統祖庭天台山。據說，隋代時，每逢智顗忌日，朝廷會派一名使者到天臺寺院，以示尊重。有一次，使者被允許親自前往龕塔中瞻仰智顗肉身，他一打開塔門，便看到智顗端坐於石室中，仿如生前。翌年隋朝使者到天台山，再次打開龕塔時，智顗的靈體從龕中消失了：

> 後荊州玉泉藏殿一日推輪，關王附人語曰：「我師肉身在此，不得動飛輪其上。」自是知關王神力，自天台移藏於玉泉也。[36]

智顗去世後並沒有被火化，而是作為「完整的肉身舍利」被安置在一座石塔內，也許是經過某種木乃伊化的過程（無論是自然還是人工的），形成所謂「肉身」。[37]很可能在隨後幾個世紀的社會動盪中，這具肉身從天臺宗消失了，從而為這類肉身轉移的故事提供創作的空間。這個故事最初起源於口頭環境中，它的靈感可能僅僅是因為對「藏殿」中「藏」字（應為佛教經典）的誤解，誤認為與之同音的埋葬的「葬」之意。[38]

總而言之，關於智顗的最早傳記材料並未證明他與關公（或當地人熟知的關三郎）聯合起來修建玉泉寺；相反地，我們發現一個更為常見的敘述版本，即僧侶的儀式和靈力就可以打敗當地的蛇形怪物。儘管我們無法追溯這個過程，但可能在八世紀時，當地對於這位惡魔將軍關羽的崇拜已經和山坡上的寺院聯繫在一起了，雖然最初的崇拜起源於沮河邊的關羽墳墓。八〇二年，人們在玉泉寺旁修復關帝廟，並且立碑，從此寺院和神靈之間的聯繫被記入史籍。高僧智顗最初是要驅除一個惡魔般的動物，現在取而代之的是一個完全不同的故事，在這個故事中，以惡魔形象示人的關公協助智顗修建寺院。灌頂所作的智顗傳記等較早的史料都曾經根據這一後起的敘述而有所修正。[39]關公和天臺宗寺院之間的這種關係並未成為大的天臺宗傳統中的一部分，晚唐和宋代訪問中國的日本僧侶從未提及此事。[40]只是到了明末，遠在浙江天台山的僧人才開始講述關公的故事，這麼做是因為當時關公所擁有的巨大影響力已經遠遠超越天台山本身的聲望。

事實上，智顗在玉泉山使關羽／關公皈依的故事非常有名，以至於明朝中期創作《三國演義》的作者也加入相關片段：僧人普淨正在山上冥想，突然出現一個騎著赤兔馬、手持青龍偃月刀的人，身後跟著兩位將軍。僧人立即意識到這三人是關公（當時是被這樣稱呼的）、關平和周倉，就是讀者經常在寺廟祠宇中見到的那三個人。普淨用飛拂撣著他的座位，向關羽問道：「顏良何在？」於是關公頓悟，並且成為普淨的弟子。[39] 這個故事被寫進小說中，並且有助於塑造後來人們對「歷史上」智顗故事的解讀，原先智顗與當地惡龍對抗的故事在很大程度上淡出了人們的視野。

作為神祇的關羽聲名鵲起

到了十世紀，玉泉寺發生的事件已經廣為傳播。比如，五代時期四川蜀國的統治者對這個故事很熟悉，想要繪製一幅以此為題材的壁畫。這個任務被安排給趙忠義，他是一個畫家的兒子。

> 蜀王知忠義妙於鬼神屋木，遂令畫關將軍起玉泉寺圖。於是忠義畫自運材斲基，以至丹楹刻桷，疊栱下梠，皆役鬼神。地架一坐，佛殿將欲起立。

蜀王讓他的御用工匠（內作都料）檢查壁畫上房屋的設計，後者認為其完美無缺。趙忠義因此獲得重賞並獲授為翰林待詔。他每年的任務之一就是向朝廷上交一幅鍾馗的畫像，在年終儀式上使用。[42]這個細節是為了強調趙忠義能夠畫出凶狠的武神，但也表明這些畫作的主要用途在於為重要的儀式服務。在畫作中，關公的主要扮演一個伏魔者，而非虔誠的佛門弟子。

雖然唐代不同類型的材料都提到關羽神助修建玉泉寺，但僅僅在一〇八一年張商英撰寫的碑文中才明確提到他皈依佛教。張商英稱關羽為「護法神」。「護法」這個詞通常是指那些富有的佛教贊助人，而不是保護寺院領地的無足輕重的伽藍神。在南宋早期的一一四一年左右，有人為一個完全不同的地方崇拜撰寫一篇文章，在該文中明確提到關公已經受戒的說法。[43]一般認為，從那時起關羽就成了地方佛教寺廟的保護神，但宋代的史料表明，在一些作者的眼中，關公是佛教信徒。在絕大多數地方，關公似乎仍然喜歡血祭，這個問題我們在隨後的章節中還會討論。

然而，在玉泉寺，關公及其相關崇拜逐漸被佛教收編。所以，在一方一一七八年的碑記中記載了一項透過吃素包子紀念關公的習俗。當僧人們在院子裡曬糧食時，他們會小心謹慎，鼠、雀也不敢靠近糧食，否則兩者都會有生命危險。[44]這個細節當然不是用來證明關公具有同情心，而是表明其一直以來所具有的暴力的一面。

到了十二世紀，玉泉寺的僧人們已經完全接納關公崇拜，在南宋初期，洞庭湖畔的一個漁民發現一枚印章，在印章上刻有「壽亭侯印」四個字，這些僧人積極參與這一事件。當時人們普遍認為這枚印章曾經屬於關羽，因為他曾被曹操封為「『漢壽亭』侯」。到了南宋，這一封號經常被理解為「漢『壽亭侯』」。那個漁民把印章上交給地方官。起初它被保存在長沙附近的庫藏中，由於它發出毫光，因此被送回荊門的關公廟，毫無疑問，應該是指當陽縣玉泉寺附近的關公廟。在一一七七年冬天，玉泉寺住持從關公廟借出印章，摹畫印狀，之後準備獻給皇帝。那天晚上，放在住持房間的印章突然從盒子裡發出耀眼的光芒。這就證明那顆印章不是贗品，[45] 印章發光這一意象可以和西天佛祖阿彌陀佛發出的光類比，後者用光來淨化世界、普渡眾生。

至少到宋代為止，一些大型佛寺仍然會為擁有（佛祖或高僧的）「遺物」而感到自豪——越到後來，這樣的「遺物」越少。這些「遺物」可能是身體的物理殘存物，比如說保存完好的木乃伊，或者是佛祖或高僧的屍體火化後所形成的舍利——一種結晶物。它們也可能是高僧日常生活中親自使用過的東西，因此在這些物體上保留使用者的特殊影響力（charisma）。[46] 那枚被認為屬於歷史上關羽本人，會發光的印章，也具有和這些「遺物」類似的功能，當時所有擁有不同思想和宗教背景的文人都可以理解並接受這一點。因此，這一事件很快獲得時人的認可。南宋著名的官員和編年史家洪邁（一一二三－一二〇二）就是其中的一位，他在《容齋隨筆》中提到過這件事情。據他記載，是潭洲（今天湖南省長沙市）一名男子發現了這枚印章，後來把印章捐獻給荊門的關帝廟。同時，他還提到印章的圖形保存在臨川的一座佛教寺廟裡。另外，一一二八年在撫州的一棵大樹下又發現了另外一枚印章，這兩個地方都位於今天的江西省。撫州發現的印章上刻有具體的時間——建安二十年（二一五），以及「壽亭侯」的字樣。印章被保存在縣衙的庫藏中。一一九六年，一位地方長官又得到一枚刻有相同字樣的印章，嘉興也有人擁有相同的印章。洪邁認為，這些印章沒有一個是真正的漢代實物，因為關羽真正的封號應該是「『漢壽亭』侯」，而且怎麼可能會有那麼多原初的印章呢？另外，那些印章也比漢印大得多。[47] 印章的真假可能並不是非常重要，重要的是人們強烈希望得到某種見證作為歷史人物的關羽生平的物品；另外，這些印章通常都和佛教寺院有關係。

洪邁提及的臨川寺院供奉關羽的神殿，後來發展成為一座完整的寺廟。南宋初期，關羽保護過這個地區，當時土匪入侵，地方官員帶人在城牆下與土匪交戰，這時土匪看到一名身披戰袍、長著鬍子的男人站在佛塔頂上（佛塔的高度應該超過了城牆），手舉旗幟，好像在指揮（戰鬥）的樣子。結果土匪都逃跑了，人們對關公的崇拜也進一步得到強化。後來，寺廟中的一名僧人從玉泉寺得到一幅臨摹關羽印章的圖，將其複製後供奉在寺廟內。[48] 這則史料很有意思：首先，這是一個關公崇拜透過佛教寺院傳播的例子；其次，這是關羽被視為軍事保護者較早的一個例證。此外，在這一個案中，關公崇拜再次和玉泉寺發生聯繫，這種聯繫在各地不同的個案中都有所反映。

各類印章的現世表明，到了南宋時期，玉泉寺及其相關敘述已經成為當時士人文化的重要組成部分，這當然得益於該寺在早期的天臺宗以及隨後的禪宗在歷史上所擁有的突出地位。對關公的關注進一步提高玉泉寺的聲譽。在宋代，人們訪問玉泉寺時，也會去關公廟瞻禮。在《夷堅志》中，洪邁為我們保存一則故事，這個故事記載，當時有人在當陽「玉泉寺旁」的關帝廟中請求關帝託夢給他，並且最終找到自己的生母。該事發生在一一九〇年，這個人和自己母親已經分離四十年了。洪邁進一步指出，當地人經常到這座廟中祭拜，因為廟中關帝託夢非常靈驗。[49] 洪邁蒐集的另一則逸聞說的是，一個留著長鬍子、大眼睛的傢伙給一位官員開了張藥方，結果把他的病治好了。後來這位官員到玉泉山時，認出寺院亭子裡的「關王」塑像就是那位給他開藥方的人，於是他就畫了一幅關公神像掛在自己家中。[50] 儘管洪邁只是留下一些個人經歷的片段記載，但是這些紀錄表明，玉泉寺中的關公廟並不僅僅是一個真假摻雜的歷史文物寶庫，事實上，當時不同的個體在關公廟中都可以有所得。另一方面，我們還缺乏當時對關公系統性集體朝拜的證據，人們的祭拜仍然是個體性的。

江陵縣位於當陽縣南面的長江邊，曾任該地縣令的陳傑（約一二三六—一二七〇年代）寫過一首帶有序言的詩，詩中再次提到那枚有名的印章。他說「從前」（曩）自己看到過幾種和宗教相關的寶物，一件是來自玉泉山（寺）的印章、一件是來自「解州鹽池的龍骨」，還有來自玄潭道人的「旌陽令劍」。[51] 這把劍提供有關另一個神蹟的真實證據，也就是許真君許遜（又名許旌陽）打敗惡龍的事蹟。許真君是三世紀時的一位儀式專家，唐代時已經成為地方信仰崇拜的對象，很久以後又變成江西商人的保護神。[52] 無論是關羽的印章還是許旌陽的劍，都被認為由於密切接觸而保留其原主人的一些神奇的力量，但同時它們也屬於更大範圍的驅魔法器類物品，是驅邪除惡的寶物。[53] 作者在詩中表明，他是在私人聚會中見到這些物品，顯然它們不是公共「遺物」的一部分。

隨後幾個世紀中，在各類地方逸事傳聞裡，關公和玉泉寺的聯繫都發生在玉泉山上。十七世紀初，寺院的僧侶用關公和他的軍隊曾經駐守的故事，來解釋神殿前面的泥土為什麼是黑色的。根據那個故事的描述，關羽在給兒子寫了一封信之後，把墨汁倒在地上，所以那片地就變成黑色。根據歷史學家談遷（一五九四－一六五八）的記載，這裡曾經還有一把青龍偃月刀卡在岩石中。人們觸摸刀時，刀就會振動，但卻無法將其拔出來。[54] 談遷還提到關羽的印章在一四五〇年代、一四九〇年左右及十七世紀初期又曾多次被人發現。

這些印章上面都刻著「壽亭侯」的字樣；最晚出現的那枚印章被保存在杭州西湖邊的寺廟裡，談遷曾在那裡見過。[55] 十八世紀的作家王棫曾經做過當陽縣縣令。當時他不僅查閱各種地方志，而且遍訪當地父老。地方父老告訴他，如果你向下挖一尺多深就能找到水源，這就證明關羽助建玉泉寺的傳說是真實的，神靈將此處的水池變成適合修建寺院的地方。透過親身實踐，王棫發現事實確實如此。[56]

與佛教的關係

毋庸置疑，早期的關公信仰與玉泉寺的聯繫有助於提升其在中國南方地區的聲望，至少在僧侶以及等待入仕或者已經入仕的官員等文化階層中是如此。因此，早年研究關公信仰傳播的相關學者都認為，關公信仰至少在早期是借助於佛教的力量傳播到其他地區。由於玉泉寺是唐宋時期重要的佛教中心，因此在該寺中學習過一段時間的僧侶也有可能將這一崇拜傳播到其他地方。為了驗證這個假設，我蒐集所有佛教語境下關公崇拜的早期證據。而到了元末，關公信仰已經非常普及，佛教語境下存在的關公崇拜固然也能反映其整體上受歡迎的程度，然而卻並不一定能讓我們瞭解關公崇拜的傳播機制。十六世紀以降，我們發現人們也經常會把關公當作佛教寺院的護法神崇拜，但這樣的情形似乎比較晚起，因此與關公崇拜的佛教起源並沒有必然的聯繫。

關公信仰最初的傳播

到了北宋時期，關公崇拜已經傳播到荊州境內的其他地方。奇怪的是，當我們考察關公崇拜在幾個世紀前的地方性起源問題時，我們只能依據相當晚出的證據。一〇九五年，當陽縣城門外的一座佛寺中有一個神殿，每當發生瘟疫，人們都會去那裡祈禱。[57] 一一二五年，在荊門縣城西門外存在另一座寺廟，由一位僧人管理。這個寺廟曾經發生一件神奇的事情，有一個幾乎目不識丁的獄卒被神靈附體，並且暫時擁有書寫能力，最後他捐資幫助寺廟修建三座大殿。[58]在第一個個案中，神殿位於佛教寺院，其中提到民眾祈願希望神靈幫助抵抗瘟疫的舉動，但這樣的幫助似乎任何神靈都可以提供。第二個個案同樣不存在和佛教的密切聯繫，因為寺廟的管理者經常是和尚，他們不一定會對寺廟中的神靈崇拜產生實質性影響。至於那個靈異事件也沒有任何的佛教意涵。

有關荊州地區關公崇拜早期傳播的最直接評論，來自南宋時期傑出的監察御史陳淵（一〇六七－一一四五），他於一一四〇年寫道：

> 臣嘗遊荊州，見荊人之所以事關羽者，家置一祠，雖父子兄弟室中之語，度非羽之所欲，則必相戒以勿言，唯恐羽之知也。夫羽之死已數百年，其不能守以害人也審矣，而荊人畏之如此，以其餘威在人，上下相傳，有以誑惑其心耳。

在這則材料中，陳淵不僅告訴我們當地關公崇拜的流行程度，而且使用實名來指稱關羽，而不是用關羽早期的其他尊稱。在此陳淵強調人們對關羽抱持一種持續的恐懼心理，儘管祂在數百年前已經去世，而且陳淵還把這種恐懼和人們對女真的懼怕進行比較。[57]這樣的比較顯得對關羽不太恭敬，但也表明在當時，關羽崇拜在精英階層中還不是非常流行，否則陳淵就不會僅僅把人們對關羽的崇拜看作一種恐懼心理的外在表現。同樣有趣的是，人們相信作為神祇的關羽在審查他們的談話，這類似於關羽在佛教寺院中所發揮的功能。[60] 在某種程度上，關羽被視為一個衛道者。在這則史料中，我們看不到絲毫與佛教相關的痕跡，但是它和其他一些較早的史料都表明在十二世紀上半葉，關羽已經獲得荊州大部分地區民眾的普遍崇拜。（參見表2.1）

宋、元時期已經獲得證實的具有佛教背景的關帝廟非常少。在第三章中，我們將看到具有道教背景的關帝廟會更多一些，儘管那些毫無宗教背景的關帝廟數量要多得多。進一步而言，更深入的研究表明，佛教僧侶和寺院的介入並非意味著關帝崇拜就可以被視為佛教信仰。甚至連平遙慈相寺中較早存在的一座關公殿，也最好被理解為華北日益發展的民間崇拜的一個表現，而並非發源於玉泉山的信仰。有趣的是，當時慈相寺住持請人為這座關公殿的修建撰寫碑記，而就是這位碑記作者發現張商英曾經為玉泉寺撰寫相關的記文。[61] 也就是說，在修建慈相寺關帝殿之前，方丈本人並不知道關公崇拜和玉泉寺之間的關係。

在以下一則逸聞中提及，早在十三世紀初的平遙就有一座供奉關帝的地方廟宇，這進一步證實當地對關帝的崇拜早就存在。一個北方城鎮被圍困期間，一位來自平遙，後來效力於蒙古人的漢人將軍夢到關羽承諾會保護他，將軍醒來之後，在身後的草地上發現一張關公的畫

表 2.1　佛教背景下關羽神龕早期的創建

時間	地點	方位	與佛教的關係
南宋早期	臨川（江西）	南方	神龕靠近佛教寺院[a]
1165–1195	平遙（山西）	北方	神龕在佛教寺院內[B]
1253–1281	長汀（福建）	南方	佛教的庵堂[c]
1334	安陽（河南）	北方	觀音殿保存的碑文；當地一位住持參與最初寺廟的修建工作[d]
1349	安陽（河南）	北方	佛教寺院中保存的碑文；當代一個和尚參與最初神龕的修建[e]

a　《臨川志》（一九二九—一九三〇）。

b　胡聘之：《山右石刻叢編》卷二十二，頁 14a–15a。

c　《汀州府志》（一六三七）卷六，頁 2a。

d　武億：《安陽縣金石錄》卷十，頁 13b–14a（13920）。

e　武億：《安陽縣金石錄》卷十二，頁 8b–9a（13940）。

像。在隨後進行的多次戰役中，他總是能感受到關公的神助。一二二七年退役時，他在平遙為關公修建一座獨立的廟宇。[62] 將軍很可能是透過慈相寺的神殿或者家內崇拜對關公有所瞭解，但觸發他做夢的直接原因，主要是那幅關公的畫像。在這位將軍的一生中，關公扮演保護神的角色，並不存在什麼佛力護佑。

在閩西長汀縣的南部，有一個關公的神龕最初設於佛教寺院的迴廊。該縣還有不少超地域的神靈信仰，關公只是其中之一，這可能是因為該縣位於從江西到福建的商路之上。儘管如此，在我們的個案中，還應該考慮軍事方面的原因，因為「這是一個衛所將領祈神之處」。我們可以推測，將軍在此祈禱是為了在軍事上獲得神靈的幫助，而並非出於佛教信仰。[63]

在臨川（撫州）個案中，對於關公和佛教之間的關係可以作進一步的探討，儘管結果再次表明兩者之間的聯繫還是流於表面。在當地一座佛寺中，有三座神殿分別供奉三位來自其他地方的神靈。[64]其中一座就是供奉關將軍——這是當地人對關羽的稱呼——的神殿，這座神祠位於寺院的東側。在南宋初期動盪不安的年代，一一三〇年左右，一幫土匪襲擊這座城市。一位當地官員率領地方軍事力量在城牆下與土匪激鬥。之後土匪看到有人穿著戎裝，留著鬍子，手擎軍旗，好像在指揮戰鬥，他們非常害怕，於是紛紛逃跑了。這件事激發當地百姓的關公崇拜，並擴建關帝廟。在該寺中還保存著來自玉泉寺的關羽印章摹本。雖然這一個案中的關公崇拜與當地的佛教寺院及玉泉寺都有關係，但促使人民崇拜關公的最初動力還是在於他所具有的軍事能力，這與長汀的案例有類似之處。

同一寺廟中的另一座神殿是「仰山孚惠行廟」。該崇拜在宋代頗為興盛，主要集中在宜春（江西西北部）地區，主要的崇拜對象是兩位可以施雨的龍王。仰山上的棲隱寺建於唐末，是那個時代比較著名的禪宗寺廟之一。一一二八年金人入侵宜春時，兩位全副武裝的神靈騎著白馬，以一己之力趕走了入侵者。[65]佛教僧侶已經成為這一信仰的崇拜者，所以由他們將這一崇拜帶往其他各地也就不足為奇了。當時另一個非常興盛的超地域崇拜是張王信仰，也是人們祈雨的對象，祂最初同樣被供奉於地方佛寺之中，儘管眾所周知，祂十分喜歡精緻的肉類祭品。[66]一般而言，僧侶和信眾總是去那些重要的佛教寺院朝拜。此外，商人和官員是另一類更活躍的社會群體，他們可以把一些文化資源——比如對一位有能力護佑地方的神祇的崇拜——帶回自己的家鄉。因此，能夠供奉於佛寺之內並不一定意味著神靈有著更強的佛教背景。儘管我完全有可能漏掉一、兩例早期佛教背景下的關公崇拜個案，不過就已有的資料而言，很難確定佛教文化在關公崇拜的傳播過程中扮演重要的角色。

作為佛教護法的關公

到了元朝，關公崇拜已經在中國大部分地區廣泛傳播開來，尤其是北方地區。[67]一個世紀以後，我們甚至在十五世紀末和十六世紀初的北方佛教寺院的水陸畫中，發現作為神將的關公。[68]這些全副武裝的關公形象特別引人注目，因為其中使用崇寧真君這一道教稱號，表明來自道教儀式傳統、作為驅魔將軍的關公被整合到佛教圖像中。在第三章中，我們還會討論這一道教傳統，而且這些圖畫中的關公並不是以上文提及的佛教護法神的形象出現。

事實上，直到十六世紀初，才開始大量出現明確將關公視為佛教護法神的相關論述。一位河北故城縣的官員曾說當地一座佛寺中僅有一間狹小簡陋的神殿，用以供奉作為伽藍神的關公。一五二六年，有兩個和尚請求當地的一位施主出資修繕，將這座神殿整修一新，歷史上第一次有了一尊銅製的關公神像。[69]到了十六世紀後期，將關羽奉為佛寺護法神已經十分普遍，以至於一個叫張邦濟的人覺得有必要寫一篇文章來批駁這一做法，他在該文中明確使用「伽藍」這一說法。根據他的說法，因為佛陀的吸引力不足，所以妖僧智顗想利用關公的力量讓人產生敬畏心理。[70]在某種程度上，除了他在文中使用貶損性的言辭外，他的說法和人類學的解釋並沒有本質上的不同，根據後者的解釋，對這樣一位法力強大的惡魔（當然也意味著祂同樣具有與惡魔對抗的強大能力）崇拜將會增強佛寺所具有的超自然力量。

一旦佛教寺院普遍將關公作為護法伽藍神，各地便開始出現很多關公護佑地方民眾的靈蹟故事。比如出生於湖南湘潭一個書香世家的真清（一五三七－一五九三）和尚，他本來注定要走上科舉仕途，然而在經歷一次突如其來的家庭變故後，十九歲出家為僧。當他駐錫於江南鹽官（即海鹽縣）皇覺寺時，「俄患背疾，感雲長入夢授藥，病瘉」。此後，他取得了很大的成就。[71]在此，神靈透過夢境與人溝通，這是祂一貫的做法，在第六章中，當我們討論作為個人保護神的關公時，還會頻繁提到這一點。不過，關公很少為人醫治疾病。

關公作為佛寺保護神的另一項功能就是守護信仰。一位地方僧人曾透露，有一位法師曾經訪問其所在的佛寺，對佛經作了非正統的解釋，結果關公極其不滿，燒毀了該寺的講經樓。[72]在十七世紀中期，著名的僧人智旭講述兩個故事，其中關羽就扮演信仰守護者的角色。在第一個故事中，關公懲罰了一位管理倉庫卻監守自盜的和尚。他託夢給這個和尚，割下他的舌頭。數天後，和尚病得非常厲害，奄奄一息。此後，他變賣財產並求得同儕的諒解，才得以逐漸恢復健康。在第二個故事中，還是來自同一寺院的一個不守清規的和尚，甚至在參與觀音法會時仍然犯戒。他同樣夢到了關公，後者割下他的頭顱，隔天他開始不停地吐血，數月後就去世了。[73] 從西方心理學的角度來看，這三個個案和其他的神蹟故事並沒有什麼不同，它們或者反映了僧侶需要將道德價值觀加以內化（比如在第一個個案中那個和尚對自己的行為表示懺悔），或者借和尚之口告誡其同行，如果行為不端就會有不幸降臨（比如那位曲解佛經的法師和另一位不守清規的和尚）。

有時，神祇的塑像會得到特殊力量的加持。一五九八年，一場大火燒毀位於寧波海岸線外普陀山（普陀山是觀音菩薩的主要道場）上的一座大寺。在這場大火中，只有觀音及作為佛寺護法神的關真君（或稱護法關神）的塑像倖免於難，後者的鬍鬚完好無損。[74] 在後面這個關於蘇州寺院的故事中，神靈塑像扮演更積極的角色。當有人從僧人的齋堂偷盜食物時，僧人們把關公的塑像搬到廚房中加以監視，但之後他們忘記把塑像搬回去，直到有一天晚上僧人們聽到開門聲，結果第二天發現神像已經自動回到原來的位置。[75]

神靈獲得廣泛歡迎的同時，也意味著佛教信徒可能會讓關公適應佛教禮儀的相關要求，其中最重要的是維持素食。清初的佛教居士周夢顏（一六五六－一七三九）對當時的勸善文進行廣泛的蒐集，並結集成書，他在該書中聲稱關公實際上是一個素食主義者：

關公諱羽，字雲長，後漢人也。沒後奉玉帝敕，司掌文衡及人間善惡簿籍，歷代皆有徽號。皈依佛門，發度人願。明初，曾降筆一顯宦家，勸人修善，且云：「吾已歸觀音大士，與韋陀尊天同護正法，[76]祀吾者勿以葷酒。」由是遠近播傳，寺廟中皆塑尊像，顯應不一。[77]

很明顯，周夢顏認為關公本來並不是佛教徒，因此才須加以改造。[78]為了讓冥頑不靈者信服，他只能營造出神靈降乩的場景，讓關公自己拒絕「血食」。所以在佛寺之外，關公通常仍會保有吃肉飲酒的特性。

與此同時，關公並非佛教寺院中唯一崇奉的護法神靈。成書於一八一三年的《百丈清規證義記》討論不同護法神靈的生日，其中觀察到在供奉於東土的伽藍神中，許多人崇奉的是華光菩薩、關王和龍王。有人說華光的生日是九月二十八日、龍王的生日不明，而根據民間習俗，關王的生日是五月十三日，不過正史中記載的關公生日卻是六月二十四日。[79]決定地方僧侶接納一個特定神靈，一定是某種能夠被感知到的護佑生民的力量，而不是佛教的清規戒律。

本書關於佛教背景下的關公崇拜的討論到此為止，我們將會遇到更多具有或多或少的佛教背景的個案，但是我的基本觀點已經交代清楚了。在剛開始，關公崇拜的傳播並未借助於佛教或者僧侶的力量。相反地，虔誠的佛教徒們可能希望透過各種方式把這一崇拜納入自身的信仰體系，比如將其認定為一個秉持素食主義的神祇。此外，自明代中葉以降，他確實成了佛教的伽藍神之一。在我看來，關公之所以能夠擔當這一角色，主要還是因為金元以來，他在華北受到普遍歡迎，關於這一點，我們在第四章中會討論到更多的細節。我們可以觀察到，那些具有佛教背景的關公靈應故事和一般背景下的關公顯靈並沒有本質上的區別，神靈發揮的無非是些護佑世人、預言吉凶、道德監察，以及比較少見的醫病救人等功能。

小結

即使在佛教背景下，我們還是可以在許多靈應事蹟的背後發現關公在本質上所具有的暴力特徵。正如我已經提到的，關羽最初屬於因暴力而橫死的惡魔將軍的行列，這使祂成了一個具有非常強大能量的神祇。至少在地方層面，佛寺中的和尚們竭盡全力去馴化祂，然而我們還是可以發現一個力大無窮的可怕的神祇形象，祂可以控制超自然的世界，從而足以在一夜之間完成一座佛寺的修建；祂擁有可以變幻成各種可怕形象的能力，並且領導著一支由陰兵組成的軍隊，在寺院周圍沒有人或者動物敢於偷盜或出言不遜。或者，正如張商英在一〇八一年碑文中所記載的那樣，關羽在與智顗的對話中說：「我乃關羽……死有餘烈，故主此山。所嗜唯殺，所食維腥。」[80] 而且，儘管關羽已經在玉泉山被馴服，不再食葷腥，但沒有證據能夠表明，其他地方的信徒們會相信祂已經皈依佛門。事實上，如果關羽完全被佛門所馴化，又無法使用武力的話，作為神祇的祂就幾乎發揮不了什麼作用。

在早期的史料中，我們可以清楚地發現，關羽之所以會成為惡魔，主要是因為祂是一位橫死的將軍。在關公崇拜發展的早期，人們將祂和玉泉寺歷史上的重大事件聯繫在一起。我已經說過，祂和智顗修建玉泉寺並沒有關係，智顗在當時遇到的靈異，很可能是一條需要驅逐的惡龍，所以關公和玉泉寺修建之間的聯繫是後來才發展出來的說法。然而，唐末以來，在當地民眾和僧侶的記憶中，歷史卻變得從來如此。即便如此，此類歷史「記憶」在當時仍然是地方性的，並沒有形成區域性和全國性的影響，也沒有對三國歷史的敘事傳統產生任何影響。

將關公塑造成一位為佛教寺院服務的人格神，並為此建構了一個虛擬的「歷史」記憶，這同時也代表著人格神崇拜發展史上一個重要的時刻。在中華帝制晚期，類似的人格神崇拜看上去似乎相當普遍，但是在唐代及唐代以前，這樣的神祇仍然是很少的。東漢晚期的地方官蔣子文可能是最早的類似神祇之一。一般而言，當時絕大部分以人形現身的神都有佛教或者道教的背景，我們甚至可以這樣假設，只有在佛教背景下，人們才能接受把關公想像成一個實實在在、可以被親眼看見的神靈。此後關公崇拜的發展史上有一個奇怪的現象，那就是很少有關公附體於靈媒的記載，一般而言，人們會在現實生活中、在夢境和想像中遇到作為神靈的關羽，祂還會在乩壇中扶鸞降筆。正因為如此，和其他那些依賴於特定靈媒的神靈相比，人們無疑更容易獲得關公的幫助，這或許是此後關公崇拜得到進一步發展的一個關鍵性因素。

在本章最後，我想特別提及，在關公崇拜歷史上缺失了一個很明顯的要素——就是在玉泉山沒有對關公的肉身崇拜，這值得我們關注，因為在中世紀西方基督教歷史上及佛教的歷史上，這一元素是非常重要的。這並非因為在中國文化中沒有這樣的現象，事實上，類似的崇拜是存在的，比如對佛祖手指舍利，甚至某些高僧肉身木乃伊的崇奉等。[81] 當然，也有一些朝聖地是沒有肉身遺存的，比如崇奉普賢的四川峨眉山、崇奉文殊的山西五台山，以及崇奉泰山娘娘的北京妙峰山和山東泰山等。泰山同時還是歷史更為悠久的東嶽大帝的朝聖地，也沒有肉身遺存。[82] 但歷史上從來不存在對關羽遺體的崇拜，即使是對他舉行墓祭的場所也遭到玉泉寺旁關公祠廟的排擠。因此，在此後的關公崇拜演變中，關羽墓當然沒有扮演任何重要的角色。（玉泉）寺中確實有和鹽池靈蹟相關的龍骨遺存（參見第三章），同樣還有關羽的印章，這成了以後聖物遺存崇拜的焦點。在當陽和洛陽（據說關羽的頭顱埋葬在這裡），類似的肉身崇拜也從來沒有興起過；相反地，很久以後在山西南部解州鹽池邊興起的關帝廟取得朝聖中心的地位，儘管僅僅是在華北，而且歷史文獻的相關記載頗為隱晦不明，我將在第四章中討論這一問題。

1 王見川：〈龍虎山張天師的興起與其在宋代的發展〉，《光武通識學報》，二〇〇三年第一期，頁243–283、246、257–260。亦可參見Skar, 'Ritual Movements, Deity Cults, and the Transformation of Daoism in Song and Yuan Times'. In *Daoism Handbook*, edited by Livia Kohn (Leiden: Brill, 2000), 417 and 420–421.

2 Stein, 'Religious Taoism and Popular Religion from the Second to Seventh Centuries'. In *Facets of Taoism: Essays in Chinese Religions*, edited by H. Welch and A. Seidel (New Haven, CT: Yale University Press, 1979), 53–81; Kleeman, 'Licentious Cults and Bloody Victuals: Sacrifice, Reciprocity and Violence in Traditional China'. *Asia Major, Third Series* 7.1 (1994): 185–211.

3 該史料的一部分被保存在裴松之為陳壽《三國志》所作的注釋中，卷三十六，頁941。

4 參　見Stein, 'Religious Taoism and Popular Religion from the Second to Seventh Centuries'; Kleeman, Terry. 'Licentious Cults and Bloody Victuals: Sacrifice, Reciprocity and Violence in Traditional China'; Lin, Fu–Shih, 'The image and status of shamans in ancient China'. In *Early Chinese Religion Part One: Shang through Han (1250 BC–220 AD)*, edited by John Lagerwey and Marc Kalinowski (Leiden: Brill, 2009), 397–458.

5 類似的例子可參見Stein, 'Religious Taoism and Popular Religion from the Second to Seventh Centuries', 58–59, 65, 67–68, 79.

6 參見ter Haar, 'The Genesis and Spread of Temple Cults in Fukien'. In *Development and Decline of Fukien Province in the 17th and 18th Centuries, edited by E. B. Vermeer* (Leiden: Brill, 1990), 349–396. 我認為從十一世紀開始這一發展趨勢變得越來越明顯。

7 孫光憲：《北夢鎖言》卷十一，頁c965（90），上海：上海古籍出版社，一九八一年。

8《雲溪友議》上，頁21a，明確將關羽等同於關三郎。張商英把「三郎」解釋為第三個兒子。參見胡聘之：《山右石刻叢編》卷二十一，頁8a–b。

9 在一些文獻所記載的故事中，唐玄宗也曾被稱為「三郎」，可以和「關三郎」的稱呼作些比較，參見羅大經《鶴林玉露》卷六，頁6a。劉昌詩：《蘆浦筆記》卷一，頁2a–b。王見川在〈唐宋關羽信仰初探——兼談其與佛教之因緣〉一文中認為，以上故事中的「關三郎」應該另有所指，因為他認為，「關三郎」的惡魔形象和作為佛寺保護神的關公形象不符。

10 黃芝岡：《中國的水神》，上海：上海文藝出版社，一九八八年，頁34–37；金文京：〈関羽の息子と孫悟空〉，

《文學》，一九八六年第九期，頁85–87。ter Haar, *Ritual and Mythology of the Chinese Triads: Creating an Identity* (Leiden: Brill, 1998), 255–257.（中譯本參見田海：《天地會的儀式與神話》，商務印書館，二〇一八年。）

11 例如《洛陽寺志．文物志》，頁166。關於這座墳墓可參見https://zh.wikipedia.org/wiki/關莊村關羽墓。該網站提到在一九七九年後的一次發掘中曾發現一漢代頭骨，但已不知去向。

12《洛陽縣志》（一七四五）卷十四，頁48b–49b（1166–1168），臺北：成文出版社，一九七六年。

13 周廣業、崔應榴輯：《關帝事蹟徵信編》卷七，頁9b–10a（224–225）和11a–b（227–228）。

14 McMullen, 'The Cult of Ch'i T'ai–kung and T'ang Attitudes to the Military.' *T'ang Studies* 7 (1989): 59–104.

15 Meulenbeld 在 *Demonic Warfare: Daoism, Territorial Networks, and the History of a Ming Novel* 一書中討論《封神演義》這部小說及其宗教背景。一九九二年一月至三月，我在福建泉州田野調查期間，也發現存在用姜子牙的名字鎮守自家房屋的個案。

16《玉泉寺志》（一八八五）卷三，頁3b（468）。

17 除了提到這件事發生在五九一年之後，道宣的《續高僧傳．智顗傳》中並未給出明確的日期，頁0566c07–c10。志磐《佛祖統紀》中（頁0183a27）關於智顗的傳記，則認為該事發生於開皇十二年十二月初（即五九三年初），不過也沒有提供進一步證據。亦可參見Chen, Jinhua. *Making and Remaking History: A Study of Tiantai Sectarian Historiography* (Tokyo: The International Institute for Buddhist Studies of the International College for Advanced Buddhist Studies, 1999), 180 note 47.

18 Chen, *Making and Remaking History*, 54–62.

19 Chen, *Making and Remaking History*, 41–46.

20 此處譯為「見」（view）似乎不太可能。編注：作者將此處英譯為「heretic manifestation」（異端顯現）。

21 曇照：《智者大師別傳注》下，頁0671b。「三毒」指導致貪（ignorance）、痴（attachment）、嗔（aversion）的三大根源（*kleshas*），它們讓眾生被困在痛苦的輪迴（*samsara*）世界裡。在此進行逐字的閱讀和理解是合適的。毫不令人意外的是，曇照（根據志磐：《佛祖統記》，頁0246c19–0247a20，他生活於北宋晚期和南宋早期）在其注釋中引用張商英的碑文以證明這個神靈就是關羽。道宣在《續高僧傳》（頁0566c07–c10）中則沿襲灌頂的說法。

22 關於智顗的傳記，參見Shinohara（筱原亨一），'Guanding's Biography of Zhiyi, the Fourth Patriarch of the Tiantai Tradition', 125.

Ter Haar, 'The Buddhist Option: Aspects of Religious Life in the Lower Yangzi Region from 1100–1340'. *T'oung Pao* 87 (2001), 130–132.

23 北宋年間改巫州為沅州，於今日河南。

24 《全唐詩》卷二百四十八，頁2782。

25 此處與Diesinger, *Vom General zum Gott*, 103的翻譯不同。編注：原書將文言文英譯，以下為轉譯為中文的內容「（智顗）坐在樹下，夜間他突然遇見了神靈。神靈說他願意捐贈這片土地作為僧人的住所，先請大師出山，並確認建設所需的物資。」

26 《玉泉寺志》卷三，頁12b–13a（486–487）。

27 范攄：《雲溪友議》上，頁21a–b。

28 段成式：《酉陽雜俎》卷三，頁8b–9a。

29 黃休復：《益州名畫錄》，頁5a–b。

30 胡聘之：《山右石刻叢編》卷二十一，頁7b。「兒子」這個詞表明該靈媒是一個年輕人，但關於涉及的儀式，史料則沒有提供進一步的資訊。

31 昌彼得等編：《宋人傳記資料索引》第三冊，頁2404–2405。Gimello, 'Chang Shang-ying on Wu-t'ai Shan'. In *Pilgrims and Sacred Sites in China*, edited by Susan Naquin and Yü Chün-fang (Berkeley, CA: University of California Press, 1992), 89–149.

32 胡聘之：《山右石刻叢編》卷二十一，頁8b–9b、卷二十二，頁14a–15a。

33 胡聘之：《山右石刻叢編》卷二十一，頁8a–b。志磐《佛祖統紀》中的相關文字便採信這篇碑記的內容，頁0183b07–c07。

34 胡聘之：《山右石刻叢編》卷二十一，頁6b–8b（原文）、8b–9b（編者的評論）。

35 顧問：《義勇武安王集》卷二，頁22a（43–44）。慧珎的「珎」也寫作「珍」。

36 《天台山方外志》卷十二，頁14b。以上說法出自智顗的徒弟灌頂所撰之《國清百錄》卷三，頁812c11–0813a21，但之後的故事僅在明代方志中出現。

37 Faure, *The Rhetoric of Immediacy: A Cultural Critique of Chan/Zen Buddhism* (Princeton, NJ: Princeton University Press, 1994, with corrections, 148–169（關於肉身）。Gildow and Bingenheimer. 'Buddhist Mummification in Taiwan: Two Case Studies'. *Asia Major*, Third Series 15.2 (2002): 87–127 and Gildow, 'Flesh Bodies, Stiff Corpses, and Gathered Gold: Mummy Worship, Corpse Processing, and Mortuary Ritual in Contemporary Taiwan'. *Journal of Chinese Religions* 33 (2005): 1–37.

38 另可參見Loveday, 'La bibliothèque tournante en Chine: quelques remarques sur son rôle et son evolution'. *T'oung Pao* 86 (2000): 225–279.

39 比如志磐《佛祖統紀》，頁0183b07–c07，以及宋人對《智者大師別傳注．灌頂傳》的注釋，頁0655a23。

40 比如成尋的《參天台五台山記》等。

41 約成書於一三二一年的《三國志平話》中還沒有這樣的說法，直到《三國志通俗演義》第四冊，卷十六，頁2468–2470中，才出現類似的故事。

42 黃休復：《益州名畫錄》中，頁5a–b。

43 《咸淳臨安志》（一二六八）卷七十二，頁9a–b（4006）。作者鮑饕生活在南宋早期，參見曾棗莊、劉琳等編：《全宋文》卷二百一十二，頁180–191。

44 《玉泉寺志》卷三，頁14b（490）。

45 《玉泉寺志》卷三，頁14b–15a（490–491），所收錄一一七八年的碑記。人們無法確定到底應該如何釋讀印文。後世學者認為不應該讀作「壽亭侯印」，所以在一一七八年的碑記中把它改稱為「漢壽亭印」，比如錢謙益：《重編義勇武安王集》卷一，頁7a–b（191–192），引用的是胡琦的原始文本。而以上討論的「修正」後的版本則收錄於盧湛編：《關聖帝君聖蹟圖誌全集》卷二，頁397a–b（401–402）。

46 Faure, *The Rhetoric of Immediacy*, 132–147. and Chen, Huaiyu, *The Revival of Buddhist Monasticism in Medieval China* (New York: Peter Lang, 2007), 57–79.

47 洪邁：《容齋隨筆》卷四，頁705–706。趙彥衛的《雲麓漫抄》卷五，頁89，也記錄在撫州發現印章的故事，作者的資訊來自長江下游常熟地區的一位古董愛好者。Diesinger, *Vom General zum Gott*, 65–66, 169–170, 作者在洪邁所提供材料的基礎上討論該事件。

48 《臨川志》，頁1929–1930。

49 這個故事僅見於《景定建康志》卷四十八，頁7b–8a（2099）。

50 洪邁：《夷堅志》支丁，卷十，頁963–964。

51 陳傑：《自堂存稿》卷一，頁3b–4a。我們無法確認陳傑的具體生卒年。他在一首詩的注釋中說該詩作於「端平以來」（《自堂存稿》卷一，頁1a），端平為宋理宗年號（一二三四－一二三六）。在另一首詩中，他提到一二五四年至一二六八年間的旅行（陳傑：《自堂存稿》卷三，頁14b）。正如《四庫全書》的編纂者所言（《自堂存稿》，頁1b），該文集中所收錄的一篇作於一三一五年的碑記（《自堂存稿》卷四，頁21b），其作者不可能是陳傑。「道人」這個詞可以指僧人、道士，甚至佛教居士。

52 Schipper, 'Taoist Ritual and Local Cults of the T'ang dynasty'. In *Tantric and Taoist Studies in Honour of R. A. Stein*, vol. 3, edited by Michel Strickmann (Bruxelles: Institut Belge des hautes études chinoises, 1985), 812–834.

53 ter Haar, *Ritual and Mythology of the Chinese Triads*, 320–321.

54 談遷：《棗林雜俎》，〈義集．名勝〉，頁50b（361）。

55 談遷：《棗林雜俎》，〈中集．器用〉，頁42a–b（393）。

56 王棫：《秋燈叢話》卷十三，頁10b–11b（550）。關於玉泉山的另一個故事參見《秋燈叢話》卷十四，頁11b–12a（563）。

57 徐松：《宋會要輯稿》〈禮〉卷二十，頁1207: 1a（779）。

58 趙欽湯編，焦竑校：《漢前將軍關公祠志》卷六，頁7b–8a。

59 曾棗莊、劉琳：《全宋文》卷一百五十三，頁3291（121）；關於傳記的評論，《全宋文》卷一百五十三，頁3290（90）。《湖廣圖經志書》（一五二二）卷五，頁49b（476上）和《岳州府志》（一五六八）卷九，頁39b–40b，也都確認這個崇拜首先存在於人們的家中。

60 范攄：《雲溪友議》上，頁21a–b。

61 胡聘之：《山右石刻叢編》卷二十一，頁8b–9b、卷二十二，頁14a–15a。

62 顧問：《義勇武安王集》卷八，頁碼不清（160–161）。

63 《汀州府志》（一六三七），卷六，頁2a。

64 《臨川志》，頁1929–1930。

65 http://www.baike.com/wiki/%E4%BB%B0%E5%B1%B1%E5%8F%A4%E5%BA%99.

66 《臨川志》，頁1929。

67 正如同恕在《榘菴集》卷三，頁7b–9b，中曾經提及的。

68 第五章的注釋**18**中將展開詳細的討論。

69 孫緒：《沙溪集》卷四，頁7a–b。其他總體性的論述可參見《寧波府志》（1560）卷十五，頁11b（明確地說是「最近」），以及朱國禎：《湧幢小品》卷二十，頁1a。

70 引自張鎮：《關帝志》卷二，頁10a–12b，尤其是頁11b–12a。

71 如惺：《明高僧傳》，頁0913c15–914c14。

72 《天台山方外志》卷十二，頁14b。

73 智旭：《見聞錄》，頁0025a02–10。

74 《重修普陀山志》卷二（頁140）和卷三（頁252），以上兩頁頁碼不明。關於普陀山，可參見Yu, Chun-fang. *Kuan-yin: The Chinese Transformation of Avalokitesvara* (New York: Columbia University Press, 2000), 353–406.

75 錢希言：《獪園》卷十一，頁696。

76 尊天亦作天尊，這是道教常見的稱謂。

77 周夢顏：《萬善先資集》卷一，頁452–453。類似的個案還可參見弘贊：《六道集》，頁0146c15–147a05。

78 他甚至經常祈禱關帝可以「虔信三寶，發菩提心，從而往生西方極樂，踐行菩薩之路」。參見周夢顏：《西歸直指》，頁0118c08–10。

79 儀潤證義：《百丈清規證義記》，頁0392a01–05。這裡提到的關公傳記形成於清初，相關問題將在第七章中討論。

80 胡聘之：《山右石刻叢編》卷二十一，頁6b–8b。

81 參見Chen, *The Revival of Buddhist Monasticism in Medieval China*, 57–79或Faure, *The Rhetoric of Immediacy*, 137–147.

82 比如可參見Naquin and Yü, *Pilgrims and Sacred Sites in China*中的相關研究。

第三章
解州驅邪

歷史上的關羽出生於山西省南部解州（即今天的運城）的一個村莊。這個村莊靠近傳統中國的一個主要產鹽區。十二世紀上半葉以來，隨著關羽降服邪魔解除解州鹽池災變的故事深入人心，另一種形式的關公崇拜在道教驅邪法師的傳播下來到中國南方。這個邪魔起初被認定是蛟龍（這一驅邪故事的道教版本把該故事的發生時間放到宋徽宗年間，即一一〇〇年到一一二五年），而之後則轉變為傳說中黃帝的死敵——蚩尤（北方所流傳的這一驅邪故事則把時間定位到宋真宗年間，即九九七年到一〇二二年）。作為神靈的關公與道教的關係遠大於祂與佛教的關係，值得一提的是，這裡的道教指道教科儀，而並非指有些人所建構的基於老子《道德經》的道教哲學。[1] 宋元之間的一個巨大變化，無疑與南方道教驅邪趕鬼儀式影響的日益增強密切相關。[2] 作為護法將軍的關公崇拜的流行，正是這一信仰的一部分。

現存的解州驅邪故事非常具象地描述這位神靈執掌武力的能力，徽宗年間的故事版本裡蛟龍不但被殺死，而且化為灰燼；而在真宗年間的版本中，蚩尤在一次激烈的鬥爭中被肢解，鮮血染紅了整個鹽池。自此，關公不再是前述智顗故事裡那個來自玉泉山並幫助修建寺觀的好神靈，相反地，祂保留了與一位慘遭橫死的將軍相稱的惡魔般的全部能力。正是這一暴力的本質，使祂成為適合在驅邪儀式中召喚出來的神祇，並促使道教儀式專家們將祂的信仰帶到整個南方。

解州鹽池

在關羽一生的征戰中，很少見到他與年少時便闊別已久的家鄉有什麼關聯。直到關羽作為神祇開始流行起來時，祂才對祂的家鄉重新具有了意義。此後的證據顯示，祂來自解州這一點極其重要，因為解州有一個巨大的鹽池。這個歷來為官方開採的鹽池其實跨越了兩個區縣，經常被認為是兩個不同的鹽池。今天的解州是鹽池西南方的一個不太發達的村莊，而更大的行政中心則是位於北面的運城，這個名字也反映了這一城市自元代以來就在鹽池運營中占據關鍵性地位。[3] 這兩個鹽池一直營運到一九七〇年代中期再也無法繼續開採出鹽的時候，前後歷時兩千年之久。作為中國北部內陸的重要產鹽地，國家對鹽的壟斷政策使得這兩個鹽池成為重要的政府收入來源。

早春時節，一直綿延到鹽池南部的山脈開始解凍，山上的雪水流入鹽池。人們在適當的時候築起堤壩，控制水流，以阻止洪水將鹽分帶走，造成浪費。[4]這並不能完全阻止洪水，因為堤壩需要時時維修，而有些年分的雪可能格外多，帶來的洪流也會更多。人們在春天將水流引入附近的地塊，鹽水由清澈變為紅色。其背後的原因在於鹽桿菌（Halobacteriaceae）的存在，這是一種只有在鹽分含量極高的環境中才能存活的微生物，其體內具有長鏈類胡蘿蔔素的菌紅素（bacterioruberin carotenoids），因而顯現出鮮紅色（想想胡蘿蔔！），因此紅色的出現表示此地鹽分極高，否則前述的那些微生物便無法存活。夏秋之交，這個地區就會刮起南風，鹽在一夜之間結成晶體。[5]水分蒸發後，人們就可以採集鹽塊了。

水的控制在整個開採鹽礦的過程中至關重要，中央政府一直密切關注著這兩座池子。由中央指派的官員頻繁地修築鹽池的堤壩，以確保開採持續地進行。從豐富的碑刻記錄中可以看到，這兩座鹽池持續不斷遭到引流不當造成的洪水及過多雨水引發的瘟疫的衝擊。[6]為了保持鹽的適度結晶，適量清水的引入是必需的。但水分過量會降低鹽池中鹽分的含量，附近鹽池中成分不同的物質污染又會毀掉鹽的口感，此外，泥水問題也很明顯。因此，維護堤壩的同時，也要注意水分的過量排放及其他諸如此類的事情。[7]總的來說，歷史紀錄表明，問題往往來自水災而非旱災，畢竟引入另外的水流比排出過度的水流要容易得多。在此後的研究中，我們將看到這一標準對於確定關羽解州驅邪故事時間的重要性。

商人們成群結隊地來到鹽池取鹽。在宋代，他們必須先將穀物和飼料運送到北方邊境，以換取用來提取鹽的鹽引。一〇四四年以後，中央政府在國都公開發行這些票券，鹽引變得可以直接購買。用鹽引提取出鹽之後，商人們再前往指定地區販賣。由於該商品由國家壟斷，售價穩定，隨著消費群體不斷擴大，鹽商們獲利越來越多。[8]《花關索傳》中便將「關西」商人視作一個已經定型的社會群體。這一講述關羽傳說中的麻臉兒子關索故事的說唱話本出土於十五世紀的一座墓穴中，但極有可能傳承自一個十四世紀的原型故事。[9]也就是說，至遲到明代中葉，這些山西東南部及陝西西南部出身的商人已經成了一股強大的商業力量，並一直延續到帝制中國晚期。[10]這一地區的商人在北宋、金、元時期的情況尚不太明朗，但他們極有可能在當時已經聚集可觀的財富。自然而然地，他們的家鄉也就具備足以支持建造一些流傳到今日的美輪美奐寺廟的財力。[11]解州必然在這一地區的發展中扮演至關重要的角色。

在十一世紀，尤其是在解州附近的其他縣裡，關羽信仰的原型已經逐漸成熟，並逐漸流布於中國北方的其他地區。這一信仰是一種更廣泛意義上的地方社會的崇拜，而並不僅僅是因為可以保衛鹽池才獲得人們的崇祀，它在解州流布的開端並沒有充分的文獻記載。明代的一部地方志中提到，大中祥符年間（一〇〇八－一〇一六）中央政府曾下令重修當地的關帝廟，不過這一記敘更多地帶有虛構性質，可能受到晚些時候關公驅邪故事的影響（本章稍後將討論這一故事）。這座廟宇本身甚至並不直接與這則故事相關，因此我將這座廟宇的相關歷史留到第四章講述。這並不是說鹽池的運營完全是世俗之事，因為崇祀神祇仍然是這些鹽池的相關負責官員的基本職責所在。不過就我們目前所知，解州鹽池的神祇本身只有一種類神化的屬性。[12]

處決蛟龍

如果從現代人的視角來看，驅趕蛟龍以抑制地方洪澇與國家的財政預算之間似乎並沒有什麼關聯，但當時的人們卻不這麼想。由於宋金元時期解州的鹽池對國家財政意義重大，這一時期的國家政權對所有導致鹽池停產的問題都極為關注。解州鹽池的主要問題是洪澇，通常需要興建大量的水利工程來解決。在關公信仰的傳說中，人們認為某次洪澇災害是蛟龍作祟所致，處決蛟龍成為當務之急。三十代天師張繼先（一〇九二－一一二七）召喚出關公，最終成功制伏這個邪靈。這個故事與關公幫助修建玉泉山佛寺的故事，都成了關公神靈生涯中標誌性的神話傳說。在本節中，我們將會研究道教的除蛟故事，以及這一或真實或想像的事件在關公信仰的流布過程中所發揮的作用。由於道教內部將這一故事定位於北宋徽宗年間，以下我將這個版本的故事稱為徽宗版。[13]

在與道教傳統結合最為緊密的徽宗版故事中，最關鍵的問題是洪澇使得人們無法採集鹽塊。這一版本的故事也有可能來自一個真實的歷史事件。一一〇五年，人們在鹽池上興建大量工程，以解決洪澇帶來的嚴重引流問題。元代傳記作者胡琦引用南宋初期有關修復這一地區水分蒸發系統的討論，其中指出有「數百官員曾前往道賀」。很明顯，這是一次在朝廷中影響極大的事件，而道教科儀專家也很有可能參與本次事件。[14]

在解州水利工程完成的同時，禮部下令賜封當地廟宇，其中包括解州鹽池邊供奉不知名神祇的神廟。[15]當陽縣的幾座崇奉關公及其兒子關平的神祠也在這次賜封中獲得封號，[16]但解州的關公廟卻不在其列。儘管此時關羽獲得的兩個封號與本章之後將要分析的傳說中的封號並不相同，但是一一〇五年這個年分，則與道教傳統版本的故事中所定位的徽宗崇寧年間（一一〇二—一一〇六）相吻合。

解州鹽池中有蛟龍作祟的敘述，也與徽宗年間的宗教氛圍相契合。朝廷此時招募道教科儀專家，並試圖透過他們的神力來解決當時的各種緊迫問題。這些問題既包括宮廷裡的靈異現象，也包括野蠻的外族人對中原的威脅。其中最有名的就是朝廷對溫州人士林靈素（一〇七六—一一二〇）的尊崇。在失去朝廷的禮遇之後，林靈素回到他的家鄉，而其他的神霄派成員如王文卿（一〇九三—一一五三）等人則繼續傳播這一派的科儀。[17]這一時期，龍虎山的天師派凌駕於一部分道教傳統之上，南宋開始，天師派才真正開始占據道教主流地位，並一直延續到清末。[18]正如伊沛霞（Patricia Ebrey）所指出的，朝廷與道教專家之間的關聯開始於徽宗的父親神宗（一〇六七－一〇八五）及徽宗的兄長哲宗（一〇八五－一一〇〇）時期，[19]但這一關係到徽宗朝時變得更加緊密了。

宮廷中的靈異事件對當時的道教科儀專家構成巨大挑戰。[20]我們無法判斷這些記載中有多少是用來抹黑徽宗朝及其所招納道士的流言，畢竟，在傳統中國，大部分人都會在人生的某個階段被某些奇怪的現象附體，並前往不同的驅邪專家那裡尋求解救。一個較早的故事來自洪邁。他的父親是一位重要的外交官，並與徽宗時期的朝廷關聯緊密。洪邁講述了一個一一二〇年間發生在徽宗朝最為重要的政治人物，時任宰相的蔡京（一〇四七－一一二六）府邸中的驅邪故事。寶籙宮中的道士和京城中其他知名的道士均對作祟的妖邪束手無策，蔡京只得請來第三十代天師張繼先。天師在邪祟以火來攻時靜坐不動，並最終成功收服這一能量極強的邪魔，隨後將祂發配海外。[21]在另一則史料中，徽宗於政和年間命天師前往同州收服一條為害當地多年，食人無數的白蛇。一場激鬥後，張繼先成功完成使命。[22]蔡京與張繼先之間的聯繫十分微妙，因為透過他的姻親胡師文的關係，他與天師在解州鹽池驅邪趕鬼的故事也產生了關聯。我將在後文中進一步展開討論。

綜上所述，張繼先非常有可能曾在東京（今開封）附近舉行一場大型驅邪儀式。不管解州鹽池的除蛟故事是否在歷史上真實發生，南宋的精英們顯然相信，在徽宗時期，類似的驅邪儀式常常舉行。由於解州鹽池與國家財政之間的關聯，以及驅邪儀式與朝廷之間的聯繫，（北）宋都城應當是曾真實存在的驅邪儀式最有可能發生的地方，儘管之後的材料往往認為這一驅邪儀式直接發生在解州鹽池。

有關這一基礎事實本身，道教文獻中有好幾篇詳細的記述。最早的全文記述應當是一篇署名為「陳希微」的題為〈事實〉的記述，他自稱是張繼先的學生。在一〇八六年到一一一九年間，也就是大約在張繼先的時代，確實有一位名叫陳希微的人行跡活躍。[23] 這篇記敘被附在一系列以關羽為主要官將的科儀末尾。[24] 這一系列科儀被收錄在一本大約成書於明初的早期道教典籍《道法會元》中。關於這一系列科儀文字成文年代的證據，就隱藏在文中神祇的「義勇武安英濟關將軍」這一封號中。[25] 這一封號中的不同部分分別來自一一〇八年（武安）、一一二三年（義勇）及一一八七年（英濟）禮部的賜封，但其中缺少「顯靈」這一關羽在一三二九年獲得的封號，意味著這些文書的成文當在一一八七年至一三二九年年間。[26] 這一對年代的大致估算，也與十二世紀關羽信仰在許多道教派別內的廣泛流行吻合。在討論他在道教體系中的總體崇祀狀況之前，我們需要首先考察一下這個傳說本身。

昔三十代天師虛靖真君，於崇寧年間奉詔旨云：萬里召卿，因鹽池被蛟作孽，卿能與朕圖之乎？於是真君即篆符文，行香至東嶽廊下，見關羽像，問左右：此是何神？有弟子答曰：是漢將關羽。此神忠義之神。師曰：何不就用之？於是就作用關字，內加六丁，書鐵符，投之池內。即時風雲四起，雷電交轟，斬蛟首於池上。師覆奏曰：斬蛟已竟。帝曰：何神？師曰：漢將關羽。帝曰：可見乎？師曰：惟恐上驚。帝命召之，師遂叩令三下，將乃現形於殿下，拽大刀、執蛟首於前。不退。帝擲崇寧錢，就封之為崇寧真君。師責之，要君非禮，罰下酆都五百年。故為酆都將。此法乃斬蛟龍馘魔祖法始也。[27]

這篇記述並非口語體，並且頻繁地使用對話的格式（「曰」出現了七次）。但我們可以相當確定，它是一篇用於塑造天師作為帝師形象的後來創作。這則故事的儀式文本中提到天師所寫的字符。這一字符包含一個巨大的古體的「關」字，字的內部則有六個小的「丁」字。這六個「丁」是將軍與邪祟戰鬥時輔助祂的神兵。這個科儀甚至提供關於該神靈最古老的描述。

遺憾的是，該故事省略了一些關鍵的資訊。例如，我們並不知道天師是從何處應召而來，儘管如果我們假定這一故事有某些歷史事實基礎，那麼他極有可能當時正住在國都。他首先去了當地的東嶽廟，然後向解州鹽池中扔下鐵符，並見證了這個怪物的戰敗。此後他便立即重新回到宮殿參拜皇帝。如果我們想更準確地描述這個故事，那個鐵符或許是由天師的助手

圖 3.1　道教儀式中的關公神

左圖是關公的畫像，出自陳希微敘述中提及的道教文獻。右圖是天師畫的符咒。

放入鹽池中的，如稍晚時候天師所主持的另一場驅邪儀式那樣，我們將在晚明版本的故事中繼續加以討論。在這類儀式中，放入鐵符的行為基本可以作字面意義上的理解，因此不存在另一種將其理解為精神世界中的行為的可能。

另一則有關這個傳說的記述出現在第三十代天師張繼先的道教傳記中，儘管在元代和明代早期的版本中只保留這個故事的框架。[28] 晚明的《漢天師世家》中收錄張繼先的傳記，其中保存一個更長的版本，也特別提到關羽。這個版本的故事無法追溯到一六〇七年之前，也就是收錄這個故事的《正統道藏》的編纂時間之前。[29] 由於天師出生於一〇九二年，而這個版本中的除蛟事件發生在崇寧年間（一一〇二－一一〇六），因此該事件常被用來證明天師的早慧。儘管這則記述無疑是後人的創作，但它與人們對一個年輕的男孩（天師）與一位年輕的皇帝（二十出頭）交往的想像有所不同。

（三十代天師，九歲承襲真人之教。）……崇寧二年，解州奏鹽池水溢，上以問道士徐神翁，對曰：蛟孽為害，宜宣張天師。命有司聘之。明年赴闕召見，問曰：卿居龍虎山，曾見龍虎否？對曰：居山，虎則常見，今日方睹龍顏。上悅，令作符進。上覽笑曰：靈從何來？對曰：神之所寓，靈自從之。

這段對話之後是一段有關《道德經》的討論。據說，老子曾向張繼先傳說中的祖先張道陵解說過《道德經》。宮殿中的每個人都被天師對這部文本的理解之深所震驚。之後，筆鋒又回到這則傳說。

十二月望日，召見。上曰：解池水溢，民罹其害，故召卿治之。命下即書鐵符，令弟子祝永佑同中官投解池岸圮處。逾頃，雷電晝晦，有蛟蟹磔死水裔。上問：卿向治蛟孽，用何將？還可見否？曰：臣所役者關羽，當召至。即握劍召於殿左，羽隨見，上驚，擲崇寧錢，與之，曰：以封汝。世因祀為崇寧真君。明年三月，奏鹽課復常。

現代的宗教儀式中仍經常出現以錢幣來驅邪或辟邪的現象，因此這則記述中的崇寧錢幣可能也是出於同樣的目的（參見圖3.2）。

試比較〈事實〉和第三十代天師的傳記對這則故事的記述，我們會發現後者增加了一些細節，包括徐神翁的建議，以及關於如何將鐵符投入鹽池中等。而年輕的天師需要花費一些時間以從龍虎山前往宋的都城開封，這看上去也更符合邏輯。此外，天師委派了一名弟子（也就是更低等級的道士）和一位代表朝廷的中官，去做將鐵符投入鹽池的低階工作，而不是自己親自前往鹽池。如果這個盛大的儀式實際上是在開封進行的，那麼或許可以解釋為什麼是當時更為出名的當陽縣的關公神祠獲得好幾個封號，而非當時還不太出名的解州的關公祠宇。

我們無法精確地考證以上幾個道教版本故事的年代，儘管自一一六六年開始已經有在道觀中附設關羽祠的情況，足以表明道教與之產生聯繫不會晚於南宋初期的事實。這個故事為一系列以關羽為驅邪官將，並通常伴隨著瘟神溫元帥的儀式提供適合的譜系。30 在後文裡，我們將看到這兩個官將還會時常一同出現在道教廟宇之中。此外，這個傳說還將關羽與有名的徽宗皇帝（一一〇〇—一一二六在位）聯繫起來，這甚至有可能是真實的歷史存在，也符合那

圖 3.2　數串崇寧通寶

在傳統中國，一般而言，銅錢都會用繩子穿起來，以方便運輸。照片中的繩子是現代的，銅錢的年代可以追溯到崇寧時期（一一〇二－一一〇六）。牛津大學阿什莫爾博物館（Ashmolean Museum）授權使用。

段時期的宗教圖景。由於徽宗對關羽「崇寧真君」的冊封從未出現在傳統史料中，我們應該可以假設這是一種「道封」，即在道教傳統之內，並不是透過常規的禮部管道給予的冊封。而皇帝對祂的害怕則是很好的人性的體現，表明了這個神祇的凶猛異乎尋常。

依據道教儀式的材料，最多只能定位在一一八七年到一三二九年之間，沒有辦法更精確了。但其他的材料則強力地證明，在徽宗統治的初期，曾經發生一場與解州鹽池相關聯的重要儀式。一個相關的例子就是天師在一一〇五年收到「虛靖先生」的封號，儘管我們並不知道為什麼他會獲得這個封號。[31]此前提過的一則徐神翁的傳記則提供更多的資訊。這則傳記被收錄在王禹錫（一一九二年）所撰的《海陵三仙傳》之中。[32]在天師獲得封號的同年，發運使胡師文奉朝廷之命召徐神翁進宮。胡師文是備受蔡京信賴的下屬，他們都在此時發生壟斷鹽業的再分配一事中牽涉頗多。[33]正是在這個時候，「會解池水溢。（帝）詔問之，（徐）對曰：『業龍為害，惟天師可治。』（帝）召張繼先至，投以鐵符，龍震死。」鹽池的產出恢復如常。[34]儘管這個片段中並未提及關公，但我們還是可以很明顯地看出來，早在十二世紀，人們就相信是張天師驅除了一條引起鹽池洪災的龍。這位作者並沒有親眼看見這件事，只是在轉述一個想必流傳一段時間的故事，這段故事甚至可能一直追溯到促使朝廷賜給天師特別頭銜的事件。

在一個有趣的改本中，玉泉寺曾在宋代後期保存一枚「解池龍骨」，當地流傳說這條龍是「（壽亭）侯所下討者」，壽亭侯也就是關羽。這些記述出自陳傑（一二三六－一二七〇左右）的一篇詩序。陳傑在宋代後期曾留居於這片地區，而他將親眼看見龍骨的時間說成是「曩」（以前）。在那首詩中，他如是提及這個動物：「十年解池討業龍。」[35]他用了與多年前的王禹錫一樣的詞彙來指稱這條龍。

陳傑的詩並非唯一提到玉泉寺保管有龍骨的史料。一篇有關關羽印章的一一八七年碑文中，提到兩個大約是由仁宗（一〇二二－一〇六三在位）捐獻的遺骸，即「龍眉與龍角」。這篇碑文中還提到關羽負責檢視晴雨。[36]事實上，一篇撰寫於幾年後，也就是一一八九年的碑文中，就講述一個由於關羽能夠提供好天氣（不旱不雨）、防止疾疫、制止盜賊，成功地為祂請到一個更好封號的故事。[37]關羽印章的回歸，以及關羽在這些龍骨故事中的涉入，都發生在同一座佛教寺廟。這或許意味著這座寺廟正在運用這些東西來宣揚自己的名聲，或者甚至自己創造了這些故事。[38]寺觀的命運與地方的信仰又一次被緊密地連在一起。在一二三〇年代後期，這座寺廟在戰火中被燒毀，但關羽的印章和另外兩個印章被保存下來。[39]陳傑或許是在這場大火後寫下上面提到的文字，而解池的龍骨當時一定還被保存在玉泉寺中。最後一次有人提及關羽的印章及「龍眉龍角」是在一三一二年，當時的住持將這些珍寶及一幅寺廟的構造圖一同帶去都城上交，以便朝廷檢視，因此獲得朝廷支持這座寺廟的詔令。得益於這次活動，住持在回程中收穫大量的支持及地方精英的捐贈。[40]我們並不知曉這些珍寶本身是否隨著他一起回來了，但它們又一次成功地被用來提升玉泉寺的聲望。

這些數量眾多的龍骸存在使我們更加確認，在南宋時期，人們普遍認為這是一條邪惡的龍。所謂「業龍」或許是一個貶義的說法，用以區別於普通受到生死限制的龍以及隨著佛教進入中國而出現的「龍王」。一則唐代僧人的傳記描述他是如何向天空中投擲一塊石頭，並責備某些龍：「若業龍，無能為也。其菩薩龍王，胡不遵佛敕救百姓乎？」雨水隨後降下，意味著這些龍認為自己是龍王，而並非普通的龍。[41]其中的差別在於，會帶來雨水的龍王被認為是好的，而那些普通的龍則有可能是需要被驅除的邪靈。

作為道教驅邪將軍的關公

在鹽池的驅邪儀式中，關公作為一名陰將發揮很大的作用。祂看上去十分凶猛，可以殺死任何邪魔。道教儀式專家大概正因為這個原因才招募祂，他們需要利用關公的力量來制服其他的邪惡生物。在本書中，我們將頻繁地遇到這一類型的官將及祂們的軍隊。在這些資料中，祂們被稱作「神將」、「天將」、「陰將」，並帶有附屬的「神兵」、「天兵」、「陰兵」。[42]這些將軍通常曾經真實存在並慘遭橫死，而後儀式專家為了自己的儀式招募了這些將軍。在關羽作為主要驅邪官將的兩個儀式中，清源真君（也被稱作二郎神）是祂驅邪時的主要合作者，關於後者的崇拜最早來自四川，並且有獨立的傳說故事。[43]大量將關羽作為從屬或中心角色的科儀，同樣反映了道教信仰的影響以及關羽作為神靈的功用。[44]下文見到的關羽的不同封號也反映了祂與道教聯繫的多元性，並不存在一個單一的道教起源或支配力量。

陳希微對於關羽驅除解州鹽池邪龍的描述是《道法會元》中某一章的附章，該章中收錄幾個以關羽為主要驅邪官將的儀式（部分儀式內容被簡化了）。在這一章的總標題中，這個神靈被稱作「地祇馘魔關元帥」。第一個儀式中給出這個神靈的全名：雷部斬邪使興風撥雲上將馘魔大將護國都統軍平章政事崇寧真君關元帥。同一章中的第二個儀式給出的全名則全然不同：酆都朗靈大將關羽。「朗靈」或許是擬聲詞，在這個稱號中有吉祥之意。「馘」意為割掉敵人左耳，用來在戰後計算該士兵在戰爭中殺敵數量以定戰功。[45]第三個儀式給出的名號還有不同，其中包含禮部頒給關羽的官方封號，即東嶽獨體地祇義勇武安英濟關元帥。[46]這一章中不同的名號大約反映出不同的儀式專家所使用的不同官僚體系。儘管對現代讀者來說十分費解，但是儀式專家只會使用其中一種儀式，對他們而言，這些不同並不會成為問題。

正如我們從這些不同的名號中察覺到的，像關公這樣的驅邪神祇是驅邪官僚體系中的一部分，其中最重要的就是上述個案中涉及的雷部、東嶽與酆都體系，但也會出現在城隍和北極的系統裡（如其他例子中所表現的那樣）。我們在下文中還將進一步看到，關帝早期的祠廟常常與道教廟宇有關，尤其是東嶽聖帝的行宮。在陳希微有關解州除魔故事的詳細描述中，張繼先是在向一所東嶽行宮獻香（以提交文書）時，在行宮的偏廳中看到關羽的塑像，之後才決定要召喚關羽來驅魔的。在這次科儀中也提到東嶽神，儘管祂並非處在一個主要的位置上。[47]

呂洞賓和驅魔官將關公的神話傳說中，也受到這次驅魔儀式的道教版本的影響，這同樣反映了這個故事的重要性。該神話被收錄在一三一〇年左右所編纂的一個傳說故事集中，並透過永樂宮壁畫展現出來。永樂宮位於芮城縣，靠近解州鹽池，是元代全真教的一個重要據點。這次關公殺死的並不是一條龍，而是另一種不明生物：

政和中，宮禁有祟。白晝現形，盜金寶、姦妃嬪，獨有上所居無患。自林靈素、王文卿諸侍宸等治之，息而復作。上精齋虔禱，奏詞九天。一日晝寢，見東華門外有一道士，碧蓮冠，紫鶴氅，手執水晶如意，前揖上曰：臣奉上帝敕來治祟。良久，一金甲丈人，捉祟劈而啗之且盡。上問丈夫何人，道士曰：此乃陛下所封崇寧真君關羽也。上勉勞之再四。

這則記述接著轉向談論張飛的下落。關羽回答說祂的朋友已重生為岳飛，並將憑藉「中興」獲得功績。祂非常明智地沒有更進一步解釋，因為這部集錄是在蒙元控制下的中國編印的。道士接著揭示自己的身分——他正是呂洞賓。[48] 很有意思的是，這個怪物並不能在皇帝所居住的地方顯形，因為皇帝是天之子，這一神聖的力量會阻礙任何邪魔的顯形。

作為邪靈鎮壓者的天師

解州鹽池的驅邪故事成了南宋和元代天師主持系列驅邪儀式的開端，它為新成立的龍虎山天師道一脈提供關鍵性的合法化依據，無論是對宋元帝國或是對儀式專家們來說都是如此。儘管這個驅邪故事很有可能來自歷史上曾經發生的張繼先在北宋首都舉行的一場驅邪儀式，但我並不認為我們可以將這些記述視作真實的歷史記憶。不管是否真的發生，當這些故事被流傳記錄下來的時候，已經經過數次加工，以使其內容和特徵與隨後南宋及元代出現的天師主持的類似驅邪儀式吻合。

一個公開舉行類似道教驅邪儀式的地方是杭州附近的沿海地區——海寧（也被稱作「鹽官」），此地對帝國來說十分重要，經常遭受海水的侵害。[49]道士對地方事務的參與可以追溯至北宋末年的一一一三年，朝廷派道士攜帶鐵符前來「鎮壓」洪災，意味著當時人們相信這是由邪惡的生物所引起的。這次科儀的效力並沒有維持太久，因此朝廷不得不在一一二三年再次舉行儀式，並且使用相同的符咒。[50]在如下所述的元代一二九八年，第三十八代天師驅除了一個招致嚴重洪水的怪物，這一事件後來廣為流傳：

大德戊戌年，鹽官州州南瀕古塘，塘距海三十里，地橫亙皆斥鹵，比年潮汐衝齧，鹽場陷焉。海勢侵逼州治，州以事聞於省府，復加修築塘岸二百餘丈，不三日復圮。皆謂水怪為害，非人力能復。省諮都省問奏，欽奉玉音，禮請卅八代天師馳驛詣杭州。時合省官僚，以五月朔就佑聖觀建醮五晝夜。醮畢，天師遣法師乘船，報鐵符于江。初則鐵符跳躍浪中，食頃方沉，風雷電霧旋繞于中。明日視之，沙漲日增，提岸復舊，江心突起。沙湫中有異物，為雷殛死于上，廣二丈長許，狀如黿，有殼。省府聞奏于朝，崇錫旌賞。[51]

在這裡的儀式中，一枚鐵符被當作攜帶著天師神力的驅邪武器扔進河中，而非是與邪魔達成某種共識。這一次，這個怪獸被設定為巨龜。[52] 這些史料中從未直接提到淹沒鹽田的洪災等對朝廷財政帶來的威脅，但是很難想像朝廷會意識不到這一點。一三二七年又有另一位天師舉行了科儀，但在這最後一次的儀式中，佛教僧人也被招募來念誦經文。次年，戶部的長官甚至修建七十六座佛塔來鎮壓洪災。[53]

南宋時期，天師在其他地方所進行的類似活動也出現在紀錄中，例如一二三〇年天師在鄱陽湖殺死一條引起洪災的白蛇，[54] 再如一二四〇年他鎮壓三條引起杭州黑潮（一種每年出現的潮汐）的龍。[55] 同一個天師，也就是第三十八代天師於一二九八年幫助平息海鹽洪災，在之後的幾年中又繼續主持類似一系列的宗教干預儀式，這些儀式通常是回應朝廷的要求而舉行的，為此他贏得不小的名聲。[56] 一三〇一年，天師被召請到首都，被賜予最高的官銜（不應該混淆的是，這個官銜有著實際辦公場所），這當然不可能是巧合。[57] 地方的道教法師也使用護身符甚至火藥（通常以鞭炮或其他形式出現），進行類似的驅邪儀式。[58] 杭州某條河流附近的道觀每年都會舉行「投龍簡」的儀式，其目的無疑是鎮壓每年一次的潮汐。[59] 這些天師和朝廷往來故事的廣泛流傳，為地方社會與法師類似關係的建構帶來更多的合法性。

在北宋時，我們同樣能看到人們對於天師作為邪魔鎮壓者能力的更廣泛信任。唐代以前，已經流傳著五月五日（端午）以艾蒿製成人偶的習俗。舊時，人們認為這個月會有妖邪出現，這或許可以歸因於嚴酷的夏季高溫和潮濕所導致頻繁出現的傳染性疾病。在十一世紀，這些人偶，至少在京城地區，開始用天師的名字來命名，它們被視為天師的分身。[60]對當時的社會、政治、宗教環境而言，這一由天師召喚出強大的官將關羽來驅除惡龍的新故事無疑具有合理性，它也成為一個類似水怪驅除儀式的典型個案。在某種意義上，每次儀式的實踐都是在重現最初的驅魔過程，同時也在為重構的記憶注入新的元素。到了元代，天師道逐漸成為主要的宗教派別，得到朝廷的最高認可，並一路延續到明代及清代的絕大部分時期。天師作為水怪鎮壓者的角色，無疑也受到上古傳說的影響。據傳，大禹在淮河地區以一條鐵鍊鎮壓引發洪災的水怪，以鐵製品鎮壓水怪在中國的神話中十分常見。到了宋代，大禹的角色已經被一名叫僧伽的和尚所取代，這個僧人是當時十分流行的「泗州大聖」信仰的主人公。[61]就像人們在山西南部的鹽池故事中以關羽取代黃帝並打敗蚩尤一樣，人們在天師鎮壓水怪的敘事中對大禹角色的吸納，也展現中國古代神話是如何被再加工的，這絕非簡單的置換。

道教背景下關帝信仰的傳播

並非僅僅在我們今天所說的宗教環境中，人們才會將關公及類似的歷史人物作為神將加以崇祀。張浚（一〇九七－一一六四）——一位曾抵抗金朝的川籍官員——於一一四八年所作的一份報告中，提到四川的神祇二郎神（被認為是秦代李冰的第二個兒子）與張飛（關羽的結義兄弟）曾獲得官方的王室封號。二郎神曾在一個預言夢中告訴張浚，祂將掃平妖邪（這裡無疑是指金或西夏，而不是任何實際的邪魔），卻苦於沒有一個軍事方面的封號。原來祂曾在北宋時受封一個道教頭銜「真君」。人們認為封王之後，祂必將擁有更強的作戰能力。張浚在另一篇文章（或許是他的第二次報告）中補充說，在四川北部的閬州，一個死去的士兵回到陽世彙報關羽和張飛在邊境分別大殺強敵的事蹟。據此，張浚提議給祂們一個封號，但文中並沒有說明具體的細節。[62]這篇文章的有趣之處在於，它將關羽描述為幫助宋人打敗惡敵的神將，這成了此後數個世紀中反覆出現的一種敘事模式。就像我們之後將反覆看到的，在傳統中國，無論是在地方社會，還是帝國的最高層，世俗生活與宗教生活都不是截然分開的。

關公和二郎神（或稱為清源真君）常常被一同崇祀，在一個相當早的，建於一一六六年的南宋都城杭州的廟宇中即是如此。在這個廟裡，人們拜關羽為「義勇武安王」，這是關羽於一一〇八年和一一二三年被禮部賜予的封號。[63]其他史料中也反覆證實這兩個神靈之間的關聯，儘管沒有一則史料比此例的年代更早。在元代《新編連相搜神廣記》中，這兩個神靈的傳記是連在一起的，[64]元代的其他資料中也將這兩個神靈視為東嶽信仰的一部分。[65]此前我們已經看到，在同一個時代的道教儀式中，祂們會被作為驅邪官將一同召喚出來。大部分的證據主要來自中國南方，其內容或許也反映出早在十二世紀這些儀式傳統在地方上的重要影響。

道教背景下，關公信仰的最早證據來自杭州附近的海鹽縣，當地有一則有關東嶽廟的傳說。海鹽即前文提及的曾被平息洪澇災害的產鹽地。在一一二九年末或一一三〇年初，一個剛剛被「虜」——或者說是入侵的金軍——打敗的將軍率軍來到此地，「謁東嶽廟關羽祠，見塑像卒持刀，柄離地出舊塑尺許，敬畏之，不敢為變而去」[66]。這座廟本身建於一一一〇年，使得此事成為一個相當早期的證據。不過，儘管故事設定的年代較早，但記錄這一故事的史料本身卻來自一則一二八八年的紀錄，我們也無法肯定在這兩個年代中間故事有沒有被改變。該故事一方面確認此後反覆出現的關公與東嶽信仰之間的機制性關聯，同時也表明士兵們對關羽的武力有著特別的關注。由於時間上的不確定性，我並沒有將海鹽縣的例子放入早期關公信仰的道教基礎資料表格（表3.1）中，但它顯然符合中國南方的關公信仰與道教儀式間早期關聯的總體狀況。

在位於解州稍北的鄉寧后土廟的碑刻中，我們發現了北方第一座與道教相關的關公神祠。從碑刻中我們得知，一二一九年，或許由於蒙古人的入侵，這座廟宇隨著城市的淪陷而被燒毀，只有主殿及崇寧真君的神殿保存下來，這為我們提供早期的資料基準。這同樣也是最早提及解州鹽池驅除妖魔事件的一則史料，其他提到該神祇的早期道教材料（從一一六六年到一一六九年）過於籠統化。這則最早提及崇寧真君封號來自北方的史料，從根本上支持關羽解州鹽池除魔故事形成於北宋晚期的猜想，因為它是由人們從北宋朝廷聽來後流傳到山西地區的可能性，遠大於人們從南宋朝廷中聽到，而後跨越邊境一路帶到山西的可能性。這個神

表 3.1　宋金元道教背景下的關公祠廟*

年代	地點	北方／南方	與道教的關聯
1166	杭州（浙江）	南方	道教建築，常規官方頭銜[a]
1169	蘇州（江蘇）	南方	道士所建[b]
1219	鄉寧（山西）	北方	後土廟中的崇寧真君祠[c]
1308	徽州（安徽）	南方	道士所建的道觀中[d]
1309以前	南雄（廣東）	南方	東嶽廟裡的崇寧真君祠[e]
1314	長興（浙江）	南方	東嶽行宮的一個殿[f]
1324	解州（山西）	北方	一二六六年道士於廟中所建的「道廳」，即今「崇寧宮」，這意味著在當時並不叫這個名字[g]
1324	北京	北方	崇寧真君[h]
1329	婺源	南方	道士所建的道觀中[i]
1334	安陽縣（彰德府）	北方	崇寧真君[j]
1336	定襄		崇寧真君[k]
1341	濟源縣（懷慶府）	北方	崇寧真君[l]
1357	太倉（江蘇）	南方	道士所建[m]

祠建成的宗教背景與南方的祠廟有相當大的不同，因為此時關公信仰已經在獨立於道教或佛教傳統之外的情況下，在北方廣泛傳播。

以上個案所涉及的北方城市共有五個，除鄉寧外，道教版本的除魔故事在前兩座城市中出現的時間肯定要晚得多，其中的一座祠廟位於今天的北京，即當時的大都（一三二四年的

* 為了盡可能地囊括道教宮觀及供奉道教神祇的廟宇，我在此處採取一種較為廣泛意義上的道教概念。「北方」、「南方」分別指代金或此前屬於金的區域、南宋或此前屬於南宋的區域。

a《咸淳臨安志》卷七十三，頁5a（4009）。

b 祝允明：《懷星堂集》卷十四，頁2a。又見《長州縣志》（一五七一）卷十，頁17a（315），以及王謇：《宋平江城坊考》，頁177。

c《山右石刻叢編》卷二十四，頁11b，該碑文日期為一二四二年。

d《徽州府志》（一五〇二）卷五，頁36b–37a（15493）。

e《南雄路志》，收錄於《永樂大典》卷兩千四百八十一，頁2560–2561（《永樂大典方志輯佚》第三冊）。

f 阮元：《兩浙金石志》卷十五，頁10b（10554）。

g 張鎮：《關帝志》卷三，頁19a–21a。

h《北京圖書館藏中國歷代石刻拓本彙編》第四十九冊，頁101。

i《徽州府志》（一五〇二）卷五，頁45b。

j 武億：《安陽縣金石錄》卷十，頁13b–14a（13920）（《石刻史料新編》第一輯第十八冊）。

k 牛誠修：《定襄金石考》卷一，頁60b（9975）（《石刻史料新編》第二輯第十三冊）。

l 陳垣編纂，陳智超、曾慶瑛校補：《道家金石略》，頁1205。當地早在一二四二年以前已經有一座祭祀關公的廟宇。見元好問：《續夷堅志》卷一，頁6。

m《太倉州志》（一五四八）卷九，頁31b（690）。

碑刻）；另一個則位於解州的一所舊廟中（同年的碑刻）。關於解州的舊廟，我們無法更精確地判定其建造的時間，但需要討論的那個「道廳」是在一二六六年建成的，並在一三二四年之前的某個時刻被重新命名為崇寧宮。在元代，以道教稱號「崇寧真君」指稱關羽的祠廟在南方和北方都有所增加。然而與此同時，一個新的驅邪故事逐漸成形，其發展的時間據說是在北宋早期，在故事中，被關羽打敗的怪物則是蚩尤。令人好奇的是，這個故事並沒有將早期版本的道教故事剔除，也沒有發明新的封號，以適應該版本故事所涉及的新年代。我將在下一小節中展開討論這一點。

大量以關羽為驅邪官將的科儀及相關道教建築的存在，證明在當時的儀式實踐中，關羽經常被召喚出來。與此相關的民間故事相當有限，我們僅在由十八世紀的官員及作家袁枚（一七一六－一七九七）所蒐集的材料中才發現對相關道教科儀的殘存記憶。這個故事據說發生於一七七九年的杭州。一名新婚女子被兩道白氣和黑氣附體，她的父親及公公為此舉行了齋醮，但都徒勞無功，只好上奏城隍神和「關神」。作為回應，關公派遣溫元帥來處理。這一細節反映了這兩個信仰都屬於東嶽體系的一部分，正如幾個道教科儀文本中所展現出來的那樣。溫元帥發現作祟的是一隻猿猴及其兩位蛇怪兄弟（即史料中的兩道白、黑氣），便要求猿猴醫治這名女子。但直到關公親自介入，那隻桀驁不馴的猿猴才改過自新，並治癒了該女子。[67] 儘管我們並未見到有關道教儀式的直接記敘，但使用奏疏，選擇城隍、關公和溫元帥作為儀式代理人，這些都源自道教的驅邪實踐。我還懷疑這個故事的道教背景，在其傳播到袁枚筆下的過程中已經被沖淡了不少。[68]

擊毀蚩尤

十三世紀後期始於北方的敘事傳統，將鹽池除魔的故事移到真宗（九九七－一〇二二在位）年間而非徽宗年間，並將這個邪魔說成蚩尤或黃帝的死敵。這無疑受到真宗獲授「天書」事件、真宗將黃帝認作帝王家族的先祖，以及真宗在泰山封禪等歷史記憶的啟發。這些事件都是真宗為了加強其統治合法性及君權神授的觀念，所做的系列宣傳的一部分，這一宣傳運動始於一〇〇八年，並且在其剩下的統治時間內得以延續。[69] 真宗版本的故事此後被吸納進入戲劇中，但卻相對缺乏實際證據的支撐。作為一個歷史事件，其發生的時間似乎太早了，尤其考慮到徽宗版本的故事有許多強力的證據支持。在現存的第一篇關於一〇九二年重修解州廟情形的碑文中，完全不曾提及真宗版本的故事，這篇由地方縣令撰寫的文本中，作者僅僅將關羽當作忠義的典範。[70] 真宗版本的故事與徽宗版本相較更加神祕莫測，儘管對當時的大部分人而言，其真實性絕不亞於徽宗版本。

完整的北方版本故事

最早可以確定具體年代的北方版本的故事，出現在今遼寧宜州的一篇一二九三年的碑文裡。碑文將「宋代鹽州發生的事件」及「蚩尤帶來的災難」視為關羽作為神靈介入的最典型事件。[71] 從碑記內容來看，作者毫不懷疑這一事件的歷史真實性，並且假定讀者也十分熟悉，這意味著相關故事已經流傳了一段時間。另一篇撰於一三三四年至一三三五年、來自今四川合州的碑文也提及同一個版本的故事。這篇碑文的作者寫道，一〇一四年，鹽池之水乾涸，於是人們找到張天師，後者透過一個護身符下達命令，讓關羽前往此地。幾天後，鹽池之水變紅，神祇帶著怪物的頭現身。[72]除了這個四川的個案外，關於這一敘事傳統的大部分證據都來自華北。

出人意外地，可以直接與蚩尤版本的故事聯繫在一起的廟宇數量十分有限。另一方面，上述兩個例子很難直接在相隔如此遙遠的地方間互相傳播，因為宜州地處極北，而合州則在極西。因此，非常有可能在十三世紀時，這個故事已經廣為傳播，其範圍遠遠超過以上極少的例子所能涵蓋的地區。宜州本身並非閉塞之地，而是草原以外的蒙元帝國北部一個重要的中心城市。[73]

我們還有一個更為詳盡的北方版本的故事，這個故事以兩個略微不同的版本流傳，而它產生的時間極有可能早於一二九三年宜州的碑刻。[74]這個故事將關羽除去蚩尤的故事，放在宋真宗（九九七－一〇二二在位）和他的輔臣王欽若（九六二－一〇二五）試圖加強其統治合法性的大背景下，宋代皇室自稱黃帝之後，真宗皇帝命道士在各地修建聖祖宮，其中一個便位於解州鹽池邊，修建於一〇一二年。[75]在這裡，北方版本的故事與真宗的合法性運動之間的關聯應該相當明確。

同樣是根據這則史料的記述，解州的鹽池在一〇一四年突然遭遇水量不足的問題。地方的稅務官將此事奏報朝廷，朝廷於是令某個人來到解州的城隍廟進行祈禱。城隍神在這個信使的夢中現身，原來是蚩尤因為最近修築的黃帝祠宇而感覺受到羞辱，所以抽乾池水作為報復。在王欽若的建議下，皇帝從都城派專人去參拜蚩尤。這一次這個邪魔自己在信使的夢中現身了，祂身著金甲，手中提劍，怒不可遏地要求毀去黃帝的祠宇，否則祂就要抽乾鹽池，阻止五穀的豐收，並鼓動西方的蠻夷在邊界製造麻煩。[76]

這時候，王欽若向皇帝建議說蚩尤是一個邪惡的神靈，應該派人前往龍虎山召請張天師，只有他才能降服該邪魔。天師便從蜀地派出了他最得力的將軍關羽。皇帝要求面前現身的關羽打敗蚩尤，關羽答覆，祂不能拒絕皇帝的要求。隨後，祂召集五嶽四瀆及名山大川的所有陰兵前往解州，同時建議皇帝下令方圓三百里內的人七天之內不要外出，而三百里以外的人則不要進入這一區域，否則可能會遇到神祇或者妖鬼而死去；七日內祂必打敗怪物，屆時人們可以放心外出。皇帝答應祂的要求。在此之後的某天，一陣巨風刮得天昏地暗，俄頃烏雲密布，白晝如夜，電閃雷鳴，如同金戈鐵馬在互相碰撞。空中傳來巨響。這樣的情況持續了五天。之後，天再次亮起來，池中的水量也恢復如常。王欽若將一道聖旨發往玉泉山上的祠宇中以示感謝，這座廟宇被重修，並獲賜了兩個封號——儘管在歷史上這兩個封號是在一百年以後才被賜予的。

元代之後，有關關羽擊敗蚩尤的故事依然流行，但是它的內容則隨著時代的變遷而有所變化。在一六一五年，晚明作家沈長卿記錄一個從解州附近聞喜縣的朋友那裡聽到的真宗故事的改本。在這個版本中，蚩尤派了一個被想像為「人妖」的水怪騷擾當地居民以洩怒。由於真宗崇祀道教，他向地方徵詢對策，他們提議用漢將關羽來應對。方士們召喚後，關羽現身丹陛。大家向關羽解釋相關情形，關羽要求賜以五千個馬卒。從這裡開始，出現一個與早前版本頗為不同的情形，表明這確實是一個新版本的口傳故事，而非對過去書面故事的重複。皇帝不理解為什麼要提供騎兵，因為活人和死人的世界是不同的。而關羽告訴皇帝只需寫一紙帝王詔書並將其焚毀，他就會完成剩下的事情：

> 時方酷暑，耘者忽仆于田，販者忽仆于市，馬仆於廄，天地晦冥，風雷磅礴。空中聞鉦鼓格鬪之聲，凡七晝夜而始朗。鹽池盡血，魚、鱉、蝦、蛆、鰍、鱔之類，盡腰斬于池。無何，滌以大雨，鹽池如故。

這次昏過去的人當中有兩三成未能活過來，他們無疑變成關羽的軍隊，並在之後的戰鬥中死去。[77] 對沈長卿來說，提供他資訊的朋友來自這場戰爭的發生地附近，這意味著對沈長卿來說朋友的敘述是可信的。對我們來說，這十分重要，因為這展現古老的故事是如何透過口頭傳播，並繼續與人們對關羽的宗教想像保持一致性。[78]

另一則十八世紀的史料，告訴我們張飛的塑像是如何進入鹽池附近的廟宇中。根據這則史料，被奉為神靈的張飛手持一條鎖著一朽木的鐵鍊。當地人說朽木是「鹽池之梟」，是某種性質不明的怪物。據他們說，在北宋元祐年間（一〇八六－一〇九三），人們從鹽池中取水烹煮了幾天，卻都沒有獲得任何的鹽。焦慮的商人們於是到廟裡祈禱，之後夢到關神告訴他們這個池子被蚩尤占領了，鑑於人們供血食給祂，祂可以解決這個問題，但祂的能力有限，雖然可以降服蚩尤，卻不能降服蚩尤的妻子「惡梟」，只有祂的義弟張飛可以擒拿收服，祂已經派人前往易州——張飛在歷史上的出生地——去請張飛了。拜祭之人醒後的第二天，便在廟中增添張飛的塑像。那晚一場暴風雨來臨，次日清晨，（張飛手上的）鐵鍊中便鎖進了一片朽木，顯然那應當就是蚩尤的妻子。鹽池中鹽的含量於是增加了十倍。[79]這則史料繼續提醒我們，關羽打敗蚩尤的故事仍然在這片區域流傳，儘管隨著時間的流逝，其內容發生一些變化，這也反映了口頭傳播的特質。[80]

北方版本的原型

蚩尤是中國早期神話中魔怪的原型之一，因長相凶惡和殘暴著稱，他在一次大戰中慘敗於黃帝之手。[81]約西元前三世紀的一則有關蚩尤與黃帝之戰的故事，直接與解州鹽池有關，其中提到，黃帝不僅打敗蚩尤，還用他的皮做成箭靶，用頭髮做成箭羽，填滿他的腹部後做成球給人們踢，並且將他的骨血碾碎後加入苦肉糜，以便天下人都可吮吸。[82]對我們來說，最後一點十分關鍵，因為這顯然意指將蚩尤的碎屍鹽化加以保存，而這是鹽在所有文明中都十分重要的一種用法。其中提到「天下」所有人都可以吮吸，或許意味著解州的紅鹽在全國範圍內的消費，在那個時代，「天下」主要是指現在的中國北方。之後的幾個世紀，這個傳說一直沒有被遺忘。到了北宋時期，人們仍然相信蚩尤的血變成解州鹽池中的鹽。[83]這樣的圖景足以解釋解州之鹽在結晶之前為紅色的原理。因此，鹽池與黃帝和蚩尤之戰在北方文化裡被緊密地聯繫在一起，這種聯繫一直延續了幾個世紀。

甚至晚至二十世紀，還有記載說山西中部的壽陽有一種戲劇傳統，驚人地還原這場戰爭。這個習俗被稱為「耍鬼」，一共有二十四人在戰鬥中扮演魔怪，其中六個大人扮演大怪，十八個小孩扮演小鬼。六個大怪會戴上粉色、藍色、綠色、紫色、灰色及鉛粉色（大約是白色）的面具，面具有著紅色的頭髮、突起的眼睛和一條可以伸出來的長長的舌頭。他們一手包著一條白色毛巾，另一手則拿著一條繡了魚的毛巾，以象徵好運。孩子們的臉會被化成鬼怪的樣子，手中各自拿著一面銅鑼。[84]

這場關羽與蚩尤之間的神化戰鬥，或許可以被理解為遠古黃帝和蚩尤戰鬥的一個變種或是更新。[85]它展現出來的是一種與道教版本十分不同的傳說，後者所說的由龍引起洪災的說法更為傳統。十三世紀後期及之後的幾個版本將關羽和蚩尤之戰及其歷史原型明確關聯起來，這是因為在故事中，蚩尤之所以將水池抽乾，就是因為歷史上真宗皇帝在全國各地包括解州修建黃帝的祠宇。將死敵的祠宇建在被視為蚩尤生命力所在的鹽池旁邊，蚩尤的憤怒是可以理解的。

宋金元時期，任何受過良好教育的人都應當知道，在傳統敘事中蚩尤是黃帝的死敵，也應該知道十一世紀初真宗對黃帝的崇祀。在聽說當地人將蚩尤視為鹽池的源頭之後，一個受過如此教育的人很容易將以上資訊結合到同一個故事裡。在古代神話中，蚩尤常常與旱魃——另一個被黃帝打敗的怪物——聯繫在一起。[86]因此，將這個怪物認定為蚩尤，就意味著需要將鹽池遇到的災害變為旱災。這一敘述內容的轉變在當地語境中顯得不那麼合理，但只有那些非常熟悉鹽池的人才會在意這一點，而對大部分住在別處的人來說這並不重要。假設這些更改是由受過教育的人而不是道教儀式專家作出的，那麼這個事件被移到真宗年間的動機就迎刃而解。儘管徽宗時代對道教儀式傳統而言有著十分積極的關聯，但對文人來說卻不然。這又一次向我們展示了，對這個故事作出更改的人應當來自不同的社會背景及更晚的年代，當時北宋的恥辱性滅亡與徽宗之間的關聯已經成了一個史學問題。那麼，把這個故事與十一世紀初，即宋代鼎盛時期之前的真宗朝聯繫在一起，無疑成為一個很好的選擇。

小結

我們無法完全肯定徽宗版本的解州鹽池除魔故事是否在北宋末年就已經成形，但那時發生的一些事件似乎可以被理解為這個故事成形的背景。徽宗統治時代的特徵之一是，宮中不斷發生一連串的靈異事件，其中有的被當時在京城十分活躍的道士們解決，有的則沒有。我們並不清楚當時是否比其他時期更多地受到此類事件的影響，但無疑人們是這樣認為的。關羽打敗引發鹽池水患的蛟龍的故事被人們建構為一種真實的歷史記憶，我們現在可以將這個驅邪故事中張天師的出現追溯至十二世紀後半葉，而關公的參與則至少可以追溯到十三世紀上半葉，這個故事為以後張天師用鐵符驅除水怪的系列歷史敘述提供典範。

十二世紀中葉以後的歷史資料，充分證明關公與道教法師之間的緊密關聯。更有趣的是，祂常常在儀式和傳記資料裡和另一位驅邪官將——來自四川的神靈二郎神——一同出現。祂們甚至在此之前已經同時出現在一則一一四八年的史料中，這則史料是由川籍官員張浚所寫的報告，其中提到這兩位神靈曾參與抵抗外族的邊境戰鬥。此外，我們的神祇還持續見證著在南方（一一六六年以後）和北方（一二一九年以後），那些與道教信徒和道教機構有聯繫的祠廟的修建過程。不過在當時，解州本地供奉關公的廟宇在這些道教神話中並沒有位置。直到十四世紀，才在這個廟宇中出現第一個與這些神話有關的證據：這座廟的一座殿以神靈的封號「崇寧真君」來命名。

徽宗版本的驅邪故事，在南宋天師地位的上升過程中發揮關鍵的作用，其中的主角張繼先則被認為是此派別真正復興的起點。這個派別的方士們在國家與水怪持續對抗的過程中發揮重要作用。對那時候的人們而言，這場鬥爭是真實存在的，並且和修建堤壩或改善水循環這些在現代人眼中更真實的方式一樣，悄悄發揮著同樣重要的作用。在地處內陸的解州和沿海地區，洪水對鹽的開發都有著直接的負面影響，並且由於國家壟斷鹽業的關係，這些地方的洪水對宋、金、元時期的中央財政和地方經濟收入都有著同樣關鍵影響，張天師的參與因此可以被視為做出直接與國家存亡相關的重要宗教貢獻。

在對神話傳說進行闡發時，人們常常創造更早而非更晚的版本。由於這樣的原因，即使我們不考慮以上所說的所有因素，徽宗版本的故事也非常可能遠遠早於真宗版本。至於故事框架到底是在什麼時候發生改變，我認為或許與此後文人對徽宗時期的貶抑有關。在徽宗統治的最後那段時期，由於他的政治和軍事決策，北方落入金人之手，並在一二三〇年代為蒙古人所統治。之後蒙古人在一二七一年成立元朝，並繼續在一二七六年至一二七九年征服南方。儘管真宗期間也有著意識型態上的問題，但他始終以一系列大型宗教活動，比如封禪活動的支持而聞名；而且不像他可憐的親戚（徽宗為真宗兄弟的後裔）那樣，使天命落入外族手中。

那些不知名的故事刪改者透過將解州鹽池之禍的罪魁禍首由蛟龍變為遠古的蚩尤，將解州鹽池與這個故事連接得更加緊密。蚩尤在當地的傳統中始終與鹽池關係密切，祂的血被認為是解州鹽池血色的成因。由於祂引發的是乾旱而不是洪災，這就意味著解州鹽池的災害必須由洪災轉變為不太可能發生的旱災。不管是誰創造了這個新版本的故事，他一定不明白這則新的神話與當地鹽的現實生產之間的矛盾。

關公在帝國晚期一直保持著最重要的驅邪官將地位。在關公信仰流布全國的過程中，祂與道教儀式專家之間的關聯顯然比祂與玉泉山的佛教寺廟之間的關聯發揮了更為重要的作用。如同一些學者曾論述的，道教儀式專家在其他地區性信仰的傳播過程中同樣發揮重要作用，例如梓潼或文昌神[87]、二郎神[88]、真武[89]、溫元帥[90]，以及非常重要的東嶽信仰[91]。和商人一樣，道教儀式專家是傳統中國遊歷最為頻繁的群體之一。而由於道教儀式專家們識字並撰寫大量的儀式和傳記文本，他們比商人對信仰的傳播影響更大。我們時常能夠看到他們的記敘與傳統歷史材料的一致性，我也沒有發現任何可以阻止我們將道教資料當作嚴肅的歷史證據來對待的理由——但這並不意味著他們的看法是那個時期僅存的觀點。

最後，我希望能回到歷史記憶的問題上。道教法師們，尤其是天師派，形成他們對於關公驅邪事件的歷史記憶，並且更進一步地將這件事與歷史上許多重要道教法師的積極支持者——徽宗皇帝聯繫起來。這起初應當是一種南方道教傳統的敘述，最終卻被放置在政治更加正確的真宗皇帝的統治時期，這或許出於中國北方文人及道教以外的史學家的考量。朝廷與天師之間的密切關係，在這個敘述中同樣被保存下來。

---

1 Sivin, 'On the Word "Taoist" as a Source of Perplexity, with Special Reference to the Relations of Science and Religion in Traditional China', 303–330 and Barend ter Haar, 'Das politische Wesen des daoistischen Rituals', 113–139.

2 Boltz, 'Not by the Seal of Office Alone: New Weapons in the Battle with the Supernatural', 241–305; Lowell Skar, 'Ritual Movements, Deity Cults, and the Transformation of Daoism in Song and Yuan Times', 414–429.

3 Dunstan, 'The Ho–tung salt administration in Ming times', 122–124, 185 note 19. 運城的稱謂可以追溯到明代中葉。

4《太平寰宇記》卷四十六，頁18b；《元史》卷九十四，頁2388（中華書局本第八冊）。

5 Oren, Arahal and Ventosa, 'Emended Descriptions of Genera of the Family Halobacteriaceae', 637–642. 有關當地的歷史，見妹尾達彥：〈鹽池の國家祭祀——唐代河東鹽池，池神廟の誕生とその變遷〉，《中國史學》，一九九二年十月第二號。又見Janousch, 'The Censor's Stele: Religion, Salt–Production and Labour in the Temple of the God of the Salt Lake in Southern Shanxi Province', 7–53.

6《山右石刻叢編》，卷十二，頁6a–7b（15191–15192）；卷十二，頁55a–58a（15216–15217）；卷十七，頁20b–23a（15327–15329）；卷二十五，頁47b（15536）；卷二十七，頁30b–34a（15574–15576）；卷二十八，頁42a–b（15608）；卷三十二，頁18a–23a（15691–15694）；卷三十七，頁20b–22a（15802–15803）。

7 Dunstan, 'The Ho–tung salt administration in Ming times', 51–113.

8 郭正忠：《宋代鹽業經濟史》，北京：人民出版社，一九九〇年。又見Edmund H. Worthy, 'Regional Control in the

Southern Sung Salt Administration', 101–141.

9 井上泰山等：《花關索傳の研究》，東京：汲古書院，一九八九年，頁156（又見頁152–153，「關西的養馬人」）；Gail Oman King, *The Story of Hua Guan Suo*, 153. 即，姜維打扮成山西人的模樣，以便看起來更像是一個商販。

10 寺田隆信：〈山西商人の研究——明代における商人および商業資本〉，《東洋史研究叢刊》，一九七二年，第二十五號。

11 廖奔：《宋元戲曲文物與民俗》，北京：中國戲劇出版社，二〇一六年。

12 參見妹尾達彥：〈鹽池の國家祭祀——唐代河東鹽池，池神廟の誕生とその變遷〉，《中國史學》，一九九二年十月第二號。Janousch, 'The Censor's Stele: Religion, Salt-Production and Labour in the Temple of the God of the Salt Lake in Southern Shanxi Province', 7–53.

13 另一個也介紹這一新材料的有用研究是王見川的〈「關公大戰蚩尤」傳說之考察〉（二〇〇一），收錄於王見川：《漢人宗教民間信仰與預言書的探索》，頁395–410。

14 趙欽湯編，焦竑校：《漢前將軍關公祠志》卷六，頁7a（173），其中引用李濤所編的《續資治通鑑長編》中遺失的片段。又見妹尾達彥：〈鹽池の國家祭祀——唐代河東鹽池，池神廟の誕生とその變遷〉，《中國史學》，一九九二年十月第二號。

15 《山右石刻叢編》卷二十七，頁30b–34a（一二九〇年的碑刻，《石刻史料新編》第一輯第二十一冊，頁15574–15576）。

16 徐松編：《宋會要輯稿》卷二十，一二〇四：頁15b–16a（772）；卷二十，一二〇七：頁1a–b（779）。有關宋代對神祇的賜封，見Valerie Hansen, *Changing Gods in Medieval China*, 79–104.（中譯本參見韓森：《變遷之神：南宋時期的民間信仰》，浙江人民出版社，一九九九年。）

17 Katz, *Demon Hordes and Burning Boats: The Cult of Marshal Wen in Late Imperial Chekiang*, 32–38.

18 有關唐代的情況，參考 De Meyer, *Wu Yun's Way: Life and Works of an Eighth-Century Daoist Master*, 421–445; Kohn and Kirkland, 'Daoism in the Tang (618–907)', In *Daoism Handbook*, edited by Livia Kohn (Leiden: Brill, 2000), 339–383. 松本浩一在*Daoism and Popular Religion in the Song*（頁313、323–326）中認為，天師在北宋時期已經和之後一樣強勢，但我

並不這樣認為。不過Verellen在他的*Du Guangting (850–933): Taoïste de Cour à la Fin de la Chine Médiévale*（頁24–25）中確實引用一則故事，談到一個晚唐時期的道士在八二七年從龍虎山的天師那裡受籙。

19 Ebrey, 'Taoism and Art at the Court of Song Huizong', 99.

20 我在《講故事：中國歷史上的巫術與替罪》，頁202–203中有過類似的考察。有關對這一時期稍晚些的記憶，可參見《湖海新聞夷堅續志》前集，卷一，頁56，以及《宣和遺事》元集，頁289。

21 洪邁：《夷堅志》支戊，卷九，頁1120–1121。

22 洪邁：《夷堅志》支戊，卷九，頁1119–1120。另外，《夷堅志》三志，卷九，頁1373–1374，也曾粗略地提及他。

23 劉大彬：《茅山志》卷十六，頁621a–b（《正統道藏》第五冊）。

24 《道法會元》卷二百五十九，頁588–594（《正統道藏》第三十冊），尤其是頁594a–b。

25 《道法會元》卷二百五十九，頁593c。

26 Diesinger, *Vom General zum Gott*，頁172中給出這一封號的年代（儘管他令人疑惑地將一一八七年歸於元代）。

27 《道法會元》卷二百五十九，頁17a–18a。

28 張天雨：《玄品錄》卷五，頁139a–139b（《正統道藏》第十八冊）；宋濂，《文憲集》卷七，頁44b（一篇為元或明初時期的《漢天師世家》所作的序）。《龍虎山志》上卷，頁25a（59）（《道教文獻》第一冊）。

29 《漢天師世家》（一六〇七），頁815–843，尤其是第三卷，頁827a（《正統道藏》第三十四冊）。其大致與婁近垣所編《龍虎山志》中的傳記相同，見婁近垣：《龍虎山志》卷六，頁21a–24a（465–466）（《藏外道書》第十九冊）。

30 有關溫元帥，參見Katz, *Demon Hordes and Burning Boats*.

31 徐松編：《宋會要輯稿．崇儒》卷六，頁34b（2285）。

32 脫脫的《宋史．藝文志》中就將該書作者歸於王禹錫（卷二百零五，頁5189）。在不同時期中都可找到名為「王禹錫」的人，不過一個來自海陵的王禹錫曾經為王明清（一一二七–一二一四之後）的《揮麈後錄》寫過一篇後記（附於王明清本人作於一一九四年的後記之後）。見王明清：《揮麈錄》，頁223。在這三篇傳記中出現的最晚日期為一一三七年（見王禹錫：《海陵三仙傳》卷八，頁349），並且這三個人物主要生活在北宋末年。

33 全漢昇：《唐宋帝國與運河》，頁114–115。

34 王禹錫：《海陵三仙傳》，頁348（344）。

35 陳傑：《自堂存稿》卷一，頁3b–4a。有關他的年代，參見我在第二章中的討論。人們很容易認為「十」可能為「四」之誤，在如今的福建南部方言中尤其如此。

36 《玉泉寺志》卷三，頁15a（491）。

37 《玉泉寺志》卷三，頁16a（493）。

38 如上述一一七八年碑刻《重修玉泉關廟記》（《玉泉寺志》卷三，頁14b–15a）所記錄的。仁宗所獻的遺骸未見於任何更早的文獻。

39 顧問：《義勇武安王集》卷八，頁3b（148）。

40 《玉泉寺志》卷三，頁18a–b（497–498）。

41 贊寧：《宋高僧傳》，頁0763c02–04。

42 具體討論見Haar, *Ritual and Mythology of the Chinese Triads*, 284等。

43 黃芝崗：《中國的水神》，頁7–43。我們下文中還會再討論他。

44 僅見於《道法會元》卷二十二（卷二十五應是錯錄），頁796c 等（《正統道藏》第二十八冊）；卷三十六，頁5a；卷八十六，頁355a；卷二百二十八，頁624c；卷二百六十二，頁602a。

45 Lewis, *Sanctioned Violence in Early China*, 26–27, 46.

46 《道法會元》卷二百五十九，頁588–594。與另一集錄中的同一文本作比對後，可以確認朗靈是一個單義片語，見《法海遺珠》卷三十九，頁939（《正統道藏》第二十六冊）。

47 《道法會元》卷二百五十九，頁590a。

48 《純陽帝君神化妙通記》卷六，頁726（《正統道藏》第五冊）。Katz, *Images of the Immortal: The Cult of Lü Dongbin at the Palace of Eternal Joy*, 168, 217.（中譯本參見康豹：《多面相的神仙：永樂宮的呂洞賓信仰》，齊魯書社，二〇一〇年。）關於張飛幫助抗金的信念，可見我下面的討論。

49 Elvin, 'Action at a Distance: The Influence of the Yellow River on Hangzhou Bay since a.d. 1000'. In *Sediments of Time: Environment and Society in Chinese History*, edited by Mark Elvin and Lui Ts'ui-jung (Cambridge: Cambridge University Press, 1998), 344–407.

50 何薳：《春渚紀聞》卷四，頁59–60。方勺：《泊宅編》中篇，頁88，關於同一事件的紀年為一一一六年。

51《湖海新聞夷堅續志》後集，卷一，頁163。《海昌外志》中記載有此故事的簡單版本（一六二八－一六四四，手稿卷八，頁64b）。又見《漢天師世家》卷三，頁831a。

52 方勺：《泊宅編》中篇，頁78–79。劉壎在其《隱居通議》中對同一事件有更為客觀的記述（《隱居通議》卷三十，頁215–216）。

53《海昌外志》（一六二八－一六四四年稿本）卷八，頁6a（1327）。有關佛塔的記載見《海昌外志》卷八，頁6a。在其記錄中，「政和」當為元代年號「致和」即一三二八年（實際上只有幾個月）之誤，因為前文是一三二七年。

54《漢天師世家》卷三，頁829b。

55《湖海新聞夷堅續志》後集，卷一，頁161–163。

56《漢天師世家》卷三，頁831a–b。

57 宋濂：《元史》卷二百零二，頁4526。譯注：查《元史》卷二百零二的記載為「大德五年，召見於上都幄殿」，原文的意思似有出入。

58 Boltz, 'Not by the Seal of Office Alone', 241–305.

59《咸淳臨安志》卷七十五，頁4b（4028）（《宋元方志叢刊》第四冊）。

60 中村喬：《中國の年中行事》，東京：平凡社，一九八八年，頁135–138。

61 有關這個傳說，可見Anderson, *The Demon Chained under the Turtle Mountain: The History and Mythology of the Chinese River Spirit Wuzhiqi* 等。有關這個信仰的歷史，可見黃啟江：〈泗州大聖僧伽傳奇新論：宋代佛教居士與僧伽崇拜〉。

62 李心傳：《建炎以來繫年要錄》卷五十，頁4a–b。

63《咸淳臨安志》卷七十三，頁5a（4009）（《宋元方志叢刊》第四冊）。

64《新編連相搜神廣記》，頁90–95。

65《南雄路志》，頁2480、2561；阮元編：《兩浙金石志》卷十五，頁9a–14a（10554–10556），特別是頁10b和11b（《石刻史料新編》第一輯第十四冊）；《東嶽大帝寶懺》，頁1a、5b（1011、1015）（《正統道藏》第十冊）。

66《至元嘉禾志》卷十二，頁13a–b（4485–4486）（《宋元方志叢刊》第五冊）。

67 袁枚：《子不語》卷十，頁221–222。

68 參見Katz, 'Trial by Power: Some Preliminary Observations on the Judicial Roles of Taoist Martial Deities', 54–83.

69 有關背景知識參見Cahill, 'The Heavenly Text Affair: Taoism at the Sung Court', 23–44 以及Davis, *Society and the Supernatural in Song China*, 66–69.

70 顧問：《義勇武安王集》卷四，頁4b–5a（82–83）。

71 羅福頤：《滿洲金石志．外編》，頁51b–54b，尤其是頁52b（17505–17506）。

72 魯貞：《桐山老農集》卷一，頁18b–21b，尤其是頁20a–b。

73 Robinson, *Empire's Twilight: Northeast Asia Under the Mongols*, 41–42, 45–46.

74《新編連相搜神廣記》，頁90–93。這一材料中給出幾個元代的日期：頁22（一二六九年）、頁84（一三〇〇年），以及頁33（一三一六年）。趙欽湯編、焦竑校：《漢前將軍關公祠志》卷六，頁5a–6b（105–106），回溯胡琦於一三〇六年至一三〇八年所收錄的傳記資料。

75《新編連相搜神廣記》，頁90。

76 西方的蠻夷或許指的是党項人，其於一三〇八年建立夏國（即通常所說的西夏）。但其指代含義過於模糊，因此無法斷定。

77 沈長卿：《沈氏弋說》卷五，頁55a–56b（271–272）。

78 蔡獻臣：《清白堂稿》卷十三，頁5b（399）。書中給出這一故事的梗概，但其聲稱鹽池變得「晦暗如酒」，關羽驅趕了蚩尤，於是池塘又重新變回鹽池。

79 袁枚：《子不語》卷一，頁22–23。

80 《蒲州府志》卷二十四，頁6a–b（1754），其中包含另一個地方版本的故事。儘管其聲稱該故事出自唐傳奇，但毋庸置疑的是，這應當是一個佚名作者的地方傳說。一些中國學者則相信其出自唐代，包括胡小偉的〈唐代社會轉型與唐人小說的忠義觀念——兼論唐代的關羽崇拜〉，頁32–46。

81 Lewis, *Sanctioned Violence in Early China*. Birrell, *Chinese Mythology: An Introduction*, 132–134. 袁珂：《中國神話傳說》，頁261–267。

82 陳鼓應：《黃帝四經今注今譯》，頁318–320。

83 沈括：《夢溪筆談校正》卷三，頁127；王禹偁：〈鹽池十八韻〉，見《全宋詩》卷七十，頁800。這首詩是作者於九九三年遊歷鹽池後所寫。

84 李彬：《山西民俗大觀》，頁337–338。

85 原田正巳：〈關羽信仰の二三の要素について〉，《東方宗教》，一九五五年八－九號，頁29–40。

86 Birrell, *Chinese Mythology: An Introduction*, 132–134, 170, 215–216.

87 Kleeman, *A God 's Own Tale: The Book of Transformations of Wenchang, the Divine Lord of Zitong*.

88 黃芝崗：《中國的水神》，頁7–43。

89 *Chao Shin–yi, Daoist Ritual, State Religion and Popular Practices: Zhenwu Worship from Song to Ming* (960–1644).

90 Katz, *Demon Hordes and Burning Boats*, 138–140.

91 Katz, 'Trial by Power'; Muelenbeld, *Demonic Warfare: Daoism, Territorial Networks, and the History of a Ming Novel,* 98–99, 117–118, 121–123, 126–127.

第四章
征服中國

宗教文化常常隨著人們的活動而傳播開來，中國也不例外。儘管存在著地區性差異，但是我們依然能夠辨認出那些跨越不同區域，乃至同一區域中跨越不同種族的共同的宗教文化。此類為人們所共用的文化隨著人群遷移或四處遊歷所帶來的文化交流而逐漸成形。與此同時，一些分界線則似乎在許多個世紀中一直存在。其中有一條分隔開中國的南方和北方，以及這兩個區域之間非常不同的巫術和神靈崇拜。早期信仰中對「橫死」生物的崇祀似乎逐漸聚集發展的勢頭。自十一世紀以降，我們可以進一步看到全中國內跨區域的人神信仰的興起。儘管我們仍然需要對漢代以來的廟宇信仰作全盤的歷史研究，韓森（Valerie Hansen）、祁泰履（Terry Kleeman）、康豹（Paul Katz）、萬志英（Richard von Glahn）等學者，已經向我們展現這是一種全新的現象。帝制中國晚期的主要信仰或許起源於宋代以前，但它們直到宋代才開始大範圍傳播。這一發展過程在中國南方尤其有著非常詳細的紀錄。[1]人們比以往更頻繁地出門旅行，但同時又仍然保持著與出生地之間的某種關聯，並在他們的宗教文化中顯現出來。於是，不同區域的人群形成自己的信仰，而人們帶著自己的信仰去各地旅行。關公信仰在中國北方的傳播，即這個發展過程的一個重要部分，這也說明這一現象並不僅僅出現在南方。

關公信仰的起源已不可確考。但從八世紀的某個時刻開始，它與湖北當陽縣的玉泉寺產生聯繫。晚唐到宋代，該寺廟一直是中國佛教地理中極為重要的組成部分，許多僧人與文人都曾前往尋求宗教的頓悟。不過，關公信仰並不是從這個佛教的中心傳播開來的，而寺廟所保存的各種（與關公相關的）遺骸也並未使它發展成為關公信仰的崇祀中心。自南宋以降，道教儀式專家把這個官將融入他們的驅邪儀式之中，並為道教版本的關公信仰在中國南方不同區域之間的傳播做出了重要的貢獻。不過，關公信仰在中國北方的傳播則源於人們對關公作為武力保護神的更一般性的理解，而不太受其早期流傳中的佛教或道教背景的影響。

關於關公信仰的傳播，通常認為人們是透過書寫傳統——尤其是《三國演義》——逐漸對關公熟悉起來的。這個觀點很大程度上體現了傳統的精英視角（包括現代學者），認為書寫對文化的影響比其他任何方式都重要。以下將介紹我不認同這個假設的一些先驗性原因。

與以上假設不同，我認為這個信仰是人們以口耳相傳的方式在不同區域間傳播開來的。人們透過講述一個神祕事件的若干版本來證明關公的力量。這些原始的故事只有部分被保留下來，然而我們確實有關於這尊神靈第一次獲得地方關注，並在一個大的建築物中得到崇祀的最早記載的詳細資料，使得我們可以觀察關公信仰在時空上的流布。透過對這些資訊的分析，我將會講述該信仰傳播過程的另一個版本：商販、官員、武人及宗教專家們沿著商路，口耳相傳著關公的靈驗故事。我將展現這個信仰是如何在十四世紀初就已經廣泛地傳播開來，而這個時間遠遠早於三國故事真正流行並轉化為文本的時間。之後，我會透過自八世紀以降的量化材料更詳細地分析這一信仰的分布情況。在最後的討論中，我將提出該信仰傳播的另一種解釋路徑。

大部分的量化資料來源於宋元明時期的地方志，其中的資訊通常來自石刻碑記，儘管有些碑文後來散佚了。這些碑文是為了公眾而撰寫的，作者在寫作的時候也深知這一點。雖然在實際生活中，只有很少的人有能力閱讀這些文字，而真正細繹碑文內容的人則更少，但這並不能減弱這些碑文所具有的公眾性。這些集體性質的文本提供的資訊，並不太能說明個人為什麼支持這個信仰，但它們確實提供這些建築工程的詳細日期和首倡者的名字。儘管與每個個案相關的個體的詳細資訊都十分缺乏，但大量的（廟宇）創建和早期修建的日期足以使我們重構一個更大的歷史圖景。

敘事傳統的角色

大多數的關公信仰研究者往往認為《三國演義》的敘事傳統造就該信仰的流行，因此都對其十分留意。[2]在一個更廣義的層面上，我們很難辯駁所謂「所有的敘事傳統都是人們對關公／關羽作為歷史人物和神祇的想像的表達」的觀點。但我並不認為我們可以將這個觀點逆轉過來，主張所有相關的儀式實踐和信仰都來自這些敘事文本，很多的儀式實踐和信仰甚至並沒有出現在文學文本之中。

以敘事傳統的流行來解釋某個特定宗教信仰的流行，並不能說清為什麼這一敘事中的某些角色受到人們的崇祀，而另一些則沒有。這種解釋也忽略了一個問題，即為什麼有些敘事傳統似乎激發了宗教信仰（例如《三國演義》），而大部分其他的敘事傳統則沒有（例如《水滸傳》）。並且，若是這些敘事傳統真如人們想像的那樣有著巨大影響，他們的影響就應該會在一個信仰早期傳播的地理、社會、教育圖景中反映出來。這個信仰應該最早也最多地出現在戲劇表演的中心（假設是戲曲促使人們修建祠廟），或是文人更多的城市中心（假設是有關關羽的文本閱讀促使人們修建關公廟宇）。人們應該至少能找出一些例子證明，是這些敘事傳統而不是有關關公超自然能力的故事促使人們修建某些祠廟。然而事實並非如此，關公信仰的情況亦然。這些神祇的早期廟宇並未出現在中國北方的戲劇中心，例如平陽和東昌。關公信仰在中國南方——那裡的受教育程度顯然更高——相對不重要，更反證了它的傳播、分布與書寫傳統之間並沒有很強的必然關聯。一般來說，這些書寫傳統也很少提及關公信仰背後很重要的道教驅邪傳統。甚至在明清一些關於三國的敘事中，儘管涉及宗教元素和地方傳說，也只是非常簡要地提及，似乎假定他們的讀者已經從其他資料中知道完整的故事。所以，是關公信仰影響這些敘事傳統，而非相反。

關公信仰自十世紀晚期，十一世紀初期開始在北方逐漸流行，遠在三國故事成為主流的敘事傳統之前。如伊維德（Wilt Idema）所說，在明代以前，秦漢鼎革的傳奇更為流行，儘管其從未衍生出大量的地方信仰。甚至元代成書的《三國志平話》（約一三二一年）也仍將其塑造為三個被漢高祖劉邦及呂后所枉殺的漢代將軍的復仇故事。玉帝下令劉邦重生為將被廢黜的漢朝末代皇帝，而其他三個前將領則重生為三國未來的領袖。透過這種方式，三國之間的戰爭被演繹為更受歡迎的秦漢鼎革傳奇的一種延續。[3]伊維德認為，明朝政府有意壓制秦漢鼎革的傳奇故事，因為這些傳奇對劉邦這個相當粗魯的開國皇帝極盡譏諷。明代開國皇帝朱元璋有著和劉邦類似的卑微出身，並且對他人的批評非常敏感，不管這些評判是多麼拐彎抹角。為了取代秦漢鼎革的傳奇敘事，明初政府推廣了三國故事並取得成功。這個敘事傳統強調主角們——三個結義兄弟劉備、關羽、張飛，以及巧妙的智將諸葛亮——的忠義，[4]而對關公的宗教性崇拜早在這個建基於意識型態之上的推廣運動出現之前就已經流行。因此我認為，三國敘事傳統的流行應當出現在關公信仰的流行之後，而不是之前。最後，三國敘事的流行也從未引發人們對其他主角的類似崇祀，例如劉備、張飛和諸葛亮。一個類似的觀點認為，這個信仰的傳播源於十七世紀晚期關公降乩後撰寫的系列善書不斷出現。這個觀點的錯誤性與之前我們所說的情況類似，此處不再多作討論。[5]

同樣地，我們也沒有發現關公信仰和主流的歷史敘述——例如陳壽的《三國志》——之間存在什麼直接關聯。相關碑刻的作者受教育程度極高，他們往往非常有選擇性地提及關羽的歷史功績，忽略他對漢廷的反叛，並強調他對劉備和張飛的忠義，藉此使關公信仰合法化。在我看來，他們是根據此後的關公信仰對歷史進行重新解讀，這並不意味著該信仰發源於這些歷史記載。如我們在對敘事傳統的討論中指出的，如果關羽的歷史功績在其信仰的興起和傳播中發揮系統性作用，那麼關公信仰的地理分布及其具體內容應當與現在十分不同；也就是說，他的信仰就應該在前蜀漢地區傳播得更廣，而在他死敵的前統治區魏地和吳地銷聲匿跡，但我們看到實際的情況卻恰好相反。

這樣說並不意味敘事傳統或者歷史記載對這個信仰的合法化毫無幫助，我們可以用一個一五三一年的例子來說明這點。當時嘉靖皇帝，或者至少是他的禮部，下令搗毀所有的「淫祠」。河南滑縣一個小鎮的居民擔心他們本地最為靈驗的關公廟會在這場運動中遭到毀壞。當他們慌張地聚集在廟前的時候，當地的「義士」向眾人許諾會保護這座廟宇。不久，一道命令傳來，解釋對這位侯爺的崇拜與其他「淫祠」不同，因為它關係到一位很有名的將軍。[6] 這個名聲一定來自已存與關羽相關的書寫資料和正史記載，儘管這些歷史紀錄與關公信仰的興起之間沒有什麼太大的關聯。

關公信仰的地理分布

直觀地展示關公信仰的時空及地理分布情形的第一步，就是要盡可能多地蒐集早期供奉關公的祠廟的具體修建時間。[7] 為了完成這個任務，我翻閱大量宋、元、明時期的方志，並以碑刻、筆記及其他資料作為補充。[8] 最終成果見於本章附錄。儘管其中一些事例的年代明顯存疑，並不得不剔除，但大部分事例的年代應當是可信的。對於每個地方的關公祠廟，我都僅僅收錄其中年代最早的例子，儘管這可能並不一定是當地最重要或存在時間最長的廟宇。我主要的興趣在於，發現關公的故事與相關儀式在流動過程中，最早是在什麼時候促使人們修建一座供奉祂的建築物。這個時間可以讓我們知道，大體在什麼時間，某個地點已經有夠多的人是如此相信關公的靈驗故事，以至於願意為祂修建一座造價高昂的祠廟，這些日期可以展現出關公信仰在不同時空越來越流行的情況。

此處首先要指出由於使用方志和碑刻而引起的某些偏差。一個重要的問題點是現在的四川，該省靠近湖北，其北部與陝西相連，但文獻記載極少，這與當地印刷品以及和地方文化有關的實體資料受到破壞有關。這一破壞始自一二三〇年代起蒙古對該地區的征服，又因明末當地的叛亂而引發新一輪的破壞。同一時期，福建省的資訊鴻構則可能並非因為材料的缺乏，那裡的材料通常都留存得很好。在這種情況下，考慮到福建當地有著頗多相似的人神信仰，有關關羽信仰資料的落差反映在當地社區中該信仰的相對缺失。有時很難確定資訊的缺失意味著什麼，資訊的存在同樣如此。因此，我們之所以能在杭州、蘇州和南京等大城市中發現較早的關公廟蹤跡，實則與這些地方歷史文獻編纂的高品質有關。所以，與文獻記載較少的地方相比，這裡的文獻更可能記錄小型的早期廟宇。大的資料庫是對這類不規則性的一種補償，因為大範圍的資料使觀察更大區域內的趨勢成為可能，這種趨勢不會因一些特例而過度扭曲。

我們可以從清朝和民國時期的地方志中蒐集更多資訊來進行拓展，但我認為額外資料並不會從整體上扭轉之前的分析。更重要的是，明末和清末的資料之間似乎存在資訊鴻溝，因為後來的地方志經常無法獲得早期的資訊。僅靠清代的地方志容易產生一種分析上的偏差，在戴樂（Romeyn Taylor）關於明清官方信仰的有趣文章中就可以看出這一點。他以一個主要由清代和一些民國方志組成的樣本為基礎，得出的結論是，關公的「官方信仰」和「民間信仰」共有過兩次擴大化：在一五六七年至一六一九年和一六一九年至一七二三年之間擴大了六〇%，在一六二〇年至一七二三年和一七二三年至一七九五年之間則擴大了一二〇%。[9]儘管他指出所蒐集有關民間信仰的材料仍不完整，但仍然得出結論，認為官方的關帝廟極大地促進該信仰在民間的傳播。[10]而我從宋、元時代廟宇的新建與修復的情況中得出的結論截然不同，且對明代關公廟宇修建的更大範圍內的調查也是如此，但因其規模龐大而無法放入本研究中。

幾個世紀中關公信仰的傳播

口頭傳播一定是關公信仰及形象傳播的主要管道，例如祂的紅臉和長鬚，以及祂的刀和下屬。其他要素也會透過口頭傳播，比如說他的主要生日——五月十三日，或是祂可以為信徒提供一些什麼樣的服務等，這些在全國大致相同。標準化不一定要在信仰產生之初就立即發生，也可以在此後傳播的歷史過程中進行。在這裡，我將嘗試建立該信仰興起和傳播的基本年表，以期對關公信仰發展的時機和地域特點作出更精確的解釋。

關公信仰的早期發展

儘管解州的關帝廟並非中國北方最早可考的關帝廟，它在之後的幾個世紀中卻不斷發展壯大，並被認定為這一信仰的祖廟。根據當地縣令撰寫的一篇紀念性碑文，解州關帝廟最早可考的重修日期是一〇九二年。遺憾的是，這篇碑記僅僅在重複這個神靈的忠義這一一般性的觀點，只提供極少關於這一信仰在當地的狀況：這座廟位於「解州城西門外」，一直被人們所忽略，此地的父老一起合作並完全重修了它等。[11]碑文中並沒有提到關羽在鹽池驅趕妖怪的故事。另一方面，它也確實存在太久，久到足以坍圮。考慮到一個建築物的物理存在週期可能長達幾十年乃至一個世紀，這座廟很有可能在這次重修的很久以前就存在了。

此地第一座紀念關羽祖先的建築物是一座當地人在一一七七年重修的石磚祖塔，表明這一信仰在本地的持續流行。修建人在碑文中提到，他重修這座始建於一〇五四年前（即一二二年）的「祖塔」。假設這篇碑文不是後人偽造的，那麼該文其餘部分的資訊就更加有趣了，碑文中說捐獻者希望神靈會降下神力，保護萬物純淨吉祥，祈求風調雨順，以及國泰民安。[12]碑文中推斷的這座磚塔最初的修建時間是不可能的，因為佛塔作為一種建築物出現的時間相當晚。不過，磚塔的始建時間仍可能早於這段描述中提到的一一七七年。基於這點，它或許原本是一座佛教建築，之後因為關羽在當地的不斷流行，才被合理化成所謂「祖塔」。

一二〇四年，另一位地方官寫了一篇碑文紀念新一次的重修。然而這篇碑文除了確認關公信仰在這個地區的流行之外，只提供非常少的資訊：人們「春秋致祭」，忙於迎送神明。各個地方的人都唯恐落後。[13]到了十六世紀中期，解州的關帝廟將四月十八日定為慶祝神靈的主要節日。這一天實際上是佛誕日，而不是更為人們所廣泛接受的關羽誕辰：

秦晉汴衛之人，男女走謁於道者，蟻相連也……相傳為神受封之日。遠邇士民，齎緡楮走祭祠下者，數以萬計，商賈以貨至者，至不容於市焉。[14]

到了明代中期，這座關帝廟已然成為一個可觀的綜合性宗教場所，並在之後的幾個世紀裡持續擴張。[15]它甚至逃過「文化大革命」的破壞，因為當時的紅衛兵首領本身就是關羽的信仰者，他自己鎖住了這座廟。[16]有別於湖北當陽玉泉寺中的關羽祠，解州關帝廟是作為關羽的祖祠而運作的，並形成中國北方關帝信仰的朝聖中心。從一一七七年的重修關羽「祖塔」事件可以看出，人們也覺得有必要找出祂在這一地區切實存在的歷史依據。在這幾百年中，尤其是在清代，一系列被「發現」的建築物、墓穴、水井甚至碑文，都將關公信仰和它的發源地牢牢捆綁在一起。[17]

見諸史料的最古老關公廟之一，位於解州北部的沁縣（今屬山西）。該關公廟由一些起初駐紮在銅川（陝西南部，今西安以北，距離解州也不遠）的士兵所建。一〇七六年，這些士兵參加與交趾的邊界戰爭，該戰爭自一〇七五年持續至一〇七七年。回國後，他們於一〇七九年在沁縣為關公修建一座廟宇，這個地方很可能是這些士兵的出生地。[18]得益於他們留下內容翔實的碑刻，我們對這座廟宇的情況瞭解得非常詳細。[19]

在對關羽的歷史形象進行長篇討論之後，碑文的作者開始談到關公信仰及信奉祂的士兵們。他的討論從以下觀察開始：「迄今江淮之間，尊其廟像，尤以為神。」[20]基於我們對關公信仰早期分布的研究可知，這一觀察是相當成問題的，除非他指的是這一信仰的起源地，即湖北中部的長江沿岸地區。除了空間分布可疑之外，以上史料對於識別關公信仰的獨立性也很重要，它已經不再如唐代那樣，僅僅被作為軍神之一，而是被人們獨立地加以供奉。此外，既然作者能夠作出這樣的概括（即使我們或許不能相信他所說的每一個字），該信仰必然在一〇八〇年，即作者寫作這篇碑文時，就已經有著夠廣泛的傳播了。

在作了這一籠統的觀察後，作者解釋當地士兵為何前往遙遠的南方進行戰鬥。一〇七五年，位於今越南的交趾入侵中國。次年，一支遠征軍被派往南方。這支軍隊包括一個從當地招募而來的新兵營，共兩百三十七人。當軍隊到達桂州（今廣西北部的桂林）時，他們經過了「將軍祠」。[21]目前尚不清楚他們在那裡做了什麼，因為此處的碑文已被損壞。鑑於目前尚無其他可靠證據可以表明關公崇拜在南方，尤其是在廣西地區的傳播情形，因此該地關公神祠的存在非常值得注意。[22]另一方面，桂州靠近湖南，可以想像該信仰或許很早就傳播到此處了，儘管當時還沒有在當地扎根。

另一種可能性是，這是一個完全不同的信仰，只是在後來的記憶中才被認定為關公，而在遠征的當時則並非如此。被放逐的宋朝官員蔡絛（蔡京的四兒子），在其此後有關流放廣西的回憶中，提到桂州南部一座大廟的一些情況，這一廟宇在狄青遠征期間似乎非常靈驗。[23] 在上述碑記篆刻的二十年前，狄青（一〇〇八—一〇五七）在此對陣壯族領袖儂智高（一〇二五—一〇五五）。正是在這座廟中，狄青被預言將大勝，皇帝隨後賜名該廟為「靈順」。一一二六年，蔡絛流放途中經過此地，從當地人那裡聽到這個故事。他沒有很清楚地說明該廟祭祀的是什麼神靈，但如果是關公，他不太可能會忽略不談，因為關公一方面是一個有名的歷史人物；另一方面也有可能透過在開封的戲劇表演，而被受過教育的精英人士所熟知。或許存在這樣的可能性：那些軍士們效仿前賢，也去參拜同一座著名的廟宇。無論是當時，還是在奇蹟般地返回家園之後，他們都有可能將對關公的信仰投射到這座所奉神靈未知的廟宇中。碑記本身也提到有關狄青及其廟宇的故事，這證實碑記中的廟宇與二十年前狄青參觀的廟宇確實出自同一信仰。我們瞭解到，儂智高在北伐期間，也曾嘗試在寺廟中獲得吉言，但他擲筊神靈並沒有回應，於是便生氣地將廟焚毀。狄青獲勝後，上奏皇帝請求重修此廟，神靈因此獲得一次敕封。[24] 自此，這座寺廟便成了早期對南方作戰勝利的象徵，也是任何經過此地的中國軍隊必定會去的地方。但是考慮到蔡絛沒有提及關公，匾額上神靈的名字也不是關公，所以這個祠宇供奉的實際上並非關公。[25]

一〇七六年，該營軍士在這個被他們說成是關公祠的地方發誓：如果能夠活著返回自己的故鄉，「當為將軍構飾祠宇」。此外，「復請木，〔戟〕繪寫，執為前驅」，希望神祇在戰鬥中顯靈。該營在接下來的戰鬥中表現出色，指揮使之後得到獎勵。但在撤退時，由於敵人緊追不捨，他們被困在南方深林中，陷入一場可怕的風暴，無路可退。這時有一支龐大的陰兵隊伍從天而降，將敵人趕走，將士得以脫險。北歸後，士兵為關公建立神祠，以答謝祂的幫助。[26]

考慮到該營曾遭遇的可怕危險，以及神靈在收到祈求後便在之後的戰爭中顯化，倖存者認為有必要為他們的神靈建造一座宏偉的廟宇也就不足為奇了。這座廟有一個三間的大廳、一座「舞樓」（將在第五章討論）、兩條長廊（可能覆蓋了外面的路），第三個大廳中有舍人像三座、朱漆杆鋸刀一口、關王雕像一個等。[27] 現在這座寺廟早已蕩然無存，其石刻碑文則保存在博物館中，但當初一定十分壯觀。

一〇七〇年代後期，在沁縣建起神祠並立碑的士兵應當早就聽說過這個神靈及其信仰。他們很可能將自己的信仰投射到那座知名的、曾被狄青祭祀的桂州廟宇上。他們在戰鬥中、在叢林中需要幫助時，感受到神靈所顯現的超自然力量支援。文中提到的「朱漆杆鋸刀一口」和彩繪馬一匹，進一步證實士兵們知道該神靈相關的更大故事背景及其形象，使得他們可以在遠離家鄉的時候摹寫出來。因為很難想像，所有這些都是在他們對桂林附近的神祠參觀一次之後就可以實現的。碑文還記錄對祠廟的每一次興建和修復，這些既是對關公能力和靈驗的普遍信仰的表達，又是當地社會或個人（在本例中為團體）對其支援的具體實例。

不久之後，在解州北部的聞喜縣建立該地區第一座關帝廟，再次證實這個神靈的故事是如何在北方流傳，並且與關羽建立特殊聯繫的。從一一〇二年起，聞喜當地的地方軍事力量總是成功地擊退盜匪。正如這些人事後所說，他們在每次征戰之前都向神祈禱，神靈也從來都不吝於提供幫助，因此人們提議為祂建一座神祠。一一〇九年，帶有大門和花園的建築群落成。本社（這裡的社可能仍然是指對土地的祭祀，而不是一個公共組織）的人在這裡放置祭祀器皿，在院子裡演奏樂舞。這一碑文實際在一一一七年完成，並由當地官員落款簽名。[28]集體用餐直到今天都是公共節日的重要組成部分。關於跳舞的性質，我們則只能推測，有一種可能是，這是一種武術性的舞蹈，可以同時作為社區防守的武術實踐和一種娛樂形式。[29]遺憾的是，碑文未對此作進一步說明。但是沁縣和聞喜縣的碑文裡都提及這一類舞蹈，而且其在歷史上也與武裝力量有聯繫，這可能並非巧合。

沁縣和聞喜縣關公廟的建立，必定與關公作為武士或驅邪官將顯靈的故事有關，而軍事方面的關聯尤為明顯。一篇著名的一三一四年的碑刻記錄長興縣（今長江下游地區，太湖以西）東嶽行宮的一次大修，在該次大修中，關公以其道教形象得建分廳，負責監管捕盜事宜（捕盜司）。[30]在第六章中，我將討論其他早期的關公廟，這些廟宇起初都和關公在抵禦盜匪和其他軍事威脅方面提供的幫助有關。至少從十一世紀初開始，攜帶武器的遊行者、當地民兵，甚至正規兵，都頻繁地參與到該信仰在當地的遊行和節日活動之中。[31]

但是，在稍晚一些的北方關公廟中，則沒有見到軍事方面的明顯關聯，因此我們在概括時必須謹慎。十三世紀初，在解州東北方的定襄縣，人們已經供奉關公一段時間了，祂也對人們的供奉做出回應。於是，一二〇八年當地一位七十五歲的銀匠決定捐錢塑一座關羽的雕像。雕像被放置於另一座廟宇的側殿，作為「鄉人香火之地」[32]。一三三〇年代，在英山縣（今湖北北部），人們最初是在家裡供奉神祇，因為缺少建廟的經費。一位低階小吏向神靈祈禱，請求神靈幫助他患病的母親，神靈做出回應。[33]於是在一三三八年，小吏自己在衙門東北側建了一座寺廟。在另一個例子中，一個信徒和他的兒子於一三四五年捐贈一個石製的香爐，並安放在安陽縣當地一座佛寺中加以供奉。儘管被放置在佛寺中，但關羽並非一個佛教伽藍神，而是作為國家和人民的保護者角色出現的，並能控制風雨，選擇佛寺只是因為在這裡建立小神祠較為方便。[34]在上述所有三個個案中，個人對關羽的崇拜是該信仰在當地獲得支持的源頭，而更大的廟宇則是在很久以後才建成的。儘管我們獲得一些個例的詳細資訊，但這些例子當中的個人化色彩則早已遺失。

隨著時間的流逝，一個信仰會逐漸衰落並最終消失得無影無蹤，直到某人或某一群人認為神靈變得足夠靈驗，需要重修他的神祠。重修通常意味著建造一座新的廟宇，其規模往往更大。在任城（即今大運河上的濟寧）的老城區附近有一座寺廟，多年來——我們並不知道確切的時間——神祠塌陷，人們以為神已經離開了，不再「靈應」，便停止祈禱。然後在一三二八年，一位當地人決定組織地方知名人士籌款，以恢復「香火」。隨即，神靈在當地發生水旱災情時返回，幫助當地人民。其他人則捐錢豎立紀念此事的碑石。[35]這種衰落和重生的故事在大多數寺廟的歷史中都很普遍。像上述例子一樣，宋金元時期，地方廟宇的建立和修復通常是地方倡議的結果，儘管國家也可能在其不同的階段當中參與。直到很久以後，一些關公廟的興修才成為國家性質的活動，因為關羽在清代時以關帝的身分進入國家祀典體系，每個地方行政單位都需要有一個國家修築的廟宇以供祭祀。

在分析該信仰的傳播過程中，我集中研究有關一地關公信仰的最早記載，這些記載向我們展示關公信仰是如何進入當地社會的，無論其是棲身於一個簡陋的神龕，還是一座完整的寺廟之中，我們可以放心地假設，關於神祇的認知總是出現在廟宇修建之前，但是有限的材料不允許我們有系統地追蹤這些資訊的傳播情況。因此，絕大多數個案提供的日期實際上反映在當時，神祇的相關知識覆蓋面已夠大，並轉化為集體性的實踐，所以人們開始為其建造神祠，更常見的是建造一座寺廟。相關資料可以告訴我們，廟宇修建如何從起初的動心起意轉變為更強力的集體行動。所有這些不同的時間點都向我們展現一些基本的神祇故事傳播到某地後，關公崇拜逐漸被接受的過程。

我們可以得出一個確鑿的結論是，關公信仰在北方的分布十分廣。當我們考慮到中國南方的歷史資料比傳統中國的任何其他地方（包括四川）都要好得多的時候，這種地理差異就顯得更加重要。除了一〇七八年左右（福建）邵武的早期廟宇，和一一一〇年晚些時候浙江海鹽的某座大廟中的一處分祠外，所有北宋的關公廟都起源於北方，其中有八座就在解州或其附近（九七三年的咸陽、九七六年的臨晉、大約十一世紀初的解州、一〇七九年的沁縣、一〇八六年的萬泉、一〇九二年的芮城、一一〇四年的榮河和一一〇九年的聞喜）。其他早期的廟宇離解州稍遠些，但仍位於北方，例如甘肅（一〇七二年的慶陽，以及附近一一二三年的寧州）和山東（一一一三年的章丘）。儘管遲至一一二八年才有了關於長安關公廟（位於咸陽附近）的文獻記載，但無疑它已經存在夠長的時間，足以使它成為人們發表宣言、鼓勵抗金力量的場所。[36] 雖然此後建立金朝的女真人征服華北，但在隨後數十年裡，關公信仰仍在那裡繼續傳播。重要的是，解州附近早期關公廟的修建頻率表明，無論關公信仰最初是不是從玉泉寺被帶到解州的，這一信仰都是自解州輻射到中國北方。（參見圖4.1）

儘管中國南方的史料品質比北方好很多，但南方早期廟宇的紀錄卻少得多。因此，相關資訊的缺乏至少在祠廟層面上，表明這一信仰在南方的相對缺失。在一部現已失傳的地方志中，南宋初期的官員陳元曾經提及早在一一四〇年代，荊門地區已經普遍存在人們在自己家中崇祀關公的現象，這應該歸因於玉泉寺附近關羽祠廟廣受歡迎。[37] 但即便如此，明確的證據也僅來自北宋的最後數十年，而這時關帝信仰已經進入沮河河谷幾個世紀了。我們幾乎沒

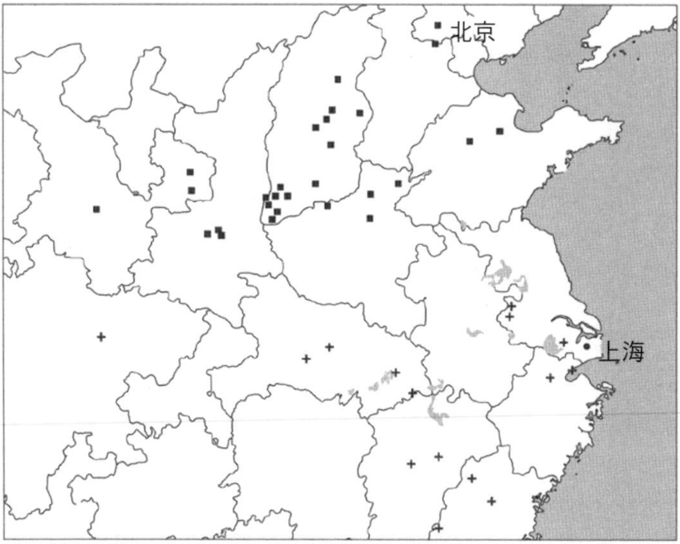

圖4.1　一二七六年以前中國北方（■）和南方（+）的關公廟分布

有和南方的兩個北宋廟宇相關的背景資料。一〇八五年，福建北部邵武的廟宇是一個真正的謎。我們不清楚這座寺廟到底有多大，也缺乏更進一步的背景資訊，儘管當地神靈將在明初的軍事活動中大顯神威，而且這一傳統很可能可以追溯到宋代。[38] 北宋末期，在長江下游的海鹽縣，可以找到關公在當地的第一座神殿，那是一座更大的東嶽廟的一部分。如第三章所述，這可能與南方早期關公信仰的道教背景有關。

此後在臨川（約一一三〇年）、承天（或安陸，約一一八一年）和長汀（在河田鎮，極有可能直到一二五三年「重修」時才成為一座獨立的廟宇）等地，都相繼出現位於佛寺中的小型神祠。儘管如此，我們已經看到，長汀的關公神祠是由當地的駐軍將領供奉的，而臨川的神祠則與一個神蹟聯繫在一起——神靈在一一三〇年左右保護當地不受盜匪的襲擊。[39] 著名的南宋詩人陸游於一一七〇年經長江上游前往夔州任職，途經富池鎮，該地位於今湖北省境內的長江沿岸。當他參拜當地一座供奉三國時期某位神化的將領的廟宇時，他非常驚訝地發現其側翼有關雲長（即關羽）的塑像，而該廟的主神則是殺害關羽的吳國將軍。[40] 這座神祠同樣很小，我們對該地方信仰的起源也一無所知。它可能是完全自發產生的，源於當地對關羽作為歷史人物的記憶，或者也可能是受到其他地方相關靈驗故事的影響。

我們已經在第三章中看到，南方的崇祀關羽的早期祠廟也經常有道教背景，例如杭州（一一六六年）、蘇州（一一六九年）、南雄（約一一三〇九年）、徽州（一一三〇八年）、長興（一一三一四年）和婺源（一一三二九年）。在北方，唯一一座早期帶有道教性質的關帝廟始建於一一二一九年以前，位於鄉寧后土廟當中的一個神祠。它們通常是較為邊緣的廟宇，與更大的地域社群沒有聯繫，但與道士的科儀有關。遺憾的是，我們對南方其他早期廟宇的規模一無所知，例如新淦（一一三六年）、南京（約一一九七年）、延平（一二三四年）和六合（約一二六五年）。以新淦為例，我們可以推測其建立有著軍事背景，因為修建這座廟宇的地方官同時也深入參與剿匪活動。[41] 此外，延平關公廟中的神靈也曾在明初協助抵禦了當地的土匪，這暗示在該廟修建早期或許也有著類似的背景。[42]

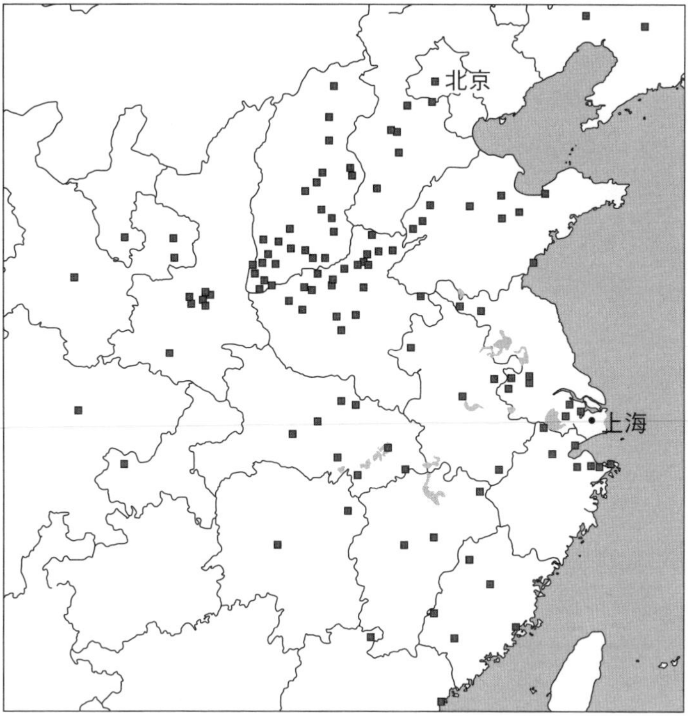

圖4.2　元及元以前的關公廟分布（1368年）

某種程度上，在地方文史資料的內容更為豐富、品質也更高的南方，卻缺少碑刻和史料筆記等整體性的證據，這表明儘管南方的關公崇拜已經流布於一片相當大的地理區域，但最初的規模都很小（參見圖4.2）。

在整個宋金元時期，南北之間的差異仍然很明顯，這點從表4.1早期關公廟的總量中可以明顯看出。該表是基於本章附錄的調查所得出的。我已經計算年度平均值，以更好地進行資料比對。南宋的部分時間已與金

表 4.1　關公祠宇的早期證據

時間	北方總計	年均	南方總計	年均	全國總計
960–1126（宋）	11	0.065	3	0.017	14
1127–1234（金／南宋）	11	0.101	9	0.083	20
1235–1276（元／南宋）	7	0.166	3	0.071	10
宋金總計	29		15		44
1277–1307	6	0.193	3	0.096	9
1308–1334	26	0.962	9	0.333	35
1335–1367	21	0.636	11	0.333	32
元代總計	53		23		76
總計	82		38		120

朝合併為一個時期，另一部分時間則與早期的蒙元時期放在一起。元朝被分為三個較小的時段，以實現最小的時間跨度。

鑑於宋元時期中國人口數量的相關資訊很少，很難以可靠的方式證明該信仰與人口數量之間的關聯性。學者們似乎確實同意，到了元朝，中國南方的人口比北方多得多。如果到了一三三五年，即一三四〇年代的自然災害和一三五〇、六〇年代的大規模叛亂發生之前，我們將總人口定為一億，那麼大約二五%的人生活在北方，其餘的生活在南方。[43] 如果我們假設所有早期廟宇在一三三五年之前仍然存在，那麼北方至少會有六十一座廟宇，南方至少有二十七座。當我們根據人口的相對比例對這些數字進行指數化時，就會產生更大的差異，北方大約為二百四十四座，南方大約為三十六座。誠然，這些都是推測性的計算，但它們進一步表明北方在關公信仰發展中的重要性。

到了元代，我們發現，該信仰很大程度上延續宋朝南方呈現的地方性特點。正如我已經提到的，徽州（一三〇八年的府城和一三二九年的婺源）、長興（一三一四年重修）和南雄（一三〇九年擴建）的早期關公信仰一直與道教系統結合在一起。在元代，重要的南方貿易城市都有早期新建或重修的關帝廟，例如鎮江（一二九九年）、莆田（約一三一七年）和揚州（一三二九年），但在當時主要的港口——泉州附近卻沒有。在這些城市中，北方的商人很可能參與神靈故事的傳播，但是我們沒有明確的證據證明這一點。事實上，在鎮江，官方之所以修建關帝廟，是因為同樣來自南方的地方官員祈求神靈幫助抵抗水災及乾旱帶來的蝗災，並且都獲得成功。[44]最後，在四川地區有三則修建廟宇的紀錄，但是這個樣本對於這麼大一片區域而言實在太小，無法得出關公信仰在此地傳播情況的任何結論。總的來說，我們並未看到其在南方的廣泛傳播，只有一些我們難以進行系統解釋的相對孤立廟宇修建的個案（例如一三五四年左右在龍巖及潮陽兩地修建的關公廟）。與此同時，在南方，關公信仰的傳播可能還存在兩種模式：一種是透過道教驅邪儀式進行的傳播，一種是透過區域間長途貿易進行的傳播。此外，從表4.1中看不到的一點是，大多數南方地區的祠廟最初規模都較小。以荊門地區為中心的區域則有所不同：有證據表明，這裡既有供奉關帝的大型寺廟，同時百姓家中也普遍有供奉關帝的神龕。在此，玉泉寺這一信仰中心的早期影響肯定是決定性的。

同一時期，中國北方的情況明顯不同。儘管這一地區史料的品質較差，但廟宇的興建及早期修復仍在不斷進行。隨著時間的推移，特別是在十四世紀上半葉，我們還發現廟宇新建和重建的速度在明顯加快。雖然與此同時南方地區的關公廟數量也略有增加，但北方地區則更多，為期也更長。到了一三三〇年代，關公信仰在南方的擴張再次趨於平穩，而北方廟宇的興修率在很長的時期內仍然相對較高。儘管關羽與今四川、湖北一帶的蜀國有著密切的歷史淵源，並且關於他的崇拜也起源於湖北當陽縣，但神祇主要還是與中國北方及關羽出生地解州相關聯，雖然歷史上的關羽本人在成年後就離開解州，再也沒有回來。換句話說，對歷史人物的地方記憶在信仰的產生中只能發揮非常有限的作用，我們將在第五章中看到，這一缺口最終被民間故事所填補，並且使得神祇與地方歷史產生更多的關聯。

最早的關公廟是沿著北方的郵政和貿易路線分布的。在本章附錄中，我標明這些地方在明代郵政系統中的位置，並假定這將反映該地與全國運輸網絡的聯繫。誠然，它比我們這裡所關注的宋、元時期稍晚一些，但是這個網絡是在元朝滅亡後不久建立的，大致仍能反映元代運輸網絡的狀況。我們可以很容易地假設，這一信仰透過一個我們已無法追蹤的更精細的網絡在今山西和鄰近的河南地區傳播，這點已被兩地大量早期寺廟的存在所證實（兩省分別有二十六座和二十二座關公廟，其中十七座和十二座與運輸網絡的主幹或分支沒有直接連接）。同樣引人注目的是附近省分為數極少的早期關公廟，如陝西（尤為靠近，但仍只有七座早期廟宇）、甘肅（三座）、河北（六座）和山東（十座）。本章附錄所列廟宇中，大約一半以上與全國性的交通網絡連接良好。這裡僅指陸路，而當我們增加運河和其他河流作為潛在的交通要道時，江蘇和浙江的大部分關帝廟分布也可以包含在這個大的圖景之中。

這個整體圖景與一篇約成文於一二四九年的碑記所觀察到的內容部分吻合，這方碑刻來自北京的第一座關公廟。碑記作者指出，燕（今北京及周邊的河北地區）、趙（大致相當於今山西和河北）和荊楚（湖北）地區對於關羽的崇祀最為誠摯。根據他的說法，每個府、縣、地區和村莊都有一座關公廟。[45] 這可能是基於作者在交通要道上旅行所形成的印象，而非深入的田野調查。

我們已經看到，該信仰的傳播首先從其起源處的玉泉山和解州的寺廟開始。儘管從長遠來看，解州作為朝聖中心和關公聖蹟傳的中心無疑會變得越來越重要，但尚不清楚這兩地的信仰之間是否存在聯繫。來自不同區域的移民群體在信仰傳播過程中發揮重要作用。我們已經遇到官員、和尚，以及特別值得注意的道教儀式專家和軍人。以一一一三年在章丘所建的廟宇為例，元末的碑文明確指出，該廟建於一座交通骨幹邊的市鎮上：

> 而世之用兵行師與夫貿遷游宦者，莫不具牲醴祀之，而後敢行……行商過客，莫不拜謁。土人奉之，歲修祀事。[46]

自關公信仰在解州附近地區發端之後，似乎沿著山西和河南境內的交通要道不斷傳播開來。我們無法確認到底是誰將這個信仰的有關知識帶到上述地方，但顯然這些人一定有旅行經歷，並有機會在其他地方聽過關羽的靈驗故事。新修建的廟宇與解州的關帝廟之間並沒有儀式上的關聯，無論是福建文化中的分香（但其他地方沒有這樣的文化），還是某些長江下游地區信仰中的朝聖形式，都不存在。[47]關公的故事傳開後，許多關公廟的修建或多或少是因為人們受到關公在絕境時顯靈支持故事的鼓舞。

關公信仰在北方的傳播最可能與鹽的區域性貿易有關，山西南部的鹽池是這一貿易網絡的中心。鹽是當地商人攜帶到整個北方，並由小商販一直售賣至社會底層的為數不多的產品之一，鹽商和地方社會中的販夫走卒這兩個群體也都有可能沿途講述關公的靈驗故事。[48]明中期以前，史料中的山西鹽商就已經被視為一個有辨識度的群體。明末到清末，他們成了帝國晚期的主要商業和金融力量之一。[49]當然，即使沒有明確的記載，我們也有理由認為，他們這一地位的形成是歷史長期發展的結果。到了十六世紀中葉，關羽本人也被認為是陝西南部商人的守護者。在此前所引述的滑縣（河南）的例子中，保護神廟的「義士」就是來自三原（陝西南部）的兩個兄弟，他們與父親一起在當地鄉鎮從商多年，並做了許多「公義」之事（可能是指慈善事業）。[50]到了十六世紀中葉，在江都（揚州），來自陝西蒲州的商人在一個城門的甕城內建了一座關公廟。

蒲州人商揚州者，以歲五月十三日為侯生朝。及期，用鼓樂舁侯像出，周行坊市。已，歸像於廟，誕祭，令優人歌舞享侯，諸商列坐，享其餕。[51]

不過，關羽從來不是北方商人獨享的文化資源。上引元末山東章丘的碑文證明，商人和士兵也都是供奉這一神明的重要群體。

關公信仰的鞏固

在明清時期，這一信仰傳播中的南北分異趨勢仍然在繼續。根據對現存明代方志的初步調查，早在明初洪武年間（一三六八—一三九八）就已經出現關公廟宇興修的高峰。[52] 顯然這一高峰與此後許久才發生的關公信仰敘事文學的傳播並沒有關聯。明朝的開創者偏愛三國敘事而不是秦漢故事，可能是一個有利因素，因為這一政權以積極介入地方社會而聞名。[53] 但即使兩者之間確實存在聯繫，我們也無法從史料中獲得確切的證據。如果在地方社會沒有業已普遍存在的信眾，那麼帝王的任何偏好似乎都不可能產生實質性影響。在接下來幾個世紀中，人們不斷興建新的廟宇，更有著大量對已有寺廟的修復，但是從史料中很難分辨出一個特定的全國乃至區域範圍內的趨勢。

我們很難僅僅憑藉根據地方志所作的量化統計，來估計神靈的受歡迎程度，但是北方的地方史料中經常指出這一信仰從城市中心到偏遠鄉村無處不在。在這裡，關公信仰的早期發展到明朝中期時，在北方的分布已經非常密集。因此，在平陽（今臨汾，緊鄰解州北部），每個地區都有許多私人建造的關王廟，很多北方的地方志中也都有類似的說法。[54]在宿州（今安徽宿州，而非蘇州這一長江下游的貿易樞紐），一五三七年的當地方志指出：「雲長之祀遍天下，士夫亦有繪像祀之者。」[55]「天下」可能只是代稱，但顯然在這個長江以北的地方和其他許多地區都普遍存在對關羽的崇拜。

在當陽縣祖廟即玉泉寺附近，情況也並無不同。以下一則十六世紀的史料來自湖南省長江南岸附近的榮縣，其中對當地關公信仰的情形作了詳盡的敘述：他們把將軍視作本地神靈。……因此，即使最貧窮村莊的殘破神祠和邊遠地區的低矮廟宇都將其供奉在諸神之側。糧倉、倉庫、驛站、衙府、道教和佛教寺院，以及旅館和牢獄中，幾乎沒有不掛將軍神像或畫像的。[56]碑記的作者點出這一信仰的受歡迎程度，但也因普通人以他不贊同的方式崇祀這一神祇而感到困擾。儘管這可能並非精確的統計，但確實表明該信仰在這一地區仍如一一四〇年南宋官員陳元所說的那樣繼續廣泛存在。

僅憑抽象的統計以及個別十分具體的神蹟，我們很難對這一信仰的傳播有一個具體的把握。朝鮮外交官和商人的旅行見聞可能對我們的研究有所幫助，自十五世紀以來，他們就前往北京的中央朝廷上貢，或是在中國北方進行貿易。他們的紀錄可以讓我們更好地瞭解關公信仰的傳播，他們的評論也為深入瞭解北方各個衛所周邊和公共道路沿線的信仰傳播狀況提供詳細的參考。這些資訊充分證明該信仰在整個北方地區無處不在，並受到地方社會各階層的崇祀。

朝鮮旅行者的紀錄將我們帶到今遼寧省東部，這一地區對中國移民和商人開放。他們在靠近海岸的沿線地區看到，那裡到處都有關公的廟宇。自十三世紀以來，該信仰就已經存在這一地區，一二七六年建於今遼寧省北部義州的一座廟宇，以及另一座在一二八一年至一二八五年間建於遼陽的廟宇可以證明這一點。[57] 十六世紀中葉，一篇為寧遠（遼寧興城，位於自朝鮮邊境到北京的官道沿途）關帝廟所撰寫的碑文評論道：從都城到地方，即使當地人煙稀少，人們仍會集資修建神祠並雕塑神像以表敬奉。[58] 在從邊境到首都的旅途中，朝鮮旅行者有時會和當地人進行深入交流，並就各自的見聞進行出色的評論。身為局外人，他們偶爾會用白話文對話，但慣用文言文書寫溝通，他們完全有能力提出有見地的問題，而這些問題又是那些久居其地、對某種習俗已經習焉不察的當地人所難以察覺的。早在十六世紀末，其中一位旅行者指出，遼陽以西有許多關帝廟，廟前有寬敞空地，人群可在此聚集。他們在那裡豎立一扇門，門上掛牌，上寫「鄉約所」。[59] 其中隱含的意思是，神將在此監督地方秩序，國家透過推行作為社會禮儀的鄉約來維持這一秩序。[60] 在第八章中，我們將討論更多有關這一神靈作為道德監督者的證據。

一五七四年之前的不久，另一位來自朝鮮的早期旅行者進行非常相似的觀察，從中可以看到向他提供資訊的人是如何看待神靈在軍事上提供的支援，與人們對其崇祀之間的直接聯繫的：

> 東偏有義勇武安王廟，即關羽也。塑土為像，貌極生獰。曾謂雲長而有如是耶？九原而有知，夫孰歆其祀乎？此乃太祖高皇帝託言陰兵以神之，令天下莫不敬祭。故余等所過路旁，處處立廟，人家皆懸畫像。可見其崇奉之至也。但雲長之精神氣魄，死後不能扶漢之亡，而乃雲佐佑太祖於數千載之下者，寧有是理哉？[61]

有關明朝與關羽關聯密切的認知在朝鮮流傳甚廣，據說劉備重生為明朝太祖，張飛則重生為朝鮮的統治者，而關羽是明代開創者的助手。[62] 我一直沒有找到這一說法始於明初的證據，儘管這一說法到了十六世紀已普遍為人們相信。[63] 對我們而言重要的是，朝鮮旅行者一次又一次注意到該信仰的無處不在，上至有軍事背景的廟宇，下至當地人於家中供奉的神祠。

後來的朝鮮旅行者在一七二〇年又提到關羽信仰在京城有多麼受歡迎：

> 家家奉關帝畫像，朝夕焚香，店肆皆然。關帝廟必供佛，佛寺必供關帝。為僧者一

體尊奉，曾無分別。[64]

這位朝鮮旅客的評論被後來的中國人充分證實，例如關帝廟會上所放的鞭炮絲毫不亞於新年，因為神靈在抵禦災難方面貢獻頗豐。[65]一七五〇年，一份有關都城的詳細地圖集列出五十三座獨立的關公廟。[66]到了一九四〇年代，北京的一千零四十三座廟宇（但仍不包括狐仙信仰等）中，大約有一百六十七座是獻給關公的。[67]正如我們將在下面進一步看到的那樣，祂在北京受到的廣泛尊崇與在北方其他地區的受歡迎程度若合符節。

在一八〇三年至一八〇四年，另一位朝鮮旅行者再次注意到一座關帝廟，在其側殿有一個佛堂。他繼續說道：「自此至皇城，有村則必有關帝廟。」[68]他還提到，其中一座廟宇的壁畫描繪了三國故事。另外，他補充說村莊是「新人」或移民的聚集地，出於安全考量，他們在村莊周圍架起柵欄，而關帝廟則充當巡邏者的駐紮地。[69]這表明神靈的軍事能力與當地防衛需求之間存在著根深柢固的聯繫。

地方層面的祭祀很簡單。一七一二年十二月下旬，我們的旅行者在前往都城的路上居停於一個地方小旅店中，當時他注意到以下情形：

朝雪止而陰，晚見暘。自連山關行十五里，逾會寧嶺。又行二十五里，至甜水站宿。吾輩所處炕北壁，供關帝像。朝，主家女出來，插香於爐，叩頭入去。[70]

幾天後，同一位旅行者再次寫道——我們從未在中國材料中發現類似的觀察，因為來自中國的作者們對這樣的現象早已習以為常：

過一酒店。路傍有三間小屋。其上平，不加茅瓦，但塗以土數尺。始見殊駭。至此遞轎馬。有兩僧設凳門前，請諸人坐。因要入屋內。設一碟菜，進暖茶一杯，卻不討價。壁間供關帝塑像，而塵埃滿桌。屋中只有一釜一廚。活計冷落，而能待客如此，可異。[71]

一七一三年一月十三日，我們的旅行者到達山海關，這裡是長城的終點，也是人們進入中國核心地帶的地方。在那裡他參觀了一座特別大的寺廟，內有關帝殿和文昌殿——後者是文人崇奉的神靈，廟中也有供奉金佛和白衣觀音較小的神殿。[72] 這座神廟只是自明中葉以來帝國邊塞眾多的關帝廟之一，一直保衛著天下，使其免受（外族）入侵。

毫無疑問，朝鮮人入京之前遇到令人印象最為深刻的關帝廟就是中後所（遼寧省沿海的綏中）的關帝廟。一位一七六五年的旅行者的描述便表明這一點：

> 關內外崇祀關公，甚於奉佛……凡村堡，必先建關廟。其規制奢儉，視村堡大小。扁牌柱聯，務尚新奇。惟中後所最盛塑像，長數丈，前有盈尺小像，皆為重棗色。殿內列十數偏將，刀戟森然。傍立青龍刀，有柄而無刃，如我國關廟制。庭有鐘鼓樓，皆二層。桌前有籤筒，祈卜或有奇驗云。

行者補充說，神廟前有一個美麗的舞樓，但很奇怪為什麼所有大廟似乎都有這樣的設置。[73] 由於明白戲劇表演對於寺廟崇祀的重要性，現代的觀察者並不會那麼驚訝。就像第七章將更詳細討論的北京正陽門的舞樓一樣，正陽門的那座廟宇對遊客來說是非去不可的，因為他們想在廟中抽取靈籤來預卜自己的前程。[74]

離邊境不遠還有一座關帝廟，以下這段文字來自一位朝鮮旅行者（一八三二年），這段文字為他及像我這樣的當代觀察者帶來頗多驚喜。他首先指出關帝信仰的普遍存在，然後描述這座廟本身的情形：

> 而上自帝都，至於市墟村落，皆建廟安塑像，其來已久。與正副使聯步往見。廟門外對立十餘丈紅柱，雕牆刻桷，已非我國之所有。為屋凡五，皆有神像。第一安四五鬼像，第二安一座女像。主者謂以碧霞元君，即泰山神之女也。左右各安女像，乃其

侍女云。第三安關帝像，匾曰萬古一人。第四安一座黑面神像，匾曰龍王宮。第五又安關帝像。桌前排四神像。外門兩旁，各立赤兔馬，如我國關廟之制。內匾曰富國裕民，外匾曰財神廟。[75]

令人驚訝的是，泰山聖母在這座名義上是供奉關帝的廟宇中有如此突出的地位，當然這可以從祂在北方的巨大知名度中得到解釋。在廟宇中增加對「聖母」的供奉，意味著可以為當地婦女提供護佑，婦女們能夠在此地求子，保佑孕程的平安。[76]更重要的是，此材料顯示人們將關帝認定為財神。這是關於將關帝等同於財神的最早記載，我將在第六章中進行分析。

我們可以總結一下朝鮮旅行者們的觀察，在每個城鎮、每個村莊、每戶人家，人們都以各種形式崇祀關公，無論是將其供奉於漂亮的廟宇、帶泥屋頂的小屋，還是僅僅在家中放置關羽畫像或塑像。很清楚，這些紀錄還沒有告訴我們，關公信仰是為何及如何傳播到這一地區的。我懷疑，除了商人、官員和科儀專家等旅行者的貢獻之外，移民在這裡也發揮重要的作用。從山海關到朝鮮邊界，這片地區的居民大多來自關內，而這一信仰自元代以來已在該地廣受歡迎。然後，該信仰便成為確認集體身分的一種途徑，並在注定艱困的環境中為這些新移民提供精神上的支援。儘管這一地區早在清朝征服中國之前就已經有人居住，並且早在十三世紀就已經有了幾座關公廟，但在明朝與女真／滿族的鬥爭中，該地區受到沉重打擊。一

表4.2　十八世紀北方的民間信仰

廟宇名稱	廟宇數量	廟宇名稱	廟宇數量
關帝廟	129	娘娘廟	19
佛寺	68	觀音廟	15
三官廟	25	真武廟	15

六五三年之後，北方各省的人們大量移居到此地，他們可能再次帶來自己最信賴的宗教崇拜，例如關公。[77]

一七七九年，著名歷史學家章學誠（一七三八—一八〇一）為永清縣編寫的地方志出版。永清是北方一個不知名的縣，大致位於北京和天津之間。章學誠曾在此任職，並罕見地提供有關此地的詳細資訊。例如，在上述方志中，他列出每個村莊及其主要廟宇。[78]其中供奉關公的廟宇數量驚人（參見表4.2）。

這些數字中仍然隱藏著許多可供分析的問題，例如廟宇的數量並不等同於供奉神靈的數量，因為像觀音這樣的神可能會被單獨供奉，也可能會在佛教寺院內接受崇祀。而泰山聖母（泰山娘娘，也稱為「奶奶」）也可能在關帝廟內為人供奉（反之亦然）。從後來的田野調查中，我們知道神祇的數量通常比廟宇的數量多得多。此外，該清單還忽略了供奉土地神和狐狸等地方動物神的小神祠，而我們知道，在北方，這種神祠作為巫俗的中心普遍存在。[79]

儘管如此，基本情況還是清楚的。永清的大多數村莊都有一座關帝廟，可能還有一座佛教寺院。關帝廟可能是當地社會組織的中心，而佛寺中則寓居著佛教的科儀專家和少數信徒。大多數道教和其他類型的科儀專家可以住在家裡或在非教派的廟宇中生活。與狐狸和其他動物信仰相關的巫覡也在家中生活，這意味著將無法在我們的證據中看到這一方面的宗教生活。我們從章學誠非凡的地方史志中獲得的圖像被民國的實地考察全面證實。賀登崧（Willem Grootaers）與他的合作者們記錄關帝信仰在山西最北端的極端重要性，緊隨其後的是全國性的觀音信仰，以及更具體的、屬於北方的真武和泰山娘娘的信仰。[80] 直至今日，該地區仍有大量保存精美壁畫和戲臺的關帝廟。[81]

一些資料似乎表明，關公信仰在中國南方也無所不在，但仔細檢視可以發現事實並非如此。一六〇一年的《揚州府志》中——揚州靠近淮鹽產區，並在大運河和長江的交界處——提到，該府的所有縣以及各村莊，都有供奉關王的神祠。[82] 在其他更南面的一些商貿中心，比如杭州附近的海昌（也稱海鹽）這一產鹽區、作為徽商主要來源地的歙縣，以及作為福建內陸貿易樞紐的長汀縣等地，我們都可以找到類似的表述。[83] 就海昌的情況而言，當地歷史學家談遷明確指出這一信仰的城市特徵，但除此之外所提供的資訊甚少。關公在以上四個商業城市的流行具有很深厚的歷史根源，因為它們都具有相對較早發展的基礎，其中海昌（海鹽）的關公信仰早於一一一〇年出現，長汀是一二五四年，歙縣（徽州）是一三〇八年，揚州則是一三二九年。一般而言，當地的地方志明顯偏重於中心城市，這很容易在一些重要的方面對關公信仰的存在狀態有所扭曲，正如寧波地區的史料所展示的。更重要的是，以上四個案例都位於重要的商業區，北方的行商很可能將他們的信仰帶到南方。

我們確實從傳聞和碑記裡獲得關於中國南方關公信仰成長的更詳細的定性資訊。事實證明，在明朝的大部分時間裡，大多數神祠的規模仍然很小。直到神靈幫助人們成功地抵抗所謂「倭寇」後，神祠的規模才得以擴大。「倭寇」在十六世紀中葉對福建和長江下游地區造成嚴重破壞。在第六章中，我們將遇到許多例子，與前一時期相比，變化是驚人的。嘉靖皇帝統治時期（一五二二—一五六六），龍巖（屬福建）的關公廟幾乎被廢棄，因為它被認定為淫祠。在當地駐紮的士兵不得不透過向地方衙門贈送穀物來贖回其神像。[84]至於福建北部邊界附近偏僻的縣城壽寧，即使到明末，該地仍然沒有獨立的關公廟。唯一的例外是東城門大橋附近一個小亭子裡的神像，那裡正是行商們或當地駐軍最常去的地方。後來，當地僧侶募款在城門附近建了一個稍大的亭子，將神像迎入並供奉。但是亭內只有一個房間，守廟的和尚就睡在神像旁。直到一六三六年，當地才終於建造一座更大的廟宇。[85]在福建地區，除了二十世紀初以來的臺灣外，該信仰從來沒有真正傳播到農村，而是與軍隊、官員和商人保持聯繫；換言之，始終沒有離開城市中心和軍事駐所。

來自浙江寧波地區的詳細史料證實我的觀察，即中國南方的關公信仰在與北方截然不同的環境中發展。首先，在鄞縣及長江下游地區的其他地方，由於仍然有待調查的原因，地方崇拜的種類遠多於北方。民國時期鄞縣的方志記錄了五百多個地方寺廟、神祠、神殿、佛堂等。其中大約超過一半與更正式的會社組織有關，尤其是在農村地區。但關公的情況有所不同，在所有供奉關公的二十一處崇拜場所中，只有一處擁有會社組織，但該組織不是很活躍，參與者也很少。與之相比，另一座寺廟則有一個組織節日慶祝活動的「會」。[86]類似組織的缺乏表明，供奉關帝的廟宇儘管數量眾多，但只是非常鬆散地融入當地的社會生活。其中有九座廟宇位於城市，包括縣城或當地的鄉鎮，在這裡，它們無須強大的社區組織就可以憑藉零散的供奉存留下來。缺乏地方團體的參與或許也解釋了這些機構的命名方式，其中只有八處帶有通用的稱謂——「廟」，而十二處（最初甚至十三處）被稱為「殿」，一處被稱為「堂」。被稱為「殿」或「堂」的宗教場所通常較小，只有一間，因此需要的當地人投資就要少得多。其中，一座「殿」在民國時期是祭祀關公和岳飛的廟宇，後來變為官方祭祀國之忠烈的廟宇。[87]民國初期，還有八處宗教場所也被挪作他用，例如學校和警察局等，這證實了我的印象，即供奉關帝的這些宗教場所缺乏強大的社群來保護它們免遭徵用。[88]

寧波的例子也顯示詳細資訊的重要性。通常一部地方志記錄了供奉關帝的大部分廟宇，因為祂是官方許可崇祀的神靈。它在受過教育的民眾中也很受歡迎，正是這些人編纂地方志並資助其出版。和對關帝的關注相反，地方志經常忽略對大多數地方廟宇的記錄，因為它們得到的官方和精英支持少得多，儘管它們更為普遍。通常地方志也偏向於關注大多數編纂者生活和工作的城市環境，這就使得該體裁無法成為對信仰進行定量分析的可靠來源。[89]鄞縣的民

表4.3　臺灣、廈門對四位民間神靈的崇祀情形

地點	關公	觀音	媽祖（天后）	保生大帝
臺灣（3,676）	137	267	231	94
廈門（63）	2	3	27	21

國方志充分證實，在中國南方，關公的無處不在本質上是城市性的，不一定意味著其大受歡迎。

直到目前，在關公崇拜故事的傳播中，我都沒有討論到臺灣。在臺灣，日本政府的殖民統治時期和後來臺灣民族志學者的統計，使我們獲得關於二十世紀豐富的定量資料，但是我們很難將這些資訊放在一個合適的歷史視野中加以考察。讓我們從一組資料開始討論。例如，臺灣學者曾景來於一九三八年發布的詳細列表。[90] 為了便於比較，表4.3包括全國性的觀音信仰，以及在地方社會廣受歡迎的媽祖（在當地被稱為天后）和保生大帝（或其他地方所稱的吳真人）。觀音和媽祖似乎都比關公更受歡迎。觀音是大多數佛教寺廟中的主要神靈，媽祖是福建的主要神靈。保生大帝或吳真人則是另一種廣為人知的神靈，其信仰遍及福建南部、臺灣及東南亞地區。儘管如此，到了二十世紀初，關公（關帝）已經比保生大帝流行得多，更不用說還沒有列入名單的許多其他福建神靈。[91]

將臺灣的資料放到正確的時間序列上很重要，因為對於這樣的南方地區而言，關公信仰的資料出乎意料地多。我的假設是，這個資料實際上只反映了該調查前後關公信仰在臺灣的發展情形。一八三二年至一八三八年廈門詳盡的地方史似乎證實了這一點。該地只有兩座關帝廟，但到處都是來自同安的吳真人和來自莆田的天后或媽祖，供奉以上神靈的廟宇往往是一座獨立的神祠。該地方志進一步評論，即使是最小的鄉村也有當地的神祠，那裡往往供奉吳真人或天后。[92]

臺灣更早期的史料進一步證實，一九三八年記錄的臺灣關公祠廟分布的情況是特殊並限於該特定時期的。蔡相輝蒐集有關該信仰早期歷史的大部分史料，史料表明，在明鄭時期（一六六二—一六八三）臺灣已經有九座關公廟。此後清政府繼續對關公進行官方崇祀，在一七八七年至一七八八年林爽文叛亂期間，人們甚至認為神靈以陰兵協助臺南（當時臺灣首府）的防禦。[93]

早期關公信仰在臺灣發展的一個重要時間點是，一三八七年在東山軍鎮建立的一座很小的關公祠。東山是福建最南端的一個小島，也是明代海防線的一部分。多年來，神靈憑藉超自然能力，在該地區的防禦中發揮至關重要的作用，或者用十八世紀一部方志中的話說，正德（一五〇六—一五二一）、隆慶（一五六七—一五七二）年間，神靈協助人們獲得軍事勝利，擊敗賊匪。人們都認為他靈應非常。出於這個原因，原本狹窄的神祠最終在一五一〇年代擴展為一座像樣的廟宇。同一部方志還補充說，關公在十八世紀仍然靈驗，附近的幾家寺廟都從這裡獲得「香火」。[94]事實上，在當地史志中很少直接提及分香，而此處顯然是為了凸顯東山關公廟在這一地區的重要性。[95]在衛所駐軍中，對關公的崇祀非常流行。因此，在施琅最後收復臺

表 4.4　臺灣早期的關公廟*

地點	修建日期	背景
澎湖列島	1694（後廢棄），1875；清初（2x）；不詳	海軍（1）、地方民眾（1）
臺南（首府）	1667；1684；1717；1792	軍隊（1）、鄭氏及清廷資助（1）
鳳山	約 1700（2x）；1727；1780；1846；1858；不詳（3x）	地方官（1）、軍隊（1）、地方民眾（2）
嘉義	1713；1849	軍隊（1）
彰化	1734；1772；1812	地方官（2）、地方民眾（1）
苗栗	1804；1888；1890	學生（1）、地方民眾（2）、軍隊
新竹	1775；1820；1845；1890	地方官（1）
臺北	1760；1888	貢生（1）
噶瑪蘭（宜蘭）	1804；1808	地方民眾（1）

* 括號中為修建過程中某些社會群體的參與頻率。

灣之戰的前夕，一些士兵在關公廟裡過夜，並夢見神為他們提供幫助也就不足為奇了。[96]

如今，臺灣的關公廟都宣稱與東山的關公廟有「分香」的直接聯繫。這並不能證明它們全部直接起源於那座廟宇，更有可能的是，關公信仰最初是隨著東山的駐軍一起來到澎湖列島，後來隨著軍隊的駐紮，又從那裡擴散到臺灣。目前可知的本地廟宇修建日期及其創建者本身的軍事和民族背景證實了這一點。表4.4匯總我們所知道一九〇〇年以前關公廟的建造日期及其他資訊。這份材料是根據時間順序從南到北排列。[97]

該表表明，隨著臺灣島的開發，

這一信仰逐漸向北移動。該島的開發在一六六一年荷蘭人被驅逐後從臺南開始，並在一六八三年清朝擊敗鄭氏之後得以持續。大多數廟宇修建的時間都相對較晚，儘管它們可能在此後突出與東山廟「分香」的儀式關係，但其實它們不太可能與原本屬於東山駐軍的關公信仰有直接聯繫。這些廟宇的建立者通常有軍隊或國家的背景，反映了國家的意志。其中也包括所謂生員，他們為參加科舉考試而學習。關公的靈驗獲得官方認可，但總體而言，關公廟的數量可能是微不足道的。據一七四七年的《臺灣府志》紀錄，在臺南縣僅有十座關公廟，但同時卻提到，在當地有多達十五座廟宇供奉吳真人，還補充說為吳真人建造的神祠隨處可見。[98] 由於上述方志通常對地方廟宇和信仰不感興趣，因此這種說法意味著吳真人信仰非常受歡迎，甚至到了無法忽略的程度。

因此所有跡象都表明，曾景來於一九三八年記錄的大量關帝廟存在確實是一種較晚才出現的現象，而且僅限於臺灣，這並不能以其首次向全島傳播時的軍事背景來解釋；相反地，關帝崇拜在二十世紀的大範圍傳播與該時期扶乩風潮的興起有關，因為關公是神示的重要來源。這一扶乩運動的其他特徵，包括普遍獲得受過良好教育之人的支持，同時未見到典型福建地方信仰的參與。在運動中，我們確實遇到受過教育的精英（以及朝那個方向努力的人們）慣常崇祀的神靈，例如關公（帝國晚期）、文昌或灶神，他們都是典型的道德監督者，因此與充滿道德論述的降乩文字十分匹配。這些扶乩信仰受到「傳教士」行為的啟發，後者透過口述傳播他們的思想，這一點我們將在第八章討論。

因此，現在人們口中這些參與扶乩的神靈都是從東山島神廟中分得香火的說法是一種新近的構建，或以艾瑞克・霍布斯邦（Eric Hobsbawm）和特倫斯・蘭格（Terence Ranger）的術語來說，是一種「被發明的傳統」（invented tradition）。[99] 如今，臺灣的宗教觀光者甚至會「回」到解州神廟，以接近他們心目中的信仰之根。這種歷史上真實的或已被接受的儀式性關聯推動的旅遊業，是當地的主要收入來源。我們又一次看到這種被發明的傳統，因為臺灣的關公信仰絕對不會與山西南部的關公祖廟有任何直接聯繫。這個新團體的基本敘事及其分支形成於帝制晚期，其中包括相信關公是新的玉皇大帝，旨在避免世界末日的到來。圍繞這種信仰甚至在臺灣形成一個官方認可的宗教團體，該團體對祂的崇拜正是基於這樣的敘事脈絡。第八章將分析這一崇祀關公的新視角。

在明代、清代和民國時期，關公信仰在全國大部分的城市中心乃至中國北方最小的村莊中廣泛分布，這使人們懷疑神靈是否有能力對如此遼闊的領土進行全面監督。袁枚在他著名的《子不語》中收錄幾個個案。在一個案例中，一位假作關神降臨的神靈承認，真正的神靈在玉皇大帝身旁，在扶乩儀式中並不會降臨，取而代之的是在當地神靈中選出生前正直的鬼（鬼平生正直者）來承擔祂的任務。[100] 在另一個例子中，取代關帝降臨的鬼聲稱所有降臨的神靈都由鬼「扮演」。[101] 袁枚甚至還講了一個假扮關帝的邪鬼的故事。那個鬼實際上是唐代一文人，死於唐末戰亂。從那以後，祂每天早晚打掃當地的寺廟。關公憐憫祂，就命祂在當地的廟宇中替代自己的位置。但是在故事中邪鬼補充說，儘管整個帝國的神都被其他的鬼所取代，不過天子祭祀時，關公確實在場。[102] 在臺灣，扶乩者的從業道路始於土地公附體這一層面，而關公附體則是其中的一個階段。[103] 關公的無所不在也帶來一個一神教所熟悉的問題，因為要人們承認神靈能夠時刻關注世上的一切人和事，並不是那麼容易，即使是最強大的神靈亦是如此。

與此同時，對神靈具有遍布整個國家能力的那種潛在懷疑也有可能會轉化為它的反面，即認為神靈無所不能。我們可以在明末《護國佑民伏魔寶卷》這樣的資料中發現類似的心態。在天庭，玉帝得知關羽將軍正直凶猛而無私，不為錢財和女色所動，因此官員建議封祂為神：

> 在凡封壽亭侯，在聖武安王，招討關元帥。眼觀十萬里，日赴九千壇。千里呼，萬里喚。隨心應口，應口隨心。[104]

根據這一寶卷，神靈在地方層面可以回應來自全國的請求，在國家最高層面可以消除對帝國秩序的直接威脅。無論是認為神靈可能會負擔過重需要替身，還是認為祂無所不能，這些想法都同樣反映了人們對關公信仰在中國大部分地區廣泛分布的關注。

小結

要追蹤關公信仰長期的傳播過程，並弄清其傳播的不同機制並非易事。某個單一崇拜在國家的大部分地區擴散，並未伴隨大規模的人口遷移，而是透過貿易和軍事人員或科儀專家等人群的跨區域旅行進行傳播，這是一個相對較新的現象。當時有部分神靈崇拜透過此類方式傳播，這些神靈的數量並不多，關帝是其中之一；此外，還包括城隍神、東嶽大帝、五通神、祠山大帝、二郎神等。儘管這些神靈崇拜可能起源於宋以前，但祂們的區域傳播和跨區域傳播始終是宋代或者以後才出現的現象。而從宋代開始，這種擬人化的神靈就成了地方和跨區域社會組織的主要組成部分。

因此，關公信仰的傳播不僅表明區域交流頻率的增加，而且是地方神體系擬人化趨勢的一個例證。這些新的神靈可以為當地人做更多的事情，而不僅僅是影響天氣和農作物的生長，儘管祂們當然也完成這些任務。此外，祂們還可以抵禦邪靈和盜匪等其他類型的外部打擊，並透過親自顯靈為信眾提供幫助，這非常像佛教神靈，例如觀世音菩薩在過去的數個世紀中一直在這樣做。而過去的地方神祇，例如石頭和樹木是無法做到這一點的。這一全新類型的神靈可以四處走動，正如祂們日益移動起來的信眾那樣。即使是那些住在農村的人，也越來越多地和其他地方的人接觸，例如商人、工匠、宗教人士、土匪、軍人等。把關公作為保護神來崇拜這種信仰，經過宋、金、元時期的發展，至明初以前基本完成它的傳播。到了十六世紀，我們發現在中國北方各地甚至最小的村莊，以及華南大部分地區的城市和集鎮，都存在和關公信仰相關的描述。由於關公等信仰的傳播，對那個時代的旅行者而言，中國一定看起來與早些時候截然不同。儘管這並不一定意味著神靈系統的標準化，但它的確意味著在大多數城市中心，至少存在著一些其他地方的人也熟悉的信仰，例如關公（以及文昌和城隍神的信仰）。中國北方的旅行者也會發現關公存在於許多鄉村地區，儘管他在南方鄉村中很少見。

透過對關公信仰傳播的時空分析，我發現圍繞三國傳奇形成的敘事傳統在該信仰於宋金元時期的傳播中並未產生明顯的作用。即使在明清時期，儘管學者們一直試圖強調敘事傳統的重要性，但將書面文本如《三國演義》或善書等，視為該信仰傳播或流行的主要原因是難以服眾的。這並非否認這些不同文化現象之間的某種互動，而是我們無法找到一種從文本（無論是歷史還是文學的），到宗教信仰之間牢固而可證明的因果關係。關羽崇拜者與神祇之間的關聯，首先是透過口頭故事和視覺圖像等非語言性的方式被感知，例如聲音（如經常伴隨著神出現的雷聲）、氣味（如香火，也包括祭祀中肉和酒的香氣）、身體動作（如向神鞠躬），甚至是痛苦（當人們認為是神罰時）。儘管不容易透過語言來分析此類現象，但它們同樣重要，並將構成下一章的重要主題。

這給我們留下一個問題：還有哪些其他因素可能導致關公信仰的興起和傳播呢？在這裡，我們不再將該信仰解釋為三國敘事傳統普及的必然和幾乎不可避免的結果，這是展開相關討論的前提。真正的答案是，該信仰崛起的部分原因是，那些如今已無法考證其姓名的佛教僧侶借用了關公來為玉泉山的寺院創造傳說。我用「創造」一詞，因為最初的傳說（在相當靠近傳說地點的人們心中，傳說就是真實的「歷史事件」）是打敗了一條當地的巨龍，甚至沒有涉及關公。到了宋元時期，人們普遍相信新的被創造出來的傳說，其中更具影響力的是關帝被道教法師收為驅邪將軍，並在第三十代天師張繼先的命令下，在鹽池擊敗龍或蚩尤的傳說。但是，該信仰在中國北方的傳播過程中都沒有出現南方的佛教和道教版本的故事。實際上，就時間序列而言，該信仰在解州鹽池周邊地區的興起可追溯至一〇〇〇年左右，顯然早於道教版本的驅邪故事。

我們無從得知關公信仰是如何及為何在解州地區興起，但是調查表明，解州地區無疑是該信仰在北方傳播的最早中心。據唐末史料，在關羽信仰形成早期，可能流傳過相關的故事，其中將關羽等同於關三郎這一邪神。或者故事確實從玉泉寺開始，儘管我們沒有證據，只能推測。我們確切知道的是，就位置而言，該寺廟所在的解州是完美的，因為鹽業的開發，這一地區成了商業網絡的中心，所以可以輕鬆地傳播故事。但這些都是關公將軍抵抗叛軍與蠻夷的北方版本，而不是關公作為佛教寺院的忠實擁護者或道教旗下驅邪將軍的南方版本。儘管缺少遺骸或早期傳說，解州鹽池的關公廟最終擊敗了玉泉寺的古老祠廟，成為關帝信仰的祖廟。在湖北的玉泉寺，雖然擁有非常珍貴的遺蹟，例如摹刻有關羽漢代封號的印章，但該地卻從來沒有發展出一種朝聖傳統。

關公信仰在北方的崛起，是十一世紀以來社會和經濟變化的重要指標。通常，談到宋代的經濟轉型時，我們指的是作為水稻種植區的長江下游地區和福建地區。一般認為，這一轉變的最高潮出現在南宋，並在此後的元代得以延續，直到一三五〇年代毀滅性的叛亂開始。在這一敘事脈絡中，中國北方常常被忽視。鑑於該時期華北地區歷史資料的匱乏，這不足為奇。但是，關公信仰的興起在很大程度上是始於中國北方的一種現象。因此，即使由於缺乏適當的證據而無法更明確地論證這種聯繫，我們也必須從北方的社會經濟背景出發對其進行解釋。與南方地區一樣，我們看到一種重要的跨區域信仰興起，這種信仰很可能與區域間的交通有關。無論是商業交流、軍隊調派，或是旅行的官員、僧侶和科儀專家，都有可能與之相關。大型寺廟的建造及相關建築，尤其是戲臺的修建，也表明北方部分地區十分富足，足以維持這種社會宗教事業。儘管與佛教和道教都有關聯，但該信仰還是透過普通百姓得以傳播，以服務世俗的需求。

1 Hansen, *Changing Gods in Medieval China*（中譯本參見韓森：《變遷之神：南宋時期的民間信仰》，浙江人民出版社，一九九九年）；Kleeman, *A God's Own Tale; Katz, Demon Hordes and Burning Boats; Richard von Glahn, The Sinister Way: The Divine and the Demonic in Chinese Religious Culture*（中譯本參見萬志英：《左道：中國宗教中的神與魔》，社會科學文獻出版社，二〇一八年）。有關福建的情況，見ter Haar, 'The Genesis and Spread of Temple Cults in Fukien', 349–396.

2 例如 McLaren, 'Chantefables and the Textual Evolution of the San–kuo–chih yen–I', *T'oung Pao* 71.4–5 (1985): 210; DeBernardi, *The Way that Lives in the Heart: Chinese Popular Religion and Spirit Mediums in Penang, Malaysia*, 145–158. 這基本上是本次調查中諮詢過所有研究的共同假設。Meir Shahar' *Vernacular Fiction and the transmission of the Chinese Pantheon*, 184–211. 中提出對該現象更加廣泛的論證。

3《三國志平話》上，收錄於丁錫根：《宋元平話集》，頁749–751。

4 Idema, 'The Founding of the Han Dynasty in Early Drama: The Autocratic Suppression of Popular Debunking', In *Thought and Law in Oin and Han China: Studies Dedicated to Anthony Hulsewé on the Occasion of His Eightieth Birthday*, edited by W. L. Idema and E. Zürcher (Leiden: Brill, 1990), 183–207. 一些老城隍神也由該傳統產生，詳見Johnson, 'The City–god Cults of T'ang and Sung China', *Harvard Journal of Asiatic Studies* 45 (1985): 363–457.

5 例如游子安的大作《敷化宇內：清代以來關帝善書及其信仰的傳播》，頁219–220、229–230中的有關論述。

6 黃宗羲：《明文海》卷三百四十四，頁13a–14b。

7 Eberhard, 'Temple–Building Activities in Medieval and Modern China: An Experimental Study'. *Monumenta Serica* 23 (1964): 264–318. 此文對本研究有重要影響。

8 基本資料是我於一九八二年至一九八四年在日本當文部省學生的時候蒐集的，其中一部分方志只在中國和日本有，無法重新校訂。這些方志已經被清朝及以後的方志取代。

9 Taylor, 'Official Altars, Temples and Shrines Mandated for All Counties in Ming and Qing', *T'oung Pao* 83 (1997): 115–116. 這兩個百分比測量的是從各自期限開始的增長。

10 Taylor, 'Official Altars, Temples and Shrines Mandated for All Counties in Ming and Qing', 116.

11 顧問：《義勇武安王集》卷四，頁4b–5a（82–83）。

12 基於柴澤俊《解州關帝廟》，頁137、149。現存寶塔應為明清時期重修的。

13 趙欽湯編，焦竑校：《漢前將軍關公祠志》卷八，頁2b–4b（238–242）。在傳抄中這篇碑文的年號出現錯誤，因為嘉泰是南宋的年號，所以很可能是有人將屬於金朝的年號「泰和」誤抄為「嘉泰」。幸運的是，這兩個年號的第四年都是一二〇四年。

14 趙欽湯編，焦竑校：《漢前將軍關公祠志》卷八，頁19a（271）、20a（273）。又見顧問：《義勇武安王集》卷五，頁6a–b（105–106）。附近的高陵在同一天有節日，詳見《高陵縣志》（一五四一）卷二，頁6b–7a。

15 柴澤俊：《解州關帝廟》。

16 孟海生：《保護解州關帝廟的回憶》，頁35–39（以及他二〇〇七年的私人通信）。

17 在第七章中會討論幾個例子。

18 《山西通志》（一八九二）卷九十四，頁26a。Anderson, *The Rebel Den of Nùng Trí Cao: Loyalty and Identity along the Sino–Vietnamese Frontier*, 140–144.

19 馮俊傑：《山西戲曲碑刻輯考》，頁16–27。

20 馮俊傑：《山西戲曲碑刻輯考》，頁18。

21 馮俊傑：《山西戲曲碑刻輯考》，頁18。

22 胡小偉：《關公信仰研究系列》卷二，頁58。他引用在靠近桂林當地一座佛寺的懸崖上的一〇五五年的一篇碑刻，碑刻似乎將關將軍看作智顗的支持者。然而，並未提到有獨立的關公祠。

23 蔡絛：《鐵圍山叢談》，頁34–35。

24 馮俊傑：《山西戲曲碑刻輯考》，頁18。

25 其他關於關公信仰的證據皆從明朝開始。詳見胡小偉：《關公信仰研究系列》卷二，頁58。蔡絛沒有提起這件事頗值得重視，因為當時關羽在開封已經非常有名，如皮影戲。詳見張耒（一〇五二－一一一二）：《明道雜誌》，引自孟元老：《東京夢華錄注》，頁139。

26 馮俊傑：《山西戲曲碑刻輯考》，頁18–19。
27 馮俊傑：《山西戲曲碑刻輯考》，頁20–23。
28 胡聘之：《山右石刻叢編》卷十七，頁21a–b（15328）。
29 Meulenbeld, *Demonic Warfare: Daoism, Territorial Networks, and the History of a Ming Novel*, 10–15.
30 阮元：《兩浙金石志》卷十五，頁10b（10554），一三一四年碑文。
31 Meulenbeld, *Demonic Warfare*, 115–127. 除了Meulenbeld引用的材料之外，我們還有其他記載表明宋朝禁了北方廟會，廟會上除了儀式用品外，人們還會帶武器。詳見徐松：《宋會要輯稿．刑法》卷二，頁16a–b（6503）及卷二，頁123a（6557）。
32 牛誠修：《定襄金石考》卷一，頁59a–61b（9975–9976）。
33《湖廣圖經志書》（一五二二）卷五，頁49b（476a），其年代參見卷五，頁50a（476b）。
34 武億：《安陽縣金石錄》卷十二，頁8b–9a（13940–13941）。
35 徐宗幹：《濟州金石志》卷三，頁58a–59a（9532–9533）（《石刻史料新編》第二輯第十三冊）。
36 畢沅：《續資治通鑑》卷一百零一，頁2b（528）。
37 詳見本書第二章中的論述。
38《邵武府志》（一五四三）卷十，頁25b。
39 詳見第二章。
40 陸游：《入蜀記》卷四，頁60。
41《臨江府志》（一五三六）卷五，頁7a（311）。有關這個官員，參見李綱：《梁溪集》卷九十五，頁1a–3b（218–219）。
42《延平府志》（一五二五）卷十三，頁3b。
43 重構的一三八〇年的資料和相關比例，取自 Jeijdra Heijdra, 'Rural Socio–economic Development', 437, 440. 由於元末的災難造成極大傷亡，一三三五年的一億是一個比較接近的估計。

44《至順鎮江志》（一三三二）卷八，頁12b（2729）。

45 郝經：《陵川集》卷三十三，頁7a。

46《章丘縣志》（一四九二，一五三〇補正）卷七〈祠宇〉，頁117。

47 Ter Haar, 'Local Society and the Organization of Cults in Early Modern China: A Preliminary Study', *Studies in Central and East Asian Religions* 8 (1995), 26–29.

48 此前，金文京在其《三國志演義の世界》，頁151–155中已經注意到這種聯繫。

49 藤井宏：〈明代鹽商の一考察〉，頁66–67，並參見第三章中的證據。

50 黃宗羲：《明文海》卷三百四十四，頁13a–14b。

51《江都縣志》（一五九九）卷十一，頁9b。

52 我找過山根幸夫、細野浩二編《日本現存明代地方志目錄》中收錄的所有方志，還有現存的所有宋元方志，以及一九八〇年代出版的兩種明代天一閣方志系列，完整的索引超出空間限制。胡小偉在《關公信仰研究系列》卷四，頁120–126中使用的例子更少，而且未提供詳盡的定量分析。

53 Schneewind, *Community Schools and the State in Ming China.*（中譯本參見施珊珊：《明代的社學與國家》，浙江大學出版社，二〇一九年。）

54《平陽府志》（一六一五）卷四，頁85a。相似的評論見《平陽府志》卷四，頁90b（靠近猗氏，即今山西臨猗）；《山西通志》（一六二九）卷二十八，頁57b–58a（583）（山西潞安）；《肇州志》（一五六七）卷四，頁6a（河南肇州）。

55《宿州志》（一五三七）卷六，頁25a。相似評論又見《鹽城縣志》（一五八三）卷十，頁9a（895）。

56《岳州府志》（一五六八）卷九，頁39b–40b。《襄陽府志》（一五八四）卷四十八，頁40a–42a有類似評論。

57 見本章附錄。

58 徐渭：《徐文長逸稿》卷十九，頁295。

59 趙憲：《重峰先生文集》，先上八條疏．鄉閭習俗（http://db.itkc.or.kr）。除了該章列出的原文件外，並參見金昌業：《老稼齋燕行日記》卷二，〔壬辰〕十二月初四日癸丑（htto://db.itkc.or.kr）。

60 Heijdra, 'Rural Socio–economic Development', 486–489.

61 許篈：《荷谷先生朝天記》上卷，一五七四年舊曆六月二十四日丁卯（http://db.itkc.or.kr）。

62 Kwon, 'From *Sanguo zhi yanyi* to *Samgukchi*: Domestication and Appropriation of Three Kingdoms in Korea', 95–96.

63 周廣業、崔應榴輯：《關帝事蹟徵信編》卷十四，頁8b–9a（462–463）；以及王兆雲：《漱石閒談》下卷，頁23b（351）。

64 李宜顯：《庚子燕行雜識》（http://db.itkc.or.kr），引用並展開於李海應：《薊山紀程》卷五，附錄（http://db.itkc.or.kr）。

65 譯自 Bodde, *Annual Customs and Festivals in Peking as Recorded in the Yen–ching sui–shihchi*, 55.

66 《加摹乾隆京城全圖》，目錄頁。

67 武田熙編：《華北宗教年鑑》，頁100–135、241–244。同時和韓書瑞：《北京：公共空間和城市生活（1400–1900）》，頁37–38進行對比。

68 李海應：《薊山紀程》卷一，渡灣癸亥十一月二十六日（http://db.itkc.or.kr）。

69 李海應：《薊山紀程》卷一，渡灣癸亥十一月七日（http://db.itkc.or.kr）。

70 金昌業：《老稼齋燕行日記》卷二，〔壬辰〕十二月初二日（http://db.itkc.or.kr）。這些地方都在現遼寧省。

71 金昌業：《老稼齋燕行日記》卷二，〔壬辰〕十二月初九日（http://db.itkc.or.kr）。

72 金昌業：《老稼齋燕行日記》卷二，〔壬辰〕十二月十七日（http://db.itkc.or.kr）。

73 洪大容：《湛軒書．外集》卷十，由G. Dudbridge, 8–9校準。

74 李海應：《薊山紀程》卷二，癸亥十二月十六日．中後所（http://db.itkc.or.kr）。

75 金景善：《燕轅直指》卷一，十一月二十三日（http://db.itkc.or.kr）。

76 Dott, *Identity Reflections: Pilgrimages to Mount Tai in Late Imperial China*, 105–149; Pomeranz, 'Power, Gender, and Pluralism in the Cult of the Goddess of Taishan', 182–204.

77 Reardon–Anderson, *Reluctant Pioneers: China 's Expansion Northward, 1644–1937*, 20–21等。

78 章學誠、周震榮：《永清縣志》卷五，頁387、399、401、408–409。

79 Kang Xiaofei, *The Cult of the Fox: Power, Gender, and Popular Religion in Late Imperial and Modern China*（中譯本參見康笑菲：《說狐》，浙江大學出版社，二〇一一年）等。

80 Grootaers, 'Les temples villageois de la region au sud–est de Tat'ong (Chansi nord), leurs inscriptions et leur histoire', 161–212; 'Temples and History of Wan–ch'üan (Chahar): The Geographical Method Applied to Folklore', 209–316; 'Rural Temples around Hsvan–hua (South Chahar): Their Icono–graphy and Their History', 1–116; 以及 *The Sanctuaries in a North–China City: A Complete Survey of the Cultic Buildings in the City of Hsüan–hua* (Chahar).

81 基於二〇一六年七月二十六日和三十日初步的田野調查。

82 《揚州府志》（一六〇一）卷二，頁21a。類似的評論還可見於《如皋縣志》（一五六〇）卷二，頁10b。

83 《海昌外志》，建置卷，頁37a。《歙志》（一六〇九），封土卷，頁8a。《汀州府志》（一六三七）卷六，頁2a。

84 《龍巖縣志．下》（一五五八）卷七，頁85b。戴冠：《濯纓亭筆記》（一五四七）卷五，頁4a–b中提供一個一五四七年以前的相似案例。

85 《壽寧縣志》（一六三七）卷上，頁11a–b。

86 《鄞縣通志》（一九三五—一九五一），輿地志，頁775b、777b。

87 《鄞縣通志》（一九三五—一九五一），輿地志，頁730a、733b、735a、736a、737a、738a、739b、741a、750b、769a、775a、776b、777b、778a、780a、781a、786a、787b、788a、789b。

88 《鄞縣通志》（一九三五—一九五一），輿地志，頁733b、735a、736a、738b、739b、741a、776b、778a。

89 這是Watson, 'Standardizing the Gods: The Promotion of T'ien Hou (Empress of Heaven) along the South China Coast, 960–1960', 292–324中的一個重要的方法論問題。詳見我在'The Genesis and Spread of Temple Cults in Fukien'的頁349–396中的定量討論。由於我的前期研究，我對他的概念框架有一個更加積極的評價，正如我將在第九章的結語中說的那樣。

90 曾景來：《臺灣宗教と迷信陋習》，頁335–415。其頁9中給出高得多的總數：觀音（三百零四）和媽祖（三百二十六），而沒有解釋中間的差別。蔡相輝：《台灣的關帝信仰》，頁175–177，其中關帝信仰在不同日據時期呈現相似的資料。

91 關於媽祖和保生大帝，詳見ter Haar, *The Genesis and Spread of Temple Cults in Fukien*, 349–396 和 Kristofer Schipper, *The Cult of Baosheng Dadi and its Spread to Taiwan*, 397–416. 還有 Kenneth Dean, *Taoist Ritual and Popular Cults of Southeast China*, 61–97.

92 《廈門志》（一八三二－一八三八），頁62–68。

93 蔡相輝：《台灣的關帝信仰》，頁163–187梳理關帝信仰在臺灣的歷史，但並未解釋關帝教團在二十世紀的飆升。

94 《乾隆銅山志》（一七六〇）卷五，頁1a–b（336），又見卷九，頁2a–b（388）。

95 Kristofer Schipper, 'The Cult of Baosheng Dadi and its Spread to Taiwan—A Case of Fenxiang', 397–416.

96 杜臻：《澎湖台灣紀略》。作者是該遠征軍中的一員。

97 蔡相輝：《台灣的關帝信仰》，頁168、171–175。按照紀年重新作了排序。我排除鄭氏政權時期所建的廟宇，只保留了紀年完整並一直延續到清代一六六七年所建的關帝廟。

98 《台灣府志》（一七四七）卷十九，頁8a（2355）。

99 李淩霞：〈關帝的兩岸香火緣〉，頁85–91 。Hobsbawm and Ranger, *The Invention of Tradition*.

100 袁枚：《子不語》卷二，頁40–41。類似的評論還可見景星杓：《山齋客譚》卷二，頁4a–b（694）。

101 袁枚：《子不語》卷三十二，頁507–509。類似故事還可參見薛福成：《庸盦筆記》卷五，頁3b–4b（714–715）。

102 袁枚：《續子不語》卷十，頁2b。又見《仁和縣志》（一五四九）卷七，頁19a–20b。

103 Clart, 'Confucius and the Mediums: Is There a "Popular Confucianism"?', *T'oung Pao* 89 (2003): 9.

104 《護國佑民伏魔寶卷》，早稻田大學藏，第二品。

附表

早期興建的關帝廟

這一調查包括已知最早的神祠和獨立廟宇。我將昔日金朝的領土大致等同於中國北方，將昔日南宋的領土大致等同於中國南方。那些沒有年分標記（年號）的廟宇未列入表中。[1]為了方便，我添加了現代省分。有關地方志的注釋指的是我實際使用的版本。更詳盡的書目資料可在線上上目錄中尋找，也可以在朱士嘉等編纂的《中國地方志聯合目錄》（北京：中華書局，一九八五年）中找到。在星斌夫對明清郵政系統的經典研究的基礎上，我添加一列來指示在某一特定位置附近是否存在驛站。他在總地圖上，標示帶有驛站的幹線（P）和旁邊有重要位置的分支線（B）。[2]顯然，一些沒有這種跡象的廟宇可能仍在主幹道上或附近，例如正文中討論的章丘一一一三年的廟宇。當某個紀錄中只有年號時，我在統計中取其平均值。

1 我將我的結果與胡小偉《關公信仰研究系列》中收錄較少的樣本作了比對，見《關公信仰研究系列》卷二，頁117–123。一方面，我排除了所有自稱唐代的建築，因為均無碑刻或記敘性的實證；另外，還排除了一部分號稱大中祥符或崇寧年間的記載，只保留具有力證據的那一部分，因為這些時段的紀錄往往是基於鹽池的傳說故事而產生的。

2 星斌夫：《明清時代交通史の研究》，頁381。

	日期	地點	明代驛站系統	北方／南方
1	973	咸陽（陝西）	臨近西安	北方[3]
	976	臨晉（山西）	B	北方[4]
	1072	慶陽（甘肅）	B	北方[5]
	1079	沁（山西）	B	北方[6]
5	1081	邵武（福建）	B	南方[7]
	1086	萬泉（山西）		北方[8]
	1092	解（山西）		北方[9]
	1092	芮城（山西）		北方[10]
	1104	滎河（山西）		北方[11]
10	1109	聞喜（山西）	B	北方[12]
	1110	海鹽（浙江）		南方[13]
	1113	章丘（山東）	近濟南	北方[14]
	1123	寧州（甘肅）	近慶陽	北方[15]

3《西安府志》（一七七九）卷六十二，頁2a–b。
4《臨晉縣志》（一六八六）卷六，頁1b。
5《慶陽府志》（一五五七）卷九，頁3a–5a。
6《山西通志》（一八九二）卷九十四，頁26a。
7《邵武府志》（一五四三）卷十，頁25b。
8《萬泉縣志》（一七五八）卷二，頁8a。
9 顧問：《義勇武安王集》卷四，頁4b–5a（82–83）。
10《解州志》（一五二五）卷六，頁19b。
11《山西通志》（一七三一）卷一百六十六，頁35a（155）。
12 胡聘之：《山右石刻叢編》卷十七，頁20a–23a（15327–15329）。
13《至元嘉禾志》卷十二，頁13a–b（4485–4486）（《宋元方志叢刊》第五冊）。
14《章丘縣志》（一四九二，一五三〇補正）卷七〈祠宇〉，頁117。
15《慶陽府志》（一五五七）卷九，頁13a。

	日期	地點	明代驛站系統	北方／南方
	1125	荊門（湖北）	P	南方[16]
15	1128	西安（即長安，陝西）	P	北方[17]
	1128	廣饒（山東）		北方[18]
	1130	臨川（即撫州，江西）	P	南方[19]
	1136	新淦（江西）	P	南方[20]
	1166	杭州（浙江）	P	南方[21]
20	1169	蘇州（江蘇）	P	南方[22]
	1170	富池（湖北）		南方[23]
	1174	鞏昌（甘肅）	B	北方[24]
	1181	承天（即安陸，湖北）	P	南方[25]

16 荊門失落的歷史，引自趙欽湯編、焦竑校：《漢前將軍關公祠志》（《關帝文化集成》）卷六，頁7b–8a（173–174）。

17 我們有兩個較早的時間點：基於畢沅：《續資治通鑑》卷一百零一，頁2b（528）的一一二八年；基於《長安志》（一二九六）卷七，頁354（〈試官石〉詩）的一二四〇年。雖然是干支紀年的形式，但元代一二九六年之前唯一可能的年分就是一二四〇年。

18《續修廣饒縣志》（一九三五）卷三，頁13a。

19《臨川志》，頁1929–1930。

20《臨江府志》（一五三六）卷五，頁7a（311）。

21《咸淳臨安志》卷七十三，頁5a（4009）。

22 祝允明：《懷星堂集》卷十四，頁2a；《長州縣志》（一五七一）卷十，頁17a（315）；王謇：《宋平江城坊考》，頁177。孫星衍、邢澍編：《寰宇訪碑錄》卷七，頁14a（1950）中提到一尊更為古老的塑像。然而，碑刻的名字表明其更有可能是一尊被保存在關帝廟中的佛像，而並非關羽的塑像。

23 陸游：《入蜀記》卷四，頁60。

24 同恕：《榘庵集》卷三，頁7b–9b。

25《承天府志》（一六〇二）卷五，頁7b。

	日期	地點	明代驛站系統	北方／南方
	1190	開州（即濮陽，河南）		北方[26]
25	1192	固安（河北）		北方[27]
	1195	平遙（山西）	B	北方[28]
	1197	南京（江蘇）	P	南方[29]
	1200	潼州（即潼川，四川）	P	南方[30]
	1201	汲（即衛輝，河南）	P	北方[31]
30	1208	定襄（山西）		北方[32]
	1209	中牟（河南）		北方[33]
	1210	興平（陝西）		北方[34]
	1219	鄉寧（山西）		北方[35]
	1227	樂平（山西）	P	北方[36]

26《開州志》（一五三四）卷四，頁3b。

27《順天府志》（一五九三）卷二，頁45b。

28 胡聘之：《山右石刻叢編》卷二十一，頁6b–8b（15408–15409）；卷二十二，頁11a–14a（15441–15442）。

29《洪武京城圖志》卷一，頁441。

30 洪邁：《夷堅志》志甲，卷九，頁782。

31 王惲：《秋澗集》卷三十九，頁12a–13b。

32 牛誠修：《定襄金石考》卷一，頁59a–61b（9975–9976）。

33《中牟縣志》（一七五五）卷二，頁7a–b。

34 孫星衍、邢澍編：《寰宇訪碑錄》卷十，頁25b（20021）（《石刻史料新編》第一輯第二十六冊）。

35 胡聘之：《山右石刻叢編》卷二十四，頁11b（15493）。但要到一三五三年才修建一座真正的廟宇。胡聘之：《山右石刻叢編》卷三十八，頁24b–25a（15825–15826）。

36《山西通志》（一七三一）卷二百零四，頁17a–19b。

	日期	地點	明代驛站系統	北方／南方
35	1234	延平（福建）	P	南方[37]
	1237	北京（即大都，河北）	P	北方[38]
	1242	濟源（河南）		北方[39]
	1253	長汀（即汀州，福建）	B	南方[40]
	1260	稷山（山西）		北方[41]
40	1261	沁水（山西）		北方[42]
	1264	榆次（山西）	P	北方[43]
	1265	六合（江蘇）	近南京	南方[44]
	1265	黃岡（即黃州，湖北）	B	南方[45]
	1274	太谷（山西）		北方[46]
45	1276	義（遼寧）	P	北方[47]
	1278	邳州（江蘇）		北方[48]

37《延平府志》（一五二五）卷十三，頁3b。

38 郝經：《陵川集》卷三十三，頁7a。

39 元好問：《續夷堅志》卷一，頁6。

40《臨汀志》卷二，頁1277。

41《稷山縣志》（一七六三）卷二，頁10a–b。廟中還有兩柄神刀，其中一柄上有「政和」（一一一一—一一一八）的標記。

42 王福才：〈沁水縣下格碑村聖王行宮元碑及賽戲考〉，《民俗曲藝》，一九九七年，第一〇七—一〇八期，頁107。

43《榆次縣志》（一六〇九）卷二，頁11b。

44《六合縣志》（一七八五）卷三，頁15a。

45《湖廣總志》（一五七六）卷四十二，頁30b。

46《太谷縣志》（一七六五）卷四，頁7b。

47 羅福頤：《滿洲金石志》，外編，頁51b–54b，尤其是頁52b（17505–17506）。

48《邳州志》（一五三七）卷九，頁17a–b。考慮到該廟曾於一三二六年重修，並有一篇一三三〇年的碑刻，該廟必然修建於至元年間。

	日期	地點	明代驛站系統	北方／南方
	1283	遼陽（遼寧）	P	北方[49]
	1299	鎮江（即丹徒，江蘇）	P	南方[50]
	1300	太平（山西）		北方[51]
50	1302	太和（即潁州，安徽）	P	北方[52]
	1306	洪洞（山西）		北方[53]
	1306	新化（湖南）		南方[54]
	1307	沔陽（湖北）		南方[55]
	1307	修武（河南）	P	北方[56]
55	1308	徽州（安徽）		南方[57]
	1309	南雄（廣東）	P	南方[58]
	1311	高陵（陝西）		北方[59]
	1312	大定（內蒙古）		北方[60]

49 羅福頤：《滿洲金石志》卷四，頁6b–9a（17316–17318）。

50《至順鎮江志》（一三三二）卷八，頁12b（2729）。

51《山西通志》（一七三一）卷一百六十四，頁57a（99）。

52《成化中都志》（一四五八—一四八七）卷四，頁30a（391）。

53《山西通志》（一七三一）卷一百六十四，頁45a（93）。

54《新化縣志》（一五四九）卷九，頁58a。

55 顧問：《義勇武安王集》卷八，其頁碼不可辨認（161）。

56《河南總志》（一四八四）卷八，頁16a。

57《徽州府志》（一五〇二）卷五，頁36b–37a。

58《南雄路志》，頁2481、2560–2561（碑文）。南雄是宋元時期前往廣東的重要通道。

59《高陵縣志》（一五四一）卷二，頁6b–7a。

60 孛蘭肹：《元一統志》卷二，頁210。其中僅給干支紀年，當為一二五二年或一三一二年。

	日期	地點	明代驛站系統	北方／南方
	1312	翼城（山西）		北方[61]
60	1313	銅山（即徐州，江蘇）	P	北方[62]
	1314	平定（山西）	P	北方[63]
	1314	長興（浙江）		南方[64]
	1315	平江（湖南）		南方[65]
	1317	懷仁（山西）	B	北方[66]
65	1317	莆田（即興化，福建）	B	南方[67]
	1317	襄垣（山西）		北方[68]
	1318	慶都（即望都，河北）	P	北方[69]
	1320	西鄉（陝西）		北方[70]
70	1322	隨州（湖北）	B	南方[71]
	1322	固原（寧夏）	邊塞重鎮	北方[72]
	1324	潞州（長治，山西）		北方[73]

61《山西通志》（一七三一）卷一百六十四，頁63b（102）。
62《徐州府志》（一八七四）卷十四，頁5b–6a。
63《山西通志》（一八九二）卷九十六，頁43a–b。
64 阮元：《兩浙金石志》卷十五，頁10b（10554）。
65《湖廣總志》（一五七六）卷四十二，頁19b。
66《懷仁縣志》（一六〇一）上，頁12a。
67《八閩通志》（一四九一）卷六十，頁14a。
68《潞州志》（一四九五）卷八，頁391。
69《保定郡志》（一六〇八）卷二十，頁10a。
70《漢中府志》（一五四四）卷九，頁6a。
71《德安府志》（一五一七），頁碼不可辨認。
72《嘉靖萬曆固原州志》卷二，頁89–90。
73《山西通志》（一七三一）卷一百六十五，頁2a（110）。

	日期	地點	明代驛站系統	北方／南方
	1325	淇（河南）	P	北方[74]
	1327	莘（山東）		北方[75]
	1328	任城（即濟寧，山東）	P	北方[76]
75	1329	婺源（安徽）		南方[77]
	1329	揚州（江蘇）	P	南方[78]
	1329	東昌（山東）	P	北方[79]
	1329	濰（山東）	B	北方[80]
	1329	代州（山西）	B	北方[81]
80	1329	嵩（河南）		北方[82]
	1329	洛陽（河南）	P	北方[83]
	1330	唐（河南）		北方[84]
	1330	河南（河南）	P	北方[85]

74《河南總志》（一四八四）卷九，頁12b。方志中記載為「元大定」，當為「泰定」之誤。

75 孫星衍、邢澍編：《寰宇訪碑錄》卷十二，頁9a（20059）。

76 徐宗幹：《濟州金石志》卷三，頁58a–59a（9532–9533）。

77《徽州府志》（一五〇二）卷五，頁45b。

78 汪鋆：《十二硯齋金石過眼錄》卷十八，頁15b–17b（7965）《石刻史料新編》第一輯第十冊）。

79《東昌府志》（一六〇〇）卷十，頁4b。

80《萊州府志》（一六〇四）卷六，頁14a。

81《山西通志》（一七三一）卷一百六十七，頁1a（168）。

82《河南總志》（一四八四）卷七，頁37a。

83《洛陽縣志》（一七四五）卷十四，頁48b–49b（1166–1168）。

84《河南總志》（一四八四）卷六，頁25a 。

85《河南總志》（一四八四）卷七，頁37a 。

	日期	地點	明代驛站系統	北方／南方
	1330	昌國（浙江）		南方[86]
85	1332	郟（河南）		北方[87]
	1333	永寧（河南）		北方[88]
	1333	陽城（山西）		北方[89]
	1334	安陽（河南）	P	北方[90]
	1334	高唐（山東）	P	北方[91]
90	1334	合州（四川）	P	南方[92]
	1335	新鄉（河南）	P	北方[93]
	1335	虞城（河南）		北方[94]
	1337	深澤（河北）		北方[95]
	1337	平陸（山西）		北方[96]
95	1337	上虞（浙江）		南方[97]

86《四明續志》（一三四二）卷九，頁13a。

87 孫星衍、邢澍編：《寰宇訪碑錄》卷十二，頁15a（20062）。

88《河南總志》（一四八四）卷七，頁37a。

89《山西通志》（一七三一）卷一百六十六，頁6a（141）。

90 武億：《安陽縣金石錄》卷十，頁13b–14（13920）。

91 孫星衍、邢澍編：《寰宇訪碑錄》卷十二，頁18a（20063）。

92 魯貞：《桐山老農集》卷一，頁18a–21b。

93《衛輝縣志》（一六〇三）卷五，頁4b（634）。《河南總志》（一四八四）卷九，頁12b標注年分為一三四七年。

94《河南總志》（一四八四）卷三，頁51b。該年號亦可能指一二六四年至一二九四年，但較為可能的情況是指後至元時期。

95《深澤縣志》（一六七五）卷二，頁16a。

96《平陸縣志》（一七六四）卷三，頁8a。

97《上虞縣志》（一六七一）卷六，頁18b。該年號亦可能指一二六四年至一二九四年，但較為可能的情況是指後至元時期。

	日期	地點	明代驛站系統	北方／南方
	1337	蒲圻（湖南）	P	南方[98]
	1337	合肥（安徽）	P	南方[99]
	1338	應山（湖北）		北方[100]
	1339	定海（浙江）	B	南方[101]
100	1341	掖（山東）	P	北方[102]
	1342	慈溪（浙江）		南方[103]
	1342	醴泉（陝西）		北方[104]
	1342	常熟（即武進，江蘇）	P	南方[105]
	1344	濬（河南）		北方[106]
105	1345	鞏（河南）	B	北方[107]
	1348	滁陽（即滁州，安徽）	P	南方[108]
	1349	溫（河南）		北方[109]

98《湖廣總志》（一五七六）卷四十二，頁4a。
99《合肥縣志》（一五七三）卷五，頁3b（也可能是一二六六年）。
100《湖廣圖經志書》（一五二二）卷五，頁49a–50a（476）。
101《四明續志》（一三四二）卷九，頁14b。
102《萊州府志》（一六〇四）卷四，頁6a。
103《四明續志》（一三四二）卷九，頁14b。
104《醴泉縣志》（一五三五）卷一，頁20b。
105《姑蘇志》（一四七四）卷二十七，頁20a。
106《大名府志》（一四四五）卷四，頁12b。
107《河南總志》（一四八四）卷七，頁37a。
108《滁陽志》（一六一四）卷九，頁15a–b。
109《河南總志》（一四八四）卷八，頁16b。

	日期	地點	明代驛站系統	北方／南方
	1352	許州（河南）		北方[110]
	1353	易州（河北）	B	北方[111]
110	1353	胙城（河南）		北方[112]
	1354	鳳台（山西）		北方[113]
	1354	內邱（河北）	P	北方[114]
	1354	葉（河南）	P	北方[115]
	1354	龍巖（福建）		南方[116]
115	1354	潮陽（即潮州，廣東）	B	南方[117]
	1355	臨朐（山東）		北方[118]
	1357	太倉（江蘇）		南方[119]
	1357	日照（山東）	P	北方[120]
	1358	新安（河南）	P	北方[121]
120	1364	三原（陝西）	B	北方[122]

110 孫星衍、邢澍編：《寰宇訪碑錄》卷十二，頁44b（20076）；錢大昕：《潛研堂金石文跋尾》卷二十，頁15b–16b（18998）（《石刻史料新編》第一輯第二十五冊）。

111《北京圖書館藏中國歷代石刻拓本彙編》第五十冊，頁90。

112《河南總志》（一四八四）卷九，頁12b。

113《山西通志》（一八九二）卷九十六，頁62a（719）。

114《內丘縣志》（一八三二）卷一，頁19b。

115《河南總志》（一四八四）卷六，頁25b。

116《龍巖縣志・下》（一五五八）卷七，頁85b。

117《潮陽縣志》（一五七二）卷十，頁12b–13a。

118《臨朐縣志》（一八八四）卷五，頁碼不可辨認。

119《太倉州志》（一五四八）卷九，頁31b（690）。

120《青州府志》（一五六五）卷十，頁37b。

121《河南郡志》（一四九九）卷七，頁37b。

122《三原志》（一五三五）卷三，頁4b。

第五章
神如在

無論何時，當我們訪問中國任何一座佛寺或道觀時，都會看到一個或多個塑像以及其他一些視覺形象物（visual representations）。[1]當地人甚或外地參訪者可能會對其中一些神靈的形象比較熟悉，那是他們日常崇拜的一部分。圍繞神靈有很多故事，這些故事中有的較為晚近，是一些個體性的記憶，還有一些則來自更久遠的過去，是世代集體傳承的神奇傳說。這些故事和形象影響著人們對於神祇及其靈力的想像，當這些神祇出現在他們的夢中，甚至現實生活時，這些想像有助於建構神靈的形象。建構關公形象的關鍵性要素是他的武人姿態、紅色面龐、三綹長髯和綠色長袍；另外，還有青龍偃月刀、赤兔馬，以及深受其信任的助手——包括他的兒子關平和長相醜陋但特別忠誠的周倉。

那些用於宗教性崇拜的塑像和其他類型的神像都由信徒所奉獻，同時還要舉行「開光」儀式。此類儀式將賦予神靈洞察世間萬物的能力，也就是說神像被想像成可以將目光投射到很遠的地方（這是「光」最基本的含義）。祂們的眼睛，根據需要，還可以包括身體的其他部分都會被點上獻祭動物的鮮血或者丹砂，以為其提供最初的生命動力。神靈塑像本身還可能會包括一些模仿人體器官的附屬物和小動物，為其提供更多的生氣。有學者發現，早在十世紀，人們就已經在神像體內放入絲綢製成的器官。[2] 因此，供人們崇拜的那些神像被想像為真實的存在，遠不止是作為崇拜和記憶的聚焦點。

在本章中，我們將追尋人們如何在廟宇和聖壇裡、在夢境和想像中遇見關公的行跡，同時也將探討他們是怎樣頻繁地將其納入道場和各式各樣的神靈附體類儀式。在本章結尾，我們將討論某些流傳的故事，這些故事涉及神靈的早年經歷；同樣地，這些故事也使其變得更加真實，更有想像空間。這些資料包括個人性的回憶、靈蹟故事、儀式性文獻、舞臺戲劇及地方民俗。所有這些資料關注的核心是神靈存在的真實性，這一問題看似已經被一些關鍵的要素所證明，包括人們在夢境和想像中親眼所見的神靈的容貌與舉止，還有相關的氣味、聲音和觸覺、神靈的行為方式，甚至在沒有人力干預下神像的移動等。[3]

與神靈相遇

五九二年左右，智顗第一次遇到的是一條龍，而非像關羽這樣的擬人化神靈，後者後來幫助建造玉泉寺。只是到了唐代，玉泉寺的僧人才重述了智顗與關羽（關公）相遇的傳說。沒有資料證明這些僧人是如何想像關羽降靈的，但是宋代以前的很多資料都表明，人們會在夢境或者幻境中目睹關公的形象。宋代文人著迷於那些被認為曾經屬於歷史人物關羽的物品，尤其是在洞庭湖中發現的關羽的印章。那枚印章以及稍後傳說中關羽在鹽池殲滅的巨龍遺骸，都曾經被供奉在玉泉寺中，作為神靈顯聖的實物證明。在該寺以外，這些物品對於關公崇拜沒有什麼意義，塑像和其他的關羽神像則更為重要；此外，還包括他的一些隨身物品，比如他的大刀和赤兔馬等。

神靈早期的形象

很早以前，神靈的形象就開始逐漸被標準化。一〇七七年，根據關羽隨身攜帶的「朱漆杆鋸刀一口」和祂的戰馬，一支在遙遠南方作戰的山西士兵在當地一座寺廟中，認出作為神靈的關羽。[4]在十三紀早期，一位來自平遙、為蒙古人作戰的將軍對關羽形象的想像更為具體。在其從軍的早年時光，他經常夢到一位端坐在馬鞍上的長髯將軍，這位將軍手舉大刀，看上去就像關王。長髯將軍告訴他不必害怕，因為自己會保護他。後來他在一棵蛀空的桑樹下發現關王的畫像。此後，每逢戰役，他必拜關王，而每一次戰役的勝利，他都感覺彷彿有神靈護佑。[5]在第二章中，我們討論十二世紀晚期洪邁記述的一個故事。在那個故事裡，官員的疾病被一個長髯巨目的傢伙所治癒，隨後那位官員拜訪玉泉山上的寺廟，在那裡見到被供奉於亭閣中的關王塑像，猛然意識到這就是他夢中所見之人。自此以後，他便將神靈的畫像供奉於家中。[6]所以在早期，人們就根據自己周邊流傳神靈的相關具體描繪展開視覺想像，其中最中心的要素就是鬍鬚和大刀。隨著關羽畫像、塑像等視覺性材料的傳播，以及神靈被納入道教儀式和地方巫覡的驅魔儀式，[7]這種反映於文獻中的（神靈形象的）標準化進一步加劇。

現存最早的一幅年畫非常細緻地刻畫神靈的形象。[8]在此後的一段時間中，我們知道這樣的畫像普遍存在各類儀式和文化實踐。這幅獨特的年畫沒有標明日期，僅僅加蓋平陽府（今山西南部）徐家的印鑑。一九〇八年，在對甘肅一座廢棄的西夏城池進行發掘時，一群來自俄羅斯的探險家發現這幅畫作，它肯定是由中原的商人帶至此地的。在同樣一個地方，人們已經發現大量晚至元代（一二六〇—一三六八）末年，可以明確具體時間的物品。之前，這幅畫的繪製時間被遠溯至金代（一一一五—一二三四），但這似乎不太可能，因為如果按照這一說法，那麼在一三七二年明軍攻陷這座城池、隨後又將其廢棄之前，這幅畫像已經被人們持有一百多年了，而眾所周知，年畫的紙張是非常脆弱的。[9]即使繪製於元代末年，它仍是現存最古老的關羽畫像之一。在這幅畫上，關羽身後有三位隨從，椅子前面還有兩位。畫上還有神靈的封號，其中一位隨從手持書有「關」字的大旗，關羽標誌性的三綹長髯也出現在畫上；另外一位隨從則舉著祂的大刀。不久，和關羽一起被殺的兒子關平，以及忠實的支持者周倉——一位在宗教和文學傳統中被虛構出來的人物，將會站立於關羽的兩廂。

由於當普通的崇拜者在夢中或其他情境下「遇見」神靈時，需要確定祂的形象，所以儀式專家有必要在他們的宗教儀式中召喚關公。在儀式過程中，他們不能出現任何失誤，因為一次錯誤的神靈召喚會帶來大量的麻煩。一些大致可以確定形成於十三世紀的儀式文本，如是描繪關羽的形象：

元帥重棗色面，鳳眼，三牙鬚，長髯一尺八寸，天青結巾，大紅朝服，玉束帶，皂朝靴，執龍頭大刀，有赤兔馬隨。常用喜容，如戢，攝怒容，自雷門而至。10

這則材料中關於關公形象的許多細節，都和祂在文學作品中的形象相吻合（反之亦然），除了祂所穿的紅色長袍（在此後的傳統中被綠色長袍所取代）外，神靈還手執龍頭大刀，很明顯地暗合道家文獻中祂曾於鹽池驅龍的事蹟。這些儀式文本包含若干神靈的畫像，都繪製於儀式過程中；儘管我們現在僅僅能看到神靈形象的輪廓，不過祂標誌性的大刀（包括刀上的鋸齒）和武將的姿態，還是很容易識別的（參見第三章圖3.1）。

來自同一組儀式文獻的另一處描寫，進一步豐富了神靈出場時的細節，這些細節讓人聯想起另一位驅魔神靈——永遠腳踏風火輪的哪吒三太子。

關元帥面紅紫色，紅袍，金甲，長髯，手執大刀，乘火雲自南方來。[11]

在此，關羽的臉色被描繪為另一種很深的顏色，這提示我們，不同的作者是根據其所目睹的具體形象來建構神靈的，而非僅僅根據某種單一的文本。易言之，人們關於神靈的想像在很大程度上來源於戲曲演出，那些與文學傳統共用的元素，包括祂紅色（深色）的膚色、祂的鬍鬚、祂坐騎的名字——赤兔，以及祂的大刀。所不同者是在以上描述中，祂的長袍是紅色的。在同一文本的另一處，祂的大刀被定義為龍刀。[12]這一武器在此後將被確認為青龍偃月刀，暗示著它是由一條龍變化而來。可惜的是，我們無法查證這一變化的宗教背景。

一〇七七年，那些山西的士兵提供有關神靈戰馬的具體形象，一二四九年舊曆五月十三日在上都（今北京市）為關公所舉行的一次神靈巡遊中，我們得到與紅色戰馬相關的更多細節。牠被稱為赤驥，而不是文學作品和儀式活動中常出現的赤兔馬，這提示我們作者並非只照搬已有的陳說，而是根據自己在遊行中的個人觀察而寫作的。[13]這匹馬以後將一直伴隨關公出現在廟宇中、壁畫中，通常以泥塑的形象出現，有時甚至就是一匹活的馬。

某些形象要素的漸漸成形，就為人們在夢境甚至真實生活中遇到並認出關羽提供基礎。一三二五年，一座位於鞏昌的關帝廟被重建，據當時所立的一方碑刻記載，「相傳金大定間，西兵潛寇，城幾不守，乃五月二十有三日，見若武安狀者，率兵由此山出，賊駭異退走」。因此人們在原地建造一座廟宇。[14]那些來自西方的寇賊指的是西夏軍隊，他們一直在金朝的西北邊境施加壓力，而犨昌正位於這一帶。上述史料原文中的「狀」字暗示，人們先前對於神靈的形象已經有所瞭解，儘管我們並不知道任何細節。提及上述神靈顯應事蹟的文獻同樣指出，「郡邑鄉井繪而為圖，眾以時享；偶而為〔像〕，豫宇以常尊」[15]。儘管這一史料反映的是立碑時的信仰狀況，但仍然可以被看作眾多案例中的一個典型個案，在這些案例中，人們總是根據先驗的印象來與神靈相認。

神聖的存在

隨著神祇的普及，關羽日益受到人們的歡迎，神靈像的數量明顯大幅增加，但研究這些形象最大的問題在於其缺乏明確的製作日期，因為無論是雕塑、畫像、卷軸還是年畫都很少會標上這些資訊。[16]在其廟宇中會有關公和最親密助手的塑像，同樣包括那些對他而言最重要的隨身用品。比較富有的寺廟中會裝飾有壁畫和雕刻，其內容則取材自神靈的傳記或者那些來自敘事文學的傳說。[17]至少在四幅保存於河北與山西佛教寺院中的水陸畫中，關羽是以一個道教神將的形象出現的，祂的頭銜是崇寧真君。[18]當神像被抬出來巡遊或者出現在驅魔儀式時，人們一定可以見到祂的形象。我在此會圍繞神靈的形象展開討論，但聚焦的重點並非關於神靈肖像的分析，而是提供一些人們透過親眼見到的神像和故事中的描述來想像神靈的案例。

能夠證明神靈存在最感人的記述，來自元初（十三世紀下半葉）的尤玘。很久之前，他的家族在江南無錫縣為神靈建造一座壇廟。當建造這座壇廟的尤玘的先人已經十分老邁，無法再定期前往廟宇瞻拜神靈時，他最後一次冒雪前往廟中。緊接著，他注意到神靈塑像的兩頰間有水跡。將其拭去後，水跡很快再次出現。他為此低聲啜泣，因為這太奇怪了。回家後，他便疾病纏身，一個月後撒手人寰。[19]所以很有可能神靈也同樣是在為他哭泣，因為這位老人將不久於人世。[20]

在西方收藏機構中也有關羽的塑像，如圖5.1所示來自大英博物館由滑石製成的雕像。上面的捐款題名提供一組非常可靠的資料，在一般情況下，我們很少能夠在其他塑像上看到類似的資訊。如圖所示，關公非常愜意地端坐在一把扶手椅上，左手撫摸著三綹長髯，人們可以透過這一標誌性的細節來辨認他的身分。他的右手安放於扶手上，暗示著著名的大刀不在手邊。儘管沒有手持書卷，但陷入沉思的姿態還是表明這尊塑像最初是為文人雕刻的。由於它是從廣東而來，因此很可能生產於廣東、福建一帶。這尊塑像反映出來的變化，以及從晚明到清初的類似描述是引人注目的，因為現在神靈有可能已經被想像成一個有文化修養的人，儘管祂仍然是一副身穿軍袍、紅臉、留著美髯的武將形象。

儘管人們無法親眼看到神靈，但是可以在祂的塑像或者其他形式的象徵物前開展祭祀活動。在玉泉寺中，關公成為一個素食神靈，不過這一形象並未隨著神靈的傳播而被其他地方

圖 5.1　陷入沉思的關公

這尊塑像是一七五三年斯隆（Hans Sloane）爵士捐贈藏品的一部分，斯隆爵士的捐贈為大英博物館的成立奠定了基礎。大英博物館，藏品號 SLMisc.1174。大英博物館授權使用。

所接受。當人們在玉泉寺中進行僅有水果和茶水等素食在內的獻祭活動時，只是源自他們個人的佛教信仰，以求和玉泉寺的身分相適應。一般的祭祀包括普通的香炷、「血食」和酒水。人們透過鞠躬和誦念表達對神靈的敬意，很大程度上類似於他們在現實社會中對尊長表示敬意。一般的筆記小說、碑刻文獻及地方志書中的相關描述，都很少會具體提及這一方面的內容，因為祭祀文化首先是透過身體的模仿習得的，它是一種關於身體的知識；人們只要「知道」怎樣做就可以了，沒有必要（或者事實上是沒有能力）用文字清晰地把它表述出來。唯一的例外是在清代，關於神靈的祭祀進入國家祀典後，書籍中才能提供細節性的描述。[21]儘管如此，伴隨眾多儀式的祭祀活動是個人與神靈產生互動的非常重要途徑。

在與平遙將軍相關的案例中，我們已經瞭解到做夢是與神靈溝通的一種方式。在以下個案中，夢境又可以協助畫師提高繪製神靈真容的能力。我們從一位名叫陶汝鼐（一六〇一－一六八三）的明遺民所作的一首詩序中瞭解到這個故事，這篇序言寫於一六八〇年：

> 蒲州帑藏中有關夫子畫像，題曰五十三歲時作，近年張中丞發之，其子江華令年幼即能摹寫，長而被公夢授益真，每齋沐敬寫以應求者，英靈如在，然與世所傳差異，里人得之，請為贊矣，而繫之以詩。[22]

文中提及的畫師是（神靈的）奴僕張純修（一六四七－一七〇六），是清代一位十分普通的地方官員，同時也是一位二流的畫家和書法家，以模仿前輩大師聞名。根據其家族歷史，他的父親張自德（約一六一二－約一六七一）曾經在其出生地——河北西北方的豐潤——的一座關帝廟中讀書，一六三〇年在遼陽被金朝（不久後又稱為清朝）的軍隊所俘虜。最終，張自德在八旗當差，仕途非常順利。清征服明朝後，他重建那座舊廟，直到十八世紀中葉，該廟宇仍然存在。[23]因此，關王對張氏家族而言肯定有著非常重要的意義，我們很容易推測出，他的兒子在很小的時候應該就已經聽到許多關於神祇的故事，他所繪製的神靈肖像複製品當時流傳甚廣，其中的一些還被臨摹在石刻上，留存至今。[24]

神靈會透過以下這些方式顯示自身的存在。比如祂的塑像在一次大洪水中得以倖存，甚至親自拯救百姓；[25]在某一特定的神廟中祂的坐騎所表現出來的忠誠；[26]當地廟宇中神靈所持的大刀具有不可思議的重量等。[27]在以下這個由晚明僧人袾宏（一五三五－一六一五）提供的例子中，祂的轎子彷彿擁有魔力。

> 杭人好作神會。近歲有於雲長公誕日，盛陳騶從，廣列對仗，八轎輿神，百樂並奏。門皂、馬兵、旗卒、劊手，皆庶人在官者發心當役。路逢神廟，一夫充健步者，辦作符官，持帖拜客。彼廟祝跪稟云：本神出外失候。此猶未甚害事。

或一時舁轎人自謂身不繇己，突入富家，端坐正廳，多人舁不能動。主人再拜許施，種種供養，方可舉移。又一隸人許充一役，至期，以病不克赴會，遂出狂言，叩首乞命。人愈神之。[28]

神靈藏在轎子中或者祂的雕像裡，透過控制轎子的移動以表現自身的靈力。在臺灣至今仍有類似的習俗，看上去與大陸似乎沒有什麼區別。那位背信者最終精神崩潰，得到懲罰。在這一個案中，神靈剝奪了他的溝通能力，周邊的人們將此視為一種「神蹟」。

某人所具有的魅力（Charisma），或者其他超自然的能力也可以世代相傳。這樣的信念建基於中國統治者對「天命」的傳承，儘管一個王朝的開創者最初總是透過個人的努力（以及大規模的暴力）獲得上天青睞，孔子的後裔或者更為著名的「天子」的後裔在這方面有著相同的信念。人們似乎忘了在關羽生前或死後不久，他的子女及其他家人便已經病逝或者被殺身亡了。一六一四年，明朝政府命令七個關姓家庭從運城（當時為解州州治所在地）遷往洛陽，以守衛關羽的衣冠塚——據推測，當時這個塚墓被創造出來的時間並不長。[29] 到了清代初期，幾個關姓家族開始自稱關羽的後代，他們分別居住在關羽的出生地——解州，關羽頭顱的埋葬地——洛陽，以及其餘軀體的掩埋地——荊州。[30] 他們的聲明得到清政府的支持，在十八世紀初，這三個家族甚至得到「五經博士」這樣的榮譽頭銜，表明政府對於關羽熟讀《春秋》這一傳聞的認可。[31]

對於神祇魅力式能力的創造一直持續至今，遠比製造後裔來得更為深入。現在祂的傳記與各地景觀密切相關，當祂的個人傳記發生變化，景觀也隨之而變。關羽的軀體被埋葬於荊州某條河流的岸邊或許是史實，但是晚明清初以降，與其生前故事扯上關係的絕大多數地方則完全是捏造出來的。明清時期記錄關羽聖蹟的資料不厭其詳地討論其傳聞中的親屬、數代以內祖先的墳墓、他的故居等。[32] 前往解州關氏宗廟朝拜的關羽信奉者數以千計，他們可以巡覽這些地方，如果他識文斷字又足夠有錢的話，就能獲得一部清代記錄神靈聖蹟的書籍，透過文字來瞭解相關內容。人們希望可以透過關羽的後裔以及那些據說關羽曾經訪問的地方，或多或少地領受到神祇的「魅力」。

在現實生活中感受神祇

人們對神靈塑像和畫像的崇拜是基於他們希望神祇能夠有規律地顯靈，並且讓他們能夠體驗到更多的細節。關羽神靈的現身經常伴隨著一些感官上的強烈體驗，比如一場疾病或大汗淋漓；一些特別的聲音和噪音、香味；以及神像的移動等。這些身體上的體驗會使人們對神靈顯應的記憶變得更加深刻，儘管這些或許只是他們初次體驗神性時產生的部分生理反應而已。十六世紀初，有一位蘇州的舉人上京趕考，在那個遠離家鄉、冰冷的小旅店中，他生了一場大病，「見臥旁掛關公像一幅，乃於枕上默禱其庇佑」。恍惚間，他彷彿看到一位與畫中人相似的神祇正在呼喚他。神靈叫他不必憂慮，發汗後自會痊癒。回家後，這位舉人「畫其偶事之」[33]。在這裡，毫無疑問，這位應試者高燒時的狀態讓他透過體驗神靈顯應，而對神靈有了鮮活的印象。

以下一個發生在晚明時期的個案表明，神靈畫像的擁有者並非都是從剛開始就認為其值得加以崇奉。一位川渝籍的官員赴山東任職時，獲得一幅關公的著色畫像。他將其鎖置於一個書櫃中，當晚神靈託夢給這位官員，因為自己被忽視表現得非常憤怒。然而，當這位官員甦醒後，卻忘了這個夢。次日晚，作為神靈兩個助手之一的周倉，斥責一個僕人。僕人醒來後，飛奔向主人的住所，告知相關情況，後者隨之取出卷軸畫像，加以裝裱和崇奉。這次，神靈又出現在夢中向他致謝，並且表明他們早有前緣。這時那位官員才回憶起來，在他仕途的早期，衙署中曾有一個關羽的神龕。[34]有趣的是，根據我們現在所作的調查，這位官員早期的任所是位於長城腳下的遵化，該地區以信奉關羽而聞名。透過憤怒的神靈持續出現在夢境中這一事件，確認神像卷軸與這位官員之間的聯繫。而這位官員的出生地，並非因關羽崇拜而聞名的地區。

那些關於關公在夢境和幻象中顯應的史料，並未提及是否有「專家」幫助解釋這些跡象。[35]我們的主人公們往往是自己或者和親戚、朋友一起解析，夢境在事後變得清晰起來。比如一六六七年時，一位山西潞安府的縣令做了一個夢，在夢中他遇見一位很有禮貌、走起路來小心翼翼的大個子。當他甦醒後，碰巧路過一座關帝廟，廟中的神像看上去就像他夢見的那個人。此後，他又夢見自己遇到一位老和尚，小沙彌們圍繞在他身邊，拉扯著他的袈裟。當時，這位縣令剛剛失去自己的兒子，一群小沙彌寬慰他說：「求子何難？」醒來後，他經過一尊很大的銅鑄坐佛，塵土瓦礫間有不少小佛像圍繞，它們看上去非常眼熟。他默默地燃香禱告，數月後即獲一麟兒。於是，他修建（或者說修復）一座關帝廟和一座千佛閣。[36]毫無疑問，我們的縣令大人當時正沉浸在喪子之痛中，使得他更容易接受在同一敘事框架中對隨後發生的一些事情的解釋，比如說夢境和現實生活中遇見的殘破廟宇。因為他畢竟在事後喜獲麟兒，這些夢境就變得特別有意義。[37]

附體於人身是神祇顯靈最具體的方式之一，但是關於這一方式，我無法提供更多的資料。一〇八〇年至一〇八一年，很可能是得到關羽附體顯靈時的授意，玉泉寺附近的一座寺廟得以重建，這使得由張商英撰寫的那方碑記聲名大噪。[38]一一二五年，在荊門城外的一座關帝廟中，神靈附體於一位不識字的獄卒，後者突然變得會寫字，筆力雄健如顏柳。[39]現存的文本文義不通，文字也非常簡單和普通，這充分表明獄卒極其有限的文字能力。但這是關公第一次顯靈寫字，其目的也並不是為了傳遞什麼具體的資訊，只是為了表明那位獄卒已經重新獲得書寫的能力，並且真的被神靈附體了。傳說中書法的優美進一步肯定了神祇的顯靈，而並非獄卒失心瘋的結果。

然而除了一些早期的個案外，關公附體的資料很少。取而代之的是，從十六世紀晚期開始，神靈經常透過降乩的方式與祂的崇拜者們溝通。[40]如以下案例所示，神祇在乩壇中顯靈會給人極其傳神的感受。為了預卜自己在即將到來府試中的命運，大約在十八世紀中葉，一地方生員建立一個乩壇：

初，土地神降云：駕將到，爾等須虔肅。俄而宅神、灶神、城隍神齊集，歷亂匆忙，僉曰：關帝至。須臾，一室奇香，燈火盡綠，爐中煙直上。

這位生員緊張得汗流浹背，在開口詢問自己的秋試命運之前，他不停地叩頭。或許也並非完全在意料之外，神靈非常嚴厲地在道德上對他給予譴責，並且透過扶乩預言他的家族將在一年後的一場瘟疫中覆滅。[41]在這裡神祇的出現伴隨著聲音和氣味，那位生員和所有參加乩壇的人都懷著極其敬畏之心體驗到了這些現象——至少在最終由他人轉述的版本中是如此，因為生員自己在一年多後也身亡了。[42]在第七、八章中，我會詳細地考察扶乩這一風俗。

以下史料非常精彩地刻畫出人們在普通的祭祀過程中，希望感受到神靈顯應的強烈願望，這段資料從一開始，先概述晚清一座地方關帝廟中，崇拜者們對關公的獻祭：

> 關帝廟最靈應。報賽者肩相摩，踵相接也。神像幛以幔，幔前設長案，陳牲醴，案外設大桌，列香燭。祈禱者俯伏桌下無敢嘩，拜跪起視牲醴，如一物不動，則怏怏歸，謂神不我饗。間有失去牲者，則喜甚，謂神已饗之也。於是人莫不敬信。

很明顯地，人們希望得到某些表明神祇顯靈的肯定性暗示，在這裡，如果他們發現獻祭的食物被人碰過，就說明神靈現身了。在故事接下來的敘述中，廟祝並不相信這些事情，他發現有一條大蜈蚣正在吞食那些信眾獻祭的肉食。乍看之下，我們可能會認為這一敘述的重點在於說明神靈顯應的信仰是錯誤的，然而事實上沒有人作這樣的評論，真正的重點在於那條蜈蚣透過修煉內丹在某種意義上可以長生不老。廟祝獲得那顆內丹，並用它治好膿血症、潰瘍病及其他一些疾病。[43] 無論這位作者自己是否相信神靈顯應，相關敘述非常明確地表明，對神祇的信奉者而言，感知到神靈的存在是非常重要的。

下文中將會看到，在神祇顯聖的過程中可能會出現戲劇化場景，同時夾雜著在此之前儀式專家的準備和目標受眾的情緒化反應。十八世紀，一位北方官員在自家官署中設立一個乩壇，參與者有他的家人和朋友。但其中一位非常安靜地待在自己的房間裡（後文中的年家子），不肯出來。當被追問原因時，他說自己只侍奉關聖，不能去其他普通的乩壇。那位官員隨後要求他邀請神祇降臨，後者予以應允。首先，他向參與者提出一些要求：

「諸公須齋戒三日，擇潔淨軒窗，設香供。諸君子另於別所設大缸十口，滿貯清水，諸公跪缸外伺候。」

我們並不清楚盛滿水的水缸，在靠近窗戶的地方放置香和祭品，還有那些蠟燭在儀式中的意義是什麼，但肯定非同尋常。當一切就緒，所有的準備工作，包括對神靈的跪拜，都在營造一種值得高度期待的氛圍。

年家子遍身著青衣，仰天慟哭，口諄諄若有所訴。忽見五色雲中，帝君袞冕長髯，手扶周將軍，自天而下，臨軒南向坐，謂年家子曰：「汝勿急，仇將復矣。」某復叩頭大哭。周將軍手托帝君足飛去，只見瑞氣繚繞而已。諸公為金甲光眩射，目不能開，皆隔水缸伏地。

之後的某一日，那人突然離去，又聽聞某位高官在路上突遭奇禍，大家都嘖嘖稱奇。44 現在看來，類似的敘述或許可以被看成是靠近窗戶（用油紙糊成，而非玻璃）的一次類似皮影戲的表演，同時還利用水缸裡的水反射所增強的燈光效果。但同時，我們不應該僅僅把這樣的事件看作一場魔術師的把戲，因為這個故事向我們展示那些處於社會最高層、受過良好教育的人，是怎樣渴望分享關於神祇顯靈的實在體驗。對於此後關於類似事件的解釋和記憶而言，這種企求獲得某種特定體驗的希望是非常關鍵的。無論對文人還是對當地的農民而言，都是如此。

對神靈的體驗事實上充滿各式各樣的感官體驗，從聲音、光線和氣味，到移動及觸覺。而崇拜本身也同樣是一種多感官的經驗——在燃香過程中，在叩頭跪拜時，以及在人們互相分享祭品時都是如此。在圍繞神靈舉行的賽會中，這一點被進一步強化。眾人參加廟會，摩肩接踵，汗流浹背，大聲高喊，進入一種在地方志中經常被述及的興奮狀態，在方志中，作者會用「熱鬧」或者類似表達來描述這一場景。[45]這經常是一種非常強烈的集體體驗，遠遠超越視覺和聽覺的層面，進一步強化人們在賽會中對神靈存在的感知。但是我們同樣不應該低估個人夢境集體性的一面。一旦有人做了一個夢，就會與他人分享，並被多次複述。也因此，一個夢甚至會變成一種社會性體驗。

扮演神祇

十九世紀末，二十世紀初，西方觀察者注意到戲臺和戲劇在宗教慶典上的重要性。由於受到以文本為導向的思維模式影響，他們把它和文字傳統聯繫在一起，比如說《三國演義》，但事實上他們看到的是原汁原味的戲劇演出。[46]如今在中國北方，這些宗教場景大都消失了，但是中國的學者們對那些遺存的文本給予極大的關注。在中國南方，有更多的資料得以留存，其中的一些傳統仍然活躍著——儘管並不一定完美。[47]關公戲處於這些傳統的中心。在這些演出裡，神祇一成不變地被描述成歷史上的一位將軍，這對於人們把祂想像成一位驅魔將軍以及對抗惡魔和蠻夷的保護者而言是十分重要的。

戲劇表演是對神靈的獻禮，同時也為地方民眾提供消遣；另外，它也有著驅趕邪魔、祈求好運的實際功能。表演之前會舉行一些儀式，演員進行各種儀式以保證戲臺的絕對安全。[48]無論在鄉村還是在皇宮中都是如此。由朱有燉創作的不少劇本都很清楚標明儀式性的序幕，以求取好運和長生。[49]十八世紀時為清代宮廷創作的戲曲《鼎峙春秋》，在演出時同樣有著寓意吉祥的開頭和結尾。[50]

蚩尤的挫敗

玉帝在關羽將軍帶領的神兵（也稱陰兵或鬼兵）的關鍵性協助下驅逐蚩尤的故事被改編成元雜劇，這部戲劇一六一五年的版本被保存在宮廷中，二十世紀被重新發現並流傳至今。它非常接近我們從元代瞭解到的那個故事，僅僅添加少量的新資料。有趣的是，我們也從一份近現代的版本中發現這部戲曲中相關角色的名單，這一版本已經在上黨（今山西東南的長治）

地區搬演了幾個世紀，它以抄本的形式被保存下來，用於一些大型地方宗教慶典的演出。它有一七二六年和一八一八年兩種不同的版本，但是都源於一五二二年一部手稿本的明代宮廷戲劇文集。[51]一八一八年的稿本內容更為詳細豐富，更加清楚地說明這些戲曲都是在宗教場景中演出的。它以追念玉帝為序幕，對於潔淨儀式、行為界限及獻祭活動等有著廣泛的規定。[52]

對比兩部戲劇可以發現，它們的敘事結構都是根據元代關於關羽聖蹟的描述而來。唯一不同的情節是，在明代的宮廷劇中皇帝的角色消失了，同時王欽若被范仲淹所取代。這種取代非常不合時宜，因為范仲淹生於九八九年，卒於一〇五二年，一〇一四年的范仲淹實在是太年輕了，不可能參與如此高層的宮廷活動。這樣的變化更可能是楊家將敘事傳統中王欽若負面角色的反映，他在那個故事中是一個背叛大宋的遼國奸細。[53]總之，與明代的劇本相比，一七二六年、一八一八年的抄本更忠實於元代的故事，這也進一步支持那部明代祭祀戲曲文集形成年代更早的推論，同時也表明它直接傳承自明代的宮廷版本。[54]

與元人的敘述類似，兩部明代戲劇所搬演的都是在關羽指揮下，大量天兵天將共同對抗一位可怕敵人的驅魔戰事。在上黨的手稿本中，蚩尤沒有被看作一個獨立的角色，僅僅隱約出現於下文的描述中：「五嶽陰兵征服蚩尤」（或者「蚩尤為五嶽陰兵征服」）。這表明我們面對的是一次宗教性的驅魔儀式。明代的宮廷劇本中驅魔色彩表現得更為明顯。在這裡，蚩尤得到「鬼力」和「鬼兵」的幫助，與此同時，關羽則得到攜帶畫角的「天丁」和手持「令旗」

的神兵的幫助。宮廷劇甚至設置一位能夠驅使靈異生物的殿下，這一情節直接繼承自驅魔儀式傳統，在這些儀式中，類似關羽這樣與邪惡生靈鬥爭的將軍們都從屬於更大的官僚系統。所謂「天丁」基本等同於早期道教儀式關帝護身符上的「六丁」，代表神靈率領的天軍。（參見第三章圖3.1）

我們不清楚，那些將蚩尤作如此設定的儀式性戲劇在何時何地被搬演，其演出頻率又如何。儘管當代的一些二手研究中曾經對此有零星提及，但我們已不可能獲得和這些演出相關的具體細節。任光偉在一九八〇年代曾經透過參考當地人的說法指出，山東東南的臨沂在演出地方戲劇之前，都會先搬演一齣關公大敗蚩尤的戲。這看上去和其他地方的儀式性序幕演出類似，其目的是把儀式空間從惡魔的影響中釋放出來。[55]一種來自解州東北曲沃縣的地方儀式性戲劇的抄本，記錄一次滑稽的對話，其中就提到「關老爺單刀破犀牛」的主題。在中國，犀牛很久以前就滅絕了，但是在口頭傳播中，「犀牛」的發音和「蚩尤」很相近。[56]一些清代的方志提到在山西的一些縣中，人們在關公擊敗蚩尤的四月初一舉行慶祝儀式，會在門邊或頭髮上黏貼一片皂角樹的樹葉，他們都瞭解皂角樹葉具有一定的醫療效用，還相信關公的天兵在戰役中也會帶上這種樹葉，以便互相辨認。地方志中沒有提到更多的慶祝活動。[57]看來關公大敗蚩尤的故事曾經在北方更多的地方上演，但是在帝制晚期大部分都失傳了，或許是與關公／關羽相關的其他戲劇更受歡迎的緣故。

戲劇傳統中的神蹟

和關羽相關的大部分戲劇演繹的都是他的傳奇人生。儘管是虛構的，但通常不會包括他死後成神的事蹟，以及他在成為叛亂者之前的經歷。這些戲劇都在一個世俗的場景中搬演（比如一些沒有宗教背景的專門戲院中，或者一些富有的捐助者，如大商人和大地主的家裡），但更常見的是，節日期間在一些由移民群體捐建的廟宇（包括會館）中，也會有相關戲劇在固定或臨時性的戲臺上搬演，或者也會以由當地民眾自己出資的集體性儀式戲劇的面貌出現。一些演出可能起源於一群人或一個人的誓言，他們發誓如果神靈能夠將他們從災荒或者疾病等危難中解救出來，就會出資為祂演劇。資助一場神靈前的演出也有可能與某人違反地方規章（比如禁賭的規定）被罰有關。[58] 在這部分，我會聚焦於人們在戲曲演出中對關羽作為宗教人物的想像——從題材上看，那些戲劇很大程度上是歷史劇。[59] 我們將看到無論戲劇的背景如何，地方人士總是將關羽看作擁有宗教性力量的關公，而非僅僅將其視為一個文化人物或者歷史人物。

早期的證據

九五二年四川的一件逸事可以用來說明，今天可能被我們定義為「事實」的內容與戲曲演出之間的密切關係，這件逸事與一位經常和關帝一起現身的神靈有關。當時在後蜀的一場宮廷晚宴上，表演一齣灌口神與兩條神龍戰鬥的戲劇，不久後大雨和冰雹從天而降。第二天，就有來自灌口的報告說岷江的洪水威脅到都城的安全。丞相在當地供奉神靈的道觀中祈禱，同時一道聖旨也被傳達到灌口，聖旨中，皇帝將所有的過錯都攬到自己身上，洪水隨後退去。[60]

我們可以發現另外一個較早的個案，其中戲劇裡的關羽和作為神靈的關公之間產生交集：在《關大王單刀會》這齣戲中飾演關羽的演員做「尊子」打扮——這是一個現存的元代版本，而非我們常見的明代修訂版。在其他的元代劇本中，「尊子」僅用來指稱「閻王」，所以這也肯定該稱謂指代的是一位神靈，而非普通人。[61] 小松謙在田仲一成重要研究的基礎上指出，現存的元代劇本保留大量的宗教儀式特徵，這些內容在明代都被刪除了。在早期的版本中，至少有三分之一的內容是用作「鎮魂」的，或者說是用來安撫亡靈的。那些戲曲經常以儀式性的一幕收尾，在實際的演出中，這一幕的情節和曲譜在相當程度上都是獨立的。它的名稱中通常帶有「祭」字，並伴隨儀式性演出的曲調——這種曲調不會被用於戲劇的其他部分，還有關於橫死的念白。由於傳統的研究聚焦於那些更完整也更易讀的明代版本的戲劇，這一視角經常被忽略，因為在明代，這些內容都被系統性地刪除了。刪除的目的或者是為了讓這些戲劇更適於歡快的宮廷場合，在那裡，其中的一些戲劇會被搬演（比如說在宮廷演出的情況下），或者也是出於晚明文人的個人偏好。[62] 結果就是這些資料並不適用於研究元代的戲曲實踐，甚至元代的文化。[63]

戲劇和地方崇拜

那些供奉關羽的廟宇和相關的賽會活動，為各式各樣的戲劇演出提供充足的空間。[64]最早在文獻中出現的戲臺之一被稱為「舞樓」，建於一〇七七年至一〇七九年，位於青縣的一座關帝廟中。[65]同樣地，根據為了慶祝聞喜縣的神廟在一一〇九年被重建而豎立的碑刻，社眾（這裡的社指的可能還是土地廟）可以將他們的犧牲器皿放置於此，在庭院中載歌載舞。[66]在中牟縣（今河南省鄭州附近）的一座神廟裡，有一座建於一二〇九年的「樂樓」。[67]另外，一二四九年左右，郝經注意到在燕、趙、荊、楚等區域有為關羽神靈所舉行的賽會活動：「大為祈賽，整仗盛儀，旌甲旗鼓，長刀赤驥，儼如王生。」[68]當在第四章中討論青縣和聞喜縣早期的關帝廟時，我參考龍彼得（Piet van der Loon）的建議，以及馬克．梅倫貝爾（Mark Meulenbeld）最近的分析，他們認為這是一種軍舞，帶有社區防衛、軍事演練和娛樂活動等多重性質。[69]

在華北，關帝廟裡的戲臺比其他任何神靈廟宇都多。[70]我們不清楚的是在這些戲臺上會演出什麼。關於敘事性表演的證據出奇地少。來自安陽、現在已經丟失的一方一三三四年的碑刻中提到一則故事，這是今天我們所知與元代（關公）戲劇和敘事傳統相關的唯一一則故事。[71]在很久以後的一四九〇年，有人在解州關帝廟中觀察到的現象同樣證實戲曲演出的存在：過去，祭祀活動通常在關帝受封的那天舉行，絕大部分的活動則是鄉人旅賽或雜劇戲。「賽」指的是在這一區域存在的大規模賽會習俗，其中不僅包括戲劇，也包括其他由當地人集體參與的各種形式的表演。[72]一四九〇年，當一位貢生用文廟祭孔的方式在關帝廟中舉行儀式時，以上情形發生了變化。碑記的作者把它視為一件好事，儘管當地人可能持有不同的觀點，因為他們失去一個進行季節性娛樂活動的重要場合。[73]戲劇搬演作為獻祭的禮物（同時也可以為觀眾提供娛樂），可能包括儀式性的演劇或者歷史劇，在後一類演出中，神靈往往也擁有驅魔者的身分。官方有時會不贊同這樣的活動，但是幾個世紀以來，這樣的演出通常是地方賽會活動的標準配備。[74]自一九八〇年夏季以來，我陸續參加過泉州、香港和臺灣等地的廟會，以上內容絕對也是我個人體驗的一部分。

無論是過去還是現在，廟會對地方廟宇及崇拜該廟神靈的社區民眾而言，都是一年中的高潮，它包括廣泛的祭祀活動和集體性的聚餐、遊神活動、戲劇表演、各式各樣的雜技，有可能還有集市貿易。[75]很多資料都提到戲劇演出和地方神祇之間的關係，但是在此我希望觀察一個內容特別豐富的案例，它將有助於我們進一步理解那些宗教性戲劇演出的個人贊助者的目的。我們要考察的個案與晚明那位富有的善人和佛教居士——祁彪佳（一六〇二—一六四五）有關，他在日記中非常詳細地描述關公崇拜對自己的重要性，他對神祇的定期祭拜以及對廟宇演劇的經常性資助都表明這一點。[76]一六三一年在北京任職時，他於日記中第一次提及關公。在那一年的十月十四日，他得知有很多進士及第者正等待安排官職，而他自己希望可以在南方任官，以便能夠同時照顧母親。於是他來到北京城內，希望找到一位能夠預卜將來、給予啟示的卜筮者。剛開始他並未找到，隨後來到位於正陽門內的前門。在那裡有一座非常有名的關帝廟，他在廟裡抽取一支靈籤，上面的籤語說：「白馬渡江雖日暮，虎頭城裡看嵯峨。」[77]他並未解釋自己如何理解運用這一靈籤，但是我們在第七章中將會看到人們是如何解釋類似的籤語，從而理解他們人生中所作出的困難抉擇。我們當然可以假設祁彪佳知道很多和關公相關的故事，但是很遺憾他並沒有將其記錄下來。我們真正能夠從他的日記中知道的是，他在一年裡是怎樣去祭拜這一神祇，他在這方面的記錄僅次於那些他作為官員、佛教居士、地方慈善組織者，以及一位完美的園林愛好者所參與的其他異常豐富的活動。

一六三二年以後，祁彪佳幾乎每年都非常忠實地記錄關帝廟會期間的某些祭拜活動（參見表5.1），大約在一六四五年五月十三日，也就是祁彪佳決定投水自盡前的兩個月，他帶領全家前往一座地方廟宇中祭拜關帝。作為每年神靈賽會活動的一部分，戲劇表演都在公共的神廟中舉行，因此當地社區應該都可以參與。地方廟會期間，對這類演出的部分資助總是與贊助者和神祇之間的個人聯繫相關，但是對於這種人神之間的互動關係，我們通常只能做出推測。

發生在一六四四年的一連串事件，更以一種戲劇化的方式肯定關公崇拜對祁彪佳的重要性。在那個多事之秋，祁彪佳積極地組織軍隊抵抗清軍，同時還要鎮壓地方叛亂。或許是因為確實身患某種疾病，又或者是因為時局緊張，整整一年他都覺得重疾纏身。從日記中我們知道，當年的五月到六月，他定期前往文廟焚香祭拜。六月初二這一天，他甚至在位於後寢先皇靈位（或許是指那些被放置於開國皇帝靈位後面的其他帝王的靈位）前哭泣。因為發生旱災，他也會定期去風雨壇前祈雨，這一祭壇建於當地的玄妙觀中，是道教儀式專家重要的活動中心。為了抵禦新興的清軍，他做了很多軍事準備工作，還把士兵們集結在一起，在關公的見證下對天發誓：

> 率副總吳志葵、蔣若來祀旗纛及關聖。予又呼諸將，面諭以同仇之義，有進有退。乃殺牛漉血，分班歃血……是日，軍容頗壯，合城傾觀。[78]

多年來，祁彪佳對關公崇拜給予特別的關注，堅持行禮如儀，同時還經常對具有宗教背景的戲劇演出給予贊助，現在從某種意義上說，在他人生的最後階段，類似的活動達到高潮。透過和他的同僚們在起誓儀式上祭拜關羽，祁彪佳希望能夠以這位令人尊敬的神祇為榜樣，激起大家的忠義之心。

在接下來幾個月，祁彪佳在日記中繼續記錄他對關羽的定期祈拜，還經常會提到自己生病了，疲憊不堪。由於旱災還在繼續，他和地方精英們於九月初四前往包括關帝廟在內的不同

表5.1　祁彪佳與關聖崇拜*

時間	活動
1631年10月14日	赴正陽門參謁關帝廟
1632年5月13日	未外出，家中遙祭關聖
1636年5月13日	為「關神」獻戲
1637年5月13日	為關聖獻戲
1638年5月11日	為「關神」獻戲
1638年11月11日	在一座道觀中為「關神」獻戲
1639年5月13日	為「關神」獻戲
1640年5月13日	祁彪佳準備祭祀，讓他的兒子們前往關神廟致禮，以勸導人們支持一項穀物分配的計畫
1641年5月13日	賑濟災民後，祁彪佳於當地廟宇中參拜關神
1642年5月13日	安排好前往賑濟災民之人後，祁彪佳來到當地廟宇，為關聖生日祝禱
1643年5月13日	在都城，處理完公事後，祁彪佳來到關帝廟，為神靈生日祝禱
1644年2月24–25日	祁彪佳拜謁關聖、龍神，獻戲還願
1645年5月13日	祁彪佳帶領家人等至當地廟宇參拜關聖

* 參見祁彪佳：《祁忠敏公日記》；頁957（壬申，五月十三日）；頁1052（丙子，五月十三日）；頁1086（丁丑，五月十三日）；頁1123（戊寅，五月十一日）；頁1138（戊寅，十一月十一日）；頁1155（己卯，五月十三日）；頁1191（庚辰，五月十三日）；頁1248（辛巳，五月十三日）；頁1293（壬午，五月十三日）；頁1334（癸未，五月十三日）；頁1370（甲申，二月二十四至二十五日）；頁1437（乙酉，五月十三日）。

的廟宇中祈禱，他們認為還需要舉行道教儀式。在初六，他在來鶴亭前建起祭壇，祈求天降甘霖，還非常真誠地在重陽真君面前祈禱。這則特別的資料表明他可能也參加扶乩活動，因為重陽真君是乩壇中最為常見的神靈之一。[79] 初八那天，祁彪佳作出一個非常具有戲劇性的決定，而關帝在其中扮演非常關鍵的角色：

託季超兄作祝文於關聖，願焚我居室以答天譴，而勿遺殃於吾民。

他沒有離開自己的房子，但是讓別人在廟裡把那道祝文燒掉了。[80] 如果我們考慮到他在自己的宅邸上花費多少精力和金錢的話，那麼這次在他敬愛神明面前的禱告戲劇性地暗示他有多麼絕望。我們透過這些資料也發現，他經常向關聖或者他口中的關公獻戲，這並不僅僅是一種例行公事式的祭拜，也可能反映了一種非常深的情感關係。這也在一定程度上解釋了為什麼他最終會決定自盡，因為他要把自己塑造成一位即使在明朝滅亡後，仍然凜凜有生氣的大忠臣，而（接受）軍事抵抗的潰敗已經不再是他的選項。

戲臺上的神靈

當地社區在廟會期間或者當地其他重要的儀式活動期間，都要主辦一些集體性的戲劇表演活動，而以關公為主題的戲曲通常都是其中的組成部分。[81]在山西上黨（今長治）有一個資料非常豐富的個案。儘管由於國共內戰、日本侵略及持續數十年的動亂，在一九八〇年代以前，社區表演的傳統已經消失了很多年，但是在一九八五年出於學術研究的目的，曾有過一次短暫的復興。在那些實際參與過一九三〇年代最後一次演出之人引導下，這次表演得以進行，其中有一場關羽「過五關斬六將」的戲特別熱鬧。人們會在村子裡搭建五座臨時戲臺。剛開始，村廟中會表演兩齣相關的戲，隨後關羽會從舞臺上下來，騎上代表赤兔馬的棗紅色馬匹，在其身後跟著他從曹操那裡營救出來的劉備的兩位夫人，以及整個劇團。他喧鬧地穿過村莊中的街道，前往另外一個戲臺。當地人會燃燒香燭、紙錢，畢恭畢敬地把他送走，關羽也會和一些旁觀者攀談，甚至會從一些攤販上拿些零食吃。在每一個臨時搭建的舞臺上，他都會和守關的將軍打鬥，然後把對方殺死。隨著另一場戲在主村廟中上演，這次集會才宣告結束。[82]在這裡，舞臺和村莊是一體的。

宗教意涵被深深地嵌入關羽這個角色的表演中，在演出時，祂被視為一位擁有驅邪能力的神人。上黨的演出並非孤例；整個中國的戲劇表演都出奇地相似。比如，由施聶姐（Antoinet Schimmelpenninck）和她的丈夫高文厚（Frank Kouwenhoven）在甘肅北部、靠近陝西省的環縣所作的精彩的田野調查可以支持這一觀點。[83]具有儀式功能的皮影戲正在全國消失，它曾經是地方宗教文化一個很重要的側面，不僅僅是因為成本很低，更因它具有透過某些重要的戲劇效果來呈現超自然生命世界的能力。[84] 在環縣的儀式性皮影戲這一個案中，我們面對的並非村莊裡的群眾性演出，而是半專業性的劇團。他們在廟會、婚禮及葬禮上演出。我們在此所關注的「過關」戲，田野工作者已經親眼見過多次。這類戲劇經常在節日期間上演，在這樣的場合，為了給生病的孩子祈福，人們可以請演員在戲中加入一場儀式。人們相信，由於惡魔阻擋去路，孩子在成長的過程中將會面臨很多困難，這樣的想法絕非僅僅存在於環縣。這些困難被想像成「關」。[85] 父母可以邀請演員安排一場「過關」儀式，他們會支付報酬，也會提供一隻儀式中使用的雄雞，牠同時是送給演員們的禮物。

在皮影戲開始前，父母會在孩子的頭上繫一塊紅布，在裡面藏一些錢幣，按規矩還要有針和五彩繩，象徵五行。演員陪著孩子在布幕前坐下，一起叩頭上供。戲劇開場後，伴隨著吵鬧的軍樂聲，首先出現的是坐在馬匹上的關公，面目猙獰，接著祂和一個代表病孩的木偶開始對話，並且承諾會把小孩帶在身邊，和他一起闖關。此時，那個真正的小孩也被要求從桌底下爬去演員那裡，然後再回來，如此往復三次，代表他自己穿越人生的關卡。最後，演員會從公雞的雞冠上取一點鮮血，點在神祇的前額上，毫無疑問，這是要透過被賦予儀式性力量的鮮血讓祂復生。[86] 更神奇的是，在由這些木偶所表演的過五關場景中，神靈和將軍們的戰鬥也變成他與惡魔之間的大戰，比如對戰方在第一關是一隻惡魔鳥（Demon Bird），第二關則是白虎。[87]

很明顯地，在儀式性表演中，關羽過五關的故事比祂擊敗蚩尤的故事重要得多，這可能得益於這是一齣家喻戶曉的戲，不像擊敗蚩尤的故事那般與山西南部和解州的鹽池緊密聯繫在一起。在貴池（今安徽池州），關羽作為弒魔者也有精美的舞蹈表演，但是單獨的驅魔戲並沒有被提及；[88]然而在德江（今屬貴州），人們相信「關羽過五關」的演出可以驅五方惡魔，開五方通道。[89]還是在貴州，《古城會》作為《三國演義》中另一齣著名戲劇得以搬演，整齣戲以蔡陽被關羽斬首而告終，此後隨之而來的是一場劍陣舞，以表明惡魔與瘟神被盡數驅除。[90]此外，其他角色不能使用關羽和他的助手周倉的面具。當代人解釋這是由於這些面具的尺寸不適合其他角色，不過更可能是因為被反覆使用使這些面具，自身獲得某種超自然的力量，這對其他角色來說會過於危險。在使用面具表演之前，演員要向神靈瞻禮，神靈會寫下一道名叫「藏魂」的護身符，意指把演員的魂魄轉移到神靈身上。[91]和在遙遠的北方上演的關公戲類似，在僻遠的南方，儀式性戲劇也經常有著驅魔的目的。[92]（圖5.2是一位戴著關羽面具的演員的照片）

在這樣的背景下來看，關公戲的演出總是帶有宗教方面的意涵就不足為奇了，即使專業劇團的演出也同樣如此。十八世紀晚期，在袁枚所記載的一則逸事中，這一點表現得非常明顯。北京一個非常有名的戲班被邀請至城外荒郊的一處大宅中進行表演，他們被要求唱那些僅僅包含生角和旦角的戲、不許演大花臉角色、不許有鑼鼓。換句話說，他們只能演文戲，

圖 5.2　由一位儺劇演員扮演的關公

一位來自貴州、戴著面具的儺劇演員正在扮演關公。他站在一間農屋前，屋子前面還掛著晾曬的玉米。Steven Frost提供。

比如說包含兒女私情的戲劇，而不許演武戲。到了晚上二更時分，也就是亥時，演員們開始變得可疑，有一位平時扮演大花臉的演員自行塗臉，他們開始表演一齣完全不同的戲——《借荊州》。這齣戲說的是關羽拒絕將荊州這座重要的城池歸還給之前的盟友孫權，之前劉備曾經與孫權一起攻克這座城池，這是一齣非常火爆的武戲，包括很激烈的打鬥。這則筆記中描述道，當在喧鬧的鑼鼓聲中，關羽的單刀被直直地舉到空中時，廳堂中的所有燈火都熄滅了，客人也消失得無影無蹤。原來該地是一座被廢棄的荒塚，這表明是荒塚裡的居民邀請戲班。荒塚一般被視為陰間，由於武力展示是驅魔活動，這一齣包含「大花臉」的特別演出成了一種驅魔方式，把所有的鬼觀眾都嚇走了，並揭開這個演出地點的本來面目。[93]另外，還有一些故事也確認人們認為扮演關羽能夠讓神祇顯靈，從而擁有驅鬼的功能。[94]

在十八世紀中葉的一齣專門為清代宮廷演出創作的三國戲中，出於某種禁忌，關羽是唯一一位被避免直呼其名的角色，而他的結義兄弟們的名字則可以被提及，他一直被稱為關某或者關公。[95]在傳統的京劇中，與扮演關羽相伴隨的是一系列的儀式。么書儀指出，一般的演出和表現神祇的神韻之間有著根本性的區別，這體現在一連串的禁忌、道具以及針對角色的特別裝扮等方面。由於她的聚焦點在晚清時期，她將其解釋為是清廷對於戲劇表演反覆申禁的結果。[96]考慮到在此之前關於類似現象的豐富資料，我把這些實踐看作一種歷史更為悠久傳統的延續，在這一傳統中，這個特殊的角色是人神合一的，而非僅僅所謂把關羽演活而已。更為重要的是，么書儀在其評論中指出，觀眾們實際上把舞臺上的關公角色視作神祇本身，她進一步用清晚期和民國初期豐富的表演細節來支持自己的觀點。[97]

據京劇演員李元龍回憶，依據北京戲班的傳統，會在舞臺後方供奉關公和他們的守護神。當他自己第一次扮演這一角色時，一位協助做準備工作的稍年長演員建議他在演出前一天要茹素，不能飲酒（俗稱「吃齋」），並且要全身沐浴。在演出當天，這位年長演員準備香燭以及一張印有關公神像的黃裱紙神碼，指導李元龍在舞臺旁的神祇前面叩頭，緊接著開始裝扮。李元龍寫道，自己並不是非常願意，但是知道如果他不同意這麼做，那一晚舞臺上出現的任何錯誤最終都將被歸咎於他的不敬。他請同僚代替自己磕頭，這是可以接受的。在他打扮停當後，那位年長的演員告訴他要保持沉默，然後把印有關公的神碼折疊起來塞進他的帽子。上臺之前，那位演員還在他的裝扮上點上最後一點，意味著他能夠做到不辱神明。這是李元龍告訴我們的，而事實上更可能的解釋是這儀式性的最後一點，和開光儀式中使用鮮血或者朱砂點染神像的眼睛以為其開眼類似，可以將演員啟動為神靈。演出後，有關羽神像的神碼被用來為他卸裝。那位年長演員向神碼示敬，然後用祭臺上的蠟燭將其點燃。這時演員，在這裡指的是李元龍，才再次獲得「自由」——可以自由說話了。[98]根據他的說法，這是一種歷史悠久的演出傳統，而且和幾乎兩個世紀以前袁枚講述的故事若合符節，同時也可以和那些保存至二十世紀的儀式性驅魔戲劇中的地方傳統相互印證。在舞臺上，關羽就是作為神靈的關公。

民間故事中的關羽

口頭流傳和關羽相關的絕大部分三國故事，講述的都是從他離開家鄉到死亡之前的事情。故事背景中有一些宗教傳統的線索，儘管並不是非常明顯。比方說，那個著名的結誓之地——「桃園」，甚至十五世紀《花關索》故事中的「桃源洞」，[99]就讓人想起梅山地方道教儀式傳統中的一個中心地，它們有著相同的名字。[100]關羽大刀的名稱——青龍偃月刀，暗示我們這一武器是一條龍的化身，無論是在二十世紀還是之前的民間傳說中，這都是一個常見的傳統主題。[101]不同的《三國演義》版本中描述他死後在玉泉寺和僧人普淨的會面，這是整體宗教背景的另一實例。[102]

從十六世紀晚期或者十七世紀早期開始往上追溯，我們可以發現一些口頭文學傳統，在這些口傳故事中，人們進一步描述關羽對普通人的關心以及他對結拜兄長劉備的絕對忠誠。其中一類故事使人們相信關羽的前身是一條龍或者火龍星君，當時他違背玉帝的指令，拯救旱災中的地方百姓。由於這個情節較為直接地表明人們將關羽視為雨神，相關的故事連同人們對龍或者火龍星君的其他信仰，會在下一章（第六章）中加以分析。另一類故事解釋，剛開始關羽之所以離開家鄉，追隨劉備，是因為他殺害了地方豪強。最後，第三類故事表明關羽終其一生都不近女色。我們將在接下來兩小節討論後面的兩類故事。

這些故事經常被視為民間故事，故事發生的時間和地點都不明確。與那些描述關羽離家後經歷的書面敘事傳統相比，兩者有著類似的功能：在這些民間故事中，這位名人是如此的具有正義感，心中只想著別人。[103] 在關公崇拜的學術研究中，民間故事的地位遠低於書面敘事傳統，包括《三國演義》。部分原因肯定是人們假設一般的書面文學作品有著明確的創作時間和地點，有原始的母本依據，理想的話，還會有一個有名有姓的作者，[104] 而民間故事則什麼都沒有。由於民間故事並不被嚴肅地看待，所以事實上我們已經不可能蒐集到那些原汁原味的不同版本的故事，所有的故事都經過改編，以適應一般聽眾的口味並跟上形勢。唯一一種確實保存一些內容相對不錯，而且收錄不同版本民間故事的《中國民間故事集成》，很大程度上忽略與關公相關的民間傳說，即使在山西卷和河北卷中也是如此。[105] 另一種民間故事集對其中的幾個關公故事作了注釋，評論關於這些故事有很多種不同的版本，但是它摒除絕大部分的版本，並且沒有對造成這些不同可能性的社會和歷史因素作出分析。[106]

目前從我們研究的角度來看，民間故事最吸引人的地方是它的口頭傳播性和可分享性。因為這些故事未能形諸筆端，所以如果沒有那些參與傳播的廣大聽眾，它們就不可能流傳至今，因此它們如今的存在便是它們具有社會意義的明證。幸運的是，至少還有一些文化精英對這些故事感興趣（當然更多的人是抱持反對態度），並且參考情節中的某些要素。仰賴於他們的紀錄，我們可以把二十世紀的口述文學傳統至少上溯到十七世紀初期。

豪強的反抗者

在一三二一年左右的《三國志平話》中，就已經有了關羽作為地方豪強對抗者的相關暗示，在該書中，作者告訴我們關羽殺死一位壓榨百姓的地方縣令。[107] 在晚明的宮廷戲《桃園三結義》中，關羽同樣也殺死了地方官員，不過這次是因為後者希望其加入叛亂的隊伍。[108] 儘管沒有更多的版本留存下來，但是關羽對正義暴力的信奉很明顯是一個基本元素。[109] 十七世紀中葉以後與基督教相關的論辯提供更多的細節：

> 關羽，乃漢時山西解梁人氏，姓施名壽昌。因拖欠錢糧，官兵拘納，拒捕不完，殺死官兵，逃出關去，指關為姓，官兵盤詰，詐名關羽。[110]

另一份同時代的基督教文獻聲稱關羽來自蒲州，原姓施，他的臉是用雞血染紅的。[111] 很明顯地，關於他早年生涯的口頭傳說在十七世紀上半葉就已經出現了，並且已經普遍被人們所接受。

一份一六七八年左右的碑刻為這個故事提供進一步的細節，使其內容更加飽滿。[112] 在關羽娶了胡小姐為妻，並且誕下一子即關平後，父親准許他效忠當時已經陷入困境的朝廷：

> 遂詣郡，陳時事，不報。有相人目之曰：「君稟乾坤正氣，當血食萬年，何論名業。」歸旅舍，聞隣人哭極哀，叩之曰：「韓守義也。遭郡豪呂熊荼毒，呂黨連七姓，黠猾事中，璫蔑職紀。」帝眦裂髮豎，命守義導至七所，悉斬刈之，潛引去。[113]

當然，祂對於地方官員的認識是正確的，因此祂所有的親戚都不得不躲藏起來。[114] 關羽透過指謫那個時代所面臨的問題開啟自己的職業生涯，這一點或許正契合了這一故事文本賴以產生的環境——當時從政是文人的理想。

在一七四〇年左右為宮廷演出而創作的大型三國戲——《鼎峙春秋》中，同樣上演這一故事。[115] 在該劇中，受害者是一位擁有低階功名者，他的名字同樣是韓守義，而那個惡棍現在叫熊虎（請注意它和「呂熊」有著類似的發音）。熊虎綁架韓守義的漂亮夫人，前者同樣獲得地方官庇護。而韓守義本人則遭受毒打，被戴上鐐銬關押起來。這時，碰巧正在夜讀《春秋》的關某登場了。整部劇從頭到尾都避免提及他的名字，毫無疑問，這是一種禁忌，人們將其視作一位活著的神靈。當聽到韓守義因受屈而大聲哭泣時，關公——這是他在整部戲中的另外一個稱謂——讓韓守義解釋發生什麼。之後，關公釋放了韓守義，幫助對方的妻子脫離熊虎的魔掌，最終熊虎被殺身亡。[116]接著，關公在逃亡途中先後遇到張飛和劉備。[117]儘管因為考慮到有很多細節方面的不同，但我並不認為這部戲的作者直接受到一六七八年碑刻的啟發，但是兩者毫無疑問都同樣借鑑口頭敘事傳統。[118]

清初博學的民間逸事蒐集者褚人穫（一六三五－一六八一以後）記錄了故事的另一個版本。根據褚人穫的敘述，這個故事來自關西。故事中說「關公本不姓關」，但並沒有給我們提供更多的細節。由於關羽年輕時很不守規矩，父母一怒之下把他鎖在後花園的一間空房裡。有一天晚上，他從窗戶中爬出來，在花園裡散步時，聽到一個女孩在啜泣。從女孩的父親那裡，關羽得知她已經訂有婚約，但是縣令的姊（妹）夫對她很感興趣，想納其為妾。父親前往縣令處起訴，卻被嚴詞斥責。我們的英雄變得非常憤怒，提起寶劍（是劍，而非祂的刀），直奔縣衙而去，殺死了縣令和他的姊（妹）夫。逃亡至潼關時，他躲在河邊洗臉。洗過之後，他的臉就成了紅色，繼續向潼關城門走去，當守門人詢問其姓氏時，他「指『關』為姓」。[119]

有時候我們會發現一些宗教文本明顯受到口頭傳統的影響，比如在十九世紀和二十世紀被反覆重印的善書《關聖帝君明聖經》便是如此。[120]這部經文所記載的「啟示錄」的具體時間不明，但應該在一八〇八年至一八一〇年就已經存在了，還有一段大約形成於一八三八年至一八四〇年的評論。《關聖帝君明聖經》將關羽神祇視為系列神靈化身中的一位，這些神靈包括控制杭州灣潮汐的伍子胥（其姓氏「伍」誤為「和」），以及在南宋初期抵抗女真侵略者的忠臣岳飛（一一〇三－一一四二）。[121] 形成於一八〇八年至一八一〇年左右的這部經文宣稱「神祇指關門為其姓」，這是民間故事中關於其改姓的標準說法，早在晚明，基督教徒對祂進行批判時便已經提及這一點（不過在一六七八年的碑刻中卻未見提及）。一八三八年至一八四〇年左右的評論透過援引上文已討論的碑刻資料，進一步擴充相關資訊。[122]

我們可以在二十世紀下半葉山西南部的民間故事中，發現與拯救陷於困境的少女和打擊地方豪強相關的敘事元素，儘管存在很多細節上的差異。關羽的一個同窗——在此被叫作常生——埋怨自己的未婚妻被地方官的近親綁架。在這一版本中，惡霸的名字是雄護，這個名字的發音和上文提到的宮廷劇中的「熊虎」基本相同。後花園這一元素仍然存在，但已經不再是我們的英雄聽到鄰居哭泣的地方，取而代之的是，那個惡棍下令在所有的水井中都注入糞便，只留下自己後花園中的一口井，僅允許年輕的婦女和女孩前往汲水，然後他便坐在亭子中，邊喝茶邊對她們進行品評。當關羽同窗的父親與地方官理論時，卻被狠狠毆打一頓。關羽感到非常憤怒，他來到惡霸家中，在那裡殺死所有壞人，並且釋放了全部被囚禁的婦女。當地方官派兵前來抓捕時，他逃跑了。在城門邊的一條小溪旁，他看到一位正在洗衣服的老嫗，並向其求助。在這一版本中，他沒有（如褚人穫所記載的）洗臉，老婦劈頭蓋臉地打了他幾下。當他試圖抹去血污時，滿臉的鮮血卻根本無法抹去。她還扯下他的頭髮，變成他那著名的鬍鬚。當關羽來到城門（關）前時，他以城關為姓，以當時剛好飛過的天鵝身上的羽毛為名。[123] 自從這些元素在晚明時期被第一次記錄下來後，無論是各地民間故事的結構，還是主角們的名字，在過去四百多年中都大致相同，這表明它們在地方百姓中有著強大的口頭傳播力和吸引力。

對當地社區而言，關羽懲罰地方惡霸的故事聽上去非常真實，因為在這些地方總會有人濫用他們和官府衙門的特殊關係，以進一步牟取私利。這些民間故事促使人們去信仰一位正直的神靈，這位神靈可以幫助人們藐視世上的強權。這些強權指的是地方官吏和惡霸，而不是遠在首都的皇帝。總的來說，人們相信關羽／關公忠於最高皇權。與此同時，神祇的紅臉發揮的功能要小得多，只是被用來解釋其肖像的某個特徵，最初大概僅僅是因為用中文無法形容關公臉龐的深褐色。就像神像和其他視覺表徵以及儀式或戲劇那樣，這些故事也可以幫助人們從視覺和行為兩個方面去想像神祇。畢竟，沒有民間故事，人們難以想像神祇的形象，他們還需要與其個人經歷相關的資訊解釋其性格特徵。而關羽反抗地方惡霸的敘述恰恰可以解釋他是多麼的大公無私，即使在他離開家鄉與劉備結盟前也是如此。

不近女色的英雄和女性崇拜者的缺位

民間故事不僅可以用於闡釋，還有著潛在的行為後果。許多故事都描繪關羽相當不近女色的態度，儘管在上述的敘事傳統中，他曾經幫助陷入困境的少女；在經常於驅魔儀式中上演的著名《過五關》戲中，關羽帶著劉備的兩位夫人和幼子前往投奔兄長。同樣地，這位英雄看似是在幫助婦女，但事實上，這個故事相當複雜。逃離之前，關羽不得不與劉備的夫人們共處一室。為了防止任何可能的尷尬，他徹夜秉燭讀《春秋》。到了十六世紀晚期，這個故事已經流傳甚廣，儘管它完全是虛構的，而且即使在一五二二年版的《三國演義》——這是目前我們所知這部小說的最早版本——中也沒有提及。當時的文人們對這個故事津津樂道，這從側面證明它的普遍流行。[124]這個例子可以用來表明他對義兄的忠誠，但同樣也說明關羽個人對女性缺乏興趣。同樣地，在那些他出手保護弱勢婦女的民間故事中，他總是幫助其他人的女人，但其出發點從來不是為了自己。

我們發現，只有在十五世紀的《花關索》這一故事中才提到關羽的夫人——胡金定，關索則是虛構出來的關羽的一個兒子。起初，關羽並不接受關索是他的兒子，因為他在妻子懷孕三個月時便離家出走，所以並不知悉相關情形，而且他和張飛已經發誓要互相殺死對方的妻子，以保證全心全意地支持劉備。關羽依約而行，但是張飛卻沒有遵守諾言，他放走了關羽的夫人。[125]這再次表明關羽極端厭惡女性。在清初，作為妻子和母親的胡小姐（夫人）最終被地方精英「發現」，並將其列入人物傳記中，但是在標準的《三國演義》版本中，她仍然是缺席的。[126]很明顯地，精英作者們意識到關羽夫人的缺席會成為一個問題，但是從神化關羽的角度來看，他的妻子必須消失，以保證英雄的純潔性。

中國的敘述傳統還暗示關羽和一位名叫貂蟬的年輕女性之間潛在的羅曼史，然而這些故事總是以貂蟬的死亡而告終。《關大王月下斬貂蟬》是明代一個經過改編的故事，其中描述身為呂布姬妾的貂蟬是何被獻給關羽。雖然關羽認為她真的非常漂亮，但卻讓其自我了斷，因為女人只會成為一個真正英雄的絆腳石。[127]二十世紀後期的民間故事中仍然保留與這一情節相關的不同版本，在一個湖北的故事中，關羽親手殺死了她；另一個河南的故事稍微顯得不那麼戲劇化，曹操利用貂蟬離間劉、關、張三人的關係，此後關羽把她送到尼姑庵——這是一種儀式性死亡。[128]這一敘事傳統和《花關索》的故事都反映了同一個理念，就是這位大英雄寧願殺死或者遣散自己的妻子或潛在的情人，也不能讓她們妨礙自己建功立業。

這些不同的故事都展示關羽不近女色的一面，以強調其對結義兄弟和宏偉事業的絕對忠誠。任何與性相關的關係都有破壞兄弟間絕對忠誠紐帶的潛在可能，因此必須加以拒斥。即使地方社會中的女性只是聽說故事的一部分，其中所反映的關羽形象也已經得到廣泛傳播，這決定了關公不太可能成為女性的崇拜對象。在這一方面，關羽和《水滸傳》中的英雄類似——《水滸傳》是另一個由男性主導、排斥女性的敘事傳統，經常在中國的大男人主義傳統和驅魔儀式中占有一席之地。[129]

在能夠凸顯神靈個性的最早一個故事中，實際上是包含兩位女性的。繼女因為壞習慣而被繼母責罵的情節很常見。作為懲罰，神靈把繼女變成一條狗，沒過多久，她就死了。[130]無論這位女性有沒有變成狗（在今天，絕大部分人都會覺得肯定不可能），很明顯地，這個故事並非從年輕女性的角度加以講述，那些希望得到年輕女子照顧的男性或者年長的女性（象徵著性別上的中立）才是故事講述的主體，他們對於年輕女性的社會行為抱持嚴苛的批評態度。

在十五世紀下半葉的一則故事中，一位目不識丁的女孩十八歲時得了天花，她向（寧波）延慶寺中的關王祈禱，痊癒後前去向神祇敬獻香油，以表謝意。[131]有趣的是，在這個故事中，被崇拜的神祇擁有佛教背景，而佛教總是可以為虔誠的女性崇拜者提供更多的空間。

下面一則晚明時期的故事中，一位年輕女性成了故事的主角，依仗關羽神祇的護佑來抵抗惡魔，這是非常罕見的：

> 福清民林某女幼喜齋素，得香木數寸許，刻為關王像，甚愛之，每食必祭。及嫁，藏之袖中以行。其夫家素事山魈，娶婦初夕，婿必他往，讓祟先宿，而後合巹。女都不知，臨宿，袖中出神像，置寢閣上，夜半祟至，但聞室中劃然有聲，如物被擊之狀，更無他異。天明起視，床前有血一團，自是怪絕。[132]

這個故事有幾個方面比較有趣。首先，它發生在晚明的福建，這裡並不以密集的關公崇拜出名，而缺乏占優勢地位的地方崇拜模式或許可以為個人信仰的表達提供更大的空間。另外，故事還表明這位女性平時可能是一位佛教信徒，但卻偏愛關公崇拜。早先，關公和玉泉寺之間曾經發生過聯繫，但我們還無法確認故事中佛教徒與關公崇拜的關係是否受到這一點的影響，而神祇具有能力擊敗一個強姦成性的怪物則完全在情理之中。

地方社區的集體利益和恐懼感通常會形塑當地的關公崇拜，這些社區由男性領導——至少在公開場合是如此，因為可能在很多男性的身後有堅強的女性在支持。關公從來沒有成為一位專注於家庭事務的神靈，我只碰到一個關羽保佑生產子息的案例，在下一章中會加以討論。有人可能會覺得我們的資料幾乎一成不變地都來自精英士紳，所以會產生一些偏見，但同樣是這些資料確實記載很多女性崇拜其他神祇和佛、道教神明的個案。

來自一八四九年至一八五一年湖南湘潭縣的史料可以讓我們看得更清楚，在那裡以某一廟宇為中心形成一個關羽崇拜者的社區。133 這份材料包括一百一十八個事例及一篇後記。非常引人注目的是，這篇資料在剛開始的部分包含二十三個事例，所涉及的主題都是孝道。其中，除了有兩個事例是孝子賢媳的故事外，在其他的故事裡，兒子和媳婦都行為不端。一般而言，神祇在部下將領的協助下，都會扮演衛道者的角色，而且會非常嚴厲地懲罰違規者。只有在一個事例中，有一位女性扮演重要的角色：當婆婆警告虐待自己的媳婦說神靈將會懲罰她的失德時，一場雷陣雨如期而至，媳婦隨後被一道閃電擊中。[134]被閃電擊中是對不孝最常見的懲罰。在傳統的道德體系中，年輕女性是從屬於丈夫和婆婆的，這說明女性角色在這些故事中所能發揮的空間很小。

這份資料的其他部分延續這樣的風格，女性很少獨立採取行動，即使當她們成為性侵或者其他暴力形式的受害者時也是如此。對這些違反道德的犯罪行為加以懲治的是全能的神祇；通常情況下，人們會在某人病入膏肓或者陷入很大麻煩的時候，解釋這是神靈因其惡行而施予的懲罰。女性採取主動是極為個別的例外。在某個例子中，一位已經離世雇工的侄女請求神靈顯應，因為她叔叔生前借貸給一位富人的資本尚未歸還。[135]在另一個例子中，因為有地方人士惡毒地散播謠言，說一位婦女與他人有染，那位女性對此提起訴訟。[136]還有一個溺殺女嬰的個案中，一位孕婦計畫溺殺自己的嬰兒——如果後者是一個女孩的話。後來她夢見神靈示警，說男女都一樣，但是當她的女兒出生後，丈夫逼迫她將其溺亡，最終那個嬰孩被拋棄了。於是她開始流血，並且感到眩暈，婆婆隨後歸罪於兒子，並且強迫他在神靈面前起誓，與此同時，當地的另外一些人士發起組織一個反對溺殺女嬰的會社。即使在這一個案中，神祇仍然是獨立示警，並且對那位女性施加懲罰，而那位婆婆也只是被動反應，對媳婦施以援手。[137]

女性的確還有另一種表達意見的方式，比如當某外甥的妻子突然發狂時，便可以將舅舅犯下的罪行揭發出來；[138]或者當一個偷工減料的棺材工匠的女兒發瘋後，人們才會發現他的欺騙行為；[139]在第三個例子中，一名女孩突然瘋癲，結果表明她的父親（或公公）正沉溺於殺生。[140]「瘋癲」是女性和其他邊緣性群體所擁有少數幾種能夠藉以表達意見的力量之一，但是她們不得不透過這種間接的方式來表達自我，這一事實恰恰又進一步肯定人們認為女性不能公開反對他人這種潛在的規則。

即使在這樣一個地方神祇顯靈個案的較大規模樣本中，對關公的崇拜首先仍然是男人的事，目的則是為地方社區和男性個人的利益祈求護佑。在不同的地域，女性都會轉而崇拜其他類別的神祇。[141]從全國來看，她們可以祈拜觀音菩薩；在華北，她們可以崇奉泰山老母，以求取子嗣。在第四章的大量個案中，我們已經看到這些女性神祇崇拜的興盛多少是對以男性崇拜為主的關公信仰的補充。在個人層面上，女性可以祈拜一些動物性的神靈，比如狐仙。這些崇拜都會以靈媒為仲介，無論靈媒是男性還是女性，而且祈求涵蓋從個人健康到婚姻幸福等各種層面。儘管女性的信仰世界非常豐富，但是基本不包括關公崇拜。[142]

小結

在本章中，我試圖描述崇拜者體認神祇的各種方式（透過夢境、視覺幻境及其他方式），以及他們如何積極地讓神祇顯靈（透過戲劇演出、塑像及其他方式）。在生產記憶和故事的過程中，類似於聲音、氣味、移動，甚至觸摸這樣的感官體驗，都扮演非常重要的角色。綜合這些證據，不難看出，人們非常重視直接感受來證明神靈的存在，而不是透過靈媒仲介，而且從敘述中建構這些體驗時要凸顯個人的能動性。塑像和其他的神靈畫像幾乎被看作與夢境及視覺幻境中出現的神祇相當的存在，當關羽出現在諸如《斬顏良》及《過五關》這樣的武戲時，更多地被視為關公神而非一位歷史人物，更別說像擊敗蚩尤這樣的戲了。這使得這些戲劇承擔了非常重要的驅魔功能。即使在帝制晚期和民國時期的世俗性城市戲園中，那些扮演關羽角色的演員也被認為是神靈附體，他們會遵守禁忌，並且在演出前後舉行一些小型儀式，以表明他們將「成為」神祇及他們再次成為普通人的特殊時刻。而大型戲劇總會包括一些儀式性的短劇以及相關的崇拜行為，藉此來驅趕舞臺上的惡靈，為演員和觀眾帶來好運，而其中絕大多數的角色並不帶有神聖性。從這一角度來看，世俗劇院中關羽的角色當然是獨特的。

和關羽相關的民間故事主題是他對陷入困境中的人們的幫助，必要時還會和強權相對抗。此外，這些故事揭示神祇是如何獲得那非同尋常的姓名和紅臉龐。他早年的生活經歷不僅被包括在神祇的聖蹟傳中（特別是由盧湛從一六九二年開始編纂，此後又被反覆重印的那一部），同時至少還出現在一部影響深遠的善書以及它的評注中（《關聖帝君明聖經》），這些民間故事展示一位對其追隨者有著強烈吸引力的神靈的形象。對於那些受過教育的神祇聖蹟傳和善書的作者和編撰者而言，這些傳說需要反覆加以證明，不過對那些直到今天仍然口耳相傳著這些故事的地方普通民眾而言，它們本來就是真實的。

與三國相關的書面敘事傳統，無論是更具文學性的著述（比如《三國演義》），還是更具歷史性的著述（比如《三國志》及後續的概要性著作），並不包含神靈的完整敘事。但無論如何，這並不必要，因為書面傳統仍會受到占主導地位的口頭文化影響。不過由於至少在帝國晚期，文本在精英文化中所占有的主導性地位，以及我們自己不可避免地聚焦於現存的文獻類證據，會導致我們對這一事實視而不見。對「存在」於口頭文化中的神靈崇拜保存於集體記憶中，當然，這樣的記憶可能發生改變或遺失，而在文本敘事中只保留片段性的證據。因為人們可以，或至少能夠擁有一個更大的脈絡敘事（或使用一個現在不流行的詞彙「神話」），所以書面文獻的參考性仍是不完整的，只有在口頭文化、視覺文化及表演文化中保存的紀錄才完整，並且具有最終的參考價值。[143] 在某種程度上，晚明以降，情況發生了一些變化，至少對那些受過教育的精英階層而言，關羽神祇變得特別重要，而且由於他們正在加速脫離地方的口頭傳統，因此也確實需要書面的參考文獻。在第七、八章中，我們將討論其中的一些變化。

各種形式的敘事語料，無論是口頭敘事，還是書面敘事，無論是視覺敘事，還是表演敘事，都有助於來自不同社會階層、受過不同教育的人們結合自身需求和教育背景，透過各種途徑對神靈展開想像。儘管這些語料，從小說到地方戲劇，其最初並非為了解釋特定的神靈或者為其存在設定情境，不過它們當然也可以被用於這一目的。這恰恰是為何從現存文本所能見到的最早演出開始，關羽這一角色就被想像成一位神祇，而不是被看作一位歷史人物。一個受過教育的人可能會偏愛於正史記載（例如《三國志》或者它的衍生品，比如類似《資治通鑑》這樣的編年體史書），藉此來形塑他們自己對關羽神靈的崇拜。但是在人生的不同時點，沒有人能夠不看戲、不聆聽地方上的傳說故事，或者關於神靈奇蹟的敘述，當然也沒有人能夠避免將這些內容傳播給其他人。整體而言，這些敘事語料會幫助崇拜者在一個大的背景下建構他們的行為，讓他們的崇拜變得更有意義，同時也可以解釋神祇之所以能夠成為神祇的原因。關羽神祇的力量源自人們臆想中的他在歷史上的那些活動，借助於這種力量，至少自宋代以來，崇拜者的構建行為就是以一種準歷史的方式進行，這體現了中國宗教文化的本質。

在此，我們同樣可以思考貫穿於圍繞神祇所有敘事中的一條重要線索，我們把它定義為持續的暴力行為。我們已經看到，對那些因暴力而橫死者的崇拜是如何成了關羽神祇的起源。曾經是惡魔的關公擁有巨大的能量，可以與從惡魔到野蠻人的不同類別的敵人展開鬥爭。佛教居士張商英認為，關羽殘餘的「生氣」（extant fieriness）是他力量的泉源。在他的相關神話中，暴力仍然十分重要。在講述關羽離鄉之前相關事蹟的民間故事中，暴力的使用被看作一種善的力量，因此被置於故事的中心位置。稍後我們將看到，在與神靈相關的地方傳統中，祂被視為龍的化身或者玉皇大帝的使者，在這些傳統中，暴力同樣被置於中心位置，無論是處決一條興雲布雨的龍（最終祂幻化為關公），還是在關於世界末日的敘事中即將來臨對人類社會的暴力毀壞，都是如此。這些暴力在道德層面上都被認為是正當的，因此從來沒有使用過「暴」這個字，它反而被視為一種刑決或者懲罰。但是，無論我們如何定義，暴力也是一種可以被感知的經歷，會同時調動起人們許多的感官體驗。即使我們不是暴力的直接受害者，但當讀到或者聽到相關描述時，仍然可以產生共鳴。因此，在神靈護佑的故事中頻繁提及不同形式的身體「暴力」，可以大為增強故事的真實性和神靈的存在感。

---

1 Wang, *Shaping the Lotus Sutra*中有關於佛教視覺文化的例子。關於道家傳統的視覺層面觀察，見Huang, *Picturing the True Form*.

2 我已經在《講故事：中國歷史上的巫術與替罪》一書中指出這一點，參見該書頁93–94。在這方面，James Robson曾經有過一個非常重要的研究計畫，參見*The Archive inside: Manuscripts Found within Chinese Religious Statues*, 359–374.

3 參見Van der Loon, 'Les origines rituelles du theatre chinois', 141–168; 田仲一成：《中國祭祀戲劇研究》。關於田仲一成著作的評論，載於*Norms and the State in China*, 'The Ideological Manipulation of Traditional Drama in Ming Times: Some Comments on the Work of Tanaka Issei', 50–70. 亦可參見田仲一成：《中國巫系演劇研究》。

4 馮俊傑：《山西戲曲碑刻輯考》，頁18、20、22。

5 顧問：《義勇武安王集》卷八，頁碼不清（116–161）。這個故事是一三六一年由胡琦在當陽從故事主角的孫子那裡蒐集到的。

6 洪邁：《夷堅志》之《夷堅支景》卷十，頁963–964。

7 關於明代關羽的畫像，參見Moore, 'Voilence Un-scrolled' 86–97。Little, Eichman and Ebrey, *Taoism and the Arts of China*, 在該書頁300和311中提到另一個很好的個案，他們將其認定為元代的畫像。然而，林聖智在〈明代道教圖像學研究〉一文中卻認為那是一幅明代的畫像（頁155–157）。

8 這幅畫的複本收錄於Moore的'Voilence Un-scrolled'一文（特別是頁92）和李福清主編的《中國木版年畫集成・俄羅斯藏品卷》一書中（頁414），亦見於更早期出版的俄羅斯所藏年畫作品集中。

9 Maspero, *Les documents chinois de la troisième expédition de Sir Aurel Stein en Asie Centrale*一書中已經提到其中絕大部分的文獻都來自元朝，有一些可以追溯到遼朝（頁193）。關於傳統的說法，可以參見李福清《關公傳說》（頁94–96）和Moore, 'Voilence Un-scrolled'（特別是頁92–93）。

10《道法會元》卷二百五十九，頁588。我們在第三章中討論這些儀式產生的時間，大約在一一八七年至一三三九年。

11《道法會元》卷二百五十九，頁593c。

12《道法會元》卷二百五十九，頁590a。

13 郝經：《陵川集》卷三十三，頁7a。下文中我們將引用這段文字。關於馬，請參見竹內真彥：〈關羽與呂布〉，頁43–58。

14 同恕：《榘庵集》卷三，頁8b。

15 同恕：《榘庵集》卷三，頁7b–8a。

16 相關圖像可參見李福清：《關公傳說》（頁93–168）以及《中國民間美術全集．祭祀編．神像卷》，第一〇一－一一六號畫像（頁22–29）、第一五七－一六一號畫像（頁148–149）和第二四一號畫像（頁202）。

17 根據山西廟宇中一份很長的壁畫名錄的提示，在山西，至少有四十八座廟宇的壁畫與關公或者三國故事相關。在我的印象中，還沒有人將這些壁畫與文字傳統聯繫起來進行研究。參見柴澤俊：《山西寺觀壁畫》，北京：文物出版社，一九九七年，頁84–89。

18 金維諾：《河北石家莊毗盧寺壁畫》，頁6（壁畫，約一四九五－一五三五）；柴澤俊：《山西寺觀壁畫》，頁110（約一五〇一）；《保寧寺明代水陸畫》。柴澤俊在《山西寺觀壁畫》頁113關於渾源縣永安寺的調查報告中並未將關公列入，但是我在二〇一六年的一次田野考察中的確確在明代的壁畫上親眼看到祂的形象。明代（或許是十五世紀末）壁畫中的關公（可能）是一位佛教伽藍神，參見柴澤俊：《山西寺觀壁畫》，頁242（第二四〇號畫像）和頁243（第二四二號畫像），關於其年代在該書頁105有所討論。清代寺廟壁畫相關個案，參見柴澤俊：《山西寺觀壁畫》，頁274–275、283。關於清代表現關公故事的雕塑作品，參見馬元浤：《雙林寺彩塑佛像》，臺北：美術家出版社，頁178–180。

19 尤玘：《萬柳溪邊舊話》，頁3a–b。另一個案參見徐昌祚：《新刻徐比部燕山叢錄》卷七，頁7a。

20 尤玘：《萬柳溪邊舊話》，頁1a–b。

21 比如可參見Johnson, *Spectacle and Sacrifice: The Ritual Foundations of Village Life in North China*, 306–315.

22 詩歌以及進一步的細節參見陶汝鼐：《榮木堂合集．榮木堂詩集續編》卷二，以及《榮木堂合集．榮木堂文集》卷十二，頁碼不明，收錄於《四庫禁毀叢書》，據清康熙刻世彩堂匯印本影印，頁319、685。

23 參見黃一農：〈曹寅好友張純修家世生平考〉，尤其是頁3–4。史景遷在《曹寅與康熙：一個皇帝寵臣的生涯揭祕》一書，頁69中，有關於張氏的簡要評述。

24 張見陽臨摹〈關夫子五十三歲真像〉（http://blog.sina.com.cn/s/blog_4e5341fe01017ktb.html，二〇一六年九月二十九日查詢）。

25 《滁陽志》（一六一四）卷九，頁15a–b；董含：《三岡識略》卷八，頁15a。

26 紀昀：《閱微草堂筆記》卷三，頁1a。

27 馮俊傑：《山西戲曲碑刻輯考》，頁20–23；元好問：《續夷堅志》卷一，頁6；《高陵縣志》（一五四一）卷二，頁6b–7a；《桐鄉縣志》（一六七八）卷四，頁25b；《稷山縣志》（一七六三）卷二，頁10a–b；《寧陝廳志》（一八二九）卷四，頁26a–b。

28 袾宏：《雲棲法匯》卷十六，頁82b08–20。

29 楊箏：《關公神格的地方性》，頁24–26，但是觀察視角不同。

30 周光業、崔應榴輯：《關帝事蹟徵信編》卷五，頁5b–6b（180–182）。

31 周光業、崔應榴輯：《關帝事蹟徵信編》卷五，頁5b–8b（182–185）、頁9b（188）。

32 比如可參見周光業、崔應榴輯：《關帝事蹟徵信編》卷七，頁1a–9b（207–224）；卷十三，頁1a–2b（407–410）。

33 陸粲：《庚巳編》卷七，頁78。

34 謝肇淛：《麈餘》卷二，頁8a–b。該書中還有很多關公託夢的其他故事。

35 對夢的綜合性研究，可參見Eggert, *Rede vom Traum: Traumauffassungen der Literatenschicht im späten kaiserlichen China.*「專家」在相關史料中的缺席並不意味著他們不存在，而僅僅表明他們在特定的事件中並不是那麼重要。

36 《潞安府志》（一七七〇）卷三十九，頁33b–34a（？）。

37 這位官員在禱告後僅數月就獲神靈賜子，表明當時他的妻子或小妾已經懷孕了，但是他對此還不知情。

38 胡聘之：《山右石刻叢編》卷二十一，頁7b。我們在第二章中對此有所討論。

39 趙欽湯編，焦竑校：《漢前將軍關公祠志》卷六，頁7b–8a。

40 關於這一話題的詳細討論參見第七章。

41 諸聯：《明齋小識》卷一，頁3b。

42 更多關於嗅覺重要性的例子，可以參見王同軌：《耳談類增》卷二十八，頁2a；以及鄭仲夔：《玉麈新譚》卷四《耳新》，頁3a（482）。

43 青城子：《志異續編》卷二，頁16a–b。

44 袁枚：《續子不語》卷四，頁2b。

45 Chau, *Miraculous Response: Doing Popular Religion in Contemporary China*, 147–168; Chau, 'The Sensorial Production of the Social', 485–504; Jordan, *Gods, Ghosts, and Ancestors: The Folk Religion of a Taiwanese Village*, 82, 126.（中譯本參見焦大衛：《神、鬼、祖先：一個台灣鄉村的民間信仰》，臺北：聯經出版事業公司，二〇一二年。）

46 Meulenbeld, *Demonic Warfare*, 27–36.

47 Johnson, Spectacle and Sacrifice以及田仲一成：《中國巫系演劇研究》（作為整體的中國）。

48 Ruizendaal, *Marionette Theatre in Quanzhou*以及Chen, *Chinese Shadow Theatre: History, Popular Religion and Women Warriors*. 關於儀式的序曲，參見Qiu, *Les aspects rituels du théâtre chinois*.

49 參見Idema, *The Dramatic Oeuvre of Chu Yu-tun*, 45及其他部分中，關於世俗戲劇和宗教性戲劇比較的相關評論。關於那些具有吉慶意味的戲劇序曲和尾聲的研究，參見Idema, *The Dramatic Oeuvre of Chu Yu-tun*, 47–48, 61–63, 79, 85. 說實話，Idema討論的一些戲劇本身並沒有一個正常的情節，更像是具有吉祥寓意的序幕。

50《鼎峙春秋》第一幕（一本上，頁1a–4b）以及第二十四幕（十本下，頁40a–48a）。

51 楊孟衡校注：《上黨古賽寫卷十四種箋注》，頁3–4、419。

52 楊孟衡校注：《上黨古賽寫卷十四種箋注》，頁419–428。

53 參見Idema and West, *The Generals of the Yang Family: Four Early Plays*, xvii–xviii, 180–182, 192–194.

54 楊孟衡校注：《上黨古賽寫卷十四種箋注》，頁109、480；《關雲長大破蚩尤》，一六一五年抄本。

55 任光偉：〈賽戲鐃鼓雜戲初探〉，當地的傳統中斷於一九三〇年代初。

56 黃竹三、王福才：《山西省曲沃縣任莊村「扇鼓神譜」調查報告》，臺北：施合鄭民俗文化基金會，一九九三年，頁125–126。上黨地區的一些手抄本有時會把蚩尤誤寫作池牛，參見《上黨古賽寫卷十四種箋注》，頁98、109、447（池牛）、480。

57 比如《虞鄉縣新志》（一九二〇）卷三，頁34a–35a。參見《關公信仰研究系列》卷一，頁332–333。

58 Volpert, 'Das chinesische Schauspielwesen in Südschantung', 374–375. 王福才的〈山西民間演劇概述〉一文在方志和碑刻的基礎上考察搬演戲劇的各種常規與非常規場合，頁69–81。

59 金文京《三國志演義の世界》，頁74–80。討論早期的三國敘事類戲劇的搬演傳統。

60 張唐英：《蜀檮杌》卷下，頁5a。

61 徐沁君：《新校元刊雜劇三十種》，頁72（關羽），頁162–163（閻王）。參見Idema and West, *Battles, Betrayals, and Brotherhood: Early Chinese Plays on the Three Kingdoms*, 251, 256, 261（關於舞臺象徵），此前的相關討論見頁241。

62 小松謙：《中國古典演劇研究》，頁37–57。

63 胡小偉在《關公信仰研究系列》卷一中指出，晚明的「單刀會」版本中關羽仍然被視為「神道」（頁287）。羅竹風在《漢語大詞典》第七卷中所列舉的不同例子，都表明「神道」這一名詞至少自唐代開始就被用來稱呼神祇（頁879）。

64 廖奔的《中國古代劇場史》討論早期的舞臺和專門用語。

65 馮俊傑的《山西戲曲碑刻輯考》中提到舞樓，頁20。相關的討論參見廖奔：《宋元戲曲文物與民俗》，頁122，或廖奔：《中國古代劇場史》，頁13（同樣在這一語境下討論了「舞蹈」一詞）。Idema, 'Shanxi Theater in the Period 1000–1300', 38–45，總結我們所瞭解或不瞭解的該時期山西演劇情形。

66 胡聘之：《山右石刻叢編》卷十七，頁20a–23a。

67 《中牟縣志》（一七五五）卷二，頁7a–b。

68 郝經：《陵川集》卷三十三，頁7a。大約一個世紀後，魯貞的《桐山老農集》卷一所收錄的一篇碑記也提到「赤馬」。

69 Meulenbeld, *Demonic Warfare*, 10–15. 另可參見Holm在*Art and Ideology in Revolutionary China*一書中非常詳細的討論，見頁141–213。

70 李平：〈民間信仰中關羽的祭祀與中國戲曲〉，頁198–213。

71 武億：《安陽縣金石錄》卷十，頁13b–14a。

72 Johnson在*Spectacle and Sacrifice*一書中多次提到這一點。

73 顧問：《義勇武安王集》卷二，頁24a（47）。類似的埋怨可參見趙欽湯編、焦竑校：《漢前將軍關公祠志》卷八，頁24b（282）。

74 么書儀：〈晚清關公戲演出羽與伶人的關公崇拜〉，頁1–30。在頁2–15作者充分利用清廷的禁令，但是我很懷疑這些禁令在首都以外是否真的會被執行——即使在首都也面臨同樣的問題。

75 比如可以參考趙世瑜《狂歡與日常：明清以來的廟會與民間社會》一書。

76 關於祁彪佳，可以參看 Handlin Smith, *The Art of Doing Good: Charity in Late Ming China*, 248–278（中譯本參見韓德林：《行善的藝術：晚明中國的慈善事業》，江蘇人民出版社，二〇一五年）；以及 Wu, *Enlightenment in Dispute: The Reinvention of Chan Buddhism in Seventeenth–century China*, 78–81.

77 祁彪佳：《祁忠敏公日記》辛未，卷十，頁14（928）。這段話是關公靈籤的一部分，寬慰人們說生活中的問題會很自然地得到解決，參見 Banck, *Das chinesische Tempelorakel*, Teil I: 64 (no. 89).

78 祁彪佳：《祁忠敏公日記》，頁1394（甲申，六月二十八日）。關於這些儀式，參見 Katz, 'Banner Worship and Human Sacrifice in Chinese Military History' 207–227.

79 祁彪佳：《祁忠敏公日記》，頁1405（甲申，九月初六）。

80 祁彪佳：《祁忠敏公日記》，頁1405（甲申，九月初八）。

81 在葉紹袁的《崇禎記聞錄》（卷六，頁86）和李光庭的《鄉言解頤》（卷二，頁22b–24a及卷三，頁49b）中記載兩個非常詳細的個案。

82 黃竹三：〈我國戲曲史料的重大發現〉，頁145–146；《上黨古賽寫卷》，頁450–451。

83 Kouwenhoven and Schimmelpenninck, 'The Guo Guan Ritual Shadow Play of Huanxian', 361–388.

84 Kouwenhoven and Sfchimmelpenninck, 'The Guo Guan Ritual Shadow Play of Huanxian', 362–363 note 3, 以及 Ruizendaal 的傑作 *Marionette Theatre in Quanzhou.*

85 另請參考 Baptandier, *The lady of Linshui: A Chinese Female Cult*, 196–221.

86 關於鮮血的使用，參見 ter Haar, *Ritual and Mythology of the Chinese Triads: Creating an Identity*, 154ff.

87 Kouwenhoven and Schimmelpenninck, 'The Guo Guan Ritual Shadow Play of Huanxian', 378–384. 一九九二至一九九三年，我

在臺灣和泉州目睹幾場由道士和民間佛教團體所主導的葬禮儀式，在這些儀式中，儀式專家們都會非常專注地搬演《西遊記》中著名的美猴王（孫悟空）翻越火焰山的情節，這一表演發揮著類似的功能，即模擬雇主跨越難關，求得平安。

88 Kuzay, *Das Nuo von Guichi: Eine Untersuchung zu religiösen Maskenspielen imsüdlichen Anhui*, 240–243; 曲六乙：〈中國各民族儺戲的分類、特徵及其「活化石」價值〉，頁17。

89 庹修明：〈古樸的戲劇，有趣的面具〉，頁201。

90 曲六乙：〈中國各民族儺戲的分類、特徵及其「活化石」價值〉，頁10。書中描述的是土家儺戲劇。

91 庹修明：〈古樸的戲劇，有趣的面具〉，頁204；以及庹修明：〈貴州黔東北民族地區的儺戲群〉，頁180–181。

92 庹修明：〈貴州黔東北民族地區的儺戲群〉，頁202–204，儘管我在二手文獻中還沒有發現有戲劇可以透過文字的形式來發揮驅魔儀式的功能，就像 Kouwenhoven and Schimmelpenninck 'The Guo Guan Ritual Shadow Play of Huanxian' 一文中所描述的那樣。

93 袁枚：《子不語》卷三，頁373。王棫：《秋燈叢話》中記錄一個類似的故事，不過主角換成不同的神靈（卷四，頁5a–b〔435〕）。

94 袁枚：《子不語》卷五，頁107–108；卷三十二，頁507–509。在紀昀的《閱微草堂筆記》（卷十九，頁7b–8a）和《魯西民間故事》（頁312–313）中記載一些類似的將戲劇視為「真實」事件的個案。

95 《鼎峙春秋》，第五、六幕（一本上，頁15a–23b）；劉備和張飛的全名出現於第三幕（一本上，頁8a及注釋）以及第七幕（一本上，頁25b）。關於名字的禁忌習俗，參見 Adamek, *A Good Son Is Sad if He Hears the Name of His Father*.

96 么書儀：〈晚清關公戲演出與伶人的關公崇拜〉，頁16–26。

97 么書儀：〈晚清關公戲演出與伶人的關公崇拜〉，頁24–26。

98 李元龍：《京劇瑣話》，頁27–31，尤其是頁30–31。由於本書是李元龍在一九五〇年代所作，因此出於政治方面的原因，他有可能誇大自己思想的純潔性。

99 King, *The Story of Hua Guan Suo*, 35; 井上泰山等：《花關索傳の研究》，頁1b（103）。

100 扈修明：〈貴州黔東北民族地區的儺戲群〉，頁165–207。

101 關於古代的故事，可參見陶弘景：《古今刀劍錄》，頁3b、9b、10a。另可參見大塚秀高：〈關羽の物語について〉，頁75–76。關於二十世紀的傳說，可參見李洪春、董維賢、長白雁：《關羽戲集》，頁31–38；諸葛緯：《三國人物傳說》，頁29–32；陳慶浩、王秋桂：《山西民間故事》，頁291–293、304–307；江雲、韓致中：《三國外傳》，頁16–18、44–45。

102 第二章中對此曾經有所討論。

103 馬昌儀〈論民間口頭傳說中的關公及其信仰〉一文是一個極好的例外，它提供很多細節，可以用於本研究。

104 因此人們一直在努力確認中國小說名著的作者，比如羅貫中就常常被視為《三國演義》的作者。而我通常只會用題目來指稱不同的小說。

105 參見《中國民間故事集成》，北京：新華書局，一九九二—一九九八年。

106 參見江雲、韓致中：《三國外傳》，頁10、22、57的注腳。

107 丁錫根點校：《三國志平話》，收錄於《宋元平話集》上，頁755–756。胡小偉：《關公信仰研究系列》卷一引述一篇出自解州一石井中的碑記，這個石井據說就位於傳說中關羽父母的墓穴附近，碑記時間可以追溯到一一七七年。碑記中提到，關羽（記文中稱為關聖）殺死一位暴虐的老闆，之後便逃逸在外，此後他的父母投井自殺。記文中使用一個一六一四年以後才出現的關羽的新封號，這表明石井和碑刻都是清代早期偽造的地方社會中關公遺蹟的一部分，其目的是為了支持更大規模的敘事傳統的創造。

108 Idema and West, *Battles, Betrayals, and Brotherhood*, 8–11. 正如Idema在'The Founding of the Han Dynasty in Early Drama: The Autocratic Suppression of Popular Debunking'一文中指出的，晚明的宮廷戲充其量只是對元初的版本進行改寫，對於針對皇權的叛亂採取零容忍的態度。

109 這一點在小說最初的版本中就已有所體現。參考嘉靖本《三國志通俗演義》卷一，《三國志傳》（一六〇五）卷一，頁35。

110 《醒迷篇》，頁365。同一文件的一六六七年版本現存巴黎（完整的文本及進一步的參考文獻，可參見http://gallica.bnf.fr/ark:/12148/btv1b900610m），該版本的頁24b–25a包含同樣的資訊，只是敘述順序稍有不同。杜鼎克（Ad

Dudink）與鐘鳴旦（Nicolas Standaert）在中國基督教文獻資料庫（Chinese Christian Texts Database, CCT Database）中推測《醒迷篇》的寫作時間是一六五〇年左右。至於地點則無從考證，但是在山西確實有耶穌會的信徒。

111 匿名：《破迷》，頁556。杜鼎克與鐘鳴旦在中國基督教文獻資料庫（Chinese Christian Texts Database, CCT Database）中推測該文寫作時間為清初（約一六五〇－一七〇〇）。

112 關於這一碑記的更多討論參見第七章。

113 編注：補充田海轉譯後的翻譯。他前往地方衙門陳述對時務的見解，卻未獲得地方官員的賞識。有一位相士見到他，說道：「你擁有天地正氣（即構成萬物之氣），將享受萬代血食（指祭祀）。又何必在意名聲的得失？」他返回客棧後，聽到鄰居的悲痛哭聲，便詢問緣由。鄰居回答道：「我是韓守義，遭遇了地方豪強呂熊的暴行。呂熊一夥與七大家族勾結，狡詐地侍奉宦官，並蔑視官員和法規。」帝（後世對關羽的尊稱）眼冒火光，頭髮豎起。他命令韓守義帶他前往七大家族所在之處，並將他們斬首殲滅。考慮到知府與這群惡人熟識，之後關羽便悄然離開。

114 盧湛：《關聖帝君聖蹟圖誌全集》卷一，全碑收錄於頁74a–78b，本處提及部分見頁75b–76a。與徐道的《歷代神仙通鑑》（一六一三）中收錄的版本基本相同，只是有一些編輯方面的細微改動（卷九，頁9a）。在清代一出地方戲中，還有另一個版本的故事，其中神靈變成馮姓，參見大塚秀高：〈關羽の物語について〉，頁92。

115 昭槤：《嘯亭續錄》卷一，頁598。我們沒有更早的資料可以確認具體的時間。

116 《鼎峙春秋》第五、六幕（一本上，頁15a–23b）。

117 《鼎峙春秋》第七幕（一本上，頁24a–29a）。

118 這個故事同樣出現在地方戲劇中：參見李洪春、董維賢、長白雁：《關羽戲集》，頁3–16。

119 褚人穫：《堅瓠集．祕集》卷三，頁9a–10a（176–177）。更多人是從較晚出的梁章鉅《歸田瑣記》一書中知道這一史料（卷七，頁2a–3a），但是梁章鉅並沒有說明這段資料的出處。

120 在第八章中有更為詳盡的討論。

121 我們距離那個將關羽崇拜和岳飛崇拜融合在一起的民國時期已有百年。當時，關於岳飛是關羽化身的觀念十分流行。陳翔華在〈三國故事劇考略〉一文中曾經提到有一齣與這一主題相關的失傳的明代戲劇，頁403–404。

122 《關聖帝君明聖經》（一八七三）中提到姓名的改變（卷中，頁39b）。其他資訊參見卷中，頁40a–b。在另一部善書《忠義覺世真經》（一八六三、一九〇一）中也提到相關的論述。

123 江雲、韓致中：《三國外傳》，頁18–20（山西南部）。陳慶浩、王秋桂的《山西民間故事》中收錄同一故事，頁294–296（山西）。稍微不同的版本還出現在江雲、韓致中的《三國外傳》（頁6–10、16–20）和諸葛緯的《三國人物傳說》（頁22–27）中。

124 沈長卿：《沈氏弋說》卷五，頁54a–b（271）。王麗娟的〈英雄不好色〉一文，頁100–105引用豐富的史料對此進行精彩的討論。與她不同的是，我並不認為這是一個「民間」的形象，因為我們仍然是在和精英文化，至少是受教育群體的作品打交道。

125 King, *The Story of Hua Guan Suo*, 36–38, 45–47; 井上泰山等：《花關索傳の研究》，頁59–60、104、106–108。

126 關於這一點，第七章中會有進一步的討論。

127 洪梅菁：〈貂蟬故事之演變研究〉，頁111–122。王麗娟的〈英雄不好色〉也討論這一故事。

128 江雲、韓致中：《三國外傳》，頁54–55（關於貂蟬被處死的故事，來自湖北襄陽）；王一奇：《三國人物別傳》，頁78–82（關於貂蟬被送至尼姑庵的故事，來自河南）。

129 Jenner, 'Tough Guys, Mateship and Honour: Another Chinese Tradition', 13–15. 另可參見Louie, *Theorising Chinese Masculinity: Society and Gender in China* 一書中更為深刻的分析，頁22–41。（中譯本參見雷金慶：《男性特質論：中國的社會與性別》，江蘇人民出版社，二〇一二年。）

130 《湖海新聞夷堅續志》前集卷一，頁20。

131 黃溥：《閒中今古錄摘抄》，頁7–8（537c）。

132 謝肇淛：《塵餘》卷一，頁28b。

133 黃啟曙：《關帝全書》卷四十，頁1a–51a（403–505）。在Haar, 'Divine Violence to Uphold Moral Values: The Casebook of an Emperor Guan Temple in Hunan Province in 1851–1852'一文中，我已經集中使用這一材料。

134 黃啟曙：《關帝全書》卷四十，頁6b–7a（以上討論的個案）。

135 黃啟曙：《關帝全書》卷四十，頁21a–b（關於侄女的個案）。

136 黃啟曙：《關帝全書》卷四十，頁24b–25a。

137 黃啟曙：《關帝全書》卷四十，頁38b–39b。

138 黃啟曙：《關帝全書》卷四十，頁10b。

139 黃啟曙：《關帝全書》卷四十，頁18a。

140 黃啟曙：《關帝全書》卷四十，頁39b–40a。

141 與女性特別相關的神靈有很多，其中之一便是觀音。參見Yu, *Kuan-yin: The Chinese Transformation of Avalokitesvara* 一書相關部分。

142 編注：田海教授在臺灣版序中已經修正了這個講法。在當今各地的關公信仰中，有不少女性信徒，此一現象應該可以有更深入的研究，仍留待完成。

143 Scodel, *Listening to Homer*, 1–41.

第六章 布雨護民

人們都認為神祇可以幫助並且保護他們，為他們醫治病痛，有時候也會對他們施加懲罰。然而關公並不會提供所有的幫助，祂幾乎不會幫助人們獲取子嗣（這通常是女性神靈的任務），我們很少發現女性崇奉關羽的例子；祂也從來不會像華北的狐仙或者江南的五通神那樣，可以以犧牲他人為代價，讓信徒得以暴富。在左鄰右舍的眼中，這樣做會被認為是不道德的，而且會受到懷疑。很顯然地，信徒們並不能隨心所欲地向神靈予取予求；相反地，他們必須在一個集體創制、傳播的典範內祈求神靈，這個典範規定了神祇能夠或不能夠為他們做什麼。在華北，人們經常要求關公興雲布雨，而在幾乎所有的區域，人們都希望在和惡魔以及其他類型的外來人群（野蠻人、叛軍或者其他）的鬥爭中，關公可以有所助力，甚至主動顯靈助佑。

乍看之下，神靈所具有的提供雨水能力部分源於關公崇拜與龍神崇拜的融合，他尚武的一面在其中並未發揮多大的作用。然而在與關公神祇相關的民間故事中，暴力的確扮演一個非常關鍵的角色，關於這一點，早在十七世紀早期的文獻中就有所記載。在這些故事中，人們認為關羽是龍的化身，這條龍出於憐憫，為一個被天界最高神靈們認定要加以毀滅之地提供雨水，玉皇大帝下令將其處決。在祂為了保護人們而與惡魔或者類似群體，比如叛軍、匪徒或者野蠻人對抗時，祂當然也必須具備指揮軍隊抵禦威脅的基本能力。

在我們對於真正神靈崇拜的分析中，要繼續仰賴於人們的集體記憶，這些記憶都與關公為他們的生活提供幫助相關。它們通常會被簡化為一些非常精練的關於基本事實的敘述，當被收錄於地方志或者石刻碑記中時尤其如此。有時候我們會比較幸運，可以得到目擊者的敘述，甚至親歷者的回憶。多虧這些資料，我們才可能體驗到普通人和神靈發生關係時所產生的部分情感與關切。

雨神

關公令人感到驚訝的特徵之一是，祂所具有可以興雲布雨的能力。首先，我從神話傳說的層面，討論五月十三日為何會成為和關羽相關的主要節日，以及人們又是如何相信關公是一條可以帶來雨水的龍之化身。[1]接著，我會考察很多關公以雨神的角色現身其中的個案。中國大部分地區的農業系統總是依賴於雨水，在北方鄉村地區尤其如此，那裡正是關公偶像崇拜的中心，而且人們所能利用的人工灌溉方式極其有限。

龍神

現在與關公崇拜相關的兩個主要節日，分別為五月十三日和六月二十四日，其中後者是十七世紀晚期的發明，我在第七章中將結合關羽的文人形象對此加以討論；而第一個節日要古老得多，而且始終是主要的節日。[2]同一個節日能夠在相當長的時間和相當廣闊的地域內得以維持，再次說明文化傳播集體機制的強大，這一機制同樣作用於人們在神聖物品（大刀、赤兔馬）、祂的兩位助手，以及祂的外貌（紅臉、長髯、綠袍）等方面的共識。在下文中，我認為五月十三日這個節日可能源於人們對可以行雲布雨的龍神信仰。接下來，我將考察一個民間故事，這個故事認為關羽神祇是一條被玉帝下令處決的龍的化身。

五月十三日

最初，不同的節日看來是並存的，這也符合我之前的分析；也就是說，神祇的發源有多個不同的中心，它既和作為佛教廟宇的玉泉寺相關，又出現在驅魔儀式專家的道教世界中，同時還得到山西最南部民眾的崇祀。因此，在一份十三世紀的道教神祇（或者是被道教儀式專家所挪用的神祇）日曆中，將道教中的崇寧真君即關羽的生日定為六月初六。[3]由於這一材料來自南宋末年，所以將這一節日與神靈的道教驅魔身分聯繫在一起並不奇怪，因為在當時的南方，這一職能十分重要。與此同時，道教中存在不止一個與關羽神祇相關的節慶日期，也表明五月分這個節日的定型並非透過道教這一途徑實現的。有趣的是，至少從明代中期以來，解州的人們就在佛誕日舉行和關羽神祇相關的賽會活動，因為大家相信關公是在這一天獲得冊封的。[4] 很少有其他地方會把這個日期作為節日，這表明標準化的關帝節慶日期亦非源於解州的關帝廟。同時，這則史料較為晚出，也無法支持當地的關羽崇拜源於佛教的假設。

第一部關羽聖蹟傳的作者——胡琦，在十四世紀初便指出，晉楚之人相傳關羽生於六月二十二日，關平則生於五月十三日。不過通常人們把五月十三日作為和關羽相關的主要節日加以慶祝，這使得胡琦的說法看上去有點奇怪。到了清代初年，另外一個不同的日期——六月二十四日才作為節日開始流行，我們將在第七章中加以討論。[5] 胡琦關於五月節的不同解釋或許是一種地方的變異型態，但是我們仍然可以看到被保留下來的傳統日期。

在一二四九年的一方來自元大都關帝廟的碑刻中，五月十三日已經被提及，與此同時，這方碑刻還提到與神祇形象相關的其他要素。[6] 來自西北鞏昌的一方一三二五年碑刻進一步確認了這一日期，特別提到當地將五月二十三日作為節日是一個例外：其他州府在（五月）十三日祭拜。[7] 在明代，它變成最為常見的賽會日期。[8] 這一日期占據統治地位表明，隨著神祇崇拜在全國內傳播，在某一時間點，它已經成為口頭傳說的有機組成部分，儘管它並非必然起源於那些舊的崇拜中心，比如玉泉寺或者解州，在那裡，它們有自己的節慶日。

我們只能推測為什麼會選擇五月十三日。在中國南方，傳統上這個月分被視為惡月（作為雙關語，「惡」與「五」有著類似的發音），它和梅雨的開始以及「流行病」（可以是任何一種傳染性疾病）的發端聯繫在一起。人們會採取一些傳統而細緻的防範措施，以防這些具有毒性和魔性的影響傷害到普通人及宋代以來的天師們，對關公的崇拜是當時這些預防手段和驅魔措施的一部分。

至於選擇這個月的十三日而非其他日期的具體原因，可能與一個關於龍神生日的更古老信仰有關，我們可以在十世紀以來的文獻中尋找線索。[9] 此外，一部元代晚期的農諺書籍提到，如果五月十三日徹夜下雨，人們在次年就應該提前播種。[10] 一部晚明的方志也記載五月十三日白龍布雨的信仰。[11] 儘管這些證據都過於零碎，無法確切地重構這一天的習俗，但看起來人們相信五月十三日、雨水的來臨及白龍的誕生三者之間存在某種程度的關聯。

我們可以從文獻中發現，至少從十六世紀開始，五月十三日的關公賽會就和求雨聯繫在一起。[12] 根據一五五八年的《清豐縣志》（清豐縣位於河南的大名府附近），人們相信當發生乾旱時，在神祇生日那天一定會有「雨之徵」。[13] 清代和民國的資料則提到人們把那一天下的雨稱為「磨刀雨」。[14] 清代以來，在河南定城縣有一個與神祇相關的新節日，其中的說法稍有變化：二十世紀初，當地的農民認為如果關羽喝醉了，六月二十四日就會下雨。在這一天，青苗會通常會舉行秋天的第一場活動，並且開始「看田頭」。[15]在這裡，古老的習俗被挪到新的日期舉行，這表明原來下雨和特定日期之間的聯繫，已經被下雨和神祇的聯繫所取代，而具體日期也可以發生變化。

二十世紀的民間傳說確認了人們相信神祇的節日、關羽著名的大刀與雨水的降臨之間存在著聯繫。[16]在湖北省長江沿岸的一個貿易市鎮——沙市，流傳著一則民間故事，故事是這樣解釋雨季的：暫事曹操的關羽決定在五月十三日離開曹營。這就是非常有名的「過五關」故事，全中國的地方賽會經常搬演這一劇碼，在第五章中已經討論過。神祇的青龍偃月刀只能用天河之水，而不能用普通的水來磨。當時發生乾旱，關羽看不到一絲雲彩，他便用青龍偃月刀威脅東海龍神，警告龍神如果不下「磨刀雨」，他就不讓祂曬乾自己的龍袍。聽到這些，龍神真的害怕了，因為如果祂的龍袍一直是濕的，祂將不得不持續不斷地布雨。因此直到關羽經過一路打鬥，回到劉備陣營為止，龍神持續不斷地提供雨水，以使關羽的大刀在不停的戰鬥中保持鋒利。當關羽回到劉備那裡時，已經是六月十六日。所以，雨季通常會在這一天結束。[17]這個故事被看作湖北當地一則謠諺的來源：「不借關羽磨刀雨，龍王休想曬龍袍。」[18]

道成肉身的龍

很早以前，關羽的大刀就被稱為青龍偃月刀，以表明這件武器一開始就被看作龍的化身。

我在第五章中提到這個古老的主題。一份一六〇〇年左右來自湖北北部的文本告訴我們，神祇的鬚髯的的確確是一條小龍。早在元末話本中，他的鬍鬚就被貼上所謂「虬髯」的標籤，[19]但湖北的資料則是最早的結構完整的故事。我還不能確認湖北的故事是否從（虬髯）這一隱喻發展而來，或者說這一隱喻反映了一種早先存在的信仰——當然我們首先假定的是「虬髯」這一標籤和這個故事之間存在著關聯。這個故事是這麼說的：

關雲長公蝋髭髯，內有一鬚尤長，二尺餘，色如漆，索而勁，常自震動，必有大征戰。公在襄陽時，夜夢一青衣神辭曰：我烏龍也，久附君身，以壯威武。今君事去矣，我將先往。語畢，化為烏龍，駕雲而去。公寤而怪之。至夜，公走麥城，與吳兵對，天曙，將〔捋〕鬚，失其長者。公始悟前夢辭去者是鬚也。歎數已定，將奈之何！[20]

在此，我必須補充說明，樊城是曹操和劉備雙方最後的戰鬥之地，關羽參與這些戰鬥。後來他帶領一部分隊伍撤往麥城，在那裡被吳國的軍隊俘虜，不久後被處決。所有這些地點都距離當陽縣很近。

至晉太始元年，樊城大旱，祈雨無效。有司夢黑衣神，自稱鬚龍曰：「能為我立廟，當致雨以救民。」有司焚香告許。至午果雨。雨霽，澹雲中烏龍見身，有司遂為建祠。掘土，得一長鬚，意即龍也。因以塑於頸中，題其廟為「鬚龍廟」。

這則樊城（今湖北北部）當地流傳關於地方神祇的民間故事，在很晚近的一部善書中曾經提到，除此以外，我們不知道在其他地方是否也有流傳。[21]無論如何，這是將神祇與龍的角色聯繫起來的一個較早例證，無論是透過他的大刀或鬍鬚的名字，還是直接將其想像為龍的化身。人們通常認為龍負責控制水和降雨，所以這是非常重要的一個發展。

到了十七世紀中葉，人們已經確信是關羽自身而非他的大刀或者鬍鬚，是一條被處決的龍的化身。清初出現更詳細的版本，其中說道在漢桓帝時期（一四六－一六八），山西南部發生旱災。

僧道多方祈雨不應。蒲坂居民聞雷首山澤中有一尊龍神，相傳亢旱求之極靈，集眾往跪泣告。老龍憫眾心切，是夜遂興雲霧，吸黃河水施降。明旦水深尺餘。

在這一事件後，這個故事的講述者便開始評論並解釋為何這一地區會遭受苦難。

> 凡下土人民奢侈之極，天必降以饑饉；淫佚之極，天必貽以疫癘。一人暗肆奸謀，獨遭水火；一方相沿侵奪，咸受刀兵。上帝方惡此方尚華靡，暴殄天物，當災旱以彰罪譴。

自然災害是上天的懲罰，這一信仰並不新鮮，而一條龍出於憐憫而違犯玉帝的旨意才值得注意。

> 而老龍不秉上命，擅取封水救濟過民。上帝令天曹以法劍斬之，擲頭於地，以警人民。蒲東解縣有僧普靜，見性明心，結廬於常平溪西。聞空中雷電在白藤床上，只稱可惜。晨出視之，溪邊有一龍首，即提至廬中，置合缸內，為誦經咒。九日，忽聞缸中有聲，啟視，已無一物，而溪東有呱呱聲。

到了帝國晚期，常平村被視為歷史上關羽／關公的出生地，普靜的棚屋就在那裡。人們看到一條黑龍盤旋在關家院子的上空，在祂消失後不久，關羽的母親就生出了我們的神祇——這很明顯暗示他就是那條能夠興雲布雨的黑龍的化身。[22]

那些講述關公和玉帝之間聯繫的故事，在帝國晚期得到更廣泛的傳播。身為佛教居士的周夢顏（一六五六—一七三九）注意到，玉帝已經任命關公擔任鑑察人間善惡的官職。[23] 一份十七世紀後半葉的教會文本在攻擊中國宗教文化時，也提到關羽的這一角色，這進一步證實類似的故事在當時獲得廣泛傳播。[24] 我們也可以在十八世紀的彈詞《三國志玉璽傳》中發現同樣的信仰。[25]

不同版本的龍神幻化為關羽的故事在二十世紀仍然得以流布，這表明它是口頭傳統的孑遺，而非單一書面來源的口頭複述，因此有很多不同的自然形成的版本。[26] 一天，玉帝命令火龍星君縱火焚毀某個村莊，懲戒不講孝道的村民。當火龍星君第一次前往執行任務時，遇到村莊裡的一位孝女。祂告訴這位孝女在屋子旁邊掛上掃帚，這樣的話，祂就不會燒她的屋子。這位孝女把這次偶遇告訴村裡的每一個人，於是所有人都掛上掃帚。結果，火龍星君無法分辨出哪個是那位孝女的屋子，無功而返。玉帝雖然想將其斬首，但還是又給了祂一次機會。這次，祂遇到一位遭到富人鞭笞的僕人。由於那富人的名字和村莊的名字看上去非常相似，火龍星君決定只焚燒他的房子——或許是希望藉此掩人耳目，因為兩者的名字非常相像。玉帝再次想將祂處以極刑，但還是給了祂最後一次執行任務的機會。這一次，祂遇到一群百姓在菩薩前祈禱（或許只是一尊普通的神靈，也可以被稱作菩薩），因為自從富人的房屋被燒毀後，當地便遭遇了旱災。祂對這群人產生憐憫之心，決定化身金花老龍王，將整片區域都籠罩在迷霧中。潮濕的空氣讓那裡徹底恢復生機，每個人都充滿幸福感。火龍星君每天都用厚厚的雲層把這片區域遮蓋起來，讓玉帝誤認為這是由大火引發的濃煙，最終醒悟的玉帝下令將火龍星君斬首。

在執行死刑的那天晚上，星君託夢給一位老僧，懇求他在朱砂池中放置一個銅盆，裡面倒上三杯水，用來蒐集天上滴下的血水。血水注入後，他必須用一個巨大的鐵鐘緊緊覆蓋在銅盆上。七天七夜後，移走鐵鐘，火龍星君就可以獲得重生。這位僧人準此而行。然而，他的弟子並不知道鐵鐘裡藏著什麼，因此在第六天老僧外出時，提前將其揭開，原來下面是一個碗，裡面盛有一團凝血。突然天空中升起一團紅雲，一個嬰兒端坐在盆中。因為鐵鐘太早被移開，嬰兒的臉上布滿紅色的血跡。[27] 銅盆必須放置於朱砂池中，因為朱砂在（宗教）儀式中通常代表鮮血，而且與長生不老相關。紅雲則是那條道成肉身的龍的靈魂，是它啟動了那團凝血。

關羽前世作為一條得道的神龍不服從玉帝的故事，與十九世紀晚期扶乩文本中講述的另一個故事十分相似。在那個故事中，由於人類失德，玉帝打算施加懲戒，但是神祇違背了玉帝的旨意，並且獲得玉帝准許，盡可能地拯救百姓。由此發展出一種非常重要的傳統，這一傳統激發遍布於華南的扶乩神靈，甚至導致一種新宗教運動的產生，所有人都希望崇拜關公能夠保護他們免受災禍。很顯然地，這個故事是從與關羽相關更古老的口頭傳說中獲得靈感，並且與那些關羽殺死橫行地方的官吏與豪強的故事主題吻合。在第八章中，我們會討論這一重要的宗教發展面向。在此，透過指出暴力在這一口頭敘事中占有中心地位這一事實，我們將會作出一些推斷。對於那條興雲布雨的神龍的不公平處決，提升了作為其化身的神祇的道德高度。這同樣與某種古老的信仰相契合，人們相信那些因暴力而橫死者，因為沒有完成他們的生命循環，未能耗盡精力，不僅可能會成為妖魔，而且有可能成為神祇，享受人間供品。以此觀之，對那條龍的不公正處決與歷史上關羽被斬首在情節上極其相似。

神聖的布雨者

關公具有興雲布雨能力的相關記載可以追溯至宋、元時期。當時碑銘的絕大部分內容都是在懇求關公控制天氣，並且通常作為打擊匪徒、抵抗洪水和乾旱，以及抗擊瘟疫等行動的一部分。[28]一二九九年，在長江流域的浙江，一些地方官員由於祈雨滅蝗（一般而言，蝗蟲與旱災相伴而來）獲得成功，因此較早地建造一座關帝廟。[29]一三〇七年在河南的修武、一三四一年在山西南部的濟源（今屬河南）、一五七〇年代在浙江南部的龍游，關羽神祇都緩減了旱情，當地的關帝廟皆因此得以新建或修復。[30]

很明顯地，以下的敘述同樣將關公崇拜置於求雨的背景中加以理解。一五七〇年代，一場旱災席捲黃河與大運河交界處的徐州某地。此時茅山的一位道士手持一塊木牌路經此地，木牌上書「售雨」二字。地方官員告訴下屬，他夢見關將軍命人前來降雨。於是那位道士登上一座露天的祭壇，一邊揮舞寶劍，一邊以道教呈文的形式向神靈發號施令。五點鐘時天降甘露，半夜雨水再次降臨，數小時後又有了第三次降雨。那位道士之後飄然離去，當地透過對關帝廟的大規模重建表達謝意。[31]

一九四〇年代，山本斌從華北當地民眾那裡直接蒐集民間傳說，並且將其編纂成集，內容異常豐富，他在其中注意到關羽作為財神和雨神的形象。[32] 民間傳說通常將關羽視作雨神，並把祂和那條作為其前身的龍聯繫在一起。有一個類似的故事將關羽視為由玉帝派來控制風雨的神靈，這個故事圍繞關公傳說中的一般主題展開，並透過與那位好心而笨拙的僕人周倉的對比，顯示出關公的英明。[33] 在每年三、四月，人們總是向關羽求雨、祈晴，他也總是應答如響。毫無疑問，對於自己的主人能夠輕而易舉地滿足人們的要求這一點，周倉十分羨慕。有一天，由於關羽要外出處理其他事務，就讓周倉代替自己，周倉滿心歡喜地答應了。隨後有幾個人來到廟裡祈拜，提出互相矛盾的要求。一位農夫祈求第二天天晴，以便他可以為小麥脫粒；另一位農夫卻祈求下雨，以便澆灌農田。接著，一個果園的主人來到廟裡，祈求第二天不要颳風，因為他所有的果樹都開花了；與此同時，一位商人祈禱說希望第二天要有大風，並且應該往同一個方向吹，因為他要坐船出去做生意。周倉完全被這些互相矛盾的要求弄昏頭，急匆匆地前去向主人請示應該怎麼做。關羽大笑，作出以下指示，就是應該晚上下雨，白天天晴，而且颳大風時要繞過果園。[34]

日本學者為我們留下一些關於祈雨儀式的非常好的描述性資料，在這些儀式中，關羽神祇或者至少是祂的廟宇扮演著非常重要的角色。[35] 另一方面，民族志學者直江廣治同樣提到一些地方性的祈雨儀式，關公在其中並未扮演任何角色，而且很明顯與降雨也沒有任何關係。然而，在順義縣（今北京西北），村子裡所有家庭的男性代表都要把龍神像和關公像抬到村外的黑龍潭。如果雨水降臨，他們就會在秋收時演劇酬神。在良鄉縣（今北京西南），所有家庭的男性代表同樣要把龍神像從當地的關帝廟和五路廟中抬出來，前往村外的玉帝廟。[36] 內田智雄非常詳細地描述山東歷城一次求雨賽會的情形，這次賽會圍繞著當地的關帝廟展開。在此，關羽神祇的廟宇是周邊許多村莊的中心，但是在實際的祈雨儀式中，龍神的角色最為重要。[37] 作者們都強調這些儀式及關羽神祇，在塑造更強烈的地方集體意識方面所扮演的重要角色。在日本侵華之前及其間，這個話題在那一代從事中國研究的日本學者中十分流行；不過後來他們的田野工作因與日本帝國主義的聯繫而遭受質疑，並且最終被遺忘了。這也導至了我們長久以來一直低估了宗教文化在形塑中國社會方面所發揮的作用。[38]

一個可以印證日本學者分析的例子來自十九世紀後期的華北，那是一個與傳教相關的個案，這相當令人意外。一八六二年，柏鄉縣（今河北）發生了一次爭論，當時當地的村子裡希望組織祈雨儀式，在這一儀式中，關羽神像將被抬出來巡遊，進而帶到當地的廟宇中，在那裡焚香求雨。一位地方士紳和另一位地方頭領試圖強迫當地的天主教徒祭拜關羽神祇，但是遭到拒絕。在祈雨成功、天降甘霖後，當地人又一次組織遊行以答謝神靈。由於天主教徒對祈雨毫無貢獻，但是他們的莊稼同樣獲得好處，導致人們很不滿，一場爭鬥由此產生。[39] 類似的衝突在其他地方同樣會發生，但我們在此感興趣的是關羽在祈雨儀式中所扮演的重要角色。

那麼在華北地區，是否只要當地的人們普遍崇祀關帝，後者就一定可以為崇祀者興雲布雨？十九世紀中葉圍繞湖南省湘潭縣一座香火鼎盛的神廟發生的個案表明，事實並非如此。一八五二年六月中旬，在這座神廟所管轄的地域發生旱災。人們均齋戒向關將軍祈雨，連續四天誦經，卻毫無成效。之後，廟宇住持透過扶乩的方式詢問神靈為何如此。關羽神祇回答，原先祂打算給這一地區帶來齊腳深的雨水，但是他們沒有覺察（這幾乎可以被視為一種社會控制的形式）到當地存在的道德疏失，因此不能如願。最終人們發現當地有人宰殺了一頭公牛，並且因為當地人都在祈雨，所以他將其賣到神廟管轄區域之外，當地的一個皮匠還購買牛背上的皮。這樣一來，就有兩個人觸犯了禁屠令。處置兩人後，社區百姓再次真誠地向神靈祈禱，最終雨水如期而至。[40] 這個故事的焦點並不在於神靈擁有降雨的能力，而是在於祂要求人們要有合適的道德行為。在此，關羽神祇被視為無所不能，而不僅僅是專門控制降雨的神靈。

面對不同類別的證據，我們很難作出判定。有充分的證據把關羽崇拜和求雨聯繫在一起，比如他的生日是在五月十三日、民間傳說將他與龍聯繫在一起，以及在大量的個案中，關公崇拜都在地方祈雨中扮演重要角色等。另一方面，我們在第五章中曾經討論關羽崇拜的傳播與分布情況，結果表明祂是華北地區最為重要的崇拜偶像之一。由於雨水在華北地區和長江中游都是人們關心的重要問題，所以神靈和降雨扯上關係並不令人驚訝。據我們所知，玉帝和無處不在的龍神也可以帶來雨水，但是另外一些神靈，比如泰山老母和土地公卻並不能。因此，我認為在關羽神祇和降雨之間確實存在某種更為具體的聯繫。

驅魔止暴

毫無疑問，宋初以來，在與那些危及地方社區甚至帝國生存的暴力威脅相抗爭的過程中，關羽神祇扮演重要的角色。身為一名曾經令人聞風喪膽的將軍，他的歷史聲名沒有被人遺忘，或者也可以說在他成神後，他的歷史名聲又被人們所憶起。儘管我們現在把災難都分別貼上匪亂、造反、瘟疫、饑荒和乾旱等標籤，但當時的人們都認為地方社會日常生活中的危險是由惡魔導致的，這些惡魔與其他生物一樣是一種真實的存在。地方百姓擁有非常廣泛的信仰及實踐方式，這些都會幫助他們去應付惡魔的攻擊，而向類似關公這樣的神靈祈禱是其中非常重要的一部分。宗教活動使人們有機會處理自身的恐懼和擔心。允許個人和地方社群舉行宗教儀式有助於安撫眾人，保證團結一致，共同抵禦危難。事後他們則會編造出某種解釋性的敘述，透過這一方式，人們可以步調一致地對神奇的保護行動表示感恩，或者至少在某種程度上為災難性事件畫上句號。將一切歸於神意有助於社區共同體的形成，而這種意識會被銘刻於金石，會被保存在故事和集體性的歡慶活動中，甚至可以體現為一座廟宇的新修和重建。

抵抗惡魔

將關公視為崇寧真君的道教儀式文書也提供一些標準的符咒，有助於人們擺脫厄運，比如有一道符咒教導人們如何「驅除惡魔，先截其身，後斬其首」；另一道符咒則被用於催生、治病及祈嗣，將符咒和水吞服便能生效；然而，另外一道符則是一道可以召喚風、雷、電、雨的指令，對於驅除惡魔、治療疾病非常有效，也允許人們進入幻境。[41] 所以，關羽神祇的職能是非常廣泛的，儘管其中的一些在接下來幾個世紀中有所變化。崇寧真君並非地方社區的保護者，地方百姓無法直接召喚神靈布雨、對抗邪魔、驅逐匪徒或者野蠻人，他反而是為儀式專家的目標服務，這些儀式專家僅僅將其視為另一個可以聽從其指揮的冥界將軍。

在早期，關羽神祇更常被認為是一個驅魔者，祂的這一角色於《元史》中得到確認。《元史》中提到一二七〇年大都（今北京）祈求平安的盛大遊行，其中有人抬著「監壇漢關羽神轎」。遊行者有僧侶和樂師、御林軍，甚至皇帝。這次巡遊被稱作「白傘蓋佛事」，人們誦念著威力強大的陀羅尼經文和咒語，以抵禦惡魔的攻擊。[42]當時的蒙古朝廷處於藏傳佛教首領八思巴的領導下，這一事件是該朝廷意圖使其統治合法化的努力的一部分，而八思巴已經指出，忽必烈汗是全天下的統治者、「轉輪王」的化身。大都的主城門前懸掛一金輪，白傘華蓋置於忽必烈的車架之上，以彈壓惡魔護佑朝廷。儘管人們打算每年舉行一次這樣的巡遊活動，不過在一三五四年各地叛亂四起，元朝的末代皇帝試圖重新組織巡遊，這一事實表明一二七〇年以後這項活動未能有規律地按時舉行。[43]

無論後來的走向如何，該巡遊活動肯定是當時一項主要的政治和宗教事件。儘管儀式活動是在西藏儀式專家的指導下進行的，但誦念陀羅尼經並非只是這些僧侶的特權，當時的人們都廣泛參與其中。這些原始的經文中並沒有關公的身影，不過肯定有普通的中國神祇被包含其中。將關羽神祇稱為「監壇神」的表述，表明祂的作用是要保證祭壇上所有法器的安全，使其免受邪魔的影響。儘管我們並不知道為什麼祂會成為「監壇神」，但可以推測這肯定和祂作為一個軍神與驅魔神在地方社會的受歡迎程度相關。

在接下來幾個世紀中，關羽仍然承擔驅魔神的角色。比如在十六世紀晚期，當一條龍破壞大運河上的水利設施時，作為驅魔者的關羽神祇便發揮作用。大運河是連接江南和首都北京的大動脈，它出現任何問題都具有重要的政治意義。感謝水利官員潘季馴（一五二一—一五九五）的奏疏，以及他的一位已經致仕居家的朋友董份（一五一〇—一五九五），為我們提供關於這一事件的異常豐富資料。就像我們將要看到的，那些奏疏來自潘季馴的親身經歷，然而因為被寫成報告，很少摻入其個人情感，所以又有些不像回憶錄。同樣地，他朋友的作品是在潘季馴經歷的基礎上寫成的，確實提供我們很多資訊，但是同樣缺乏回憶錄的相關要素。

潘季馴來自湖州府，這是浙江西部一個以絲綢生產聞名的地方。一五六五年至一五八〇年，他先後四次被任命總理黃河與運河事務。在此期間，他試圖貫徹落實解決黃河淤積問題的部分方案，該方案包括為黃河河道清淤、拓深河道以加快水流速度，並且讓黃河與淮河實現強力的合流。他希望透過加快水流速度清除黃河上游帶來的大部分沉積物。這個計畫中關鍵的一步是，一五七八年至一五七九年洪澤湖上的高家壩合龍。這個大壩將黃河與淮河兩個灌溉系統分開來，而合龍則會讓淮河水不致因為直接沖過水壩而減少動能，卻可以透過升高水位，開足馬力向黃河奔騰而去。潘季馴的解決方案一直是此後所有（治黃）方法的出發點，直到一八二五年發生運河（阻塞的）危機。[44] 當然，就主要領導者潘季馴的親身感知而言，關公（神祇）在高家壩合龍的過程中發揮關鍵作用。

在一份呈送給皇帝的奏疏中，潘季馴描述大壩最後合龍時面臨的問題。一個當地的農夫報告，最近的雷暴使得堤壩上有了一個很大的缺口，大量的「龍骨」裸露在外。當地百姓和商人聞訊，運走數十磅的骨頭，因為這些骨頭可以在藥材製造商那裡售得高價。龍骨的形狀像馬頭，質地則堅硬如石。潘季馴聽說神龍無腦，龍骨黏舌，所以親自進行試驗，結果完全與傳聞相符。根據潘季馴的說法，屬下曾經告訴他，此地有一水怪，水勢凶險。一五七七年，張真人路過該地，地方官員請求他建祭壇祭祀，真人將製造的五十枚鐵籤擲於水中，以求鎮壓或安撫水怪，但卻沒有成功。潘季馴認為，是當時的雷暴最終剷除了那條龍，使得大壩的合龍成為可能。他還把一些龍骨，包括龍的頭和腳，送到京城的內閣中。[45]

這份由潘季馴所寫的特別奏疏並未明確地指出有任何神明力量參與，儘管似乎所有人都將巨龍之死歸功於神靈。在中國人的世界觀裡，打雷（或閃電）是一種超自然的懲罰形式，所以很可能潘季馴提及雷暴時有這方面的意涵在內。[46]天神涉足於對水怪的處理，表明人們將後者視為一種異端邪魔，必須透過驅魔儀式將其消滅。一份由潘季馴撰寫的較早一些的奏疏，可以幫助我們更好地理解這一點。一五七一年初，在第二任期內，潘季馴請求將邳縣一個水利項目結餘的一部分用於重建當地的一座廟宇。據他所說，這一地區由四條金龍和祂們的將軍監管，包括關公在內。隨後，他強調這些神靈的合法性，至於對關公的祭祀，則是因為祂曾經保衛這片區域。[47]我們從另外一些史料中得知，潘季馴曾經坐船前往周邊地區視察，大風差點傾覆了小舟，但是神靈顯應，風雨驟停，他最終獲救。[48]很明顯地，關公早在一五七八年至一五七九年高家壩最終合龍之前，就已經存在他的腦海中。潘季馴並非唯一一位感到有神靈相助的人。至少從十四世紀初以來，那些行舟於呂梁附近並要橫渡黃河的船夫們，便會在湍急的河流中崇祀關公。數個世紀以來，有大量的筆記資料講述祂施展神力、保護水上旅行者的事蹟。49

更令人感興趣的是，豎立於湖州某關帝廟中的一方碑刻。該廟由出生於湖州的潘季馴捐助建造，那方碑刻則由他的朋友董份撰寫，碑刻的相關內容又來自潘季馴本人的經歷。根據董份的說法，潘季馴曾經夢見獲得關羽神祇的幫助。醒來後，高家壩上的人群正嚷嚷著說有一尊關羽神像從水面向他們漂來，這一場景和他在夢境中所見一模一樣。因此，他下定決心在某一天必須完成大壩的合龍，結果在那天大潮突然快速退去，雲開日現，河水也變得清淺澄澈，他的手下得以一氣呵成地使大壩合龍。潘季馴將此歸因於他曾經對神靈許諾在淮河上為其建造一座廟宇，然而現在他又花錢在家鄉湖州建造另一座神廟。就此事而言，潘季馴在向皇帝彙報時沒有提及個人夢境，這並不令人驚訝，因為宗教因素並不適合出現於奏疏中。在那方碑刻中，董份非常詳細地描述潘季馴與關羽神祇之間長久的個人聯繫，從他掌管黃河水利工程時出現的奇蹟，到他時常參拜自己資助建設的廟宇等，50 因此我們完全可以認為相關的敘述內容來自潘季馴本人。

稍晚一些的資料對潘季馴和董份的敘述作了進一步的闡釋，它們表明當時的事件如何對人們的想像產生影響——這裡的「人們」並非指那些沒有文化的鄉人，而是指精英階層。根據蔡獻臣在一六一五年至一六一七年寫的關公傳記，有一次關公在潘季馴的夢境中現身，並提醒他注意觀察自己的大刀指向何處。第二天，地上出現數里長的裂口，潘季馴（或是他的部下）在裡面發現毒龍的兩個頭顱，隨後它們被送往京城。[51]這個故事和潘季馴與董份提供的差別還不算大，但是接下去的一則敘事則對「奇蹟」作了進一步的發揮。十八世紀中葉，王棫寫道，潘季馴是一位虔誠的關公信徒（他以關羽之後的封號「關帝」稱呼神祇），曾經在神前默默地誠心禱告。有一天，他夢見神祇，後者在夢中解釋有巨蟒作怪。指示潘季馴準備幾百擔石灰，在某個時間點把它們灑在運河中。潘季馴依此而行。由於資料中說河水像燒開一樣沸騰不已，所以有可能潘季馴讓手下拋灑的是熟石灰，它與河水產生劇烈的反應，並且把所有的生物都燒死了。無論如何，最後兩條蟒蛇現身，雲層中出現一道白光擊中牠們的頭顱，巨蟒由此斃命，河水完全被染紅了。大壩得以順利完工。潘季馴回到家鄉後，為了對神靈表示感謝，修建了一座廟宇。[52]

現在潘季馴個人也相信是巨龍妨礙水利工程的進展，大量恐龍或者其他大型動物化石的發現也許影響這一觀念的形成，因為全世界都把這些化石視為龍骨。[53]很明顯地，人們廣泛接受這一觀點，將其認定為事實。這一故事與最早關公在鹽池殲滅巨龍的傳說若合符節，此後如蔡獻臣和王棫等人所提供的相關敘事，只是進一步釐清相關情節。這些不同版本的敘事極大地提升晚明時期關羽神祇在文人中的名聲，創造出一種儘管是虛構，但卻非常有力的歷史記憶。那些同樣參與水利工程的不知名人士肯定也有自己的版本，然而我們已經無法知悉他們的故事了。

在以下一則由錢希言（活躍於一六〇一－一六一三左右）講述的故事中，可以發現另一種不同尋常的驅邪方式，在這個故事中，真實生活中的暴力與驅邪活動中的暴力混雜在一起。我們將在第七章中再次遇到錢希言，他個人對關公信仰非常感興趣，並且熱衷於記錄超自然現象。幾經遷轉後，來自江南吳江縣的沈三官成為陝西西部的一位副將。有一次他坐在家中，看到面前的大樹下有一個奇怪的動物在活動。他派人抓捕，但是沒有成功。沈三官怒從中來，下令士兵將大樹伐倒，將樹幹移走。當天晚上熄燈後，他看到一個生物飛降在自己的床榻前，不停地旋轉，當我們故事的主人公試圖去抓住牠時，牠變得越來越小，直到跟蜣螂一樣大。之後從沈三官的大拇指進入他的胳膊，再透過胳膊和大腿進入他的身體。沈三官非常恐懼，卻無法將牠驅趕出來。有一天，從他的身體裡突然傳出一個聲音，說侵入他身體的是一隻暫時被天庭驅逐的天狐。由於牠賴以棲居修行的大樹被沈氏下令砍毀，所以只能借居於沈三官的身體中。這隻天狐懇請沈氏讓牠完成自身的修行。很顯然這並非一般性地占用（身體），這位官員因為自身的舉動導致這一不幸的發生。天狐的意思是牠最終將自願離去，但我們的主人公並不這麼認為，所以變得非常憤怒：

明日為文以詛皇天，其夜又自聞腸中語曰：奈何理某於上帝乎？帝今命關壯繆來討，明日某當出戰，將軍能相為助否？沈笑曰：沈三郎雖懦，猶能佐天神之威，翦除妖魅焉，肯助汝為虐哉？及明果去。沈覺體中輕奕，頗異於常。急敕將吏陳兵仗於庭。沈身自環甲冑而立大旗下。其日向午，倏有風雷暴至，埃霧漲天，稍定，微聞雲際似數百人鼓噪聲，少頃，空中墜黑毛數鬥，般血淋漓。軍士歡呼，相謂曰：老魅死矣。於是椎牛犒饗。

然而，故事並沒有結束。在沈三官回家後，一個聲音像往常一樣再次從他的身體中傳出，牠責怪沈三官說，神靈只是消滅了牠的皮囊，但是牠的「本來面目」還在。牠再次向將軍許諾說，自己只是需要完成修行，之後將自行離去。故事的結局尚可，沈將軍沒有進一步受到傷害。[54] 有趣的是，帶有暴力的驅魔活動與軍隊潛在的暴力，似乎在同一個層面上發揮作用。在這個個案中，神聖的暴力無疑是獲得肯定的，其結果就是殲滅那隻可憐狐狸的皮囊。天狐在另一個意義上倖存，因為牠透過長時間的修煉已經獲得「本來面目」，這並不表明暴力是無效的。很難確認錢希言講述的內容，有多少是來自沈三官的親身體驗，儘管很明顯他試圖將其視為實錄而非某種奇思妙想。

此外，還有大量關於關羽神祇幫助人們驅除邪魔怪物的故事，我們已經無法羅列更多。[55] 人們是否召喚神祇前來廟宇中或者個人房屋的屋頂上驅邪，取決於祂在當地的受歡迎程度。

艾約瑟（Joseph Edkins）觀察到一八六〇、一八七〇年代，針對邪魔外道，北京居民有很多不同形式的抵禦和自我保護的方法，其中之一是在屋頂上放置一尊關帝像，來保護房屋和其中的住戶。[56]大英博物館中藏有一片瓦當，上面塑有騎在馬上的關羽像；我們很容易判斷出神祇的身分，因為祂正手捋三綹長髯。（參見圖6.1）[57]我們同樣可以在其他地方發現用瓦將或者中國風格的獅子來辟邪的風俗，之所以用關羽僅僅是一種地方性的行為。[58]類似地，人們也能夠在一些用於驅邪的印刷品上發現祂，上面印有這樣的語句：「武聖在此，諸邪趨避；百事吉祥，人口平安。」[59]

考慮到這一神祇分布的廣泛程度，很奇怪人們還是會看到邪魔，但事實確實如此，然後他們才會不時地請求關公幫助。一八四六年五、六月間，宣稱紙魅正四處遊蕩的謠言在江南地區傳播。寧波同樣受到這些謠言影響，有人預言這些紙魅將會進城，導致一場大劫。整座城市彌漫著恐慌情緒，一些人親眼見到邪魔，而另一些人則看到魔鬼鳥，人們互相鞭笞，並且很詭異地丟失自己的髮辮等。有人誦念《易經》抵抗邪魔入侵；另一些人則在門上黏貼靈籤。但是這些手段都不能奏效，無奈之下，人們抬出關壯繆（即關公）的塑像繞城巡遊，穿行於大街小巷。關公塑像身著盛裝，儀仗畢具，人們還燃放大量的爆竹。此後，大家安寧下來，謠言也停止傳播，整座城市最終恢復如常。[60]這則史料不僅展示關公崇拜的重要性，還表明存在多種形式的驅邪方法和預防手段。

圖 6.1　塑有關公像的瓦當

類似這樣的瓦當現在已經很難看到，因為絕大部分已經在歷次戰爭和二十世紀的政治運動中被毀。大英博物館授權使用。

抵禦疾病

從抵禦鬼怪到抵禦疾病，這一步並不突兀。究竟用醫療還是宗教的術語來定義對某人健康的威脅，背後有各種不同的因素，但最重要的是最終哪一種治療手段獲得成功。對於有效治癒經驗的追溯性敘事，往往會忽略之前那些並不成功的治療方案，這就使得重建這些特定治療手段的相對重要性變得非常困難。我們可以知道的是，在那些今天看來必須嚴格服用藥物的個案中，當時的人們卻會不時祈求關公幫忙。

在下面這個例子中，當絕大部分藥物和宗教手段都無效的時候，關公開始前來幫忙。一五八三年，在江南嘉興，一位重病已有兩個月的文人請了很多醫生和靈媒治療，但是都沒有什麼效果。某天，他的病情突然加重：

> 夢中忽見鬼卒數百人持兵仗來攻己，與之苦戰不能退。無何關王至，手舞大刀將諸鬼殺戮殆盡，徐步而出，既覺，大汗而疾愈。61

在之前的治療手段中，儒醫會根據複雜的醫學理論診斷，非常謹慎地開出藥方；靈媒和各式各樣的儀式專家則要判斷，疾病究竟是由病人自身業報或者違犯禁忌所致，還是因為病人偶然觸犯神鬼，由此再創造出一套敘述話語。很明顯地，之前所有的手段都未能奏效，現在疾病被重新定義為純粹由惡魔導致的事件，可以直接透過神祇的介入加以解決。有時關公會提供帶有奇效的藥物，比如在以下這個被記錄於華北碑刻上的案例所顯示的。這個例子提到，一五五五年，燕地（河北省）南部遭受嚴重的旱災和瘟疫。碑記作者的父親緊閉雙目，已經有七天滴水未進，一天晚上他大聲說：關王用一粒金丹讓我復活了。他指導作者準備水，並且將金丹放在水中，之後他開始發汗，痊癒。後來作者母親也染了瘟疫，並且病情更重，但是她也獲得金丹，最終康復。[62] 一粒萬能的金丹同樣是遊方郎中最常提供的治療方法，這表明正是民間習俗而非儒醫形塑奇蹟故事。令人好奇的是，在相關敘事中，關公很少提供這樣的醫療救助。[63]

更常見的是相反的例子，在這些個案中，關公將疾病和其他形式的病痛作為對失德行為的懲罰手段。佛教居士周克復在一六五〇年代編纂的《觀音經持驗記》中曾經提到一個類似的個案。據說這個故事發生在一六一四年。歙縣（今屬安徽省）一讀書人吳奕德是一個虔誠的佛教信徒，追隨當地臨塘寺一位名叫正鵾的僧侶學習佛法。他發誓要抄寫五十卷的《大悲經》和三十卷的《金剛經》。一天，他在當地的溪水中洗澡時忽染重疾：

（明萬曆甲寅）五月二十九日，浴琴溪，暴病氣絕。掖歸臥屍於床，忽言曰：「我乃佛前左護法關。奕德因悮殺，宿冤攝入冥府。以彼奉佛許經善念，特來護之。鵾可為念佛諷經，候其初七還魂，書經酬愿。藉此功德，怨鬼得超度矣。」

吳奕德在第七天得以復生，並向周邊的人解釋，他被帶到冥府的閻羅王面前，在那裡被無數的「持頭鬼」攻擊，那時他才知道自己前世是一位將軍。在鬼怪們攻擊他時，他高誦佛號。正在閻王打算將他扔到沸油鍋中時，韋陀（另一位佛教護法）和關帝在西方現身——這暗示吳奕德的淨土信仰。韋陀讓油鍋中升起蓮花，閻王沒辦法，只能將吳奕德放走。吳奕德仍然在忍受鞭痛，回家後，他虔誠地抄寫兩部佛經，承受住考驗。[64] 這個幾乎讓故事主人公送了性命的疾病，被歸結為前世殺戮而導致的報應。[65] 作為監督者，神祇認為吳奕德遵守道德規條，所以將其治癒。由於這個故事是出於道德教化和宗教信仰的雙重目的而被保存下來的，所以我們大致可以確認當周克復把它收錄到自己的書中時，出於教化的目的，肯定已經對吳奕德及其親友們本來的記憶進行改編。

關羽神祇從未被視為專門治療疾病的神靈，但是我們確實發現在很多例子中，病人透過資助印刷與關公相關的善書，以求自身的痊癒。在表6.1中我們總結一些比較詳細的個案，從中可以看出在一八八〇年代的上海，人們出於各種目的，資助特定善書的印刷。[66] 儘管我們在此並不討論個人記憶，但是這張表格確實為我們提供線索，對健康的關注是一種非常重要的宗教信仰動機。

表6.1　重印《關聖帝君明聖經》題名情形

捐資者	目的	印刷數量
個人信徒	不詳	一千
個人信徒	為母親求長生	一百
商號（潮州大埔）	一般性地求福祉	三十
來自商號的個人信徒（寧波）	為生病的孩子祈求	七十
同一信徒	為生病的朋友祈求，許願後次日，朋友的病就好了起來	二十
來自寧波的個人信徒	為病人祈求	三十
來自鎮江的個人信徒	為遭受火災的鄰居求福	一百三十
同一信徒	一般性地求福祉	五十
同一信徒	他沒有照顧好自己的鄰居，但自從捐資後，他自己確實得到了保護	三百六十
來自商號的個人信徒（來自山東蓬萊）	為母親的足疾祈禱	五十
來自奉天的某信徒（滿洲人或旗人）	為店鋪生意興隆而祈禱	一百
來自武安（河南）的生員	為疾病痊癒祈禱	三十
個人信徒	不清楚	一百
個人信徒（可能來自西部）	為全家人的福祉祈禱	五十
來自奉天開原的信徒	為自己痊癒而祈禱	五十
匿名者（來自安徽）	為諸事順利而祈禱	五十
來自蓬萊（山東）的個人信徒	為阿姨痊癒而祈禱	五十
來自徐溝（山東）的個人信徒	為母親痊癒而祈禱	五十

這些簡明的條目背後是人們生活中異常重要的事件，而資助印刷經卷也是一種實實在在的經濟負擔。對信徒而言，在都市環境中，只要有機會能夠找到印刷者，同時又有足夠的文化修養、能夠認可這樣的行為，那麼它也是一種表達崇信的方式。都市環境同樣也可以解釋捐助者的商業背景及籍貫的多樣性。在此，神祇本身不再被提及，人神之間的聯繫似乎被高度概括為對神靈的某種謝意，關公不再以一個疾病的治癒者或者保護者的具體形象出現。

抵抗夷狄、賊匪、海盜和叛軍

關公在保護百姓或者相關地區免受夷狄、賊匪、海盜和叛軍侵襲等方面，所扮演的角色通常會被記錄在一些紀念性的碑刻上，這些碑刻會出現在神廟中的醒目位置。文獻中最早提及的廟宇之一建造於一一〇九年的解州聞喜縣，為了答謝關羽保護地方軍隊、成功擊退匪徒修建。[67] 僅僅過了十幾年，當一一二八年二月長安附近被女真軍隊圍困時，有人撰寫了〈勸勇文〉，懸掛在當地的關帝廟中，以激勵奮勇殺敵，因為在人們心中，關公作為武神會給人更多的勇氣。[68] 解州西部的鞏昌有一座較早的神廟，據說在一一六一年至一一八九年，鞏昌縣城被匪徒包圍時，關公帶領軍隊現身解圍，所以才會建有此廟。[69] 在接下來幾個世紀，有很多關於神祇顯靈保護地方抵抗匪徒、海盜的例子，不勝枚舉。

神祇的保護行動總是與當地歷史上的大事件密切相關，以上提及祂在華北現身顯靈的例子與這一地區的軍事史也聯繫在一起，這段歷史既包括北宋滅亡前華北地方的不靖（比如一一〇九年前的聞喜縣），也包括北方（稍後被金所占領）和西夏之間連續不斷的衝突（比如一一七五年左右的鞏昌）。[70] 早在一一三〇年左右，祂在臨川（位於江西撫州）對地方的支持便與南宋早期的軍事爭端有關。[71] 元末，祂顯聖於大都以東邢臺的城牆上，以驅離地方叛軍，當時蒙古在整個中國的統治正在分崩離析。[72] 十五世紀早期，關羽神祇為那些來自邵武（福建北部）的兵士提供支持，這些士兵參與由鄭和組織並部分由其領導的海上遠征。在這方面，天妃或者媽祖的顯靈護佑更為人知，但是天妃更多的是獲得海事航運人員崇拜，而關帝很明顯更受船上軍士喜愛。[73] 同樣是在十五世紀早期，華北地區不斷發生匪亂，在那裡關羽也經常顯靈。在河北滄州，關帝廟位於府衙東南。正德年間，流賊橫行，人們敲鐘鳴警，希望互相激勵保衛城市，盜賊圍城七日七夜後撤退，人們對神靈護佑感恩不已。[74] 在明代的大部分時間中，華北地方匪亂持續，而類似的關帝顯靈也一次又一次地出現在地方文獻中。[75]

一五五〇年代，主要在江南地區發生的所謂倭寇之亂，再次為關公顯靈提供大量的機會，同時也間接提高神祇在當地的受歡迎程度。[76] 之前人們認為這些匪徒來自日本，所以稱之為倭寇，然而事實上他們大部分有著中國血統。[77] 位於泰州府（江蘇）的興化縣，當時對關王的崇拜仍然局限於道觀的祭壇中，這表明是道教的驅魔專家使神祇實現了地方化。一五五八年，「島夷」（毫無疑問指的是倭寇）進逼，當地百姓開始向關公祈求幫助。地方官員帶領子民在神前發誓，要仿效忠義的神靈，保護他們的城市，如果神祇幫助他們，他就會建造一座完全屬於關羽神靈的廟宇。由於盜匪最終沒有進擊，衙門旁邊的一座祭壇被改造為關帝廟，因為原來的那座祭壇並不符合祭法的規定。[78]這樣一來，關公最終在興化縣擁有一座體面的廟宇。

相信神靈護佑的可能是地方官員，但也有可能是普通士兵。來自南京（《金陵瑣事》）的作者周暉（一五四六—一六一〇後）蒐集一些地方逸事，它們都與一位不識字但卻非常勇猛的當地衛戍部隊的士兵有關，他叫陳忠。當時，正好有一位重要的官員借宿於揚州城外的關王廟，陳忠則宿於三里之外，一天晚上他夢到關公手持牙笏——這是一種朝廷官員和道士都會使用的儀式性用具，神靈用牙笏寫了一個「火」字，並指了一個方向。陳忠半夜醒來，帶領一隊士兵趕往關王廟。在那裡，他看到倭寇正在放火燒廟。當時，他手下的士兵太少，無法正面迎戰盜賊，只得拆除廟宇邊牆，成功救出那位官員。之後他們又成功擊敗了倭寇，共殺死了七十二名盜賊。[79]作為一名軍士，陳忠當然也崇奉關公，而且身為一名職業軍人，他本該覺察到即將到來的攻擊，就當代人的觀察而言，創造奇蹟以及在神明的指點下獲得先見之明，似乎是不太可能的事情。

大約與此同時，在浙江南部的太平縣，關羽神祇同樣在關鍵的時刻顯靈。

嘉靖己巳倭薄台（州），太平城且陷，忽關聖帝現身木末，倭驚乃遁。今邑人祠祀甚謹，縣令亦脩朔望禮。五月十三為社會，魚龍百戲，窮極奢麗，計費不下千金。其現神之木是南城儒學樟樹，陰蔽數畝。[80]

該文寫於一六三〇年代左右，事實上作者在接下來的論述中搞錯了這些事件發生的確切時間。很明顯地，關於賽會活動的民眾口述以及當時尚可憶及的過往歷史，包括對那棵樹的確認（所有的事情都在其周邊發生）等，是作者論述的基礎。這個由神蹟事件所觸發的賽會活動變成一個城市社區每年都會舉行向神靈表達敬意的活動。當時（類似的活動）遍布於江南各地，各地方志中都有關公顯聖，隨後地方廟宇獲得擴建的記載。[81]

以下一則故事揭示地方精英和官員在選擇合適的神祇祈求護佑時，抱持的某些潛在動機。當倭寇在一五五五年向會稽縣城方向聚集時，當地一位名叫田藝蘅的年輕文人召集大約一千名鄉兵保衛城鎮。他以包羅萬象的札記聞名於世，其中就包括以下這則逸事。有趣的是，從中可以發現他年輕時有點像一位煽動家。

（田藝蘅）猶恐人心不安，乃擇日築高壇於西郊，以順金方肅殺之氣，刑牲歃血，為文告天，以求助於古今名將自武成王而下三十餘人。後賊臨方山，四日不退，鄉兵迎敵，不戰而遁。四方被擄人回云：賊人西望，見雲中神兵眾多，金甲神將形甚長大，旗幟分明，是以不敢交戰而去也。

這裡並沒有明確提到關羽，但文中提到的武成王是一個非常古老的神祇，祂是唐代最主要的戰神，明初對祂的崇拜中斷了，直到一五三六年才再次復興。[82]所以接受田藝蘅禱告的是一位獲得（官方）認可的神靈，儘管在地方精英和普通民眾中，知道這一神靈的人還不是很多。田藝蘅非常重視神祇的正統性，但在該故事剩下的內容中也提到祈拜非正統神靈的例子。「方倭寇焚燒湖市，城中官府及士夫就寺觀設醮燒香，祈保退敵者。」[83]很明顯地，對田藝蘅而言，核心問題是圍繞神靈舉行的儀式是否具有正當性。與此同時，他的講述也表明人們對何者為正神有著不同的看法，並非完全與官方一致。因此在地方實踐層面，人們有不同的選擇，即使地方官員和精英也是如此，儘管他們本應完全認同官方認可的神靈。選擇（崇拜）關公當然是因為祂的聲譽和受歡迎程度，到了晚明時期，關公在口頭傳說和文本資料中所呈現出的「資質」，已經完全可以讓祂在所有的文化和政治層面都被認可為一位正神。

從晚明到清初，甚至民國時期，中國發生的所有主要動亂，都可從關公及其他地方神祇顯靈干預的角度加以書寫。這樣的歷史未免有些重複。我想考察一些相反的個案，在這些例子中，人們也希望神靈支持自己，但是從國家的角度來看，這些行動卻不應該獲得支持。所以這些個案表明地方民眾，而非國家，是如何塑造偶像的。比如清朝建立後，在常熟縣和無錫縣，有人想聚眾作亂，一位處世精明者想要阻止他們這麼做：

乃號於眾曰：某村關帝廟甚靈，盍禱於帝，取周將軍鐵刀，重百二十斤者，投河以卜之，沉則敗，不可起兵，浮則勝，可以起兵。

很自然，他認為大刀肯定會下沉。但是當他們祭拜神靈、實施計畫時，大刀像香蕉葉一樣浮在水面上。很有可能廟裡的大刀是用木頭做的，正如我們在後面的其他故事中將看到的那樣。無論如何，這群人還是起兵了，但很快就被朝廷的軍隊殲滅殆盡。[84]根據這則逸事的標題──「鬼神欺人以應劫數」，神祇欺騙他們是為了讓這些叛亂者得到應有的下場。與此同時，這個故事表明盜賊和叛亂者也會為了預知某種可能性而祭拜關公。

與此類似，地方社群出於自身目的而利用關公崇拜的另一個例子是，帝制晚期以來三合會對祂的祭拜。三合會誓詞的某些版本參考虛構的劉備、關羽和張飛桃園結義時的誓言，有時，他們會選擇神祇的生日──但是僅僅選擇五月十三日這個版本來締結盟約。[85]正如胡小偉指出的，關公故事除了會出現在書面文本外，同樣也會體現在儀式中。[86]然而，記錄在清代檔案和（東南亞）殖民地文獻中的口供卻表明，那些表現關公忠誠正義形象的故事並不處於三合會儀式活動和神話傳說的中心。

三合會通常被視為犯罪集團，從十八世紀晚期一直到現在，他們在華南和遍布東南亞的海外（華人）社區中非常活躍。然而，他們當然不會認為自己是一個犯罪集團，他們的自我認知決定了他們對關公形象的想像。正如文學作品、歷史傳統和口頭傳說對關羽神祇的描繪，三合會也忠於一個逝去的王朝。本來在清朝受到外敵威脅時，他們表明自己效忠於清政府；但是當清朝統治者背叛他們，甚至試圖將他們斬草除根後，他們轉而忠於明朝皇室的後裔。[87]因此從他們的角度看，將關公作為一個絕對忠誠的象徵加以崇拜是完全合法，也是令人信服的行為。歷來香港警察對關公的崇拜同樣可以歸入這一類型，他們也宣稱關公是自己的文化根脈。[88]

正義和忠誠並不僅僅只對地方社區和王朝國家及其代理者有價值，我們還可以發現一些不安分的年輕人也會將關羽神祇置於他們儀式的中心。江南黃巖縣的案例便是如此。三藩之亂期間（一六七三－一六八一），關公曾經協助擊敗當地的叛軍和土匪。[89]地方神靈賽會期間「少年爭赴關廟焚香結義，鄉傭各罷役，舉刀角力為戲」。作者評論說這正是很多地方械鬥的起源。[90]類似地，我們知道有一群無賴組成崇拜關公的會社，每年五月十三日都會大擺宴筵。有一次，我們故事的主人公在神前發誓要痛改前非，之後他差點病死，但在半夜得以復生。他宣稱自己已經到了陰曹地府，在那裡準備接受重笞，關聖帝君說情救了他，幫他重生，而條件則是要遵守之前的誓言。[91]所以，很明顯無賴認為他們可以把關公作為群體的中心崇拜對象，但這個故事的講述者使情節發生扭轉，說明最終關公還是會幫助那些秉性良善或者試圖變得良善的人。在這些例子中，我們僅僅能看到士紳作為旁觀者的道德評判，但仍很容易理解為什麼正義和忠誠同樣受到這些邊緣群體的歡迎，正如它們受到地方社區和朝廷的歡迎一樣。

對帝國的支持

到了明初，正如我們在第四章討論關羽崇拜的傳播時所提及的，關公變成主要的軍隊保護神。為祂建造的小型廟宇遍布整個中國，它們通常都位於軍事衛所，靠近地方軍隊的演習場所。它們不一定受到當地百姓的普遍崇奉，但是後來其中一些廟宇最終構成關羽信仰發展的基礎，比如上文曾經討論的一五五〇年代的倭寇之亂時期便是如此。與南方相比，在華北，關羽的軍神形象更為突出，比如北京絕大多數城門上都供奉關羽；再如十五世紀晚期以來，為了加強長城的防禦功能，沿著長城精心修築很多軍事堡壘，其沿線也有很多關帝廟。[92]即使在明代晚期的紫禁城中，也有幾座宮門旁塑有關聖的神像。[93]一位晚清的官員報告很多宮殿都有關公廟，儘管它們在今天已經消失殆盡，現在的參觀者在今天的紫禁城中幾乎無法發現宗教文化的痕跡。[94]在第七章中，我們將詳細討論北京正陽門甕城內的關帝廟，因為它是進京趕考的讀書人祭拜關公的地方，同時也是京城中忙於公務的官員拜謁關公的地點。

正如我們在第三章中提到的，人們相信關公打敗了鹽池中的怪物，從而為王朝提供關鍵性的幫助。根據道教的儀式傳統，為了對祂的幫助表示認可，朝廷授予祂崇寧真君的稱號。然而這個特定的稱號或許並非真正的王朝封號，當然在過去幾個世紀中，祂肯定透過正常的官方管道獲得其他稱號，以表彰其對王朝的幫助。對關羽支持王朝國家的歷史進行全面梳理是有可能做到的，但這將占據很大的篇幅，而且對讀者來說也會比較乏味。儘管如此，那些在歷史上具有重要意義的時刻仍然需要討論。其中之一就是它與明英宗（也可以用年號稱呼他為正統和天順皇帝）獲救之間的關係——英宗在一四四九年被蒙古人俘虜。在他第二次統治時期的元年四月，《明英宗實錄》中有如下記載：

> 被留虜庭時，嘗禱關帝廟，冀陰佑上還京，已而果然，請加羽徽號，彰其靈應。[95]

毫無疑問，英宗從他的少年時代開始就對關公非常熟悉，無論是皇家宮殿中的廟宇，還是紫禁城前正陽門內變得越來越有名的關公廟，都是他祈禱關公的地方。由於關公不僅讓他回到了京城，還幫助他在數年後帶領一支御林軍重新奪回皇位，他有充足的理由向神祇表示感謝。

到了一五九〇年代，在（宛平縣令）沈榜描述半個北京城風物的《宛署雜記》中，這個故事有了進一步的發展。他列出宛平縣內的二十座關帝廟，其中地安門（在積慶坊）外的一座關帝廟被認為始建於宋代——我們無法進一步確認這一時間。他接著說，英宗夢見關公騎一白馬來到此地，故下旨在此重建廟宇。這裡會定期舉行皇家祭典，而廟宇則被稱為白馬關王廟。[96]在傳統的祭祀中有「白馬祭天，青牛祭地」的說法，因此我們可以從白馬與天庭更為普遍的聯繫來追溯「白馬」這一意象的起源。在道教儀式中同樣如此，前往天庭的使者經常騎著一匹白馬。[97]由於關公的坐騎是赤兔馬，所以選擇白色肯定有著非常重要的象徵意義，表明神祇被視為來自天庭的使者，祂要保護合法的天子，在數年後允許他重新奪回皇位。

在關公支持皇權的歷史上，下面一個值得一提的時刻是一六一四年時祂正式被朝廷授予封號。晚明一部關於北京的著述中有如下記載：

> 司禮監太監李恩齎捧九旒冠、玉帶、龍袍、金牌，牌書「敕封三界伏魔大帝神威遠震天尊關聖帝君」，于正陽門祠建醮三日，頒知天下。[98]

這次冊封在《明實錄》中完全找不到蛛絲馬跡，整個程序也完全是非常規的。一般而言，當然不應該由太監，而應該由禮部以皇帝的名義賜封。數年後，當太常寺卿希望規範關公的祭祀典禮時，卻找不到相關的文獻。經過進一步詢問，有人告訴他這是一次特別的冊封。[99]另外一位晚明筆記的作者沈長卿在一六一五年時提及，皇帝確實是在同一年賜予這一封號。

根據他的說法，當時「四方惑之」。在這一話題展開的過程中，或許是為了防止神靈的名譽受損，他對著名的關羽擊敗蚩尤的冗長故事作了概述，他當時是從一位來自聞喜（鄰近解州）的朋友那裡聽到這個故事。在這段敘事的結尾，他總結雷聲是祂的忠正之氣，異端怪物豈能戰勝。[100] 這實際上是在暗示關帝完全配得上朝廷的封號。

這次晚明的冊封很有可能是皇帝自己的想法。晚明時期著名的高官，同時也是佛教居士、畫家和書法家的董其昌（一五五五—一六三七），在一六二一年的一方碑刻中提到，皇帝在夢中從故去的母親那裡得到指示。[101] 皇帝的母親是一位大施主，常年在宮廷宦官的協助下為宗教提供資助，故得享高齡，死於一六一四年。[102] 我們知道她個人崇拜關公，從一六〇一年至今，在慈壽寺塔（位於地鐵慈壽寺站附近）前一直矗立著一根漂亮的白色石柱，上面刻有關羽像，還刻上太后的印璽。[103] 皇帝會夢見逝世不久的母親，並且在宦官的慫恿下覺得支持關公崇拜是某種正確的奉獻行為，可以達到紀念母親的效果，這並非完全無法想像。明代宦官整體上篤信宗教，這是確鑿無疑的，他們是一個新的宗教信徒群體，同時也資助了那些昂貴的珍稀經卷的刻印。[104]

這次冊封可能是非常規的，但是關於封號的消息卻在全國不脛而走。同樣大約在一六一五年至一六一七年，福建官員蔡獻臣（一五六二—一六四一）撰寫一篇非常詳細的關公傳記，其中提到是皇帝的個人愛好導致此次冊封。[105] 上文提及的董其昌那方資訊量非常大的碑刻撰寫於一六二一年，我們還在安徽來安和浙江嘉興的兩部分別出版於一六二四年與一六三八年的地方史料中，發現完整的封號內容。[106]這個封號傳播得如此迅速，表明那些精英作者不太在乎宦官的參與，這與我們對明代最後二、三十年中宦官群體的印象是有所差異的。源於一六一四年的關羽的兩個稱號——關帝和關聖帝君，一直沿用至今。

就在關公被大明王朝冊封的同時，東北地區的一股新勢力正在對王朝造成威脅，他們的領袖同樣受到關公崇拜的感召。在一二七六年的義州和一二八一年至一二八五年的遼陽，出現較早供奉關公的廟宇，這兩處都位於現在的遼寧省，當時屬於女真人的腹地。十六世紀以降的朝鮮旅行者注意到邊境地區無處不在的關公崇拜。同樣地，無論何時，當女真人（隨後成為滿洲人）與漢族人穿越長城，來到許多邊境要塞時，他們也會與關公邂逅。[107]當關公幫助軍隊在鄰近的朝鮮抵抗日本人入侵時，關外人民或許已經聽聞相關的傳說。[108]當戰無不勝的皇太極將掠奪成性的女真人的金，轉變為具有征服色彩的滿洲人的清時，他也將宣稱自己的父親努爾哈赤是關羽的化身，如此便能表明他的父親與關羽同樣偉大，而他自己身為關羽／努爾哈赤的後人，也幾乎同樣偉大。在接下來的清朝歷史上，有很多被滿洲帝國所征服的文化，在這些文化中，不同的軍事將領被視為關羽的化身，以便將其納入皇家的信仰框架內。[109]由於這些不同的文化和政治實體現在已經歸屬於清朝政府，對作為傑出軍事人物的關公崇拜，特別適合作為溝通不同文化體系的新偶像，所以清朝統治者在軍事擴張的過程中，在各地系統性地修建關公廟。[110]在清代，關羽神祇甚至獲得更為繁縟的榮譽封號，而在官方的關公廟中，每年都要舉行一次官方性質的祭祀活動。[111]不過明清時期關羽被列入國家祀典，並不意味著國家可以控制神祇崇拜的各個方面，僅僅表明皇帝在都城支持關公崇拜，他的代表們，也就是地方官員則通常會在一些特定的廟宇中表達支持，而大部分人往往很少親臨這些廟宇。

令人意想不到的是，在一九〇〇年的義和團運動中，關羽神祇同時被視為帝國和百姓的護佑者。我避免使用叛亂及其同義詞，因為那些參與者並不打算反叛，而且在很長時間裡也沒有人這麼認為。[112]洪水和乾旱導致的饑荒，以及基督教入侵所構成的文化和社會層面的威脅，使山東地區出現一種道德危機感和恐懼感，由此湧現出各式各樣的宗教文本，它們的篇幅不長，都宣稱玉帝和關公已經降下神兵天將，以驅除來自外國人的威脅，摧毀那些代表現代性的標識如電線杆等，重建清朝統治者的權威。遍布華北的地方百姓們將自己視為服務於玉帝和關公的「天兵」，效忠於國家。他們舉行神靈附體的儀式，以此獲得護佑，抵禦子彈和其他武器的攻擊，這讓他們在西方文獻中得名「Boxer」。他們則自稱「義和」，其中所謂「義」通常是和關公聯繫在一起的。[113]他們的暴力行動完全符合關公崇拜的正統模範，也在帝國支持範圍之內，儘管最終還是遭到血腥鎮壓。

接下來的民國政權繼續崇拜關羽神祇，但是也做出一些調整。[114]一九一四年，袁世凱試圖將關公和岳飛樹立為國家級的偶像崇拜。十二年後，新的國民黨政權則試圖融合關羽崇拜和岳飛崇拜，為此對所有的關公廟進行改造。在關羽被認定為戰爭之神的前提下，通常由軍事將領舉行祭祀儀式。[115]他們將關公和岳飛視為國家的象徵，希望人們能夠在兩位神靈的感召下團結起來，但是這一舉動卻完全忽視兩者背後巨大的文化根源差異，關公崇拜蘊含著豐富的信仰資源，而岳飛崇拜所包含的思想資源卻極其有限。這一誤解源於一個簡單的事實，就是傳統而言，針對關羽的國家祭祀通常由更受尊敬的地方文官而非武官來主持，這提高了關羽的聲望。從地方社會的角度看，由武官主持的祭祀只能被視為一種降級。將關羽視為戰爭之神的觀點，可能受到西方人將祂等同於戰神（Mars）觀念的影響。在民間社會，人們將關羽視為武聖（Martial Saint）而非戰神（God of War），因為祂對暴力的使用是符合道德原則的，人們從來不會純粹將其作為軍事性神靈來加以崇拜。民國年間，與帝國時代相比，「戰爭」這個名詞的意涵在意識型態層面似乎變得更為積極了，這使得關公在國家層面被實質性地改造為戰爭之神，但是這一形象並未真正在民眾信仰中扎根。

一九四九年以後，中國大陸的許多關公廟被摧毀，但是那些靠近解州鹽池的廟宇和玉泉山上的廟宇卻屹立至今，而其他的廟宇也從來沒有真正消失，這些偶像崇拜正在復興。許多頌揚關公崇拜的網站也報導現在的政府活動，在這些活動中，那些崇拜中心被用來吸引來自東南亞的華人代表，同樣還有來自臺灣的信徒。儘管在政治上的意涵，並不一定如此明確。但潛在的豐富文化連結理念無疑具有著龐大的經濟與政治重要性。尤其在臺灣，關公崇拜作為兩岸間聯繫的橋梁具有巨大的優勢，這位神祇可以作為一個全中華民族性的文化象徵。這對於源自於福建南方的其他臺灣重要信仰來說是無法做到的，因為這些其他信仰，始終是閩南，至多是福建人的身分認同象徵。[116]而對地方廟宇而言，來自海外的朝拜意味著收入的增多和聲望的提升。

關公對民眾的保護並非遙不可及，祂積極現身於各類暴力活動中，因此最終與那些同樣會幫助信徒抵禦盜匪威脅的地方神靈沒什麼兩樣，而且祂也不僅僅是由國家控制的抽象意義上的神靈，而是受到所有社會階層的深深敬畏，其中也包括精英階層。在戰爭中，祂徘徊於戰場上空，或者親自帶領天兵參與戰鬥。在之後的章節中，我們將遇到一位受到知識階層，至少是識字者和精英階層崇拜的關公，祂同時也是一位道德守護者。不過在此，我們還必須關注到另外一個變化，乍看之下與祂在傳統意義上透過武力和布雨護民的能力沒什麼關係。

財神

今天絕大多數的人都會把關公和財神這個角色聯繫在一起，祂的這一形象不僅出現在中國本土，也出現在西方的很多中國餐館裡，包括我居住的那個街角的外賣小店。人們通常認為，關公之所以會被明確認為是財神，是因為山西商人將其視為保護神。[117]但問題在於，其他地域性商幫的保護神很少會衍生出這一功能。[118]而且，儘管十六世紀中葉人們已經提到關公是山西商人的保護神，但是直到十八世紀中葉才有人明確將其視為財神。在大部分的文獻中，並沒有特別明確其財神的身分，在那些有名有姓的財神裡，最常見的兩位是五顯（也被稱為五通）和趙公明，而不是關公。[119]儘管祂們其中一位有時會和徽商聯繫在一起，但另一位卻和任何地域商幫都沒有關係。

當我們要求自己找到明確的經驗性證據時，就會發現追溯作為財神的關公的歷史變得異常困難。根據那些穿行於中國東北的朝鮮旅行者的遊記，我們能夠重構作為財神的關公信仰的某種時間發展序列。第一位提到這一點的朝鮮人是朴趾源（一七三七－一八〇五），當他在一七七一年經過瀋陽（當時也被稱為盛京）時，對當地店鋪為了做廣告而鋪張浪費的行為作出如下評論：

> 其招牌認榜競侈爭華。即其觀美浪費不啻千金。蓋不若是則賣買不旺，財神不佑。其所敬財神多關公像，供桌香火。晨夕叩拜，有過家廟。推此則山海關以內可以預想矣。[120]

儘管我不同意這位朝鮮遊客所說的，如此理所當然地推斷中國其他區域的狀況，然而他對都城以北區域的觀察卻是可信的。

還有一些朝鮮旅行者並未非常明確地將關公等同於財神，比如一位旅行者在一八〇三年至一八〇四年冬天提到：

家家奉關帝畫像或塑像，朝夕拈香，店肆亦然。或曰此非關帝像，即傳說之神，為祈財用之贍足云，而傳說豈財神之類耶？此固未可知也。[121]

上文中，作者並未說明那位傳說中的神靈是誰。一八三二年，另一位朝鮮旅行者拜訪位於邊境的一座關帝廟，其中也有一座供奉財神的大殿：

以關帝而稱財神，大不可也。或曰財神者，比干也。以比干之忠直而死為財神，何也？且安排節次與關廟一樣，抑何義也？庭立一碑，刻曰萬古流芳，其下列書檀越人姓名及施財多少之數。蓋道光辛卯新建也。第三屋既安關帝，則又此新創，未知為何意。[122]

此後不久的一八五五年，穿越該地區的朝鮮旅行者再次印證了作為財神的關公在當地的受歡迎程度：

> 路傍人家燒香禮佛，蓋其俗以朔望焚香祈福於關帝，且有財神之貼壁者，每日虔禱，冀其興旺。[123]

第二天，作者甚至抱怨都城以北的人們很少祭祀自己的祖先，然而財神崇拜卻遍布街巷、家庭和旅舍。[124] 綜合來看，這些敘述似乎足以表明到了十八世紀中葉，關帝在東北普遍被視為財神，受到崇拜。來自朝鮮的目擊者並未告訴我們人們，認為關帝能夠帶來什麼樣的財富，以及這一信仰是如何形成的。[125]

朝鮮人的敘述完全聚焦於北京和東北邊境之間的區域，另外一些證據進一步肯定這一區域將關公作為財神崇拜的事實。不多的幾則明確將關公視為財神的史料，都來自一九一一年以後的北方（吉林、山東和河北）。[126] 而將曾任商朝宰相的比干視為財神的地方志數量上要稍多一些，其中包括山東一方一八四〇年的碑刻。這方碑刻的作者也提到關公，但是從未提及祂可能是財神。許多地方志提到對比干的不同崇拜形式及比干的相關故事，但是那些明確將其視為財神的資料幾乎全部來自東北，只有一則來自河北。[127] 關公和比干都在更為廣大的區域內獲得崇祀，但是將祂們作為財神崇拜的區域則非常有限。[128]

到目前為止，我還無法將作為財神的關公的起源追溯至十八世紀中葉以前。除非有更重要的資料出現，否則我們只能認為關公的這一形象相當晚出，而且局限在特定的區域內。為什麼關公會成為財神，透過二手資料我們很難解釋清楚，或許是因為祂看起來和晉商之間有著明顯的聯繫。

要對關公的財神角色作出令人信服的解釋確實十分困難，有一種可能是關公作為忠誠的典範已經深入人心。祂和上文提到的比干都具有這一特質。比干是商代一位非常忠誠的大臣，但卻被殘暴的末代統治者紂王所殺。[129] 人們相信關公和比干都是按原則行事，無論結果如何，最終都導致他們的橫死。因此，我根據萬志英（Richard von Glahn）透過研究五通信仰而提出的觀點作些推斷。萬志英認為像騙子一樣、心腸狠毒的五通在江南被視為財神，最初是表明明末清初人們面對貨幣經濟的不穩定性時產生的某種焦慮。隨著十八世紀經濟的穩定發展，財神的形象也隨之改變，出現一位更為沉靜的五通神，現在我要補充的是——與此同時，像關公和比干這樣同樣非常穩定且具有可預測性的神祇也被當作財神。[130]

小結

關公所能提供的幫助大致可以分為兩大類——興雲布雨和保護人們免受暴力襲擊，這些襲擊的施加者從惡魔到普通人都有。當然，在那個崇拜關公的世界，發動襲擊的普通人，包括蠻夷、土匪和叛亂者等，比我們想像中更接近魔鬼。人們對作為財神的關公的崇拜相當晚起，或許和祂被認為忠誠與正直相關。至今，在人們困惑時顯靈護佑是神祇扮演的最重要角色。為了幫助祂的信徒，關公總是擁有施加暴力的能力，儘管這種暴力指向的是一種積極的目的，追隨者也因此為祂貼上「武」而非「暴」的標籤。在傳統的中國宗教文化裡，人類所面臨的威脅被定義為來自惡魔的暴力攻擊，必須有關公這類神靈提供正義的暴力或者武力與之對抗。[131] 這並不是說另外的神靈無法向那些信奉者提供類似的幫助，但關公無疑是所有神靈中非常重要的一位。

關公的布雨者角色是關於祂的神話中最令人驚訝的一個面向。關公具有預防或者阻止惡魔威脅的能力，但是從這一角度，我們並不容易解釋祂的布雨者角色，儘管這一角色仍然具有很強的社區公共性。然而至少可以回溯至晚明的一則民間傳說，把關羽的暴力角色帶回到故事中，人們相信祂是一條龍的化身，那條龍因為向一個被玉帝下令應該遭到乾旱懲罰的社區降雨而被處死。而且在關羽的大刀和雨水之間存在著若干聯繫，神靈的武器很早就被稱作青龍偃月刀，這暗示它原先被想像為龍的化身。到了十九世紀初期，就有諺語將五月十三日的雨水和關羽磨刀聯繫在一起。

在顯靈布雨及幫助個人、社區乃至整個國家抵禦外來侵略等方面，關公崇拜看起來是非常成功的。對關羽的崇拜持續數個世紀，神祇獲得越來越高的威望。有時候這種威望會轉變為由皇家直接賜予封號，但令人詫異的是，其中至少有兩個最為重要的神靈封號來自私人團體。崇寧年間的「真君」封號是道教驅魔專家創造的，它是神祇擊敗解州鹽池神龍（此後被說成是蚩尤）相關敘述的一部分。「關聖帝君」以及「三界伏魔大帝」這一封號則在一六一四年由宦官創造——有可能是在萬曆皇帝的授意下，但沒有經過禮部。儘管在源頭上存在社會和政治方面的問題，但是神祇的皇家封號迅速被人們接受為祂的標準稱謂。各種不同的利益群體在形塑關公崇拜方面所扮演的角色，清楚地表明這一神祇確實是由民眾集體創造出來的，不同的群體和個人透過參與口頭敘述和地方賽會活動，都對關公形象的塑造做出貢獻。

透過討論神祇的各種靈蹟，我們也希望能夠對帝國晚期人們的焦慮、關心和恐懼有所洞察。即使在今天，我們也不能低估雨水的重要性及人們對旱災的恐懼，因為我們的生存有賴於雨水的不時降臨。圍繞神祇崇拜的那些民間傳說和儀式非常清楚地表明雨水事關生死，儘管還總是存在一種道德層面的解釋。大量關於神祇和惡魔、匪徒及蠻夷鬥爭的故事，揭示出這些暴力威脅是如此真實，常規的軍事力量無法完全應付。事實上，對關公的崇拜也活躍於全中國的軍營裡，因為他們從來都沒有必勝的把握。

1 大塚秀高：〈關羽の物語について〉，頁69–103。

2 大塚秀高：〈關羽の物語について〉，頁82–87。

3 陳元靚：《纂圖新增群書類要事林廣記》，丁集下，頁20b（111）。

4 趙欽湯編，焦竑校：《漢前將軍關公祠志》卷八，頁19a（271）、20a（273）。參見第四章中關於地方廟宇的討論。

5 顧問：《義勇武安王集》卷二，頁碼不明（52）。一三五二年一方碑記的相關內容便建立在胡琦這一討論的基礎之上。（關於該碑記的討論參見錢大昕：《潛研堂金石文跋尾》卷二十，頁15b–16b）。現有的研究經常引用清初顧祿《清嘉錄》中對該碑記所作的概述（參見《清嘉錄》卷五，頁93）。而大塚秀高在〈關羽の物語について〉一書中，雖然注意到錢大昕對一三五二年碑記的概括性評述，卻沒有提到它與之前胡琦的論述之間的聯繫。大塚推斷二十二日是二十四日之誤，在其他關於這一訊息的例子中，我們也可以發現類似的錯誤。但由於一三五二年的碑記與胡琦最初的紀錄關羽生日為二十二日這一點上是一致的，所以我並不認為存在錯誤。相反地，清初採用六月二十四日為關羽生日，可能是受到元代胡琦評論的啟發，對早期湖北習俗作出了改編。然而最終，清代及以後版本的聖蹟傳反而又「修正」了胡琦的原始資訊。接著現代研究從上述的來源中重新引用找回了這些資訊，於是我們又重溯回到了元代的原始文本。

6 郝經：《陵川集》卷三十三，頁7a。參見我在第五章中所作的討論。

7 同恕：《榘庵集》卷三，頁8b。

8 《沔陽州志》（一五三一年；一九二六年重印）卷十，頁3b；《尉氏縣志》（一五四八）卷一，頁30a；《清豐縣志》（一五五八）卷二，頁17a；《趙州志》（一五六七）卷四，頁6a；《濱州志》（一五八三）卷二，頁30a。

9 韓鄂：《四時纂要》，頁88；范致明：《岳陽風土記》，頁28b。另可參見陳元靚：《歲時廣記》（十三世紀？）卷二，頁9a–b。

10 《田家五行》（十四世紀中葉？），引自《涇縣志》（一五五二）卷一，頁8a（卷一具體提到資料來源，頁7b），以及《烏程縣志》（一六三八）卷四，頁27a。

11 《常熟私志》（一六二八–一六四四）卷三，頁31b。

12 大塚秀高在〈關羽の物語について〉頁84–87中，發現不同的地方都有這一相同的信仰。

13 《清豐縣志》（一五五八）卷二，頁17a。

14 類似的說法可參見《法華鄉志》（一九二二）卷二，頁7a；顧祿：《清嘉錄》卷五，頁93；《濮院瑣志》（一七七四），頁487；Bodde, *Annual Customs and Festivals in Peking as Recorded in the Yen-ching sui-shihchi*, 50.

15 Gamble, *T'ing Hsien: A North China Rural Community*, 420; 另可參見直江廣治：《中國の民俗學》，頁110–111。關於六月十六日這個具體日期，可參見第七章。

16 大塚秀高：〈關羽の物語について〉，頁87–90。相關論述部分建基於對各類民俗傳說的蒐集。

17 江雲、韓致中：《三國外傳》，頁56–57。

18 江雲、韓致中：《三國外傳》，頁57。

19 Idema and West, *Battles, Betrayals, and Brotherhood*, 320–321, 其中將「虯髯」翻譯為捲曲的鬍鬚。丁錫根：《宋元平話集》之《三國志平話》（上），頁755。

20 薛朝選：《異識資諧》。大塚秀高在〈關羽の物語について〉一文中講述這一故事。正如大塚秀高所指出的，源於其他史料中的故事內容有所差異，他還對差不多同時代的類似史料進行討論。

21 《忠義覺世真經》（原刊於一八六三年，一九〇一年重印）下，頁32b（51）。

22 徐道：《歷代神仙通鑑》卷九，頁8a–b（1613）。這一部分的內容並未收入《關帝聖君聖蹟圖志全集》。大塚秀高在〈關羽の物語について〉一文（頁90–93）中討論這一史料。《西遊記》卷十中也記載一個類似的故事，參見余國藩譯本，頁238–251。大塚秀高在〈斬首龍の物語〉一文中有更深入的討論。與關羽生日相關的更多細節，還可參見徐道：《歷代神仙通鑑》卷九，頁8b（1612）。

23 周夢顏：《萬善先資集》卷一，頁452–453，本書第二章曾有所引用。

24 《破迷》，收錄於《法國國家圖書館明清天主教文獻》卷十一，頁557。

25 童萬周：《三國志玉璽傳》，頁503（在頁437同樣將五月十三日視為關羽生日）。該書編者極力證明這一彈詞的基本內容成形於晚明，但是我並不這麼認為。

26 李福清在《關公傳說》一書中對該故事的形成和流傳有非常廣泛的討論（頁28–44）。

27 諸葛緯：《三國人物傳說》，頁18–22，但其中沒有提及具體的地點。王一奇：《三國人物別傳》，頁38–44，其中的故事來自安徽地區。在陳慶浩、王秋桂主編的《陝西民間故事》中也收錄類似的傳說，參見該書頁264–267。

28 魯貞的《銅山老農集》中收錄相關的個案，參見該書卷一，頁20b；同恕：《榘庵集》卷三，頁9a；武億：《安陽縣進士錄》卷十二，頁8b；徐宗幹：《濟州金石志》卷三，頁59a。

29 《鎮江志》（一三三二）卷八，頁12b（2729）。

30 《河南總志》（一四八三）卷八，頁16a；陳垣編纂，陳智超、曾慶瑛校補：《道家金石略》，頁1205。《龍游縣志》（一六一二）卷三，頁1b。另外，亦可參見《高陵縣志》（一五四一），頁6b以及《大冶縣志》卷四，頁5a。

31 《徐州志》（一五七七）卷四，頁20a–b。

32 山本斌：《中國の民間俗承》，頁59、73–74，相關傳說採集於趙縣。

33 江雲、韓致中：《三國外傳》，頁43–47、205–206；諸葛緯：《三國人物傳說》，頁48–52。

34 諸葛緯：《三國人物傳說》，頁51–52。江雲與韓致中的《三國外傳》中記載有所不同，其中並未提及關羽雨神的身分，頁205–206。

35 山本斌：《中國の民間俗承》，頁55、59。

36 直江廣治：《中國の民俗學》，頁119–141，尤其是頁127–128。明恩溥在《中國鄉村生活》一書中，把關羽、觀音、龍王及蛇神均列為山東地區和雨水有關的神靈，頁169–170。

37 內田智雄：《中國農村の家族と信仰》，頁251–261。王衛東提到在他的家鄉山東，如果關公沒有在乾旱期間帶來雨水，人們通常會懲罰神靈。口述訪談，二〇一六年七月二十八日。

38 Duara, *Culture, Power and State: Rural North China*（中譯本參見杜贊奇：《文化、權力與國家：一九〇〇—一九四二年的華北農村》，江蘇人民出版社，二〇〇八年），以及我自己的論文 'Local Society and the Organization of Cults in Early Modern China: A Preliminary Study' 都極大地受益於這些日本學者的研究。

39 Litzinger, 'Rural Religion and Village Organization in Northern China: The Catholic Challenge in the Late Nineteenth Century', 45–

47.

40 黃啟曙：《關帝全書》卷四十，頁51a–52a。關於這一史料，請參見Ter Haar, 'Divine Violence to Uphold Moral Values', 314–338.

41《道法會元》卷二五九，頁590c。

42 宋濂：《元史》卷七十七，頁1926。關於這一經文，參見Keyworth, 'The Curious Case'.

43 Robinson, *Empire's Twilight: Northeast Asia Under the Mongols*, 21, 65–66.

44 Vermeer, 'P'an Chi-hsün's solutions for the Yellow River Problems of the Late 16th Century', 33–67以 及Leonard, *Controlling from Afar: The Daoguang Emperor's Management of the Grand Canal Crisis*, 1824–1826 一書中所作的總結，參見該書頁10–11、33–35。

45 潘季馴：〈恭報水孽既除地方可保永安疏〉，《總理河漕奏疏．三任》卷二，頁55a–59a（719–727）。這一珍貴文獻包含與潘季馴相關的所有資料，其中有幾份確屬孤本。

46 關於這一點，潘季馴自己也有更為概括性的說明，參見潘季馴：《總理河漕奏疏．三任》卷三，頁54b（862）。

47 潘季馴：《總理河漕奏疏．二任》卷三，頁26a–28a（355–359）。

48《徐州志》（一五七七）卷四，頁18b。

49 參見《徐州府志》（一八七四）卷十四所收錄元代碑刻，頁5b–6a。明代的例子參見周暉：《續金陵瑣事．下》，頁143–144；李清：《三垣筆記》附識之〈弘光〉，頁2a（669）。第八章中會討論並引用一些清代的個案。

50《烏程縣志》（一六三八）卷八，頁1b、卷十一，頁12b–16a。在稍後的碑記中，董份提到更多論及潘季馴和關公關係的例子。其中的一些獲得潘季馴本人的證實，參見《總理河漕奏疏．四任》卷三，頁55a–b（1627–1628）、57a–b（1631–1632）。

51 蔡獻臣：《清白堂稿》卷十三，頁4b–5a（398–399）。

52 王棫：《秋燈叢話》卷十五，頁11b（575）。

53 關於這一點，可參見Mayor, *The First Fossil Hunters: Dinosaurs, Mammoths, and Myth in Greek and Roman Times*.

54 錢希言：《獪園》卷十四，頁743–744。

55 袁枚：《子不語》卷一，頁3–5；卷二，頁27–28；卷二十，頁221–222；卷十二，頁263–264；袁枚：《續子不語》卷四，頁1a–2a；李斗：《揚州畫舫錄》卷七，頁5b–6a（653–654）。

56 Edkins, *Chinese Buddhism: A Volume of Sketches*, 338. Knapp在*China's Living Houses: Folk Beliefs, Symbols, and Household Ornamentation*一書中對中國房屋的防護措施作概述，參見該書頁52–78。

57 大英博物館，館藏號1937, 0716.107。該博物館中的另一件相關藏品的館藏號為1962, 1019.2。

58 Knapp, *China's Living Houses*, 65–68. 我曾於一九八四年一月前往沖繩島進行田野調查，該地區保留很多中國習俗。如今在網路上很容易就能找到來自福建和臺灣屋頂守護神將的相關資料。

59 李福清：《關公傳說》，頁119–122。

60 徐時棟：《煙嶼樓筆記》卷六，頁9b–10b，引文來自頁10a。另外，亦可參見田海：《講故事：中國歷史上的巫術與替罪》，頁252–253，相關論述引用其他史料。

61 謝肇淛：《麈餘》卷三，頁2a–b。

62 趙欽湯編，焦竑校：《漢前將軍關公祠志》卷六，頁23a。

63 類似的例子很少，在如惺的《明高僧傳》中提到另一個個案。參見該書頁0913c15–914c14，本書第二章曾經討論這一個案。

64 周克復：《觀音經持驗記》，頁0104a08–b05。

65 Ter Haar, 'Divine Violence to Uphold Moral Values', 314–338.

66《關聖帝君明聖經》：一八八八年至一八八九年，該書在上海被多次重印。在一八八七年由廈門多文齋刻印的《關聖帝君明聖經》中也有類似的題名，當然題名者大多來自福建南部。

67 胡聘之：《山右石刻叢編》卷十七，頁21a–b。

68 畢沅：《續資治通鑑》卷十一，頁2b（528）。

69 同恕：《榘庵集》卷三，頁8a–b。

70 我們在第四章中對此已經有所討論。

71《臨川志》，頁1929–1930。

72《順德府志》（一四八八–一五〇五）卷十一，頁47b。一五四八年的《灤志》中也提到這一傳說，參見該書卷七，頁25a。

73《邵武府志》（一五四三）卷十，頁25b。

74《滄州志》（一六〇三）卷七，頁9b。關於匪亂，參見Robinson, *Bandits, Eunuchs, and the Son of Heaven*.

75《儀真縣志》（一五六七）卷十二，頁4a；《灤志》（一五四八）卷七，頁25a；《六合縣志》（一五五三）卷七，頁碼不明；《潁州志》（一五三六）卷下，頁20a；《池州府志》（一六一二）卷二，頁26a；《交河縣志》（一九一六）卷十，頁36a–b；徐昌祚：《新刻徐比部燕山叢錄》卷七，頁5b、7a。

76 胡小偉在《關公信仰研究系列》第四卷利用不同的史料，從不同的角度討論這一現象（參見該書頁143–150）。關公並不是唯一顯聖護民的神靈，當地百姓有時候甚至無法確定他們被哪位神靈所救，參見錢希言：《獪園》卷十一，頁699。

77 參見Meskill, *Gentlemanly Interests and Wealth on the Yangtze Delta*, 81–99及Brook, 'Japan in the Late Ming: The View from Shanghai', 42–62. 西方學者在這一領域的經典著作是*Japanese Piracy in Ming China During the 16th Century*.

78《興化縣志》（一五九一）卷八，頁38b–39a。

79 參見周暉：《金陵瑣事》卷四，頁259–262，這一故事引自頁260–261。

80 鄭仲夔：《玉麈新譚・雋區》卷三，頁3a（528）。史料中提到的「金」是關於銀兩的一種文學化表述。

81《鹽城縣志》（一五八三）卷十，頁10a–b；《嘉定縣志》（一六〇五）卷四，頁4b–5a；王世貞：《弇州四部稿・續稿》卷六十一，頁16a–17b；《嘉興縣志》（一六三七）卷六，頁36a–b；《常州府志》（一六一八）卷二，頁62a；卷十九，頁13a–15a。

82 McMullen, 'The Cult of Ch'I T'ai–kung and T'ang Attitudes to the Military', 101–102.

83 田藝蘅：《留青日札》卷二十八，頁4a–b（903–904）。

84 袁枚：《子不語》卷五，頁116。

85 Ter Haar, *Ritual and Mythology of the Chinese Triads: Creating an Identity*, 191–193.

文獻包括《慈溪縣志》（一六二四）卷四，頁21a以及《蔚州志》（一六三五）卷一，頁22a。

107 胡小偉在《關公信仰研究系列》第四卷中的相關討論過於關注晚出的一些證據，彷彿「滿洲」崇拜大部分都是在入關後才發展起來的，他也沒有對滿洲人這一概念展開考察，而是在一種本質主義的視野下觀察這一群體，絲毫不考慮其歷史的變遷情形。

108 Craig, 'Visions of China, Korea, and Japan in the East Asian War, 1592–1598', 180–185; Van Lieu, 'A Farce that Wounds Both High and Low: The Guan Yu Cult in Chos nMing Relations', 39–70.

109 就像絕大多數不同文化之間的融合一樣，將關羽轉變為滿洲文化的一部分也並非那麼完美。更多的詳細討論可參見Crossley, *A Translucent Mirror: History and Identity in Qing Imperial Ideology*, 244–245, 284–285. 此外，亦可參見Berger, *Empire of Emptiness: Buddhist Art and Political Authority in Qing China*, 118–119 以及 Heissig, *The Religions of Mongolia*, 99–101.

110 賈建飛曾經提供一個相關個案，參見〈清代新疆的內地壇廟〉，頁90–103。另可參見Heissig, *The Religions of Mongolia*, 100.

111 胡小偉在《關公信仰研究系列》第四卷中，考察清政府與關公信仰之間的關係。

112 在這方面西方的代表性論著是，周錫瑞《義和團運動的起源》和柯文《歷史三調：作為事件、經歷和神話的義和團》。

113 我的論述建立在對義和團相關史料進行再分析的基礎之上，由於篇幅有限，在此難以詳細展開。邵雍的〈義和團運動中的道教信仰〉（頁144–150），以及程歗的〈拳民意識與民俗信仰〉（頁155–172）對相關資料進行討論，並且提供進一步的線索。Doar, 'The Boxers and Chinese Drama: Questions of Interaction', 91–118. 對戲臺在義和團運動中所扮演的角色展開有趣的討論。

114 胡小偉在《關公信仰研究系列》第四卷中，對民國時期的關公崇拜進行概述（頁579–598）。

115 Zarrow, 'Political Ritual in the Early Republic of China', 173–174. 關於地方層面的行動，可參見Poon, *Negotiating Religion in Modern China: State and Common People in Guangzhou*, 23, 47–48, 69, 124.

116 比如以下網站：http://www.guangong.hk/ 以及 http://www.guandimiao.com.cn/（筆者於二〇一五年八月三十日瀏覽以上

兩個網站）。Brown and Cheng, 'Religious Relations across the Taiwan Strait: Patterns, Alignments, and Political Effects', 60–81以及 Hatfield, *Taiwanese Pilgrimage to China: Ritual, Complicity, Community* 提供很好的背景性參考。

117 呂威：〈近代中國民間的財神信仰〉，頁41–62；胡小偉：《關公信仰研究系列》第四卷，頁254–274。

118 萬志英：《左道：中國宗教文化中神與魔》，頁222–223。

119 此處所依據的是黃伯祿在《集說詮真》中所蒐集的基本史料，參見該書頁3259a–3261a（569–575）。這些史料根本沒有提到關公。

120 參見朴趾源（一七三七－一八〇五）：《燕巖集》卷十二《熱河日記》（http://db.itkc.or.kr）。

121 李海應：《薊山紀程》卷五〈附錄．風俗〉（http://db.itkc.or.kr）。該網站的相關史料都在開頭和結尾處清楚標明來源。

122 金景善：《燕轅直指》卷一，十一月二十三日〈柵門關廟記〉（http://db.itkc.or.kr）。

123 徐慶淳：《夢經堂日史》，十一月初五（http://db.itkc.or.kr）。

124 徐慶淳：《夢經堂日史》，十一月初六（http://db.itkc.or.kr）。

125 黏貼在牆上的畫像被稱為年畫。將作為軍事神靈的關羽和民間財神結合在一起的個案，可參見以下網址：http://www.wul.waseda.ac.jp/kotenseki/html/ni16_02272_0138/index.html。

126 以下是明確認為關公是財神的相關個案：山東：《陽新縣志》（一九二六）卷二，頁95b（將關公同時作為財神和雨神崇拜）；吉林：《東豐縣志》（一九三一）卷三，頁32a（本來供奉武聖的廟宇現在供奉作為財神的關公）；河北：《龍關縣志》（一九三四）卷二，頁13a（在一處評論中將比干和關公視為民間財神）。

127 《曹縣志》（一八八四）卷十七，頁16b。另外的一些案例可參見黑龍江：《雙城縣志》（一九二六）卷六，頁33；《寶清縣志》（一九一一－一九四九），〈物產〉，頁309；吉林：《梨樹縣志》（一九二九、一九三四），丁編人事卷二，頁34；《東豐縣志》（一九三一）卷三，頁32a；遼寧：《西豐縣志》（一九三八）卷二十，頁14b；《黟縣志》（一九三一），頁45a；《海城縣志》（一九三七）卷四，頁42；河北：《龍關縣志》（一九三四）卷二，頁13a。

128 Doolittle, *Social Life of Chinese* 第一卷中說福州人崇拜關公是為了讓神靈保佑他們「事業成功」（頁267）。然而，在該書的其他地方（頁269），作者非常明確地指出，在當地財神的角色是由其他神祇承擔的。De Groot, *Les fêtes annuellement célébrés à Émoui (Amoy): étude concernant la religion populaire des Chinois* 一書中指出廈門人把很多不同的地方神靈都視為財神，但關公並不在其列（頁153–157）。

129 司馬遷：《史記》卷八十七，頁2560。

130 Von Glahn, *The Sinister Way: The Divine and the Demonic in Chinese Religious Culture*, 特別是頁251–253。

131 Ter Haar, 'Rethinking "violence" in Chinese culture', 123–140以及 'China's Inner Demons', 27–68.

第七章
斯文之神

中國帝制時代的科舉考試始終與一整套的信仰觀念及實踐密不可分。我們現在一般不會把科舉考試視為一個宗教事件，但今天所能看到的各種與科舉相關文獻實際上往往都與孔子崇拜有關。從開蒙到入仕，孔子崇拜一直貫穿中國讀書人的生活，而科舉考試更在這一明晰的宗教語境中占據了一個重要的位置。無論考前考後，大多數赴試學子和他們的家庭都會向包括孔子在內的一系列神祇祈拜，以消解焦慮。託夢也好，其他神祇的暗示也罷，關公的預言也總能讓這些人在面對未卜的前途時獲得一份慰藉。正因為如此，關公成了知識精英群體宗教文化中的重要角色。

十六世紀，士人群體建立起一套獨有的關公信仰傳統，其中包含信仰故事和祈禱內容。清代，知識階層的規模進一步擴大，這些信仰觀念和實踐方式也因此影響到更多人。這一趨勢在十九世紀體現得尤為明顯，關公不再僅僅在夢中或幻象中現身，也不再是主要用暴力和武藝踐行神職的一尊神祇，而開始以扶乩降筆的方式與士大夫信眾進行交流。當然，關公依然會透過直接在現實中或夢幻中顯聖幫助信徒，但在這一時代，以靈籤和降筆為載體的神示卻明顯更為流行。當然，這位神祇的預言往往神祕難測，事主經常在事後才能恍然大悟。這些預言的靈驗也因此需要具體事件的印證，並不是一種明確的命運指南。

這一時代得到發展的不僅有關公在士人群體中的新形象，而且祂的驅魔神與施雨神的形象也得到發展，但新舊兩類形象的發展趨勢卻並不直接相關。儘管這一時代由特定群體奉祀的神祇眾多，但關公新出現的士人信眾無疑是最多的。在這一點上，文昌與關公類似。前者同樣是一個源自四川的普通地方神，然後逐漸演變為專門的文業之神，而到了帝制晚期，它的前一種身分早已被人們遺忘。[1] 從晚明開始，關公信仰在士人群體的推動下形成一系列知識階層的觀念和實踐方式，開始透過顯靈來回應某些士人階層才會關心的問題，比如如何準備科舉考試。這一新功能在關公文人形象的發展過程中發揮重要作用，其中的關鍵要素就是扶乩和鸞書。

士人的保護神

關公的士人保護神形象在十六世紀晚期已經基本成形，[2] 以下這則故事生動地體現這一點。一五六七年秋天，有兩兄弟為準備科舉，從江西新淦坐船前往湖南桃源。途中弟弟病重瀕危，一行人只能先停在路邊一間三義祠裡，在祠中痛哭祈禱。眼看弟弟就要嚥氣了，大家開始準備後事。突然間，他們聽見一個聲音傳來。這個聲音告訴他們，弟弟不僅不會死，還能金榜題名。哥哥覺得難以置信，仍然守在已狀如死人的弟弟身邊繼續痛哭。這個聲音又從虛空中傳過來，告訴一行人，沒有人會死在這裡。儘管哥哥沒有被說服，但他還是先把弟弟的身軀移到另一座荒廟中，然後回到三義祠取了一些香灰，放入一碗淨水中，接著把水灑在身軀上，又撬開弟弟的嘴巴灌了一些進去，這是當時一種常見的治療方式。結果弟弟當夜就活了過來，康復如初。翌年，哥哥成功考中舉人，弟弟也在一五八三年考中進士。一五九九年，兩兄弟之一升任浙江省衢州府知府後，決定在當地重建一座關公廟，以紀念三十年前發生的那樁奇事。在三義祠度過的十多天一定為兩兄弟留下深刻印象，他們的一生也因此和這位神祇緊緊聯繫在一起。[3]

關公既會應信眾的祈禱施予援手，也會主動為有德之人解厄救困，但兩者往往被混為一談。人們有時候還沒祈禱就已經得到神祇的幫助，因為他們德行高潔；受助之後，這些人也往往成為虔誠的信徒。儘管這類故事主要來自士人圈子，但情節模式本身卻可以套用到不同階層的人物身上。錢希言（我們在第六章提過他）在一六〇一年至一六一三年的個人日誌中，斷斷續續地記述自己家人選擇崇祀關公的前因後果。[4] 錢氏的祖父被貶充軍遼東，在那裡給一個軍戶家庭當管事。鐵嶺衛所城外（他將這一地名寫為銕嶺），也就是今天瀋陽北面有一座香火旺盛的廟宇，錢希言稱這座廟宇「最多靈異，香火繁盛。府君時時往祭禱焉」。一五四九年，錢希言的叔叔進京參加武舉考試，一舉得中，而他的父親當時還是鐵嶺的一個生員。某日，錢希言的父親陪著祖父去參拜這座當地的關帝廟，那時候他的祖父已經失明十八年了。因天色將晚，他們出門時帶上一對燈籠。一見燈光，廟祝就迎出來，連向他們道喜說關公剛剛給他託了一個夢，在夢裡，關公讓廟祝轉告兩父子，讓他們熄滅其中的一個燈籠。兩父子依約而行，剛到家淨空之上忽然傳來一聲霹靂，錢希言的祖父應聲復明。錢希言的祖父將此作為吉兆，此後他做的夢裡還出現蘇武（約西元前一四〇－前六〇）歷經十八年從匈奴歸鄉的故事。遺憾的是，錢氏的祖父對後一個夢的解釋過於樂觀，他的流放不僅未能就此結束，還在原定的基礎上又增加了一年。當然，解夢失誤十分常見，儘管錢希言的祖父未能獲赦歸鄉，但次年（一五五〇年），錢氏的叔叔卻高中武進士。因為兒子獲得功名，祖父結束充軍生涯，離開遼東，不久之後洗刷罪名。這兩年發生的一連串事件都和當年的廟祝一夢聯繫在一起，錢家從此對關公的預言深信不疑。[5]

從晚明僧人戒顯（一六一〇－一六七二）《現果隨錄》中的一系列故事，可見關公與士人之間特殊的庇佑關係，其中有一個故事講述的就是戒顯自己家人對關公的崇信。戒顯的父親原本是一位生員，並不信佛，後來因為夫人皈依佛教，成為虔誠的佛教徒，他稱關公為關聖人。這位關聖人有一次在他的夢裡現身，要求他為自己在當地的廟宇寫一篇賦。[6]戒顯的父親很可能在皈依佛教之前已經開始崇信關公了，在做了這個夢之後就向關公供奉素齋。《現果隨錄》中與關公有關的故事一共有五個。在這幾個故事中，關公救了一群挺身對抗暴徒、保護關帝廟的信眾；協助一個虔誠的崇信者贏了一場箭術比試；還救下了一位因為偷盜香油供品被判死刑的僧人。[7] 除了戒顯之外，他的一名俗家弟子也是關公聖蹟傳的編撰者，可見這尊神祇在戒顯的人際圈中是何等重要。[8]

戒顯的書中還記述了張采（一五九六—一六四八）的眾多行跡，關公崇祀的重要性在這些故事裡表現得尤為明顯。張采在明末以志氣著稱，是晚明重要團體復社的核心成員之一。他和戒顯都是江蘇太倉人，兩人可能早在府學生員時已經熟識。[9] 戒顯寫道，張采是一個十分孝順母親的人，而在一六二八年的科榜還未公布時，戒顯的一位朋友就夢見張采因仁孝而高中三甲，這場夢也成為此後一連串事件的開端。張采不信佛，獨崇關帝，他在一六四五年的除夕夢見關公賜給自己一塊木匾，上書「乾坤正氣」四個字。這令張采欣喜萬分，因為這四個字不僅與關公的志氣相關，而且能聯繫到《易經》中有關陰陽天地的重要卦象。它們不僅昭示張采自己的志向所在，也隱喻張采之後的命運。夢見賜匾之前，張采剛剛憑著自己的一腔正氣，舉報當地一眾權勢滔天的胥吏。胥吏們選擇在年關這天的慶典上報復張采，挾眾將其綁到城隍廟，打得他血肉模糊。就在這時有一個小孩正好走進廟裡，這個小孩親眼見到城隍現身，俯身庇佑張采。但這頓毒打還是讓張采昏厥過去，不省人事。胥吏們命令一個乞丐將張采的「屍體」丟到關王廟旁的小校場上。這天晚上，一個在廟中掛單的僧人對駐廟和尚說，張采是一個好人（文中稱之為「正人」），不應任由其屍身受損。和夢裡的情節一模一樣，兩人用一塊木匾將張采抬回家。回家之後，張采活了過來，而官府則在年後逮捕那些毆打他的人，並在菜市口處死。[10]這個故事的主題非常明晰：神祇將庇佑仁孝行義之人。也因為這些事蹟，關公被官府納入祀典，讓士人能夠在繼續質疑各種地方神祀的同時，名正言順地崇祀關公。

在另外一些故事裡，關公甚至成了送子的神祇。這類故事並不常見，但其中的「義行」主題本身依然為士人喜聞樂見。一六二七年前後，一名老來得子的鄉賢重修紹興的一座廟宇，他的弟弟王思任（一五七二－一六四六）詳細敘述整件事的來龍去脈：這位鄉賢一直沒有能夠繼承家業的子嗣，但「藉兄弟至義，默禱於帝，帝心許之。以天啟七年二月五日生子，命名『鼎起』」。這個關公的神蹟故事十分典型，當然其中並未提及孩子的母親是誰，這名子嗣很可能是侍妾而非正妻所生。不過為了表示感恩，這位兄長向關公供獻一頭豬和一隻山羊，並且延請戲班來娛神。[11]王思任將眾人祈神得願的原因歸於他們的「義」，這種感性的「義」與王思任之後對於大明王朝的感受一定有某些共通之處。同樣也是因為對「義」的認知，在清軍一六四六年攻占太倉時，張采選擇絕食自盡。

晚明時期，士人群體在社會中的存在感越來越強，而和其他地方神的崇信相比，他們顯然更願意認同關公崇拜。這主要是因為大多數地方神祀往往不合禮法，士人群體難以參與。但關公崇拜卻不同，士人能夠在禮法之內透過崇祀關公來滿足自己的情感需求。我在這裡想用一則十分詳盡的例子來說明這一點。這個例子的出處有些出人意料，它記錄在一九〇四年一位受過科舉教育的佛教居士對《阿彌陀經衷論》的評論中。這部佛教經典集注是由王耕心的曾祖父王定柱（一七六一－一八三〇）編著，是王家持續編修的重要文獻，[12]其中也詳細記述王氏家族在十八世紀下半葉成為一個佛教家族的全過程。在這一過程中，王氏家族在堅持以經學傳家的同時，也同樣保持著對關公的信仰，並且將這一信仰與佛教信仰實踐結合在一起。從這本書中我們可以看到，神蹟對士人階層和普羅大眾有著相同的意義。而且這部作品罕見地讓我們得以進入一個人的內心世界，儘管我們只能透過作者以自己的認知寫下的隻字片語來認識：

> 余家世業儒，篤奉六籍，自五祀以外無雜祭。墩之左，潔室一楹，妥先聖四配主，列祀神武關漢壽帝，司命文昌帝，配以斗魁。以禮官祭日，虔祀無怠。近百年矣，室中未嘗有二氏書及像設。

可見該家族一直奉行嚴格的儒家祭祀禮儀，並且只用神位牌而非神像來代表神祇。十九世紀初，作者寫下這段家族境遇時已近暮年，這或許能夠解釋他並非用當時慣常的稱呼，而是用漢壽亭侯來指稱關公。當然，這也可能僅僅是一個筆誤。

曾王父厚庵公官江南，廉名滿吳下。僦民居，鄰火及甍，朝服告天。火中見白鸚鵡反風滅火。又檄輓庫綱。[13]渡黃河，中流暴飆裂帆，百口震號。俄覩金容炳煜，致分風斷流之異。乃手繪普陀大士妙相。[14]

很顯然地，王耕心的這位先祖一生被觀音救助了不止一次，也因此將觀音作為主要崇祀對象。王家另一位生活在十八世紀的先人王定柱，是最早開始寫作這部《阿彌陀經衷論》的人，但他卻幾乎中斷了這一崇祀傳統。

余童齔時，日從先妣炷香頂禮。及十歲過鄉墩，聞其師方授諸弟孟子書。訓曰：楊者何？今道家是也。墨者何？今佛家是也。能以言拒道與佛，即聖人之徒也。

這些話深深影響了王定柱，他不但不再崇拜觀音，而且開始輕率地抨擊佛教，儘管當時的他並不理解自己的批判到底意味著什麼。直到王定柱在十七歲考中舉人時，主考官告訴他，不要武斷地拒絕佛教。這一勸告當然讓王定柱十分驚訝，但主考官向他解釋，孔孟從未在著述中引用佛道文字，只是因為在這些聖賢的時代，佛教和道教尚不存在。年輕人回家後重新思考主考官的告誡，雖然還未有任何行動上的改變，但這些話已經讓他慚愧不已。在這次真心悔悟之後，一次更加直觸人心的事件緊接著發生了，其中的關鍵角色正是關公。考慮到王氏家族一直將關公作為正祀的對象，我們也可以透過這一記載認定王定柱本人其實並未放棄過祈拜關公，即使他放棄觀音崇拜的那段時間也是如此。

乾隆丙午，邑中大疫，道殣如麻，率以七日不汗死。余二十一日，三震戰，三不汗，奄然氣盡。神歷房闥出衢中，將適東郭嶽祠。顧見西來戈甲如雲，人馬皆長尋丈。詢前驅者。曰：關神武帝受敕征臺灣寇也。

這一年，動盪的小島臺灣正在被林爽文的暴動踐踏，而調去鎮壓的清軍則在不斷消耗朝廷的糧餉。[15] 但這件遠方大事為何會在這個年輕人的夢裡出現？也許他將京師邸報上的消息糅進夢中。

俄覿神武橐鞬御赤馬，龍刀在握，神采熠熠。余當衢迎拜，頓顙塵中。一仰視則黼几已具，神武袞冕秉圭，東面垂拱。余涕泣陳所苦，籲乞庇宥。神武厲聲叱曰：汝知罪乎?汝以先世積德，籍注鄉薦後四年，當登辛丑進士第，福祿未艾。豈謂汝自得舉以來，童昏無識，忘先世功德，自詡才雋，憍慢嫉忌，惡人勝己，輕率愎戾，銜恚睚眥，凌侮儕輩，多懷意惡，訐發人短，喜談閨閣，談諧惕日，褻引聖典。種種積慝，惡簿等身。而且不覩二氏之書，妄肆臆毀，心無忌憚。貌附聖賢，尤犯天律所深惡。游巡使者日有奏報，髮不勝擢。是以上帝震怒，初削科名，今削壽籍，將墮惡道。豈吾所能垂祐乎。

關公以《前世積善錄》這本以觀音崇拜為主題的文本為依據，譴責這個年輕人背棄先祖禮敬的神祇，盲目追隨他的經學老師。如前所述，他在幼年時已經由母親灌輸了佛教信仰，而在這一危機到來時，這種信仰終於又回來了。

余聞，震慄喪魄，崩角求活，矢自湔艾。既久，神武顏色稍霽，微頻首曰：止，姑觀汝後修。余泥首敬謝，再仰視，金容已杳，衢中闃無人。皇恐亟趨歸，入門歷榻呻而寤。則覩真官朱衣玉顏，從兩童子，搴簾入曰：奉帝命來活汝。兩童登榻，各手短杖擊余體，擊頭頭汗，擊胸胸汗。濈然溼重衾，至膝而止。遂能張目索飲。

我們並不知道這位真官是何許人也，也不知道這場瘟疫到底是怎麼回事，更不知道文中的「短杖擊體」到底是什麼原理。在西方，瘟疫往往是熱病的同義詞，這場疫病的典型症狀是不能發汗，因此應當是另一種疾病。

> 翼日扶杖起。詣神武像前匍伏謝。

從這段記述中可見，圍繞「懺罪祈福，震懾盲愚」，聖賢之言和佛道之教是可以形成互補關係的。此後，他花費大量時間廣泛閱讀佛教經典，深感其中的內容對通曉聖人的經義同樣大有裨益。

> 自丙午懺罪，湔洗三年，慄慄臨履。己酉夏，先妣遘疾幾絕，感神武示拯於夢。夢僉同，家人皆驚歎。明年庚戌，神武又示先妣夢，督余上春官。鎖闈宵分，肸蠁降靈，遂忝與甲榜。迄今佹遇危憊。

在遵從神言、重新思考之後，王定柱也在會試中得以高中。在這些內容中，我們其實並沒有看到太多與佛教崇拜相關的細節，反倒能夠深刻感受到關帝在這個家族幾代人心中的重要性。另一方面，我們也能從中看到王定柱在選擇時的糾結心境。初中舉人之後，他並未傾向於佛教，直到經歷一次瀕死體驗之後才徹悟轉變。王定柱和他的先輩們一生都在堅守「儒生」身分，但在家祠中崇拜關公始終是他們生活中的一個有機組成部分。毫無疑問，關公身上的「儒家」屬性正是這個家族始終堅持崇拜祂的重要原因。蘇北泰州王氏家族此後的幾代人在以經學傳教的同時，也始終堅持著佛教居士信仰，直到民國年間。[16]

在這些靈蹟事件中，關公顯聖施恩的方式與暴力完全無關。[17] 正如王定柱在他生動優美的自傳中描述的，關公和眾多的佛道神祇一樣，首先是一個從受恩者內心傳來的、永恆的道德之聲。在這部自傳接下來的章節中，我們能夠看到中國帝制晚期的士人作者如何以此重構關公舊的神祇形象，塑造出一個更具文人色彩的新形象。當然與此同時，關公武聖的形象同樣存在。正如王定柱的描述所示，他遇見的關帝不僅是一個佛教真諦的教導者和引領者，也是正在率領討伐臺灣林爽文起義的遠征軍統帥。

文士之神

十七世紀中期，士人群體開始給關公冠上一個新的稱呼——關夫子。很顯然，這個稱呼是比照口語中的孔夫子一詞而來。「孔夫子」這個詞彙至少在十二世紀就已廣泛出現在口語中，

圖 7.1　手捧《春秋》的關公像

手捧《春秋》的關公塑像在不同時期都有，他手中的《春秋》一書的版式通常代表塑像當時最為普遍的圖書版式。在這些塑像中，關公也不再手持大刀。杜倫大學東方博物館授權使用。

比孔子本來的稱呼更廣為人知。[18]「關夫子」這一稱呼最早出現在一部一六五七年出版的佛教論集中，[19]同一時代出現的還有一個新的關公形象。這一形象有一張不同尋常的紅色面孔，三縷長長的黑鬚，身著綠袍，膝蓋上還攤著一部書，代表關公所讀的《春秋》，這一形象從此流行開來，其流行程度僅次於一手舉偃月刀、一手撫摸長髯的傳統坐像或站像。但「關夫子」這個新稱呼似乎只在士人群體中流傳，大多數人依然繼續使用地方習俗中的稱呼，特別是關公、關帝或者關聖帝君。文人與受教育群體在清代始終保持增長，這一稱呼的迅速普及顯然也與此有關。

當然，稱呼上類比於孔子並不會讓關公真的轉型為同類神祇。因為孔夫子並不會成為扶乩儀式中的主角，也不會真的為祈拜者提供神助或庇佑。儘管祈拜者能夠以同樣的情由向兩尊神祇祈告，但對祈拜者而言，關公顯然更加實用，也更為流行。江南常熟的地方志記載，晚明時期關公擁有多種身分，既是「科場司命」，也為佛教徒充當「寺院宿衛」，又是道教徒對抗蚩尤的神將。[20]我們很難確定關公作為文士的新形象從何而來，但這一形象很可能為祂在大眾中的進一步傳播提供助力，這也說明士人群體並不想把關公視為一尊僅供愚俗平民崇拜的神靈。在接下來兩節中，我們首先討論北京正陽門內的關帝廟對推廣這一士人形象所發揮的作用。我將說明關公文人形象的大規模流行與晚明文化氛圍有著直接的相關性，儘管這一形象的雛形已經存在幾百年。

正陽門的關帝廟

對生活在晚明和清代的士人來說，北京正陽門旁的關帝廟儘管並沒有多麼宏偉壯麗，但在眾多崇祀關帝的廟宇中卻最為出名。這座城門今天仍舊獨自兀立在天安門廣場一端，但在那個時代，它無疑是北京最重要的一座城門。無論是供職於內城，還是受詔從外地來紫禁城覲見皇帝，各路官員都要穿越這座城門，連皇帝自己從外城南端的天壇祭天回鑾也要穿越這裡。在皇城的九座甕城中（亦稱作「月城」，意即月形的堡壘），七座的門樓上都建有小型的關帝廟，[21] 甕城裡還有兩座真武大帝廟，裡面供奉的是另一位重要的宿衛驅邪之神。[22] 因此，這座關帝廟中的神祇一開始首先是皇城的宿衛之神，與他在明代軍隊中的角色幾乎一模一樣。

晚明蔡獻臣在約一六一五年至一六一七年撰寫的筆記中提到，這座關帝廟緣於關公在明初對皇室的幾次襄助。無論是否確有其事，這一說法本身無疑為這座廟宇如此顯赫給出一種被人廣為接受的解釋。據蔡獻臣所言，朱明王朝早在鼎定之初，尚未結束征伐之時，就已經得到關公的護佑。[23] 儘管明初史料並未言及此事，但在蔡獻臣的時代，關公護佑王朝鼎定江山卻是一個常識。[24] 而且，蔡獻臣此處還提到一五五〇年發生的「虜薄都城」一事，應指俺答汗在這一年成功侵襲到北京周圍。大軍壓境時，人們「夢君將天兵大戰，盡殲之」。次日，「胡虜」撤退，京城得以解圍。[25] 蔡獻臣談道，包括這件事在內，關公一連串的顯應神蹟讓皇帝深感其神威之盛，因此賜予關帝一個新的封號，故事裡的這位皇帝就是我們今天所熟知的萬曆皇帝。

但正陽門邊的這座小關帝廟之所以最終成為整個關羽崇祀網絡的關鍵中心之一，或許更是因為它的位置實在太過重要了。各路精英天天從這座城門下穿行，也經常壅堵在小小的甕城裡。不難想像他們因此成為關羽的信眾，進而成為神廟各路信眾中最為重要的群體。正陽門關帝廟的靈籤也非常出名。我們可以想見，人們從正陽門穿入，準備進入內城的時刻，往往也是面臨人生重大轉折的時刻，可能是科舉高中，也可能是名落孫山，可能是新官上任，也可能馬上就要得見天顏，他們因此更加希望得到神靈的啟示。[26] 儘管甕城已經在二十世紀初被拆毀，但這座關帝廟及相鄰的觀音廟卻保存到一九六〇年代，直到那個時代的政治動亂將其徹底吞沒。

與正陽門關帝廟有關的預言最早見於李蓘（一五三一－一六〇九）的作品。當然，雖然李蓘提到的這則預言結果轟動一時，但未必是關羽崇信者們所樂見的那一類：

歲（嘉靖）戊午間，予在京師正陽門外，（關）王之廟素稱靈赫。有王姓者持錢乞籤，卜弒其母，亦即昏眩，大呼伏地云：王縛我，王縛我，我欲爾爾。

這件奇事被巡檢上報給上官，姓王的人很快被關進大牢，但罪人最終受何刑罰就不得而知了。[27]

晚明的傑出學者焦竑（一五四一－一六二〇）不僅為正陽門關帝廟撰寫過碑文《正陽門關侯廟碑》，還主持編纂廟中神祇的行傳集。一六〇三年他為這部行傳集作序，題為《漢前將軍關公祠志》，[28]碑文中如此描述正陽門關帝廟的地方崇祀：

自奠鼎以來，人物湊輻，綰四方之轂。凡有謀者，必禱焉。曰吉而後從事。……四方以京師為辰極，而京師以侯為指南，事神其可不恭？余少知嚮往，夢寐之中累與侯遇。

在這段文字中，焦竑一方面說明這些每日穿梭於正陽門的一般信眾是如何祈求神示的；另一方面還寫到他個人的夢示經歷。或許正因為自己的夢示經歷，焦竑此後又參與另一部神祇行傳錄的編輯工作。[29]

將近兩百年後，紀昀也描述正陽門關帝廟的盛況，與焦竑所述差異不大。紀昀久任京官，曾任《四庫全書》總編修，因此經常出入紫禁城：

神祠率有籤，而莫靈于關帝。關帝之籤，莫靈于正陽門側之祠。蓋一歲之中，自元旦至除夕；一日之中，自昧爽至黃昏，搖筒者恒琅琅然。一筒不給，置數筒焉。雜遝紛紜，倏忽萬狀，非惟無暇於檢核，亦併不容於思議，雖千手千目，亦不能徧應也。然所得之籤，皆驗如面語……

紀昀還記述一些頗為日常的例子，在這些例子裡，關帝的籤文詩句十分晦澀，卻又總能預示出即將參加鄉試的士子心裡的願望。[30] 毫無疑問，只有在科考結束的那一刻，人們才會悟到這些詩句的真意。這種感悟未必與他們初見這些詩句時所想所感相同，但卻會成為對籤文的最終解釋。

因此，正陽門關帝廟體現的正是士子和關帝崇拜之間一種最為直白的關係。儘管這裡未必是全新關帝信仰的發源地，但因為這種關係，正陽門關帝廟成了傳播這些觀念的理想場所。無論是直接入廟拜訪，還是和同儕一起交流有關這座廟的各種故事，都讓新信仰的種種細節不斷灌輸給士人，並從這裡帶向王朝各地。有一個例子能夠非常好地說明這種傳播能力，一六一四年，朝廷冊封關公為「三界伏魔大帝神威遠鎮天尊關聖帝君」，這一冊封是在正陽門關帝廟中公布的，之後沒過幾年，這個封號就傳遍全國。晚明至清代的文人們與這座廟宇關係密切，由這座廟而來的各種靈驗傳聞也因此頻繁進入文人們的隨筆集，字裡行間都可以看到廟宇和神祇對文人墨客的深刻影響。

熟讀《春秋》

關羽的神祇聖蹟有一個至關重要的發展方向：他對《春秋》這部儒家經典的研讀能力明顯在不斷增強，最終被大眾視為解讀《春秋》的大師。

《三國志》中有關關羽的傳記只記載他曾給諸葛亮寫過一封信，當然無論這封信是親筆所書還是由人代筆，其內容都早已散佚。[31] 從今天可見的傳記材料來看，關羽和他義兄之間完全是用口語來交流的。《三國志》裴松之注中大量引用《江表傳》注釋相關史事，後者撰於三世紀晚期或四世紀早期，今已散佚。《江表傳》中提到，「羽好左氏傳，諷誦略皆上口」，這句話對後世很多個世紀關羽形象的建構產生很大影響。[32] 儘管這段文字並未說明歷史上的關羽經史水準到底如何，但後世文人卻都將其作為關羽精通文學的證據。這段文字中所用到的「略」字，應當解讀為「謀略」、「軍略」而非他解。但能透過背誦或閱讀《左傳》作為制定軍事策略時的參考，這在那個時代並不稀奇，因為相較於那些抽象的軍事學著作——比如《孫子兵法》，《左傳》裡有一系列作戰的生動例子可供參考。這種解讀方式並不來自儒家強調「褒貶」的《春秋》解讀方法，儘管後者才是儒家研讀《春秋》的主要方向。但這段文字裡並未提及《春秋》，而如大塚秀高所言，西晉作者筆下的關羽形象有可能受到同時期劉淵傳記的啟發。[33]

最後，這段記載也並未提及任何與「讀《春秋》」這一舉動有關的內容，而強調的是關羽的記誦能力。這也許說明關羽學習過《春秋》中的某些內容，而且能複述其中的一些重要故事，但他靠的並不是深厚的文字功底，而是口默心記。

在關公崇拜出現之初的一個世紀裡，關羽身上這種糅合真實與虛構的文字能力，並未對其神祇形象建構產生什麼影響，因為這類神祇中很少有能夠識文斷字的，大多數雛形期的神祇更經常被標榜為不通文墨之人。無論關羽最初的玉泉山神蹟，還是解州鹽池神蹟，這些故事關注的都是關羽的武力。從宋、金、元至明初，關羽顯聖的故事都是以這一要點為中心展開的。第五章我們講述了一一二五年發生在荊州府的故事，關公使一個文盲獄卒突然獲得讀書寫字的能力。儘管獄卒的書法變得十分傑出，但他寫下的具體文字卻與儒家經典並無關係。這個故事裡，書法能力只是證明關公對這位獄卒施加神力的證據，因為這位獄卒本身是一個文盲，其書寫能力毫無疑問只能來自神賜。實際上，獄卒寫下的這段文字非常簡單、常見，遣詞造句上既沒有精巧之處，字裡行間也沒有什麼微言大義，文學水準極其有限，這些文字只是獄卒常年接觸的刑獄檔案範圍內的文字水準，與真正的經典毫無關係。

南宋時期有一個類似的故事：據說北宋末年，有一位地方縣令得到一封內容可疑的「關大王信札」。我們無法確定這封信札是否真的來自關公，故事中不僅將關羽稱為「金甲大將軍」，而且對這封信的來歷言之鑿鑿。這個故事是從一位農夫開始的，夢中有人告訴他會得到一封來自鐵冠道人的信，農夫需要將其送到縣令李若水（一〇九三－一一二七）那裡。農夫依著夢裡的吩咐一一照做，但縣令卻將這封信付之一炬，然後作了一首短詩以示紀念。縣令的家人雖然未能完整讀到這封信，但在紙片即將燒毀之際看到其中幾行字，大意是他們家大人將在靖康之難中遇難，而這場浩劫將發生在北方淪陷於女真人、朝廷南遷之後。這一預言確實在後來得到應驗。當時女真人欲羞辱欽宗，命令欽宗脫下龍袍，李若水護主而死。[35]當然，這個故事雖然能讓我們相信關公確實與書寫發生聯繫，但卻不能說明存在這尊神祇與文墨相關的穩定信仰傳統。這裡的關鍵人物——鐵冠道人在民間敘事傳統中，是與改朝換代預言相關的一個特定形象。[36]這則故事同樣沒有提及關羽熟識《左傳》，但這一點恰恰是後世深信不疑的關鍵內容。

不過到了一二〇四年的一塊廟碑中，作者已經明確將關羽的歷史形象描述為一個可以閱讀《春秋左氏傳》的人。[37]《三國志平話》這部通俗文學作品是這一形象的最早出處，該書大約編撰於一二九四年，最終成書於一三二一年至一三二三年。書中描述關羽「喜看春秋左傳」，這裡的「喜看」是通俗小說中對於「閱讀」的一般寫法。[38]這一說法並未在最初《江表傳》中提到的「好左氏傳」上有更大的發揮。十六世紀晚期十分流行的一則故事中有了對關羽「讀春秋」更為明確的描述，故事提到關羽陪同兩位義嫂時，夜讀《左傳》以免擾亂心神。[39]但無論是十六世紀早期的《三國演義》版本，還是後世對這個故事的引述，都沒有說明關羽夜讀的是《左傳》，可見這點並不是關羽故事傳統中的固定要素。我在毛綸（一六〇五－一七〇〇？）與毛宗崗（一六三二－一七〇九後）對《三國演義》的評論中，才明確找到這一要素，不過在毛氏父子的時代，「關羽夜讀《春秋》」已經成了士人對關羽的固有認識。毛氏的評論中多次提到，關羽透過閱讀《春秋》，已經對這部經典了然於胸。[40]可見儘管「讀春秋」早已包含在神祇形象的意蘊之內，但關公崇拜真正系統性地吸納這一要素，並將其納入文學敘事是明末清初的事情，其背後的驅動力正在於當時士人讀者渴望一個更加文雅、更加士大夫化的關羽形象。當毛氏父子以文學評論的方式，將這一形象和小說糅合為一體後，它也就成了關羽在讀者那裡的標準形象，並一直延續至今。

晚明作家王兆雲（約一五八四年）在赴任途中記下另一則與關公有關的故事。江西有一個男孩號稱被一名自稱為關公的神祇附身，自此因為長於預言而廣為人知，有兩位儒生便準備用《春秋》考一考這位神祇，因為關公應該十分精通《春秋》。面對兩人的提問，這位神祇對答如流，這讓人們對祂的崇信越發虔誠，這個男孩的信眾也因此與日俱增。直到有一天，一位高官走進神祇的居室時，這位附體的神靈突然消失，男孩立時撲倒在地。後來人們才知道，這位附身的神祇並不是關公，而只是一位活著的時候精通《春秋》，準備以《春秋》應試的書生。這位書生在橫死之後，便附身到這個男孩的身上，以此獲得犧牲供奉。但當碰到這位高品秩官員時，鬼魂自覺身分地位太低，不敢再玩這套把戲，只能遁走。[41]儘管這位神祇不過是個騙子，但這個故事卻說明，士人群體確實相信真正的關公應是一位精通《春秋》的專家。

清初解州的一位地方官員曾以一份所謂「關氏家譜」為基礎，講述關公成為《春秋》專家的整個來龍去脈。[42] 根據這位解州縣令所述，一六七八年時有一位讀書人「晝夢帝呼，授『易碑』二大字」，並且指導他搜尋這一神祕物品，還要向地方官報告。這時正好有人在關公指定的地方為井清淤，真的發現一方巨大碑刻。碑上的文字已經有所磨泐，但讀書人卻斷定碑文中不僅包括關公家族的譜牒，甚至還記載神祇本身的生卒年。而當他將這件奇事向官府報告的時候，關公剛剛託夢給縣令，命他為自己編撰傳記。[43]

時人認同這份「新」文獻的真實性有兩方面的原因：其一，這一內容是以文字形式記錄下來的，而且這一文本中的內容即使不能追溯至關羽在世的年代，也相隔不遠。儘管他們忽略了一個事實，就是關羽慘死於距離家鄉千里之外的地方，解州當地的碑刻基本不可能記錄他精確的忌日是哪天；其二，因為是關羽親自示夢於那位讀書人（儘管從井中掘出該物的應該並不是這位讀書人）和地方官員，讓他們去尋找這一碑刻。盧湛是第一位將該碑文刊印出版的人，他在文集序言中提到，自己曾經在一六九二年見過這位縣令。在得知這一新文獻現世之後，盧湛大喜過望，並受此激勵編輯一部新的聖蹟傳，以弘揚神威。[44]

在這一新文獻中，關羽的祖父被描述為一位大儒，不僅精通《春秋》，更精通《易傳》。

典。錢曾的曾叔祖錢謙益（一五八二—一六六四）將這件事向一位地方官員報告，一家人決定在這段時間搬到城裡居住。到了神示所言的那一天，一群強盜果然來到這個地方。正是靠著關公威靈，錢謙益和錢曾才免除了這一場災禍。[48]這次神示的真實性對錢曾或者他的曾叔祖錢謙益而言都毋庸置疑。錢謙益在世時就曾編纂一部關公聖蹟傳，因此發生這樣的事情，顯然不會讓他們感到驚訝。[49]

中國的信仰傳統中曾流行一系列直接由神祇下示的靈籤，觀音籤和關帝籤無疑是最為流行的兩種。[50]靈籤是一整把竹子削成的長條，收納在一個圓筒裡。求籤者要先向神祇敬香致意，這樣求得的靈籤才能代表人神之間的神聖對話。之後求籤者需要搖動籤筒，直到一根靈籤從籤束中冒出頭，求籤者將其抽出。每根靈籤上都會標示一個卦象（來自六十四卦）和一個數字。求籤人根據數字在籤本上找到相應的籤文，或者從廟裡其他地方找到籤文的注釋本，也可以直接由某些會解籤的人直接解讀。每張籤文上都題有一首籤詩，各自對應一種特定的際遇。但詩句往往十分晦澀，能夠從不同方面進行解釋。一個受過教育的人能夠根據自身境遇，自己從籤詩的字裡行間找到一些有意味的內容。不過在大多數情況下，人們都會尋求專職解籤人的幫助，透過和解籤人的一連串對話把詩句聯繫到自己的所求之事上。亞瑟·克萊曼（Arthur Kleinman）曾經將這些對話視為一種心理治療，它們在某種程度上確實可以視為心理自助，儘管對話的雙方是人和神。[51]

「關帝靈籤」是一組包含一百則籤詩的籤簿，如今我們可以在各地崇祀關公的廟宇中，甚至網路上尋找它的身影。[52]「關帝靈籤」最早的使用紀錄可見於明代文人陸粲（一四九四—一五五一）的作品。陸粲記述五個利用這組靈籤求示成功的例子，它們全部出自一座位於蘇州校場旁供奉江西神靈的廟宇。這些例子中有四個與士人有關，主人公所求問的內容各不相同，既包括如何科舉奪魁，也有如何挑選妓女充作侍妾。[53]司馬虛（Miche lStrickmann）認為，關公靈籤的文句本身可以一直追溯至南宋晚期。但在晚明的某個時間點，這組籤文才與關公聯繫起來，並以關公靈籤的名義一直流傳至今。[54]

中國國內無數提供靈籤的關帝廟裡，北京正陽門邊的關帝廟無疑最為著名。自十六世紀晚期以來，眾多成功高中的士人及更多名落孫山的學子都從這座城門經過，停在關帝廟前祈拜求籤，詢問前程，這已經成為正陽門關帝廟歷史記述的組成部分。我在這裡不再具體敘述包括這座廟在內的眾多廟宇如何提供掣籤服務、關公又如何提供解釋，而是把注意力集中於一個具體案例上（參見圖7.2）。這個案例提供足夠的細節，我們能從中就靈籤對受眾的影響提出一連串具有啟發性的問題，尤其是去理解這樣一種對話方式為何具有社會意義。

晚明一位名為鄭仲夔的文人記述一連串與關公籤如何「靈應」相關的細節。這些細節能夠告訴我們，當時人們利用這些籤文解決生活問題的具體過程：[55]

C B A

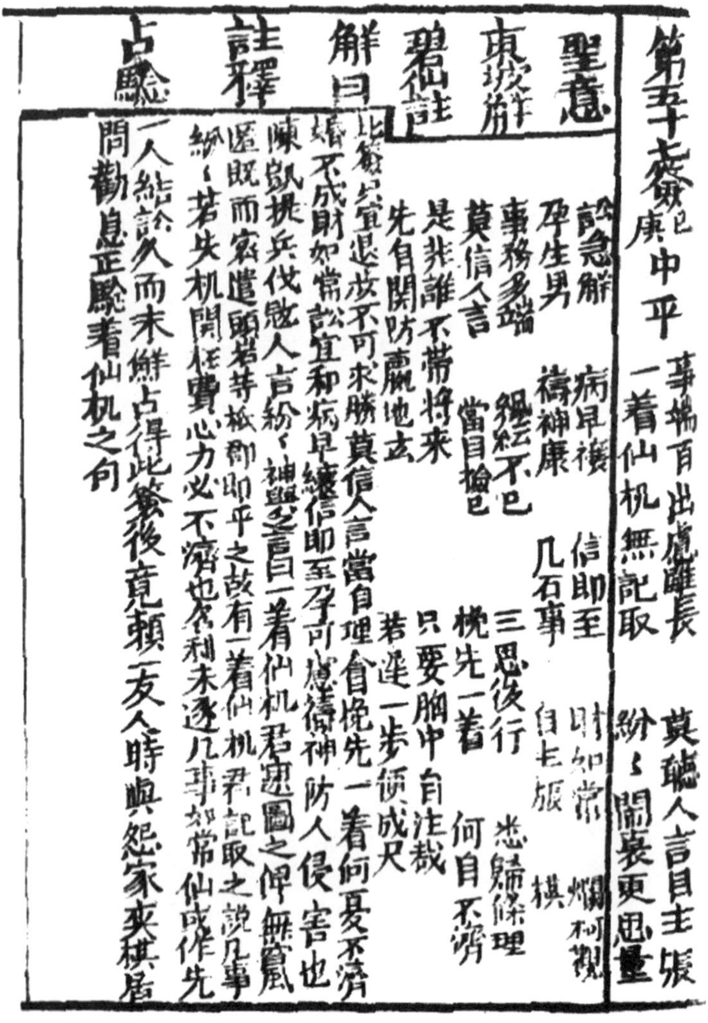

第五十七籤 己庚 中平
事端百出慮雖長 莫聽人言自主張
一着仙机無記取 紛紛鬧裏更思量

聖意
訟急解 病早禳 信即至 財如常
孕生男 禱神康 凡百事 自主張

東坡解
事務多端 紛紜不已 三思後行 悉歸條理
莫信人言 當自檢己 攙先一着 何自不濟

碧仙註
是非誰不帶將來 只要胸中自注裁
先自關防羸地去 若逢一步便成尺

解曰
此籤只宜退步不可求勝莫信人言當自理會攙先一着何憂不濟婚不成財如常訟宜和病早禳信即至孕可慮禱神防人侵害也

註釋
陳勝挑兵伐秦人言紛紛神斷之言曰一着仙机君宜圖之俾無亂匿既而竊遣頭若等祇卻即平之故有一着仙机君記取之說凡事紛紛若失机關任費心力必不濟也名利未遂凡事如常仙成作先

占驗
一人結訟久而未解占得此籤後竟賴一友人時與怨家爽棋居間勸息正驗着仙机之句

圖 7.2　籤文

「關帝靈籤」第五十七籤，籤詩位於頁面右側（A），相鄰的是對於相應運數的解釋（B），以及進一步的注釋（C）。《關帝靈籤》（刊印於一八〇〇年左右）。

> 余不慧，不諳相地。乙丑歲，欲買山葬孟儒兄。尋得林家源塢塘山地，余齋戒叩關帝祠，祈籤以決。得五十九籤，詩曰：「事端百出慮雖長，莫聽人言自主張。一著先機君記取，紛紛鬧裏更思量。」余茫然不曉所指。因再懇祈直示。得第二籤。詩曰：「盈虛消息總天時，自此君當百事宜。若問前程歸縮地，更須方寸好修為。」[56]

在繼續引用之前，我首先需要說明這裡對籤文的解釋僅是一種嘗試。籤文對我而言同樣是神祕的，而且在鄭仲夔的例子裡，我們可以看到它們的準確含義需要依據相關具體事件來確定。

> 余私喜有縮地字，是必有地也。歸而捐貲買之。比遷穴相地家，或主癸丁，或主壬丙，余未能決。內弟方立之直前曰：「宜質之靈前以定。」因焚香拜祝，拈得壬丙，始悟籤詩。方寸好修為。方寸者，為方十一也。蓋內弟行十一。藉其一言以決。云又方寸為心贊用。壬丙者陳心燭也。[57]

想直接從字面說明上述漢字對應的晦澀意義幾乎是不可能的。當然，上述內容的核心是這位作者得到姻弟的建議，又向關公求問一次。在採納這位特殊的親戚所給的建議之後，他把壬丙方位的那塊地選為墓地。接下來，鄭仲夔又反覆使用幾次籤詩內容，憑藉對它們的理解在接下來一連串爭論中作出決斷。

葬時眾議猶不一。余則決意用壬丙，所謂莫聽人言自主張也。然縮地二字尚不甚解。他日，客有指前山為可用者，陳云是為我用山。蓋三山齊出。縮者為尊，此其縮者也。余始恍然縮地之義，而嘆且異于籤詩之奇驗矣。神明有赫不啻耳提，彼紛紛妄度者，胡為哉？[58]

籤詩中的每個字都被鄭仲夔拆解開來，一一對應到他的社會需求之上，這種做法實在令人驚訝。當然，這些來自神祇的建議說到底不過是一些常識上的泛泛之論。找到一塊所有人都認同的風水寶地，這既不可能，也不重要，真正具有決定性的是鄭仲夔的決斷，以及將這一決定貫徹到底的決心。籤詩能夠幫助人們對自己的決定進行解釋，並為其添上來自「天意」的合法性。對我們來說，這樣解釋漢字顯然是非常牽強的，但它卻是一種由來已久的習俗，一種傳承悠遠的預言傳統。這一傳統的關鍵就是去解釋漢字的筆劃構成，尋找其中蘊含的意義，這種預言方法被稱為「拆字」，最典型的例子就是那些史冊所載的改朝換代時出現的政治預言。在這些預言中，某些救世英雄和未來統治者的姓氏往往會以這種形式出現，如木子李、卯刀劉、弓長張等。[59]和單純的拆字法類似，掣得具有預言神力的靈籤，並且以上述方式解讀與之對應的籤詩，這一過程為解籤者提供更大的解讀空間。無論是讀書人還是文盲，都可以根據自己的需要，選取詩中的隻字片語拼湊出幾個可能的答案，然後從中選出一個最符合需要的答案作為神示。當然，和直接作出決定相比，求籤問示的好處在於：一、能夠讓事情的結果顯得合理；二、在具體選擇該怎麼做時，不至於因為不確定而遲疑。而且正如上面的故事中所見，這同樣是一種消除異議、獲得共識的絕佳方法。

鸞書

所謂薩滿在中國文化中往往有兩種理解：他們或者指一些可以透過某種方式與超自然世界對話的人，這個超自然世界可以指陰間，也可以指未出生的孩子所在的那個世界；或者指某些因為神祇附身而陷入迷狂的靈媒，這些人一般被視為神祇的代言人。長久以來，因為降神附身時，人的神志會失控，降神儀式又不免有令人迷亂的鼓樂喧囂，這些人往往被儒家教誨浸潤下成長的士人所不齒。但扶乩為人們提供一種更直接的交流方式，因為人們相信扶乩不受人的控制，寫下這些字的不是眼前這位乩童，而是附在他身上的神明。[60] 神示通常是一首詩，偶爾也會是對話和文章，內容廣泛到甚至涉及藥方和經文。和其他祭儀類似，扶乩往往是一個集體儀式，由一或兩個人拿著書寫工具，另一個人解讀神示。扶乩自宋代就開始流行，但直到明代，關公才成為降乩的主角之一。

求示者發問的內容往往是一些與切身利益相關的事，但如某些歷史資料和敘事文學材料所見，其中也包括一些與神明自身相關的問題。田藝蘅於十六世紀晚期撰寫的紀錄，是目前發現最早的一則有關關公降乩的材料，其中詳細描述一位來訪者是如何開始一場扶乩的。「一日降壇，其勢甚猛。」這尊神祇首先用一首遣詞尋常的詩歌介紹自己的身分，以及祂在三國時期的赫赫戰功。田藝蘅隨後詢問這位神祇：祂是否正是武安王？這是關羽在明代常用的一個稱號。當神祇給予肯定的回答之後，田藝蘅問了幾個刁鑽的問題，他首先問道：「聞公之靈誓不入吳，何以至此？」田藝蘅是杭州人，正好處於當年吳國的中心，而吳國就是當年關羽的葬身之地。神祇接下來回答的這首詩歌充滿晦澀難懂的歷史典故，但對當時的人而言，卻很有說服力，因此作為回答，它顯得十分精確。[61]但在這個例子裡，田藝蘅並未因此相信降臨的這位神祇就是關羽，而是對整個事件表示懷疑。

這一時期，江南以關羽為主神的鸞會不在少數。談遷（一五九四－一六五八）在書中寫道，一五八〇年代，在他的家鄉湖州，一個名叫潘季馴（第五章中提到的那位工部官員）的人建了一座廟，據說這座寺廟的名字就是關羽在鸞會上降下的。談遷還記述這樣一件事，在一個與杭州相鄰的小鎮裡，一位文盲士兵突然寫下上級將領的罪證並告發對方。[62]不像田藝蘅，談遷並未懷疑這件事的真實性，但從他筆下的描述可見，當時的知識分子並未完全接受這種交流方式。與談遷同時代的沈長卿也記錄這一習俗，從他文章的字裡行間也可以看到當時士子們對這種習俗依然有所質疑：

> 近世召神仙者，以桃木為鸞乩，命童子扶之，隨符而降其術。多偽，即有降者乃靈鬼，非神仙也。一人于乩上召得漢將軍雲長關聖，降旁有少年戲之曰：武夫亦能詩乎？曰：能，汝命題來。少年偶見桃瓣繫于蛛網之上，即以為題。關詠七言絕句一首，末云：蜘蛛為愛春光好，繞住殘紅不放飛。詠畢曰：汝和韻？少年不能和，以鸞乩撲之而斃，明神之不可侮。[63]

很明顯地，沈長卿對這類事同樣有所懷疑，而且對像他那樣的高階知識分子而言，這種質疑恐怕很難輕易放下。

當然，這些扶乩之人並非不通文墨之人，趣味也與士人相通，這從扶乩中用於人神對話的韻詩，以及那些經常由乩文組成的長篇宗教文本中可以得見。紀昀（一七二四—一八〇五）記錄的一則逸事，就暗示扶乩就像其他附身之術一樣，能夠作為公開譴責某人德行的一種方式，畢竟在當時直接批評某人本該是非常失禮的事情。這件事發生在滄州，當地有一個人家正在舉行鸞會，一位河工衙門的官員也參與其中，這次降下的神靈正是關帝。

> 忽大書曰：「某來前！汝具文懺悔，話多回護。對神尚爾，對人可知。夫誤傷人者，過也，回護則惡矣。天道宥過而殛惡，其聽汝巧辯乎！」[64]

聽聞神祇直接點名自己，這位官員頓時汗如雨下，從此他的行為舉止便如認罪之人一樣。幾個月後，這名官員患病暴斃。但記述這則異聞的人最後也沒說清楚神祇所說的罪行到底是什麼。解釋乩文的人似乎在其中加入一些自己的想法，「對神尚爾，對人可知」，這樣的句子雖然僅僅是在暗示這位官員有敗德之行，但這依然會讓當地人把官員之死歸因於神祇施予的懲罰。很遺憾地，對於這個扶乩引發的事件，我們沒有更多資訊以便進一步解讀其發生的社會情境。

荷蘭人類學家和漢學家高延（J. J. M. de Groot）是第一位在中國展開田野工作的學者，一八八〇年代他曾在福建進行六個月的田野工作。[65]高延生動地描述了當時的扶乩活動，為我們提供大量細節，而且高延指出這種儀式的參與者來自不同的社會階層。

> 為了能成功向神明求得解答，社團成員們聚集在神臺前，焚好香，擺好供品以獲得神明的好感。正副乩各扶乩筆的一邊，在乩盤邊念著眾所周知的咒語。神靈降到乩筆上，上乩、附乩、關乩。乩筆筆尖在沙盤上起起落落，乩童在附身時的神情與平常

無異，他右臂的動作緩慢且斷斷續續，彷彿乩筆是從副乩手中奪過來的一般。他的所有行動似乎都是為了讓我們感受到乩筆因神明的降臨變得沉重異常。突然「砰」的一聲，筆尖落在乩盤上，就像錘子一樣，跳上跳下，一下、兩下、三下……副乩負責讓乩筆橫衝直撞的力度緩和下來。突然之間，乩筆寫下了什麼，唱生馬上唱道：「我是某某神。」對於前來占問的人而言，弄清顯靈的是哪位神明至關重要。66

有些時候，扶乩的結果也可能出乎意料，引得人們趕緊獻上祭品，喜出望外。不請自來降臨乩壇的神祇可能地位崇高威嚴，遠超扶乩者的預期，祂所降下的神諭也就具有更高的價值。雖然關帝在國家祀典中擁有軍神的地位，但祂還是會以降乩的方式出現在信眾面前。離世者如果在家人的面前降臨，也是一件令人喜出望外的大好事。67

毫無疑問，在高延看來，持著那根寫下文字的木叉（高延用漳州話發音將這件東西稱為「乩」）的人，同樣是處於神靈附體狀態。但他的描述卻說明，扶乩儀式的每個步驟都會由儀式參與者同步解釋，因此神靈下降也附著於這根寫字的木叉。而且這些人無法選擇具體下降的神祇，因此來的有可能是關帝，也有可能是某位已故的家人。接下來，高延進一步詳細描述之後的扶乩過程。

這套占卜術依靠一套文字符號系統運行，但其中只有被唱生唱出來的文字才能讓人辨識，我們稱之為神諭。在這一點上，這些文字離不開釋讀者和抄錄者所賦予的意義。讀書人之所以對這套占卜系統有著如此大的熱情並對其深信不疑，正因為神祇能夠給出一個不僅正確且文法合宜的答案。因此，占卜首先是從一份遞交給神祇的書簡開始的，其中描述了他們所處的困境，以及這一過程需要做到的一切細節。信中還要告訴神明，他們將在哪天擺供、哪天延請神明下降赴宴吃酒，並希望祂一併告之解決方案。寫好之後，他們會挑一個吉時，將信裝進已經寫好神祇姓名稱號的信封之中，和金元寶一起在神龕前燒掉。到了正式求示的那一天，求示者通常會沐浴齋戒，以確保神給出的建議準確翔實。

透過扶乩，求示者還能獲得神祇和歷史名人的手跡，因為神祇希望透過自己的手跡和求示者交流。所謂乩筆就是一把普通的毛筆，拴在乩木尾端，蘸滿了朱紅色的墨水，兩位扶乩者會把著這支筆劃過一刀黄裱紙，以接受來自神祇的文字。這支筆在過程中需要蘸好幾次墨水，黄裱紙也會換上好幾刀。如果能在潦草的字跡中辨認出字，這次扶乩就是成功的。這些字將被視為珍貴的符文，在經過潤色和修正之後，抄寫在卷軸上，最後懸掛在牆上。神的名聲越大，這幅符文就越珍貴。

鸞書還為十九世紀南方最大的一場災害提供道德解釋。一八九四年，廣州與香港爆發規模巨大的黑死病。經過後來的科學鑑定，這次疫情是由鼠疫耶爾辛桿菌導致的，成千上萬人在這場疫病中死去。當時的廣州善堂為此積極展開醫藥救助。[68]這些組織往往有十分堅定的宗教信仰，我們在第八章能夠看到相關的一連串例子。其中一家善堂舉行過一場鸞會，會上寫下的數篇關公乩文以傳單的形式廣泛傳播開來。當地的粵語翻譯波乃耶（James Dyer Ball, 1847–1919）根據英國醫務官抗擊鼠疫的命令，翻譯了這幾篇乩文。

> 一位善會中的鄉紳在目睹這場災難之後，沐浴齋戒，三月初五夜在乩壇上告神，祈求治療之法以救世。上天保佑，「Kwan Tai」（關帝）下降臨凡，降臨乩壇，親手驅動乩筆寫下神諭，其中除了對這場災難本身的告誡之外，還有更為豐富的內涵。[69]

廣東話中，關帝的讀法正是「Kwan Tai」。高延也得到這幾份文本，或許是他當地的朋友或同事贈予的。但除了文字本身外，他並未提及與之相關的其他情境資訊。但高延注意到，這張傳單包含的五篇乩文都寫在一種辟邪的桃色紙張上。[70]在第四篇乩文中，關帝告訴人們，目前的災難是玉皇大帝對他們罪行的懲罰，但關帝為了人類福祉勸阻玉帝。祂告訴百姓，如果他們想自救，就要發誓行善。按照常規，乩文在立誓之後，緊接著有一連串的告誡。乩文大意說，要牢記這場災難降自天庭，我也無能為力。那些輕視我警告的人，哪怕只是一點點輕忽，都會成為瘟疫的犧牲品；那些藐視警告的人，將會被我的隨從周倉以劍斬殺。在接下來的內容裡，關帝告訴人們應該如何做預防瘟疫的儀式。這些儀式的操演同樣十分關鍵，如果沒有做到位，瘟疫還會繼續傳染給人們。[71]

班凱樂（Carol Benedict）指出，除了嚴格意義上的宗教資訊外，關帝還在第五篇乩文中給出醫藥上的建議。神祇在這篇乩文中不僅列出一份詳細的藥方，還告誡人們要以生薑和一些殺蟲水為水井消毒。[72] 香港醫生詹姆士・羅森（James Lowson）的醫學報告裡附上波乃耶的翻譯。這篇醫學報告還認為，這份傳單上由關公告知的治療方式，其實和羅森醫生在醫院裡見到的治療方法非常相似。我們已經無法求證這種療法是源自這份傳單上的關公神示，還是宗教語境對業已存在的療法進行合法化的結果，我們所能知道的是人們確實在使用這份來自關公的藥方，宗教與醫藥這兩個領域在那個時代已經交錯在一起。在這些乩文中，關公既被塑造為一個宗教上的救世者，又是一個醫學上的權威。我將會在第八章中詳細討論關公在十九世紀晚期逐漸獲得「救世主」地位的過程，以及當時被疫病威脅的中國人如何依靠這位神祇，祈求祂的庇佑。

小結

關公，或者說關帝，從來不僅僅被視作士人之神。實際上祂總是保留著其他身分，比如降雨者、地方保護神，甚至越來越多地扮演財神的角色。儘管如此，「關公讀《春秋》」這個富有文學色彩的形象自晚明誕生以來，還是產生越來越重要的影響。不同信仰的讀書人都在透過靈籤和鸞書拚命解讀這位神祇降下的各種文字，關公因此成為一位能夠與孔夫子平起平坐的神祇，被人們稱為關夫子。這一過程極有可能與同一時期識字率的提高相關，當然，究竟有怎樣的聯繫還需要專門的研究。應該說，關公和《春秋》的聯繫由來已久，但只有到了十七世紀，這種聯繫才開始在宗教崇拜中扮演重要的角色。畢竟不管是十六世紀早期問世的《三國演義》，還是這部小說在晚明的其他版本，關公釋讀《春秋》的能力都還不是這一文學形象的組成部分。直到一六八〇年毛宗崗的評論本面世之後，這個形象才成為與《三國演義》相關的關鍵要素。因此這讓我們確信，宗教崇拜其實是影響通俗文學的一方，而非相反。

讀書人解讀關公的神示常常需要耗盡心力。籤詩從來不能僅為某一件特定私事提供非常明確的幫助，因為這樣會大幅限制人們對解困之法的思考。相較於更為古老的託夢或顯聖，籤詩的首要作用是引發人們的思考，而不是提供最終的答案。因此，這種尋找答案的方式與當今的心理治療法（socio and psycho therapy）並沒有太大的不同。人們對夢境、視覺意象和詩歌的解讀，既有個人發揮的空間，也有社會環境的參與。

最後到了明末清初，關公崇拜在那些四處遊歷的士人中傳播尤其廣泛，因為無論走到哪裡，他們都能在當地的關帝廟中獲得認同感。在某種程度上，關公信仰可以被視作一種民族信仰。人們擁有一套共用的象徵資源，而且這套資源對每個人的個人生活和集體身分都有著不同的意義。關公的文學化、道德化是為了進一步迎合士人的特殊需求出現的，因此從解讀《春秋》的夫子到鸞會上的詩人，再到人類的道德導師，關公的形象已經從最初的「餓鬼」一路發生了巨大的變化。

我們之所以能夠把北京正陽門旁的關帝廟視為傳播這一全新神祇觀的真正中心，是因為這座廟宇與當時的男性知識精英之間有著異常深刻的聯繫。支持這種新的神祇觀一步步擴展的，則是不斷刊印出版的關公聖蹟傳，關公士人之神的形象從男性精英群體那裡發源，進而廣泛地根植於更多識字人群之中。這一過程中最關鍵的節點有兩個：一是一六一四年關公被授予「帝」的尊號；二是十七世紀晚期新的關羽聖蹟傳被編撰出版。當然，我們無法精確地將這些現象一一對應到社會學的術語中，但毫無疑問地，這個新的關公形象是由士人建構的，甚至還有可能是由地位較高的士人最終參與完成的。從清初到二十一世紀，隨著人們識字率的大幅上升，新關公也越來越占據主流。到了今天，學者們發現在人們的腦海裡，除了這個士人之神之外，已經很難找出其他更加古老的形象了。

1 Kleeman, *A God's Own Tale*.

2 胡小偉在《關公信仰研究系列》卷四，頁360–368中以另一組材料得出類似的結論。

3 王同軌：《耳談類增》卷二十八，頁1a–b（168）；《衢州府志》（一六二二）卷十三，頁1a–3a。

4 錢希言：《獪園》卷十一，頁694–696。

5 錢希言：《獪園》卷十一，頁694–695。

6 戒顯：《現果隨錄》，頁0040b02–c08。

7 戒顯：《現果隨錄》，頁0030a06–b13、0042b01–b10、0044c08–c17。

8 戒顯：《現果隨錄》，頁0030b09。

9 Chow, *The Rise of Confucian Ritualism in Late Imperial China: Ethics, Classics, and Lineage Discourse* (Stanford, CA: Stanford University Press, 1994), 42.

10 戒顯：《現果隨錄》，頁0033b16–c23。

11 參見王思任：〈羅墳關聖帝君廟碑記〉，《王季重十種》，杭州：浙江古籍出版社，一九八七年，頁195。

12 王耕心：《摩訶阿彌陀經衷論》，頁0171a20–0172b14。

13 此時他獲得一個新的職位，文中沒有提及具體官銜。

14 編注：補充田海轉譯後的翻譯。在我曾祖父任職於長江下游地區時，他的清譽在吳地廣為人知。他租了一間民宅（即他沒有住在衙門，也沒有增加當地的財政負擔）。當鄰近的火災蔓延到他們的屋頂時，他穿上朝服向天祈禱。在火光中，他看到一隻白鸚鵡（一種與觀音相關的動物）揮動翅膀撲滅火焰。當他再度起復出任新職位，渡黃河之時遇狂風暴雨，撕裂了帆布，數百人口中發出雷鳴般的哀號。忽然見到一張金色臉龐閃耀，並創造了分風破浪的奇蹟。他隨即親自繪下普陀山大士（意即觀音，這裡田海遵循于君方在《觀音》〔*Kuan-yin: The Chinese Transformation of Avalokitesvara*〕一書的名稱）的妙相，以報重生之恩。

15 關於林爽文起義的相關論述，參見王大為：《兄弟結拜與祕密會黨：一種傳統的形成》，頁64–81。

16 袁曉慶：〈高古婉通王雷夏〉，《泰州日報》，二〇一二年十二月五日。

17 亦可參見王同軌：《耳談類增》卷二十八，頁2a（168）（「獄中護子」一則）；《明州阿育王山志》（一七五七），頁010p0006（「居士官員征途中受保佑」一則）；徐岳：《見聞錄》卷四，頁23a–23b（665）（「護佑遇匪孕婦產子」一則）；袁枚：《子不語》卷十三，頁288（「洪災救民」一則）。

18 朱熹：《朱子語類》卷一一九，頁156（426）和卷一三七，頁86（751）中已明確使用「孔夫子」一詞。根據元代至元二十九年（一二九二）一份白話文材料中的記述，當時稱為孔夫子廟的廟宇已經十分普遍，見《大元聖政國朝典章》卷三十一，禮部卷四，頁6b–7a（326）。因此，蘇州建有夫子廟的街道又俗稱「孔夫子巷」（參見《洪武蘇州府志》卷五，頁4a）。

19 無是道人：《金剛經如是解》卷一，頁0196a02。另外，王夫之的《識小錄》中有六百一十六處涉及這一風俗。「關夫子」這個詞彙應當區別於關羽的舊稱。

20 《常熟私志》（一六二八－一六四四）卷六，頁60b。

21 韓書瑞：《北京：公共空間和城市生活（一四〇〇—一九〇〇）》，頁37、194–195、327–328、500–502。

22 另見Chao, *Daoist Ritual* and Grootaers, *The Sanctuaries in a North-China City*, 123–235.

23 蔡獻臣：《清白堂稿》，卷十三，頁4b（399）。

24 這一點可見晚出材料，如周廣業、崔應榴輯：《關帝事蹟徵信編》卷十四，頁8b–9a（462–463），又如王兆雲：《漱石閒談》（下），頁23b（351）。

25 蔡獻臣：《清白堂稿》卷十三，頁4b–5a（398–399）。

26 Arlington and Lewisohn, *In Search of Old Peking*, 211–216.

27 周廣業、崔應榴輯：《關帝事蹟徵信編》卷十四，頁15a（475）。很遺憾，我未能找到這則故事的最早出處。

28 Hummel, *Eminent Chinese of the Ch'ing Period* (1644–1912) (Washington, DC: Library of Congress, 1943–1944), 145–146.

29 趙欽湯編，焦竑校：《漢前將軍關公祠志》，《關帝文化集成》卷八，頁68a–70a（825–829）；日期序言，頁3a（505）。

30 參見紀昀：《閱微草堂筆記》卷六，頁14a（另一處見卷十二，頁22a–b）。另見蔣超伯：《麓澞薈錄》卷四，頁16a–17a。

31 陳壽：《三國志》卷三十六，頁940。

32 陳壽：《三國志》卷三十六，頁942；另見毛宗崗《毛批三國演義》中的評述。

33 大塚秀高：〈関羽と劉淵：関羽像の成立過程〉，《東洋文化研究所紀要》第十七期，總第一三四期，一九九七年。

34 此為南宋荊門地區的地方史內容，可參見《漢前將軍關公祠志》，《關公文化集成》卷六，頁7b–8a。

35 曾敏行：《獨醒雜志》卷八，頁4a–b；Ebrey, *Emperor Huizong*, 461–462（中譯本見伊沛霞：《宋徽宗》新北：聯經出版事業公司，二〇二二年）；這個故事的另一早期版本可見於郭彖：《睽車志》卷二，頁1b。另見於趙欽湯編，焦竑校：《漢前將軍關公祠志》卷六，頁8b–9a。

36 Chan Hok-lam, 'The Transmission of the Legend of an Early Ming Taoist', *Oriens Extremus* 20 (1973): 65–102.

37 《漢前將軍關公祠志》卷八，頁2b–4b。

38 丁錫根：《宋元平話集》，上海：上海古籍出版社，一九六四年，頁755–756。這齣元雜劇的另一個較晚版本可參見明代《劉關張桃園三結義》。該劇本的英文版翻譯可參見Idema and West, *Battles, Betrayals, and Brotherhood*, 5 (xiv, 320–321).

39 另見第五章。

40 可參見羅貫中、毛宗崗：《全圖繡像三國演義》第二十五回，頁241；第六十六回，頁658；第一百二十回，頁1185。第五十回，頁503更明確提到「將軍熟於《春秋》」。毛批為這一內容所下的論斷直接影響今天《三國演義》的相關說法，儘管這一說法的出現不僅見於毛批，更是當時整體關公認知轉變的體現。這點可參見David Rolston, *Traditional Chinese Fiction,* 51–58的論述，他在頁145–153中對《春秋》、《左傳》是如何影響小說創作的問題也進行討論。

41 王兆雲：《揮麈新談》卷下，〈假關王〉，頁13b–14a。

42 王見川在《漢人宗教民間信仰與預言書的探索》中準確說明這一現象的重要性（臺北：博揚文化出版公司，二〇〇八年，頁70）。

43 盧湛：《關帝聖蹟圖志全集》卷一，頁74a–78b中收錄這則碑文的完整內容，頁78a另有一段殘文。同一內容也可參見徐道：《歷代神仙通鑑》卷九，第八解。參見《中國民間信仰資料彙編》卷十二，臺北：臺灣學生書局，

一九八八年，頁8a–b（1611–1612）；以及大塚秀高：〈關羽の物語について〉，《埼玉大学紀要教養学部》，第三十期，一九九四年，頁76–82。

44 盧湛：《關帝聖蹟圖志全集》序言，頁73a–b。

45 盧湛：《關帝聖蹟圖志全集》卷一，頁74a–75a。

46 盧湛：《關帝聖蹟圖志全集》卷一，頁75a–b。

47 江雲、韓致中：《三國外傳》，上海：上海文藝出版社，一九八六年，頁6–7、16、18。

48 錢曾：《讀書敏求記》卷二（中），北京：中華書局，一九九〇年，頁23a（93）。該則故事相關的其他預言內容可參見《平湖縣志》卷十九，頁17b；以及王同軌：《耳談類增》卷二十八，頁2b–4b（168–169）。

49 參見錢謙益：《重編義勇武安王集》。

50 Smith, *Fortune-tellers and Philosophers: Divination in Traditional Chinese Society*, 235–244. 另見Strikmann, *Chinese Poetry and Prophecy: The Written Oracle in East Asia.* 以及 Lang and Ragvald, *The rise of Refugee God: Hong Kong's Wong Tai Sin*, 107–125。我很晚才從林國平的《籤占與中國社會文化》（北京：人民出版社，二〇一四年）一書中獲得關於這些籤文的更多細節。

51 Arthur Kleinman, *Patients and Healers in the Context of Culture: An Exploration of the Borderland between Anthropology, Medicine, and Psychiatry* (Berkeley: University of California Press, 1980), 245–258.

52 Werner Banck, *Das chinesische Temoeloreakel*, Teil I, 33–68; 更多關帝靈籤的傳聞，參見Banck, *Das chinesische Tempelorakel*, Teil II, 226–231. 另見胡小偉：《關公信仰研究系列》卷四，頁352–360。

53 陸粲：《庚巳編》卷七，北京：中華書局，一九八七年，頁81–82。上述事蹟也可見於道教文獻《護國嘉濟江東王靈籤》，《道藏》第三十二冊，頁843b–856c。關於以下示例中的兩張籤，請參見843b（第二籤）和850c（第五十七籤）

54 Michel Strikmann, *Chinese Poetry and Prophecy: The Written Oracle in East Asia*, ed. by Bernard Faure (Stanford: Stanford University Press, 2005), 50, 52–53.

55 參見鄭仲夔：《玉塵新譚．耳新》卷四，神應，頁1a–2a（481–482），另見王應奎：《柳南隨筆》卷二，頁23–24。

56 這兩首籤詩都可以在今天依然流傳的關公靈籤中找到，參見 Werner Banck, *Das chinesische Temoeloreakel*, Teil I, 頁 53（第七十七籤）、35（第二籤）。編注：補充田海轉譯後的翻譯。我不聰明，不知道如何評估土地（的風水）。一六二五年，我想購買一塊山地來埋葬我的哥哥孟儒。我試圖在林家的根源地塢塘山上找塊地。我吃齋守戒，到關帝廟前叩頭，祈求得到一支靈籤來做決定。我得到了第五十七籤，詩云：「事務繁多，雖然憂慮長久。不要聽信他人之言，當遵從自己的主張。當先機顯現之時，必須記錄並獲取。在迷茫而沮喪的情緒中，你必須重新思考。」我感到很困惑，不知所指為何？於是我再次祈求明確的指示，（神明）顯示了第二籤，詩云：「滿盈與虛空，消退與休憩共構成天時。從此刻起，你凡事都將適當合宜。若你問及前路，你將回到一塊縮小的土地，會需要再多一方寸，便能好好耕耘。」

57 編注：補充田海轉譯後的翻譯。我內心十分欣喜，因為有「縮小的土地」這些字眼，意味著一定有一塊地。回去後便欲出資購買。那些預測遷移墓穴與看土地風水的專家，首先提出建議第一號地，後來又建議第十一號地，我無法下決定，妹夫方立之當面建議我：「你應當向神明求證以作出決定。」因此，我燒香叩拜，再次向神明祈願，並抽出了第十一號籤，至此終於理解籤詩裡的句子。「方寸，便能好好耕耘」這句話，「方寸」指得就是方十一，而我的妹夫（方氏）在（兄弟侄子中）排行第十一。（而且「寸」字可以拆分成「十」和「一」，合起來便是十一。）「便能好好耕耘」，意味著我可以依靠這句話來做出決定。（風水師們）也說，方寸成於心中，並贊賞了十一號地的選擇，意味著「點亮心中的蠟燭」。

58 編注：補充田海轉譯後的翻譯。葬禮時，眾（親屬）人再次爭論不休，我決意採用第十一號地，正如（神明所說）「不要聽信他人之言，當遵從自己的主張。」所指。然而「縮小的土地」，我仍無法很好地解釋。一天，來了位客人指稱，可以使用前面那座山。並解釋道，當他想選擇山，而山皆同樣突出，縮小的那座山會是最好的，而前面那座就是縮小的。直到這時，我才真正明白「縮小的土地」的意思。我不禁讚嘆靈籤的玄妙真理。

59 Justus Doolittle, *Social Life of the Chinese*, vol. II: 335–336; Arthur H. Smith, *Fortune–tellers and Philosophers*, 201–204. Anna Seidel, 'The Image of the Perfect Ruler', 216–247.

60 志賀市子在《中国のこっくりさん：扶鸞信仰と華人社会》（東京：大修館書店，二〇〇三年）中，對乩手的這類主觀體驗有過討論。另可參見許地山：《扶箕迷信底研究》（上海：上海文藝出版社，一九八八年）；Jordan and Overmyer, *The Flying Phoenix*, 38–46 以及 Smith, *Fortune–tellers and Philosophers*, 222–233; De Groot, *The Religious*

System, vol. 6: 1295–1309.

61 參見田藝蘅：《留青日札》卷二十八，頁3a–b（236）。

62 談遷：《棗林雜俎．和集》，〈幽冥〉，頁3b–4b（426）。也可參見《武城縣志》（一六三八）所載呂洞賓鸞書（卷十一，頁15a）。

63 參見沈長卿：《沈氏弋說》卷五，頁54a–b（271）。

64 參見紀昀：《閱微草堂筆記》卷五，頁5b。另外，袁枚在《子不語》中記載更多關公降乩的故事，但是這些故事都與袁枚的年代相隔甚遠（例如《子不語》卷十三，頁283；卷二十二，頁494）。還有一例似乎發生在清朝（《子不語》卷二，頁40–41）。

65 R. J. Zwi Werblowsky, *The Beaten Track of Science: The Life and Work of J. J. M. de Groot*, ed. by Hartmut Walravens (Wiesbaden: Harrassowitz Verlag, 2002). 另見本人對該書所作書評（*T'oung Pao* XCII 2006, 540–560）。

66 見De Groot, *The Religious System*, vol.6: 1297–1298. (Leiden: E. J. Brill, 1892–910).「關」一字在中國南方方言中有若干個版本，均與關公降神相關。

67 De Groot, *The Religious System*, vol. 6: 1300.

68 參見Benedict, *Bubonic Plague in Nineteenth Century* (Stanford: Stanford University Press, 1996); 關於一八九四年至一八九五年的慈善活動，可見該書頁131–149。

69 Ball, 'A Chinese View of the Plague', 55–58 (233–236). 該文附於 James A. Lowson, *Medical Report on the Epidemic of Bubonic Plague in 1894–1895*, 131–149.

70 De Groot, *The Religious System*, vol. 6: 1302, 1306. 高延以漢語原文收錄第四篇乩文（頁1304）。這是一篇韻文，他對該文的翻譯比 James Dyer Ball 更為精確。

71 De Groot, *The Religious System*, vol. 6: 1303–1306. 但我未能在《北華捷報》或《申報》中找到該篇乩文的原始出處。

72 Carol Benedict, *Bubonic Plague in Nineteenth–century China*, 113–115. 這些醫學內容可見於第五篇乩文，對該文的翻譯僅見於 Ball, 'A Chinese View of the Plague', 57–58 (235–236).

第八章
武衛倫常

每個社區和團體都會有一整套在日常交往中約定俗成、一以貫之的價值規範。在傳統社會，宗教活動是這些價值規範的重要源頭。這不僅來自超自然世界本身對人世所具有的規約能力，也來自一系列宗教活動本身。無論是儀式規程、驅邪戲劇，還是不斷傳頌的道德教諭故事，都會對不同社群進行價值觀的反覆灌輸。廟宇和儀式就是人們體悟死後報應的重要場所，比如廟宇壁畫或者經籍畫卷就能讓人們對地下世界感同身受。在很多神廟節慶中，人們還會結成佇列，以法器自殘懺悔。[1] 其實，每個地方的人民都對死後報應的相關故事如數家珍。這些故事整合自一系列地方傳聞，共同構成一套為本地人一致認同的行為準則。正因為關公賞善罰惡的終極權威，祂也就成了一個強制人民遵守這些道德原則的重要角色。

關公不僅是道德倫常的監督者，還透過扶乩成為各種道德教化作品的公認作者。在這些作品中，《關聖帝君覺世真經》行文規整，所用語言十分質樸直白，無論上層精英還是被迫背誦的學童，只要識字都能通讀。相較之下，《關聖帝君明聖經》在語言上要更加複雜，但是作為鸞書集，它與關帝之間的聯繫十分緊密，因此對廣大信眾而言有著不可抗拒的吸引力。這兩部作品一再重版，在帝制晚期的中國非常暢銷。

十九世紀中期，四川和其他一些地方的鸞會開始為關公的神話體系添磚加瓦，所添加的內容圍繞一則最早可見於元代文獻的故事展開：玉帝因為不滿於凡人的品行而降下末世災劫，龍王為了拯救當地人民而奮起反抗玉帝。故事的結局是文昌最終勸誡玉帝，擔起教化人心的職責。而在十九世紀的新版本中，關公不僅取代文昌的角色，最終甚至取代了玉帝本身。

天降神罰

關帝在成神之初已經開始被信眾視為道德倫常的果斷捍衛者，為此祂往往不惜使用暴力，這與祂生前武將的身分對應。現在所見最古老的關公聖蹟傳裡就記載關公懲罰忻州不孝兒媳的故事。故事提到這家的婆婆因為自己的飲食中混進屎尿責罵了這位兒媳，而後這個女人離家出走，杳無音信。很久以後，人們才「發現」這個女人逃進關帝廟，因為他們在廟中神案下發現一條狗，正是這個兒媳所變。原來這是神對這個女人的懲罰，因為狗是吃屎的動物。狗被人找到後不久就死了。[2] 收錄這一故事的聖蹟傳編撰於十四世紀，儘管故事中有鮮明的道德誡諭意味，但卻不像後世的類似故事那樣包含儀式元素。不過「發現」一詞或許表明當地有不少關於這個女人下落的傳聞，希望對她的失蹤給出一個合理的解釋，最終有罪的媳婦變成關帝廟中一條可憐的狗，這讓人們在道義上獲得某種寬慰。從這個故事可見，關公已經成為地方社會確認父權的一種媒介。

同一時期的材料中還能找到另一則內容更為詳細的例子，在這則故事裡，我們既能看到關公的道德監督角色，還能看到這一角色所處的儀式語境。這個故事發生在一三二〇年代早期，地點是位於西北邊陲的固源縣。一三二一年，當地一個叫張庸的人受命徵收一批賦稅，共徵到一千多石夏糧後，他遞解給當地負責錢糧的文吏閻文彬，後者在驗收所有糧食之後給了張庸一張收據。翌年，張庸向前來查驗稅課的縣令出示這張收據，卻被縣令老爺駁回，因為收據上少蓋了一個關鍵印章，並不具備法律效力。張庸要求閻文彬為自己作證，但後者卻把相關紀錄都藏起來。縣令下令羈押張庸。隔天，張庸在一座小廟裡向關公禱告。「跪拜未語，鎖自釋。」縣令大怒，命手下立即將張庸的鎖鍊重新戴上，但就在那時所有人聽到一聲箭響，鎖鍊應聲而落。這一奇事隔天又重複了一次，每個人都驚恐不已。幕僚因此向縣令建議，應該對錢糧師爺閻文彬和張庸兩人都用上枷鎖。

明日，文彬共庸拜誓於王，至祠未矢，忽二雀翔下高空，集文彬首，二爪爬髮，兩翼擊面，嗚聲啾啾。眾駭，一辭：「何不受實？」

閻文彬被這一幕驚得目瞪口呆，昏死過去。他回過神後立刻招認自己的罪行，兩隻喜鵲才放過他。閻文彬從家裡找出相關文件，證明真相和張庸所言無二。張庸被無罪釋放，並於一三二四年擴建這座小廟。[3] 除了和其他早期文獻一樣對神前立誓、解決糾紛的種種儀式細節進行描述之外，[4] 這份文獻最突出之處在於說明關公崇拜在地方社會中的重要性。在這樣一種圍繞誓言展開的法律程序中，關公顯然不只是一位普通的保護神，更是神前立誓的見證人，而且能夠強迫立誓人遵守諾言，這在之後的幾個世紀成為關公信仰中的一項傳統要素。[5]

除了監督守誓外，關公還能監督和懲罰任何一種被祂注意到的罪行。[6] 一六四〇年，在徽州某地，有一個年輕人和自己的寡母一起過日子。年輕人很不孝順，每天早上很晚才起床，讓母親做飯操持家務，自己則睡到飯熟，而且稍有不順就會責罵老母。有一天，他的母親一手抱著孫子，一邊看著爐子上的湯鍋，孩子突然從母親懷裡滑了下去，掉進鍋裡。母親意識到自己闖下大禍，無力回天，馬上就逃開了。這個不孝的年輕人聽到孩子的哭聲趕過來時，一切都太晚了。他馬上抓起一把菜刀，朝著母親追出去。母親跑進附近的一座關帝廟，藏在神案下面。這個年輕人一路追進來，但就在進廟那一刻，關公身邊的周倉突然跳了下來，手中持著偃月刀砍向年輕人的脖子。廟祝聽到聲音趕來，只見年輕人躺在地上，滿地血泊，而木雕神像的一隻腳此時還踏在廟門外。這個直接證明神祇威嚴的故事，開始在人群中傳播開來，人們不僅決定為神像再塑金身，還保留了神像一隻腳踏在廟門外的姿勢。[7] 人們一般都相信神像不只是泥胎木偶那麼簡單，但這則故事卻能夠進一步向我們展示這類故事裡的大眾與論層面。講述這則故事的本應是孩子的祖母，但今天我們所見的版本更像是由那些目睹年輕夫妻不孝之行的鄰居敘述的。選擇講述這個周倉受命保護祖母的故事，本身就是人們道德好惡的一種表達，尤其是當這個故事以兒子的罪有應得作為結局的時候。

作為人類的道德監護人，關公也經常扮演審判者的角色，但相較人類世界中的法官，祂表現出的智慧往往是所羅門王式的。袁枚曾在十八世紀晚期記錄這樣一則故事。有個準備赴試的書生在李家坐館謀生。李家的鄰居王某某是個惡人，經常打罵妻子。有一天，王某人的妻子從李家偷了一隻雞，因為這樣她才有東西吃。李家上門把這件事告訴她的丈夫。王某人一聽怒上心頭，抄起刀拽住妻子，眼看就要下手殺妻。王某人的妻子連忙喊冤，謊稱雞是這個書生偷的。書生不得辯白，就找了一眾人到當地關帝廟裡，請關帝老爺辨明真相。書生要求同行的人擲筊，讓神意來辨明黑白。如果筊杯落到地上是陰面，就是婦人偷了雞；如果是陽面，有罪的就是書生自己。筊杯一連擲了三次，都是陽筊。王某人放開妻子，書生則被村人奚落了一頓，被李家趕出家門，流落街頭。某天，村裡人在扶乩時請到關公下降，書生就去質問關公為何當時沒有主持公道。關公回答道，祂當時要決定，是先救下眼看命喪當場的王某之妻，還是先為書生脫罪，好讓他保住住處。兩相權衡，似乎前者更為重要。[8] 這個故事中有一個我們十分熟悉的文化模式：村裡的人如果有事需要神祇決斷，就會賭咒發誓，保證一定會說出真相，不然就會被神靈懲罰。神判正是這樣一種來自上天、凡人無法予取予求的正義。[9]

即使對官員而言，關公也代表更高層次的道德權力。湯斌（一六二七－一六八七）因其在江南毀禁五通神的政績，而在官民士子中享有名聲。他立意在地方肅貪時就讓下屬在關帝前立誓自清，遠離地方貪腐風氣。但這些誓言並未如湯斌期待中的那般有效，胥吏們很快就故態復萌。[10]湯斌的失敗說明這類神誓中存在一套基本規則，只有當所有參與者全都真正認同同一套價值觀，並且準備好接受神判時，誓言才會有效。因為關公在南方的流行程度不如北方，而湯斌從一開始就毀禁了江南最流行的神祇（五通），這些被迫作出的誓言對胥吏的約束力也就自然不能如他所願。

人們相信關公是道德監督者，這一點還與以玉帝為首的道教官僚神體系的無形影響有關。清初詩人、官員王士禛（一六三四－一七一一）曾記錄一則逸聞，從這則故事裡可以看到關公的道德角色中道教官僚神體系的色彩。故事的主人公姓趙，來自山東，是一位赴京城準備科考的士子。

> 居汾陽館[11]。館中廳事有武安王神像，趙居其側，偶狎一妓。其父趙翁曾官通判，里居，放榜之夕，忽夢入一大城，有偉丈夫自委巷出，揖翁問曰：「君非趙某耶？」

曰：「是也。」曰：「吾潘姓，關帝下直日功曹也。爾子本應今科高第入翰林，以近日得罪神明，奏聞上帝，且降罰矣。」

這件事發生二十四年之後，此時這個士子已經高中進士，還成功入選翰林院，並且把自己的經歷告訴王士禛。[12] 從這則逸聞中，我們可以發現一些神靈如何監察、懲罰失德行為的相關元素。首先，關公行使職權時派出的是道教神系中每日值守的神使，這一角色顯然不同於以往關公的隨身裨將周倉，而且這則故事還將關公的權力直接上溯至玉帝。我們將在下一節看到，即使並非每則民間傳說與神蹟故事都可以體現出這一監察懲戒體系的存在，但它確實在人們體認作為神靈的關公時發揮重要作用。

儘管大多數神祇的形象都止於地方保護神，但關公與其他少數神靈獲得了額外的道德監察職能，例如成為監督誓言的神祇，甚至在以玉帝為首的道教官僚神體系中成為一個監察善惡的官員。正如下文所見，關公之所以成為一系列善書和寶卷的寄名作者，其角色變化的影響至關重要。

善書作者

身為賞善罰惡之神，關公經常對凡人使用一些懲罰措施，其中就包括用一連串疫病來懲罰人們，以捍衛倫常。但無論這些懲罰發生於公共領域還是私人生活，都不會和道德原則產生抵牾，因為在傳統解讀中，這些嚴厲的懲罰並不是一種過度的暴行，而是神罰的一部分。這些暴力要素與字面上的「暴」並不相關，但卻是「上天懲罰」的應有之意。因為關公是「忠」和「義」的象徵，因此人們相信他能夠在這些懲罰中施展其「武」。只要身處同一文化範式和歷史語境中，人們就不會把這種「武」視為暴力。但從十七世紀晚期開始，關公的道德捍衛者形象開始與新出現的文士形象融合，由此產生一系列影響深遠的道德說教文本，也就是我們一般所謂「善書」。

善書

在這一時代，關羽的新形象是一位精通經史的文士之神。這位神祇有能力，而且熱衷以乩書的形式與祂的受眾（通常為有識之士）交流，樂於看到信眾如饑似渴地閱讀自己寫下的文字。善書這種宗教文獻正是這種新形象的衍生物，我在這裡僅舉兩本題名為關公所著的帝國晚期善書作品，說明那時的知識分子是如何要求關公支持自己的道德關切的。這兩部作品，一部是《關聖帝君覺世真經》，簡稱《覺世真經》；另一部則是《關聖帝君明聖經》，簡稱《明聖經》。降自關羽的類似善書有很多種，我們應該把它們置於十九世紀以來宗教寫作和出版變得越來越重要的背景下加以考察。透過討論這些作品，我們能夠看到關公在其中的形象：既是個人保護神，也是會在必要時動用暴力去捍衛倫常的嚴厲神祇。

善書都是一些篇幅不長的散文，其中既有神祇的教諭，也有作者的評論。這些文章既可以結集成冊，也能夠單獨出版流傳。在一般情況下，善書中的文章是用文言文而非日常使用的白話文寫成的。大多數善書都能夠最終聯繫到一個具有「道德代理人」身分的神祇，比如文昌帝君、呂洞賓及關公，因為它們往往來自這些神祇仙人在扶乩中降下的神諭。和其他宗教文本一樣，人們既會口誦心記裡面的文章，也會抄寫、刊印。做這些事都是在積功德，雖然回報不見得立竿見影，但卻明確可期。儘管善書的出現可以上溯至宋金時期，[13] 但真正風行於世卻始於晚明，而且一直延續到二十世紀。[14] 善書中有一個非常重要的種類，一般稱為「功過格」，它由一系列列明善惡行為的表格組成，每種行為都有對應的分數，分為「功」（美德）和「過」（過失）。一個人可以透過在一段時間內多行善、少作惡來得分，避免失分，然後計算出自己累積的功德量。當然，功過格和關公形象一般沒有什麼關聯，因此此處不再進一步討論。

一部獨立出版的善書往往從道德準則的簡單列舉開始，通常每項准則下會以個人事蹟為主

一座客棧的牆上看到一段《覺世真經》的經文，到了一七七〇年，他把這段經文連同自己的評論和感悟一起編為一冊，刊印出版。[27] 從十八世紀晚期開始，《覺世真經》的內容也經常出現在石刻上。浙江蕭山一處一七九五年的佛教石窟中就出現《覺世真經》的刻經。[28] 先是一七八九年，再來是一八一三年，然後是一八一七年到一八一九年之間，北京的三座城門附近陸續豎立刻有《覺世真經》內容的石碑。[29] 一八四二年，福建泉州的一座關帝廟中也立起《覺世真經》刻石。[30]

明代末年，善書主要流行於士人之中，但到了清代，善書的傳播卻是一個涉及層面更廣的文化現象。這一時期的善書從一種書面文本逐漸發展為一類口頭表演藝術，對善書的圖說圖解也大為流行，這都讓善書的受眾大幅增加。本質上，圍繞關公善書展開的信仰活動，其動機與其他類型的奉祀神靈活動並沒有區別。一個清末的關公信仰者為了讓自己從疾病中迅速康復，會同時發願念誦觀音咒和《覺世真經》。除了念誦經文，這位信仰者經常也會透過掣籤的方式來占卜凶吉，求問前程。[31]

《覺世真經》

《覺世真經》這部善書很可能誕生於一六六八年夏季的一次鸞會。[32] 一六七八年，僧人心越（一六三九－一六九六）很可能已經將這部善書帶到日本。他先在長崎待了一段時間，然後到了水戶藩，那裡的大名是一位中國精英文化的狂熱追捧者，對中國宗教和哲學來者不拒。心越帶入日本的《覺世真經》於一七三〇年再版，不過這一版本的實物非常遺憾地毀於二戰期間的轟炸。[33]日本現存最早的《覺世真經》刊本是一七一八年由長崎的一位華人俞直俊（一六八一—一七三二）從中文直接翻譯為日文的。這一刊本一般被稱為《關聖帝君覺世真經》，但現存封面上的題名卻包含一個晚明以後才出現的新稱呼——《關夫子經》。不僅如此，封面上還畫著關公及兩位隨從的畫像。[34]在中國，現存第一種集合畫像和案例故事版本的《覺世真經》出版於一七三一年，此後三個世紀中，這類出版品層出不窮，其中既有單獨成書的版本，也有一些是與其他同類善書合刊出版。[35]

經常與《覺世真經》一起結集出版的善書有兩部：一部是《太上感應篇》；另一部則是《陰騭文》。這三部善書合集出版時，一般被題為《聖經》。「聖經」一詞此時已經用於稱呼基督教的《聖經》，最早見於陽瑪諾（Jr. Manuel Dias, 1574–1659）在明亡前後（約一六三二—一六四二）出版的《聖經直解》。[36]上述三部弘善之書則是在一八〇〇年至一八〇二年，第一次以「聖經」為題結集出版。[37]人們一般認為《陰騭文》的作者是文昌，同樣是一位幾乎獲得全民信仰的文士之神，寄託著民眾心中的教育理想。《陰騭文》和《覺世真經》在這一點上十分相似。因為在這類文本中關羽和文昌一樣，都是文人的保護者，只不過前者是一位武神。

《覺世真經》以十分淺白的文言文寫就，無論是語言風格還是內容，都與明朝開國皇帝的

《聖諭六言》及清代康熙皇帝的聖諭十分相似。[38]

《覺世真經》的開篇文字如下：

> 敬天地，禮神明；奉祖先，孝雙親；守王法，重師尊；愛兄弟，信友朋，睦宗族，和鄉鄰，別夫婦，教子孫。

這段三字句之後，後面的《覺世真經》全部由四字句構成。在文中，關公首先告訴祂的讀者或聽眾應該去踐行哪些善行，能夠獲得什麼福報，這部分占了二十四行。支持宗教機構、做慈善等善行都能收穫神祇施恩而來的善果，包括長壽和財富，也包括獲得子嗣和消災免禍。接下來文中有關惡行惡報的內容則要長得多，一共五十六行。這部分是一份社會失范行為的冗長清單，主要羅列各種家庭鄰里衝突的原因，其中一些罪過聽起來依然有更為直接的宗教意味。

> 恨天怨地；罵雨呵風；謗聖毀賢；滅像欺神；宰殺牛犬；穢溺字紙。

第一句大約說的是人們因為自己的厄運而遷怒於天地；第二句大概指的是因為遭遇（或神祇

不肯終止）惡劣天氣，人們便咒罵神祇；接下來第三至五句大約說的是人們不尊敬神祇，破壞祈拜之所，或以牛肉、狗肉作為供品；[39]最後一句說的是人們將寫了字的紙張用於如廁，玷污了字紙。這一條和當時人們對字紙處理問題的廣泛關注相關，而這種關注本身也與善書運動有著密切的關係。[40]之後是與上述惡行相應的嚴厲懲罰。因此，我們可以將整篇文字解讀為一系列宗教實踐主題的組合。但這一時期幾乎所有社會團體都是圍繞某種神祇信仰建立的，因此這份宗教意義上的失範列表和俗世所言的背德行為在內容上並無二致。

不過在這份列表裡，與每種行為相對應的賞罰均出於神手，這些道德教諭也就一下子具有宗教上的合法性。比如，這份冗長的神罰條目中就敘述這樣一些背德行為與神罰之間的因果關係：

> 近報在身，遠報子孫；神明鑒察，毫髮不紊；善惡兩途，禍福攸分；行善福報，行惡禍臨。

在羅列和總結完這些內容後，關公很明確地以「我」或「吾」這樣的第一人稱和我們交談，警告讀者必須嚴肅對待上面這些誡諭。因此，《覺世真經》不僅僅是一份神聖文本，更是關羽信仰的崇奉者與神祇之間的一種契約。

我作斯言，願人奉行；言雖近淺，大益身心；戲侮吾言，斬首分形。

接下來，關公更是逐一說明念誦這篇文字的好處。第一人稱在《覺世真經》原文中只出現兩次（「我」和「吾」），兩次都出現在上面這段文字中。對文言文而言，一篇得體的文章應該儘量減少人稱代詞的使用，但《覺世真經》中使用第一人稱是有特定含義的。關公在說這段話時沒有絲毫含混，說明神罰是不容商榷的。畢竟無論是立誓、證言還是守矩，暴力懲罰都是確保人們嚴格踐行道德原則的關鍵要素。[41]

正如上一章對關公神蹟的討論所見，《善書》中這些文字所表達的價值觀很難說為關公信仰所獨有。其他二手文獻很少引用《覺世真經》的最後一段，但這段文字確實以暴力威脅和詛咒的方式，將一般意義上的社會價值規範與宗教懲戒融合在一起，而關公正是這樣一位道德監督者。這一形象既符合我們在本書中一直試圖描述的關公信仰，同時也體現了帝制中國宗教文化的整體性格。在這種文化中，暴力（當然，這裡我們需要對「暴力」概念本身重新定義）近乎一個基礎性的要素，它的存在比我們以為得更加普遍。[42]當我們討論關公崇拜及善書的「經典化」或「儒教化」時，必須考慮到這一層面。事實上，話也可以反過來說，即那些被貼上「經典」或「儒學」標籤的價值觀也已經被納入鬼神崇拜的體系，從而成為中國宗教文化的基礎。

我們最後將一則故事作為本節內容的總結。故事發生在一八五一年，主人公是一位在江南常州一衙門任職的老吏。某天晚上，這位老吏在往事隨想中入睡，睡夢中一個相貌威嚴的人徐徐向他走來，這人正是老吏四十六年前就已離世的父親。老父狠狠地在老吏的背上拍了一下，告誡他說自歎貧鄙無益，自己此來是要告訴兒子世上有一本題名為「帝君醒世經」的書，希望兒子能夠重刻該書。只要完成這件事，老吏就能「廣修福田」，也就是為下一世積累功德。我們的老吏回覆父親，自己缺少資財難以完成，但父親卻說這次可以先投入少許資金，然後把印好的一部分捐贈出去。說完這些，還不等老吏答話，父親就消失了。兩天後，老吏終於從別人那裡借到這本書，讀後立即深深折服。他決定先買一部分刊本，還讓自己的兩個兒子照做。這個故事的作者雖然自怨自艾，但卻在一場夢遇中受父親所鼓舞。自從父親身故之後，這位老吏曾經多次想與他在夢中相見，但卻從未如願。因此對老吏而言，這次託夢賜教的意外經歷自然彌足珍貴，喜不自持。[43]

《明聖經》

《明聖經》的篇幅遠比《覺世真經》長，但在文章架構的形式感上卻要弱很多。這本善書可能在十九世紀初就已經存在，但它最重要的版本卻出現在一八四〇年以後，而且經過多次重版才終告成型。[44] 實際上，《明聖經》的不斷再版貫穿了整個十九世紀，一直延續到二十世紀上半葉，而再版的地點最遠至越南，足見其受歡迎程度。[45]一九三〇年刊印於上海的一個版本中，一位出版人寫道：

> 籍蜀人也，幼時曾見吾鄉莫不家供關帝聖像，而念誦明聖經者，全家幾占多數。吾先君素好施與，家母最愛齋素禮佛，以致吾全家男女人等無一人不虔誦《明聖經》者，因此經文淺理深，令人易誦也。[46]

這部善書不見得如作者所說的那麼簡明易誦，因為只要細讀就會發現它有多麼雜亂無章。《明聖經》的行文不僅韻腳混亂，而且很多跡象都說明其寫作過程缺乏深思熟慮，而是在零星啟發下斷斷續續完成的。但無論如何，很多人確實推崇它背後的神奇效力和通俗易懂，致力於傳播這部善書，完全無視這些瑕疵。

對《明聖經》的敬意在一八四〇年版的兩篇序言中體現得尤其明顯，這個版本是由湖北的一群下層知識分子編輯出版的。其中一位編者在前言中提到，他們故去的兄長趙正治是一個極其崇信《覺世真經》和其他善書的人，曾經親身踐行裡面提倡的各種善事。趙正治希望完整地注釋《明聖經》，因為這本善書是當時同類作品中唯一沒有完善注釋版本的作品。一八三八年，趙正治找到一位地方學者胡萬安，希望由胡來完成此事，但未等注本完成，趙正治就離世了。這位胡先生隨後帶著自己完成的書稿，拜訪趙家在世的幾個兄弟。幾個人雖然對能否出版心存疑慮，但依然繼承亡兄的遺志，又請了其他幾位當地學者加入注本的編輯工作。[47]

無論是趙正治、他的兄弟，還是參與編輯的幾位地方學者，他們都是同一個市鎮的居民。此鎮地處川鄂交界，距離定遠縣（今稱武勝縣）龍女寺不遠。趙氏家族經常參與扶乩活動，某天，他們在家裡請下仙人呂祖。在這次扶乩的尾聲，呂祖賜下一份藥方，用以治療趙家母親所染的寒症。另一次，趙家在當地一座佛寺中設壇，這次請到的是一位名叫高守仁的不太知名的神仙。這位神仙告訴趙家兄弟，他們的亡兄趙正治當上湘潭的城隍爺——湘潭可是鄰省湖南的一座水陸要津。這位神仙還告訴趙家人，趙正治已經向關帝發願要繼續完成《明聖經》的出版工作，這位神仙甚至代表關帝為此書作序，並且在胡萬安已經寫定的注釋中加入自己的評語。[48]最後，在世的趙家兄弟和他們的侄子（也許正是死去的趙正治的兒子）一起為新作的序言署名。他們將編輯這部書的過程視為紀念亡人的一件重要功德，能讓亡兄雖死猶生。這個特殊的版本在此後數十年間成為《明聖經》的標準版本，而趙家人也確實如願以償。

由於頻繁再版，這些善書不僅摻入不少與之相關的個人故事，書中所載的捐助人名單也越來越長。兩者提供的重要資訊讓我們進一步瞭解關公崇信在個人生活中的重要作用。《明聖經》有一個始編於一八六九年，出版於一八七三年的版本，序言作者是一位名叫德壽的滿族官員（卒於一九〇三年）。在這篇序言中，德壽講述自己一家人從北方搭乘火輪船趕赴蘇州上任途中，如何受到關公的護佑。在這趟旅程中，德壽自始至終都在默誦《明聖經》，祈禱母親不受旅途勞頓之苦。結果正如其所願。到達目的地之後，德壽發現水陸碼頭蘇州雖然富庶非常，書店中卻沒有這本善書，便發願在蘇州重印《明聖經》，不只是為了自己趨吉避凶，也是為當地人攘除疾病和其他災禍。[49]

另一則材料則與一八六一年某山西儒商再版的《明聖經》有關，這位商人是長治人，在長治和襄陽之間來往貿易多年。一八五二年，太平天國運動席捲整個南方，這位儒商和他的同僚陷入困頓。儒商原本計劃回到相對安全的山西老家，此時卻發現自己根本無法走出襄陽，因為本錢和貨物都囤積在當地店鋪。由於土匪肆虐，他的朋友也無法與同僚取得任何聯繫，他們只能各自念誦《明聖經》。儘管序言中並未說明這些困難是如何解決的，但顯然最終每個人都得償所願。一八五三年的某天，故事的作者和縣令一起於夜間橫渡當地河流。船至中流，風暴忽至，岌岌可危。儒商再次默誦起《明聖經》，誦經未半，船夫已經來喊他們上岸了，因為此時風暴早已消失無蹤，他們有驚無險地順利抵達目的地。一八五六年，儒商攜帶銀票再次前往襄陽，這次與兩位同僚各自分乘一船。入夜之後，一行人泊船休息，周遭一片漆黑，只聽得見狗吠之聲。眾人深感惶恐，儒商和同行另一名患病的商人開始一起念誦《明聖經》，而且發願要重印這部善書。一夜過後，只有另外一位沒有念誦《明聖經》的商人遭到搶劫，其餘人等均得倖免。在黑夜遇劫幾個月後，關公又一次庇佑儒商和他的家人。這次有一群盜匪預謀要來襲擊劫掠城市。就在劫掠發生的前幾天，儒商聽到相關傳言，之後立刻租下一艘船，一連幾天不眠不休，把全部身家轉運到船上。劫掠當天夜裡，儒商一家在盜匪到來之前逃之夭夭，一路上又是幾番死裡逃生。儒商同樣把這次幸運逃脫，歸功於自己時時念誦的《明聖經》。[50]

我們在《明聖經》的其他版本中也能找到類似內容。《關帝明聖經全集》出版於一九三〇年，書中編入數篇由一群南方捐助者撰寫的文章，其中最早的一篇可追溯至一八五九年重刻的《明聖經》版本。[51] 這些文章中最令人印象深刻的是，一篇由行商多年的廣東人撰寫的文章，那麼他又是如何知道《明聖經》效驗的呢？原來在一八六八年，這位商人剛剛續弦，一隻惡鬼就靠著其他鬼怪的協助附了新夫人的身，幾乎奪走她的性命，全家人擔驚受怕，操辦各種法事都毫無作用，長則三天，短則一天，這些鬼怪仍會回到新夫人身上。就在此時，廣東商人遇見一個叫作紹彬儒的人，從他那裡得到一本號稱能夠鎮伏妖魔的經書。商人馬不停蹄地在家裡擺開法壇，上供關帝神像，然後開始念誦《明聖經》。誦經聲剛起，邪魔就遁走了。但等到這天全家人歇下之後，邪魔還是回來了。如此半月有餘，商人依然未能祛除惡鬼，便開始懷疑這本善書的有效性。不過他還是先從自身找原因，認為這一切與自己的願心有所反覆有關，對善書和神祇的禮拜應該更加虔誠。此後的一天晚上，一道紅光照入這家人供奉神像的房間，「紅光」所到之處，異香自生，法壇上的酒杯都映出殷紅的光澤，紅豔如火。夫人事後告訴他，當晚出現一位身穿綠袍的赤面神祇，其身後跟隨的一位手持金鞭的猛將，擒住了一個女鬼。從那天開始，這位夫人便不再受邪魔附身之苦，而我們的商人則刊印一千本《明聖經》酬謝關公的襄助。[52]

其實我們很容易想到這些事件背後的情感因素。這位新夫人嫁進一個早已成型的家庭，不僅家中每個角落都帶著舊人的影子，大概還要和前妻的孩子一起生活，無論是擔心能否得到足夠的關注，還是害怕自己沒有個人空間，這些都多多少少對這個女人施加壓力。可以這麼說，正是因為崇拜關羽和祂的善書，丈夫才會把注意力放在她和她的需求上，這為這個女人帶來偌大的精神支持。而在這一事件中，神蹟特有的紅光和異香則讓這次獨特的神祇顯聖成了這家人難以磨滅的記憶。

一八六〇年，紹彬儒把《明聖經》贈給自己交際圈中的另一個人，後者也資助《明聖經》的再版，並留下一篇序言。這篇序言十分普通，但紹彬儒卻向我們交代整個贈書事件的來龍去脈。紹彬儒告訴我們，自己這位熟人的妻子也曾被惡鬼附身，而且持續好些年。惡鬼每次現身都會讓這個女人痛苦不堪，不僅語無倫次，而且說出來的都是詛咒之語。這家人焚燒紙錢，以鮮果、糕點、靈書和淨肉供神，花了大價錢延請道士作法，但這一番折騰下來，夫人卻日益憔悴，藥石無用。這一天，紹氏的熟人得知夫人已近彌留後趕緊回家，途中碰見紹彬儒。商人想讓紹彬儒教自己的兒子念誦《明聖經》。應其要求，紹彬儒隔天便開始教誦。這個孩子剛開始念經，女人的病情就開始好轉，此後經過幾週的供奉和誦經，女人最終好轉如初。[53]這個例子也可以從情感的角度加以解釋。從上述描述可知，這家人的兒子是隨父親在外行商的，母親或許只是過度思念孩子，等兒子回家，病情也就好轉了。紹彬儒在這幾個故事裡都扮演關鍵角色，他是那些宗教與文化故事的傳播者，在這些故事中，人們都實實在在獲得關公及《明聖經》的幫助。

背誦經文也好，刊刻善書也罷，這些活動的動機與其他崇祀活動是一致的，所引發的也是同一類神蹟。在這些故事裡，我們能一如既往地看到同一類強烈的感官體驗，這也說明它們都屬於同一種宗教文化。這帶來一個問題，人們一開始為何大費周章地選擇誦經刻書這種方式？相較於崇祀神明和扮演戲劇，或者類似的「還願」活動，誦經刻書又有哪些額外的價值？這些致力刻書之人的社會身分與職業背景能夠給我們帶來一些線索。在善書的扉頁和附言中可見，參與刻書活動的不只官員及正準備赴考的士子，事實上，從大商人到小商販和普通店員，各色人都參與其中，他們的水準有高有低，卻都通曉一些文字。而且這些人此時都是背井離鄉之人，無論是向神明獻祭還是搬演神戲，那些活動都只有在家鄉才能引起眾人關注。相較之下，捐款刻書、背誦經文卻與這些人的羈旅生涯高度契合，而且也符合他們對書面文字的濃厚興趣。隨著人們不斷製造出與關帝相關的乩書、不斷重印善書，傳統上對關公的寺廟崇拜也開始完美超越最初的地域保護神的意涵。由於關帝這一新的角色定位，以祂為中心的一種新的救世神學發展起來，能夠適用於每一個人，而不再局限於地方性社區。

救劫者

關羽以暴力捍衛倫常的形象在十九世紀下半葉和二十世紀上半葉得到進一步發展。這一時期，神明逐漸被視為一股對抗人類逐漸墮落之勢的力量。也正是在這一時期，關羽不僅請求玉帝下旨讓自己拯救世人，更是取代玉帝成為至高神明。眾多新興宗教運動十分推崇這個故事，其中就包括同善社和德教，兩者都從創教之地出發，最終遠播域外。在臺灣，關羽救劫這一主題被「恩主公」扶乩運動吸收，由此發展出最為流行的地方關公崇祀。當然，相信關羽為了人性之善對抗玉帝的觀念並不是這個時代的產物。我在第六章分析了一則傳說：不遵玉帝號令，拒絕懲罰叛神村落的神龍被玉帝懲罰，轉世為關羽。這則故事的源頭能一直追溯至十七世紀中期。十九世紀晚期的扶乩傳統進一步發展這則傳說，為其賦予近乎彌賽亞式的內涵，而它的主人公也就自然扮演起救世主的角色。

道德重建運動

整個清代，扶乩運動的社會宗教情境發生一連串本質性的變化，它所衍生的文本產生的社會影響也因此比早期善書深遠得多。扶乩運動是由另外兩種社會運動整合而成的：其一是善堂運動；其二是「宣講」。詩社、學社等興起於晚明的精英結社活動在清初都遭到禁止，但官府允許地方精英主持的慈善機構繼續存在。後者因此成為自下而上自發建立社會道德組織的主要方式，甚至以此得到清廷的鼓勵。「宣講」則是由政府推動的自上而下的社會道德運動，但它不僅一直存在，而且獲得中下層識字人群的支持和參與。參與「宣講」的群體不僅包括舉人和秀才，還有地方上的普通學子、衙門裡的文吏、僧人及各色人等。和善堂相似，「宣講」同樣發展為一類合理合法的社會自發結社或道德自發結社運動。每次「宣講」都以閱讀康熙聖諭（這一文本之後被雍正皇帝擴展為《聖諭十六條》）為中心展開。這一活動為地方認同朝廷提供官方管道，同時也是日常集會和討論議題的組織形式，而且其中的宣講表演逐漸發展為一個獨立分支，成為民間講述道德故事的一種重要形式。[54] 郭沫若（一八九二—一九七八）在回憶童年於四川的經歷時就提到，這些圍繞聖諭展開的表演已經成為地方上一種異常流行的娛樂方式。[55]

如果「宣講」一直是一種自上而下教化地方的方式，或許不會產生如此大的影響。下層精英的不斷投入與宣講表演的大眾化，深刻改變這種社會活動。[56] 之前談到的紹彬儒就屬於在此類表演中十分活躍的人。一八六八年，佛山的一間善堂聘請紹彬儒為主講人，此後他開始不斷受邀到各個善堂主講，甚至以「宣講」為中心編撰不少主題各異的小說（至少可以算作道德主題的敘事作品）。[57]因此，紹彬儒的行為恰好能夠向我們說明善堂、「宣講」和扶乩信仰如何在十九世紀融為一體。

前述龍女寺裡的扶乩活動同樣與「宣講」整合在一起。[58]我們在上一節提到設在龍女寺的乩壇於一八四〇年寫下的《明聖經》注釋及其此後帶來的重大影響。龍女寺的所在地定遠縣在民國時期編撰的縣志中記載一個世紀前的那個特殊年分裡，這座寺廟中的乩壇僅在一場扶乩中就寫下數十篇神聖的乩文。不僅如此，這座寺廟還擁有過一幅號稱關羽手書、威力無窮的卷軸，這幅引起狂熱崇拜的手書很可能也是以類似方式得來的。[59]靠著這些文本，龍女寺的乩壇自然成了中國歷史上最具影響力的鸞書組織之一。

一八四六年，人們將出自龍女寺的一部分乩文編輯成冊，加上序言刊刻出版，題名為《指路寶筏》。[60]這部書中有不少乩文降自一名叫圓覺的人，他此前也是乩壇的成員，當時已經上天成仙。此人十分重要，因為他告訴我們關羽當時擁有一個令人吃驚的新身分，而且還對這個身分進行解釋。[61]仙人圓覺的乩文中首先對自己和兩位義兄弟的降鸞細節進行描述。據他所說，他們兄弟中有一個曾是個類似於流氓的人物，另一個是重情守諾之人，還有一個則是衙門書吏。這三個人自然是類比桃園三結義而來的，而三結義中的關羽正是這部鸞書的主人公。透過衙門書吏降下的乩文，龍女寺的乩壇得以將扶乩和「宣講」結合起來：

知甚麼善緣開，末劫堪虞。庚子年龍女寺，乩鸞勸世。命宣講培道德，教化愚癡。

猶幸得我兄弟，還有根基。講聖諭勸世人，辛苦不辭。

三兄弟提到的「根基」，可能就來自他們世世輪迴中積攢的「善緣」。根據乩文行間的小注，三兄弟正是在神明的教導下才不斷改變宣道的方式，其中就包括將自己費盡心血的扶乩活動，與更加正統的「宣講」制度結合起來：

聖帝爺傳下詔，壇中降筆。弟報字，兄謄錄，三弟扶乩。每日間不少怠，精神困倦。因此上削前愆，功善名題。到會期與眾公，一堂共議。勸化人先正己，乃是方兒。

勤勉如斯，水到渠成。「聖帝爺」憐憫這三個兄弟，命令「群仙並諸佛」「臨鸞」，透過乩壇降筆來「勸世」。

一年半降齊了諭文歌詞，多蒙得神賜果又賜仙職。

圓覺接下來詳細描述他們三人成仙的歷程。他們兄弟三人都接到上天徵召，但負責核查與接引的仙官卻希望他們一分為三，各自歸位。其中一人決定留在人間渡劫，希望用他的行動來消除天譴。但後來三人還是一起升入天界，並在碧池宮中領了仙職。這段材料清晰說明這三人（或者說是下一代以三人名義進行扶乩的人）是如何將自己的扶乩活動整合到整個「宣講」體系，並以此教化世人的，這和下文討論「宣講」本身時所見一致。從一八四〇年到一八四一年，龍女寺乩壇在末世恐懼的驅使下，以三兄弟的名義密集地進行一連串扶乩降筆活動，最終使三兄弟獲得上天的救贖。我們現在很難搞清楚為什麼庚子年對這個乩壇來說如此重要，很可能和關帝傳說中這一年的特殊意義有關。根據關公的民間故事傳統，這個特殊的年分與關公本人的生年（一六〇年）在干支上是相互吻合的。[62] 或許也因為這樣一種巧合，「庚子」這個年分在六十年後被賦予更為重要的意義，那一年正是義和團爆發的一九〇〇年。

儘管身在官方正統語境之下，宣揚的也是官方所鼓吹的德行典範，但龍女寺扶乩團體的救世之道還是偏離朝廷的價值觀，所推崇的德行修養也逐漸和佛道的內在修持融為一體。但同時，這些自視為神言轉述者的乩文作者始終存在一種強烈的緊迫感，這種緊迫感來自末劫觀念，這一觀念則與關公，或者武聖人、武帝君或關聖帝君密切相關。如果朝廷願意花點時間仔細審閱這些文本的話，大概會心生厭惡，難以接受。不過對這些乩文作者或轉述者而言，他們堅信這些有關末劫的新說法是無可挑剔的正論。儘管乩壇的活動很容易被視為叛逆，但在乩壇參與者自己看來，這些故事和說法能夠重塑倫常，而這正是那個令人絕望的時代所急需的。

《指路寶筏》告訴我們，燃燈古佛在屬於他的那一劫中拯救了兩億人，而現在釋迦牟尼在屬於自己的這一劫中也拯救同樣數量的人，但是還是有九十二億人仍然被欲望所苦，在紅塵中掙扎。這些人並未意識到末劫終將到來，依然貪戀著此世的歡愉。但這個世界充斥著各種奸邪之人，玉霄帝君因此震怒，向凡間降下三道劫數來清除他們。但同時玉霄帝君也不忍人間善眾遭受苦難，便命天尊來拯救他們回歸天界。

> 幸關某保一本設法開教。庚子年興宣講不辭勞苦。吾傳他虛靈內一點孚妙。[63] 命武帝掌乩鸞普天臨飄。[64]

關帝選擇用來傳播救世消息的地方，正是龍女寺中由三兄弟主持的乩壇。而且在這些乩文中，關公被描述為歷代救世主失敗後，最後一位挺身救贖世人的神祇。關羽的救世之策是向世人發布道德教諭，這些內容可以上溯至最早見於十七世紀上半葉的《覺世真經》中的部分內容，也可以見於最早問世於十九世紀早期的《明聖經》。

比這兩部善書稍晚面世的《指路寶筏》中有一篇很長的神啟文章，其中不斷重複向我們強調著「關公救世」的主題。這段神啟文字的開頭詳細描述關公的身姿、他的青龍偃月刀，還有他的赤兔寶馬，然後講述關公一生的忠義，尤其是他過五關斬六將的事蹟。接下來，這篇文字以詩歌體裁直抒主旨：

欽承佛命下天庭，不惜臨鸞諭眾生。各把雜心齊掃淨，還原返本去修真。
下元末劫起刀兵，水火蟲蝗瘟疫臨。無極天尊心不忍，悲悲切切度殘零。[65]
一為善良除孽障，二為國家定太平。三與諸生把善積，指明孚路好回程。[66]

這首詩是對一個古老宗教命題的經典回答：從上天而來的人類已經墮落，只有內在修持能夠讓人回歸真正的本源。關公在當時的制度性框架中扮演著救苦救難者的角色，而這一制度性的框架極其適合傳播道德教化類的訓諭，因為當時朝廷允許人們在「宣講」活動中聚眾聽講。就這樣，除了原本就有的人間道德監督者的角色外，關公又承擔某種救世者的角色。當然，我們並不能直接以「彌賽亞」來解釋這個角色，因為此時這一神祇道德啟蒙和監督的色彩依然是隱晦不明的。而且儘管對於末劫滅世的憂慮貫穿於這些文本的始終，卻未提及這一天具體何時到來。因此，這些文字的關注點始終在如何進行道德重建，而不在於如何應對末世，以及末世到來之後會發生什麼。

實際上，我們可以認為這些文本根本不像它們所宣稱的，是那個時代才有的新觀念。高萬桑（Vincent Goossaert）在最近的研究中，對一本十八到十九世紀編著的乩文集進行考察。這些乩文是圍繞同一個救世主題展開，就是如何應對劫的到來。只要進行一場道德改革就能應對和扭轉末劫之難，無疑是這些鸞書的讀者和使用者歡迎的一種觀點。如高萬桑所指出，這類文本對於救世的解釋本身是高度模式化的。在這些文本中，扮演神啟源頭的可以是文昌帝君，也可以是呂祖，當然也可以是我們的關公，而四川則一次又一次地成為重要的神啟之地。[67]大約誕生於十三世紀的《元始天尊說梓潼帝君本願經》是一部包含大量道教內容的文本，但也可謂這類善書的先驅。按照高萬桑的歸納，這部經書認為玉帝曾經對凡人的善惡果報作了一次考校，認為凡人的罪孽已經累積太深，於是決定在末世時將凡間付之一炬，並且讓惡鬼攜帶瘟疫到人間，奪去人們的性命。元始天尊在眾神祈求之下，命令文昌肩負盡力挽救黎民的重任，並降下鸞書傳達神諭，以革新民眾德行。[68]很顯然，有關關公的新預言只是舊故事的一種變體，而關公在這一時代的流行，以及祂相對於玉帝越加趨向獨立的角色，都在推動這一趨勢的發展。

成為玉帝

清末民初的數十年間，關公的救劫者形象發生重大改變。[69]這並不意外，因為整個中國在這一時期經歷一連串天災人禍，確實讓人看到似乎只有末世才有的噩夢景象。在這一時期，四川也一如既往地成為新一批宗教預言的重要產生地。十九世紀中期，好幾位在川中長期任職的官員都曾抱怨當地人將「宣講」與極其流行的扶乩活動混為一談。根據這些官員的記述，當地人談到傳言即將來臨的災劫時毫無顧忌，他們都在想著要怎麼累積德行，至少確保自己能夠在末劫中倖存。人人都說，這場劫數將清除每個德行有缺的人，而判斷標準正是關公在那些神諭中所講述的內容。地方精英也參與到這場活動中，其中一個官員就抱怨，當地甚至有人直接跑到省城想把這些書徑直送到他手裡。[70]

關公當玉帝的傳說就在這一背景下反覆被人傳誦，情節也隨著衍生版本的不斷增加而越來越清晰。這一點在《天賜救劫真經》的第二部分體現得尤為明顯。這部經書是在多舛的一九〇〇年於貴州重版的，此後又多次再版。如書中所述，這部《救劫真經》誕生於一八八六年。當時四川省重慶府正在舉行一場「和瘟」（驅趕瘟神）儀式，關公附到一名當地人身上，降下這段經文。[71] 這個府下屬的定遠縣正是前文所述龍女寺的所在地。

這場「清瘟大醮」持續長達六天，但關公下降附身的對象僅是在場的一名普通觀眾。關公下降後怒意滿滿，他告訴觀眾，玉帝要以最殘酷的災禍懲罰這個世界，因為世上失德之人實在太多了，北斗星君報告人間惡行的文牘已經堆滿玉帝的御案。關公告訴人們，有很多天界的同僚因此乞求祂，希望祂為世人求情，因為至少有一部分人值得神祇拯救。祂質問人們，自己過去曾授下一篇《覺世真經》，可是他們為何沒有依照其中的諭旨行事？因為不管是手抄還是重刊，只要他們能踐行其中的教諭，這篇文字自然能夠救人於水火，賜人以吉祥。聽完這番說教，在場者立刻開始踐行祂的諭旨。和本章前幾節所討論的《覺世真經》一樣，《天賜救劫真經》的結尾也是一段非常明確而具體的警告：那些看到這份聖諭卻未能將其傳播出去的人，末劫來臨時將無法倖免。[72]當然，十九世紀晚期到二十世紀早期本來就是瘟疫在中國流行的時代，其中霍亂自一八二〇年代初從印度傳入中國以後就在各地廣泛傳播，鼠疫則自一八八〇年代從雲南一路傳播至廣州，並在一八九〇年代傳入香港。[73]我們第七章提過一份一八九四年於香港散發的傳單，其中不僅有關公提供的護身符、一份藥方，還有對這個世界為何陷入墮落的詳細解釋。這項解釋認為，當時四處肆虐的鼠疫正是世人墮落而招來的懲罰。[74]一九三〇年再版的《天賜救劫真經》也記錄發生在廣東和香港的這場瘟疫：「光緒甲午年（一八九四年）夏，廣東疫症盛行，闔省士民焚香供奉真經，驅邪逐疫，應驗如響。有設壇請乩者。」[75]這部篇幅不長的經書有很多版本，但其中所述奇聞逸事卻與其他善書十分相似，捐贈者的目的也很類似，往往是因得了各類惡疾祈求康復。[76]

民國初年，因為《洞冥記》的出版而有了進一步演變，這本書是圍繞一系列發生在滇西北洱源縣的神蹟編撰而成的，全書完成於一九二一年初。[77]這部作品集合一些神遊地府的見聞，夾雜傳統文言文和新白話文，後者是透過傳教士、政治宣傳品和其他途徑自十九世紀晚期逐漸被介紹到雲南。[78] 以往的鸞書對使用文言文一直十分執著，因此除了重整道德這一訴求之外，使用一種新語言也使這些神諭本身充滿與過去訣別的強烈意味。當然，此後白話文代替文言文成為趨勢，而《洞冥記》只是一個開始。書中還包含一個早已成熟的觀念，即庚子年是末世災劫之年，只不過具體的年分已經改到義和團運動發生的一九〇〇年。玉帝在這一年下觀人世發生的一切時意識到，即使有像關帝、觀音這樣最得力的助手竭力救世，人世間依然被一片黑色的瘴氣所覆蓋。在接下來的章節中，《洞冥記》清晰反映它所處的那個時代那些大事件產生的影響。

> 此書追根溯源，必要從清朝末年敘起。爾等可知清朝末年，人心已壞，種下禍根。孔教不遵，崇尚新學，綱紀漸廢，習染歐風，以致五倫不講，八德全虧，將文明禮教之中華胥淪為禽獸黑暗之世界。

上述內容將中國的道德頹壞追溯至晚清，並且將其和一連串時事組成的整個時代背景聯繫起來，這些時事包括二十世紀初的新政改革、基督教影響的逐漸增強，以及日益深入中國各地的西方人（傳教士或其他）。傳統道德觀受到威脅的印象和儒家價值觀的退場，與人們對「新學」的擔憂、對西方風尚的恐懼疊加在一起，而這一切都被用來推導出一個結論：人類迫切需要一場道德重建運動。此時此刻，玉帝已經作了一個殘酷的決定，即要用一場末世災劫來懲罰世間邪惡之人。但關公和其他神祇透過一次請願為人類爭取來第二次機會，祂們希望用乩壇宣講開啟一場運動，重新讓這個世界步上正軌。[79]

《洞冥記》接下來重點講述一連串災禍。庚子年或一九〇〇年是「拳亂」肆虐的一年，緊隨其後的就是八國聯軍攻入京城，成百上千的官紳、平民和兵卒在這一年死於戰禍、天災及瘟疫；皇帝和皇太后在一九〇八年相繼歸天；一九一一年武昌起義後，民國取代了清王朝；一九一六年和一九一七年，洪災肆虐全國，無數性命或死於饑荒，或葬身魚腹；一九一八年，一場鼠疫席捲全國共二十一個省，奪去了數百萬人的性命。文中還提到「南北不和」，應該是指當時同樣讓無數人喪生的軍閥混戰，這些災禍都被歸咎於「人心大惡」。[80] 儘管道德淪喪這個話題已經反覆出現數十年，但《洞冥記》能將其與大量時事聯繫起來，依然讓人印象深刻。

《洞冥記》中提到，關公在一九二〇年以關聖帝君的名義和其他神祇一起召集一次新的法會。關公首先宣告眾神，「三會收圓、三會龍華、三次封神」已經到來。這裡所說的三個概念指的是同一個事件，只不過前兩個稱呼來自佛教的語彙傳統，而第三個則是指在周伐商的戰役中，眾多神祇相互鬥爭並最終被冊封的故事，這也是大眾文化中一個至關重要的概念。[81] 一九二〇年的集會上，神祇決定降下《洞冥記》，透過向人們展示地下世界的現實樣貌，來引導他們自我糾正已經偏離正道的內心。[82]《洞冥記》最終透過一連串扶乩下示逐漸成形，就在這一過程中，老玉帝準備掛冠而去，在位七千年的玉帝已經厭倦這個位置。參加集會的眾神推舉關聖帝君成為新一任玉帝，並商定在下一個甲子到來時臨朝稱制。按照西方紀年法，這一年是一九二四年。[83]

王見川對這一新神祇觀接受過程中，出現的眾多細節進行詳細梳理。他指出，一九二〇年代晚期到一九三〇年代出現大量與之相關的乩文。二戰結束後不久，這一觀念更是隨同善社入臺灣，形成一個人數眾多的扶乩信仰群體。[84]一九三〇年代晚期和一九四〇年代，一場發源於潮州的宗教運動也以這則故事為後設敘事，這場宗教運動日後自稱為「德教」。一九四九年後，它傳播到香港和東南亞。伯納德・弗莫索（Bernard Formoso）認為，德教運動為了塑造自己的至高神，對關公的神威進行削弱，其方式和他們對玉帝的削弱如出一轍。因此儘管關公在其他神祀傳統中依然是扶乩降神的主角，但在德教中這一角色卻由其他神祇替代。[85]關公救劫，成為新一代玉帝，這一觀念在二十世紀早期越南高臺教運動中也扮演重要角色。高臺教創教者在學習研究各個宗教的過程中接觸大量與關公信仰相關的善書，因而他們選擇在每月初一和十五守齋，積極進行扶乩活動。關公的救世者身分因此成為這一宗教運動中的重要元素。該宗教運動在近年有所復興，儘管它已經幾乎徹底成了一種越南化的宗教。[86]

關公從一個末世情境下的道德監督者，發展為新一任玉帝，這一過程顯示關羽信仰在自我解釋上的開放性和靈活性，地方人群可以對其加以改造，以不斷適應新的社會文化環境。同一時期的歷史敘事方式要麼是保守的，要麼是帶有改革傾向的，而將自身內容與國內外時事雜糅在一起的上述宗教文本卻截然不同，有著全新的敘事方式。以《洞冥記》為例，它在道德觀念上無疑是保守的，但卻十分具有創新意識地適應新的白話文體系。《洞冥記》在對乩書的運用過程中，同樣試圖將扶乩這一特殊的道德批判傳統與當時知識精英對儒學的宗教化改革（儒教）結合，不過這無礙於我們透過這些材料，去理解那個困頓年代發生的各種道德與社會衝突。[87]

小結

作為道德價值的守護者，人們相信關公捍衛道德的方式就是對所有敗德背誓者直接降下嚴苛的懲罰，暴力因素也因此從未遠離這位神祇。大量的例子說明，關公的神罰往往是一些症狀異常明確的疾病，或者其他一些能讓人對神罰一目瞭然的暴力方式。無論是非常流行並反覆再版的《關聖帝君覺世真經》，還是其他以關公為主角和主要神力來源的善書，它們採用的儀式框架是相同的。在這一儀式框架中，善書的讀者，也包括更多以口默心記為主的善書學習者，都以立誓的方式確保自己遵守一系列道德規範。所有善書也都會告誡人們，違背規範者將面臨厄運。《覺世真經》就說道：「戲侮吾言，斬首分形。」

整個清代，反覆再版是善書生產的主要方式，關公正是在這一過程中成為扶乩運動生產善書的關鍵角色。儘管《覺世真經》和《明聖經》中包含的道德觀念很難說有多少革命性，但這兩個宗教文本卻讓不同階層的識字群體能夠在不同時間、不同地點，各自傳播同一套道德規範。在我看來，這體現了一種更加宏觀的發展趨向：道德敘事的生成方式已經不再與地方廟宇崇信及其區域網絡直接聯繫在一起，旅行者和移民這些生活於原生環境之外的群體已經成了它的主要載體。透過這樣一種「去地域化」，關公信仰得以適應自帝制時代晚期開始不斷變化的社會文化環境。

在關羽相關的各種神話中，祂和玉帝之間的故事是其中最新奇也最迷人的一個。在這個故事裡，玉帝對於道德淪喪的人類感到失望，準備將其完全毀滅。幸運的是，關公成功勸阻住玉帝，而且承諾會以自己的道德教諭拯救一部分人類。這是一個新故事，但其中的部分情節可以追溯至晚明。在更早的故事版本中，關公的前世是一條神龍，祂違背了玉帝的旨意，拒絕懲罰一個地方村落，而是用一場旱災讓這個村落的人幡然悔悟。這一故事繼續發展的結果便是，最終將關帝塑造為新的玉帝。包括二十世紀臺灣的扶乩運動，民國時期的眾多新興宗教運動都受到這則新故事的影響，相較於早年對抗蠻夷、盜匪和鬼怪的關公，祂的新形象所包含的內容更為多元。祂化身為一股認同人類良善之心的道德力量，作為男性的一端，與女性化的觀音相對應，同樣關懷人類，也同樣深入人心。

1 關於該習俗的兩處記載見羅福頤：《滿洲金石錄．補遺篇》與《安吉縣志》卷七，頁29a–31b（17472–17473）。其他與東嶽泰山習俗有關的內容，可參見Katz, *Divine Justice*, 107–115; 以及 'Trial by Power', 54–83.

2 《湖海新聞夷堅續志》卷一，北京：中華書局，一九八六年，頁20。

3 參見《嘉靖固原州志》卷二，收錄於《嘉靖、萬曆固原州志》，銀川：寧夏人民出版社，一九八五年，頁89–90。

4 Katz, *Divine Justice*, passim; ter Haar, *Ritual and Mythology*, 163–166.

5 除了本書第五章圍繞祁彪佳一六四四年的例子、一八五一年左右湘潭的例子進行的討論，以及第六章圍繞興化府知府一五五〇年的案例進行的討論之外，相關神前立誓內容還可見於李清：《三垣筆記》（下），頁22a（615）；趙勝畛：《榆巢雜識》（下），頁168；李光庭：《鄉言解頤》卷二，頁16b–17a。

6 周廣業、崔應榴：《關帝事蹟徵信編》卷十四，頁15a–b（475–476）。另可參見王同軌：《耳談》卷六，頁137。該則故事還可見於王同軌：《耳談類增》卷二十八，頁2a，但該書未載前兩則記載中的附錄部分。

7 徐芳：《諾皐廣志》丁集第十七，頁7a–9a。該則故事異文見於周暉：《金陵瑣事續》，頁49–50；許奉恩：《里乘》卷六，頁30b–32a；紀昀：《閱微草堂筆記》卷五，頁4a。

8 袁枚：《子不語》卷二，頁40–41。

9 其他例子可參見袁枚：《子不語》卷九，頁203–204，以及卷十三，頁283；沈起鳳：《諧鐸》，頁63–64；朱翊清：《埋憂集》卷一，頁5b–7a；梁恭辰：《北東園筆錄》初編卷四，頁3a；亦可參見ter Haar, 'Divine Violence to Uphold Moral Values: The Casebook of an Emperor Guan Temple in Hunan Province in 1851–1852', 314–338。

10 參見湯斌：《湯子遺書》卷九，頁6a–b。該崇拜本身的相關描述可參見von Glahn, *The Sinister Way: The Divine and*

the Demonic in Chinese Religious Culture。

11 此處很可能是一處山西汾陽的商人會館，汾陽為汾酒的出產地。

12 參見王士禛：《池北偶談》卷二十二，頁12a–b。

13 Brokaw, *The Ledgers of Merit and Demerit: Social Change and Moral Order in Late Imperial China* (Princeton: Princeton University Press, 1991).（中譯本參見包筠雅：《功過格：明清社會的道德秩序》，浙江人民出版社，一九九九年）。另見筆者的書評（*T'oung Pao* LXXIX 1993: 160–170）。

14 酒井忠夫：《增補中國善書の研究》，東京：國書刊行會。另見游子安的傑出作品〈敷化宇內：清代以來關帝善書及其信仰的傳播〉，《中國文化研究所學報》，二〇一〇年，總第五十期，頁219–252；〈明中葉以來的關帝信仰：以善書為探討中心〉，收入王見川、蘇慶華、劉文星編《近代的關帝信仰與經典：兼談其在新、馬的發展》，臺北：博揚圖書出版公司，二〇一〇年，頁3–46；《善與人同：明清以來的慈善與教化》（北京：中華書局，二〇〇五年）；《善書與中國宗教：游子安自選集》（臺北：博揚圖書出版公司，二〇一二年）。

15 牛東梅在〈雲南武洞經會信仰背景研究〉一文中提到，這一誦經傳統在雲南流傳兩百多年，並且最近得以復興，參見《交響：西安音樂學院學報》，二〇一一年第二期，頁54–61。

16 游子安對此給出一個更有普遍性的分析，參見〈明中葉以來的關帝信仰：以善書為探討中心〉，頁9–12。

17《關聖帝君明聖經》（一八七三年），頁99a–b。

18 徐永年：《（增輯）都門紀略》，收錄於《近代中國史料叢刊》正編，臺北：文海出版社，一九七一年，頁546。游子安：〈敷化宇內：清代以來關帝善書及其信仰的傳播〉，頁237–238中亦有對其作出討論。

19 直江廣治著，林懷卿譯：《中國民俗學》，臺北：世一書局，頁174–191，尤其是頁189。

20 在中國，大多數口頭文學所面對的都是這類與書面文本相關，甚至基於書面文本的口頭展演方式。因此，應該把這類口頭文化與那些和書面文本完全無關的口頭文化區分開來。當然，對後者而言，書面文字偶爾也會被視作一種證據。這一點的討論可見於 Børdahl and Wan, *The Interplay of the Oral and the Written in Chinese Popular Literature* (Copenhagen: NIAS Press, 2010) 和梅維恆（Victor H. Mair）的古典作品集 *Painting and Performance*；亦可參見 Idema 的批評文章 'Chasing Shadows'（*T'oung Pao* Vol. 76, 299–310）。其他關於寶卷的研究可參見 Idema, 'English–

Language Studies of Precious Scrolls', 163–176.

21 Victor H. Mair, 'Language and Ideology in the Sacred Edict' (Berkeley: University of California Press, 1988), 354–355; Hsiao, *Rural China:Imperial Control in the Nineteenth Century* (Seattle: University of Washington Press, 1960), 184–205.

22 直江廣治著，林懷卿譯：《中國民俗學》，臺北：臺灣世一書局，頁188–190。

23 《武聖消劫度人賑濟利幽科範》卷七，頁117–151。

24 游子安：〈敷化宇內：清代以來關帝善書及其信仰的傳播〉，頁235–236；另有兩例可見於池小芳：《中國古代小學教育研究》，上海：上海教育出版社，一九九八年，頁248。

25 劉沅：《村學究語》，頁18a–20b。

26 游子安：〈敷化宇內：清代以來關帝善書及其信仰的傳播〉，頁238。

27 游子安：〈敷化宇內：清代以來關帝善書及其信仰的傳播〉，頁239，廣東／香港地區請參見頁241–244。

28 引自 http://wuming.xuefo.net/nr.14/135655.htmal（二〇一五年八月二十四日下載）。另參見孫維昌：〈清代關聖帝君覺世真經〉，《南方文物》，二〇〇四年第一期，頁74。

29 《關聖帝君覺世經文》（一七八九）；《關聖帝君覺世真言碑》（一八一三）；《關聖帝君覺世經碑》（一八一七–一八一九）。引自「燕京記憶」資料庫：http://www.bjmen.com.cn/（二〇一六年九月三日下載）。

30 游子安：〈明中葉以來的關帝信仰：以善書為探討中心〉，頁17，注腳71。

31 梁恭辰：《北東園筆錄》卷五，頁7b。

32 游子安：〈明中葉以來的關帝信仰：以善書為探討中心〉，頁7–9。

33 酒井忠夫：〈江戶前期日本における中國善書の流通〉，頁15；〈善書：近世日本文化に及ばせる中國善書の影響並び流通〉，頁833–834、844。

34 宮田安：《唐通事家系論考》，長崎：長崎文獻社，一九七九年，頁440–450。我會在總結中使用這個版本，不過其他晚出版本內容上並無區別。

35 游子安：〈敷化宇內：清代以來關帝善書及其信仰的傳播〉，頁224–225；〈明中葉以來的關帝信仰：以善書為探討中心〉，頁8–13。

36 Standaert, *Handbook of Christianity in China* (Leiden: Brill, 2001), 623–624.

37 游子安：〈敷化宇內：清代以來關帝善書及其信仰的傳播〉，頁222–223。這三部善書即使在統一題名之前也經常合刊出版，並作為整體被人翻印。

38 Mair, 'Language and Ideology in the Sacred Edict', in Popular Culture in Late Imperial China, 326–327.

39 此處可以與黃啟曙《關帝全書》卷四十中，涉及「打罵耕牛」、「虐待動物」的例子相比，頁39b–40a、40a–b、41b、43b、44a、51a–52a。資料來源亦可參見ter Haar, 'Divine Violence', 313–338. 耕牛禁忌可參見Goossaert, *L'interdit du boeuf en chine: agriculture, ethique et sacrifice* (Paris: College de France, Institut des hautes etudes chinoises, 2005).

40 相關案例可參見Chau, 'Script Fundamentalism: The Practice of Cherishing Written Characters', 129–167.

41 Ter Haar, *Ritual and Mythology of the Chinese Triads*, 154–156, 163–166; Katz, *Divine Justice*, 61–81, 116–178.

42 Ter Haar, 'Violence in Chinese Religious Culture', 249–262.

43 《關聖帝君覺世寶訓》，頁81a–82a（164）。

44 我在這裡使用兩個不同的版本，其中一個首次刊印於一八七三年，名為《關聖帝君明聖經》，曾在上海多次增補重刊，最後一次重刊大約在一八八八年至一八八九年；另一個版本來自越南，重刊於一八八八年，重刊本帶有更完善的序文，該版本題為《關聖帝君感應明聖經注解》。該文本另見《關帝文化集成》第一冊卷十九，頁269–474，該文本刊印於一九一四年（頁474），翻印自一八七三年版本。

45 游子安的〈敷化宇內：清代以來關帝善書及其信仰的傳播〉頁223與注腳22，提到該經在越南的傳播可以上溯至一八〇五年。但不知為何，游子安並未在自己資料詳實的《明聖經》版本討論中使用這一材料（頁232–233）。游子安的〈明中葉以來的關帝信仰：以善書為探討中心〉中也簡單提到這則材料（頁25–32）。《關帝聖君明聖經》（一八九一）中載有一篇題為一八二〇年所作的序言，言明來自神祇本人。有趣的是，這部善書和我之前討論的一八四〇年版經文並不相同，屬於另一個獨立的傳承系統。

46 參見游子安：〈明中葉以來的關帝信仰：以善書為探討中心〉，頁28–29。

47 《關聖帝君明聖經》（一八七三）序言，頁3a–b；越南一八八八年重刊版（存在完整序言）《關聖帝君感應明聖經注解》，頁5a–6a、10a–11a。一八七三年版曾經過重新編輯，援引的一部分乩文被編者刪去。我在這裡使用的是一八八八年版的內容。

48 有關這次扶乩過程最詳細的記載，見於《明聖經》一八八八年版（頁7a–9b）。

49《關聖帝君明聖經》（一八七三）原件零散地談及這一背景，但並無專文。《關帝聖君明聖經》（刊印於一八九一年）中，頁249–251載有一段附錄所描述的主人公經歷，和德壽十分相似。

50《關聖帝君明聖經》（一八七三）下卷，頁95a–97b。

51《關帝明聖經全集》中有一段襲自一八五九年版的神蹟故事，參見頁1a–5a（203–205），其中頁4b–5a（204–205）頁的內容明確說明年代出處。

52 參見《關帝明聖經全集》，頁1a–2a（203）。紹彬儒自己也為此寫了一段十分有意思的記述，參見頁2b–3b（203–204）。

53 參見《關帝明聖經全集》，頁2b–3b（203–204）。

54 Mair, 'Language and Ideology in the Sacred Edict', 325–359; Clart, 'The Ritual Context of Morality Books: A Case–Study of a Taiwanese Spirit–Writing Cult', 28–41.

55 郭沫若：《沫若自傳．少年時代》，上海：新文藝出版社，一九五五年，頁34。

56 Mair, 'Language and Ideology in the Sacred Edict', 352–355; Hsiao, *Rural China*, 184–258; 游子安：〈從宣講聖諭到說善書〉，《文化遺產》，二〇〇八年第二期，頁49–58; 張禕琛：〈清代聖諭宣講類善書的刊刻和傳播〉，《復旦學報》，二〇一一年第三期，頁134–140。

57 耿淑豔：〈聖諭宣講小說：一種被湮沒的小說類型〉，《學術研究》，二〇〇七年第四期，頁137–143。

58《指路寶筏》，頁45a（570）中明確說明這座廟宇的所在地。另可參見Clart, *The Ritual Context of Morality Books*, 21–34.

59《武勝縣新志》（一九三一），卷首，頁15b。該記載首見於武內房司著，顏芳姿譯：〈清末四川的宗教運動——扶鸞．宣講型宗教結社的誕生〉，收錄於王見川、蔣竹山編：《明清以來民間宗教的探索：紀念戴玄之教授論文集》，臺北：商鼎文化出版社，一九九六年，頁247–248。

60 王見川：《近代的關帝信仰與經典：兼談其在新、馬的發展》，頁71–106，特別是頁97，以及《漢人宗教民間信仰與預言書的探索》（臺北：博揚出版社，二〇〇八年，頁416–417）中，認為《指路寶筏》最早結集出版於一九〇七年。但我此處使用的版本包含一篇一八六四年的序言。而且一八六八年的一份供詞中也提到這一書名，可見於歐陽恩良：〈民間教門與咸同貴州號軍起義〉，《貴州師範大學學報》（社科版），二〇〇五年第六期，頁74–78。當然，這些內容不能排除是後出的《指路寶筏》所借用的，但我依然認為該書可能早於一九〇七年出版。

61 圓覺的解釋可見於《指路寶筏》，頁55a–58b（605–606）。武內房司在〈清末四川的宗教運動〉一文中對這段內容作了詳細討論。另可參見Clart, *The Ritual Context of Morality Books*, 45–51. 兩位學者的討論對我啟發極大。

62 盧湛：《關帝聖蹟圖志全集》卷一，頁75a、77a。另見第七章對相關問題的討論。

63 這裡的「點」指的是「啟示」，是一種開啟內在靈性的方法，這一點可見於武內房司在〈清末四川的宗教運動〉裡的討論（頁250–251）。

64 可見《指路寶筏》，頁9a–12a（509–510），尤其是頁12a（510）的夾注小字。

65 這裡的零應改作靈。

66 《指路寶筏》，頁38a–b（566）。

67 這一結論可見於Goossaert, 'Modern Daoist Eschatology: Spirit-Writing and Elite Soteriology in Late Imperial China'（《道教研究學報：宗教、歷史與社會》，二〇一四年第六期），以及'Spirit Writing, Canonization, and the Rise of Divine Saviors: Wenchang, Lüzu, and Guandi, 1700–1858', *Late Imperial China*, 36.2 (2015), 82–125. 在後一篇文章中，Goossaert 還討論一系列清代關帝乩文集中的文本。他的研究首先是以謝聰輝的相關工作為基礎的（謝聰輝的作品出版於二〇一三年，寫作本書時我未能找到該書）。關於這一結論，謝聰輝最近的其他兩篇論文能夠提供一些例證：〈《玉皇本行集經》出世的背景與因緣研究〉（參見《道教研究學報：宗教、歷史和社會》，二〇〇九年第一期，頁155–199）；〈明清《玉皇本行集經》中呂祖降誥研究〉（參見《道教研究學報：宗教、歷史與社會》，二〇一五年第七期，頁201–221）。

68 Goossaert, 'Modern Daoist Eschatology', 225–226. 根據 Schipper 與 Verellen 主編的 *The Taoist Canon: A Historical Companion to the Daozang* (Chicago: University of Chicago Press, 2004), Kleeman 考證該書的刊刻年代為一二〇七年，而收錄於《道

藏》則要遲至一四四四年。

69 可參見王見川的奠基性作品〈臺灣「關帝當玉皇」傳說的由來〉（《臺北文獻》直字一一八號，一九九六年，頁261–281）與〈從「關帝」到「玉皇」探索〉（收錄於《近代的關帝信仰與經典：兼談其在新、馬的發展》，頁107–121）。Clart在“Confucius and the Mediums”一文中作了簡短總結（見頁11–12）。

70 武內房司：〈清末四川的宗教運動——扶鸞．宣講型宗教結社的誕生〉，頁244。另可參見張之洞：《張文襄公全集》卷六，第二〇四則，頁8b–9b（3756–3757）（臺北：文海出版社，一九六三年）。衛惠林在《豐都宗教習俗調查》（四川：鄉村建設學院研究試驗部，一九三五年，頁28）中，提到豐都人普遍接受和相信關帝已經成為新玉皇的故事。

71 《天賜救劫真經》，頁471–474。這一文本有另一個文末內容不同的版本，收錄於《關帝明聖經全集》頁165–269，以及《靈驗記》頁9a–10a。

72 相關例子可見《天賜救劫真經》，頁471–472。

73 Benedict, *Bubonic Plague*; MacPherson, 'Cholera in China (1820–1930): An Aspect of the Internationalization of Infectious Disease', in *Sediments of Time: Environment and Society in Chinese History* (Cambridge: Cambridge University Press 1998), 487–519.

74 Lang and Ragvald, *The Rise of a Refugee God*, 12–6. 談到香港著名神祀信仰黃大仙同樣興起於一八九七年在廣東的一次扶鸞活動，在這次活動中，扶乩團體希望為當時蔓延多年的瘟疫尋求解決方案。

75 《靈驗記》（頁11a），見《關帝明聖經全集》，頁208。

76 參見《天賜救劫真經》，頁472–474中的例子。

77 《洞冥記》卷十，頁31b–32a（364–365）。

78 Kaske, *The Politics of Language in Chinese Education, 1895–1919* (Leiden: Brill 2008).

79 《洞冥記》卷一，頁1b–2a（306–307）。

80 《洞冥記》卷一，頁2b–3a（308–309）。

81 參見Meulenbeld, *Demonic Warfare*. 該著作對這部小說的敘事結構與宗教意義進行詳盡的研究。

82《洞冥記》卷一，頁3b–4b（310–312），頁2b–3a（308–309）。

83《洞冥記》卷十，頁30b（362）。

84 參見王見川：〈臺灣「關帝當玉皇」傳說的由來〉，頁261–281、〈從「關帝」到「玉皇」探索〉，頁107–121。

85 Formoso, *De Jiao: A Religious Movement in Contemporary China and Overseas: Purple Qi from the East* (Singapore: NUS Press, 2010), 31–32.

86 Jammes, *Les oracles du Cao Đài: étude d'un movement religieux vietnamien et sea reseaux* (Paris: Les Indes savants 2014), 63, 75–76.

87 Kuo Ya–pei, 'In One Body with the People: Worship of Confucius in the Xinzheng Reforms, 1902–1911', *Modern China* 35.2 (2009), 123–154.

第九章

總結與前瞻

關公崇拜還遠未走向終結。在過去幾十年中，我們甚至看到這一崇拜某種程度上的復興，儘管看起來今天人們更感興趣的是作為財神的關公以及作為《三國演義》主角之一的關羽。在網路和各種形式的出版品中，我們可以發現關羽的肖像，以及與其忠誠與正直的相關故事。他的冒險經歷同樣是電腦遊戲的主題，並且被改編成同志小說（slash fan fiction），小說中的曹操和關羽成了一對。[1]事實上，這項研究中提出的徹底歷史化的解釋或許並不會輕易被關羽的粉絲所接受，甚至無法被部分中國同行所接受。目前的關公崇拜和人們對關羽的仰慕需要單獨進行研究，包括長期且適當的田野作業，並且應該將其放置於地方崇拜及其復興、變遷和創新的大背景下加以理解。另外，也要考慮到人們對傳統中國文學重燃熱情的趨勢。

建構故事

由於遭遇橫死以及殘留於世間的「生氣」，關羽早期作為非常強大的餓鬼，供人崇祀。為了生存，無論是作為餓鬼還是神祇，祂都需要接受血食祭祀。重要的是，我們意識到依道德原則行事的關羽其實是後來發展的結果，並非原初崇拜所固有的。考慮到關羽身為一個歷史和文學人物的事蹟，知識人——他們為我們提供絕大部分的史料以及所有的現代研究成果——通常將其假設為一個道德裁判者。結義三兄弟——劉備、關羽和張飛，以及他們的軍師諸葛亮——為了一個合法的理由而奮鬥的圖景太正面了，以至於近乎不可能將他們視為一群與持續幾個世紀的中央王朝相對抗的叛亂分子，但事實上他們又確實是造反者。從歷史的角度客觀而言，和競爭者相比，他們不好也不壞，當然他們並不成功，或許正是這一點使得他們在此後被想像成英雄。[2]

一旦我們認識到歷史上的關羽實際上並不具備日後口頭傳說中塑造的道德形象，我們就能夠更清楚瞭解到後世民眾對其形象塑造所做出的貢獻。這種貢獻既體現為文人精英記錄的文字史料（我們通常為其貼上「史學」、「文學」或「傳記」的標籤），也體現為地方社會製造的內容豐富的口頭敘事（它們被貼上「戲劇」、「神話傳說」、「民間故事」、「回憶」等標籤）。祂被描繪成一個理所當然的道德原則的支持者，這是一種解釋性的裁定，而非真實生活中關羽事蹟自然發展的結果。儘管對那些客觀看待中國宗教文化的人來說，這一點並不意外，然而在絕大部分與這一特定神祇崇拜相關的著述中，卻明顯缺乏這樣的認識，對它的崇拜彷彿不需要任何解釋。

借助那些講述並傳播神祇靈異故事的群體，關公崇拜被大範圍帶到各個地方。祂最終形象中的基本要素很早就已經出現，比如祂的紅臉和三綹長髯、祂的青龍偃月刀和赤兔馬、祂的綠袍，以及五月十三日的生日等。人們對神祇的期待很寬泛，比如祂興雲布雨的能力，以及祂保護個人和社區免受惡魔、夷狄與叛亂者攻擊的行動能力等。這種共同的宗教和口頭文化產生於信徒們的私人接觸中，並且最初是透過口述、身體實踐及視覺呈現傳播的。這一文化的某些方面同樣影響到文學傳統，並且影響對三國史實的追溯性解釋。但是對關公的宗教性崇拜並非源於這些文字史料，而且當然要比文學傳統更早上幾個世紀。[3]

透過分析那些廟宇神壇最初興建和恢復的時間，我們可以從空間和時間兩個層面追溯關公崇拜的傳播情形。在一個特定的區域中，某座廟宇或神壇最早的修建時間可以表明當時該地區對關公崇拜的支持已經達到一定的程度，以至於可以動員信徒出鉅資修建一座廟宇。我們有一個關於廟宇修建和重建情況的小小資料庫，在此基礎之上統計出的大事年表，便是十一世紀以來這一崇拜日益受歡迎程度的指標。

人們透過各式各樣的故事瞭解神祇及其靈力，這些故事受到儀式活動、地方戲曲，以及神靈的各類視覺和物化呈現形式的支持。神廟的修建和復建都受到神祇靈蹟的鼓舞，沒有這些靈蹟，關公崇拜就不可能持續。在所有的歷史進程中，口頭傳統扮演關鍵角色。我們今天仰賴的精英所書寫的史料在文字上通常是非常規範的，但是相對忽略了口頭文化。然而晚明以來，各種類型的歷史資料在數量上急劇增長，這讓我們可以更清楚地審視口頭文化傳統。二十世紀的許多民間故事都可以至少追溯到十七世紀早期，在中華帝國晚期，口頭文化仍然非常具有生命力。而且那些上層精英在為關公書寫傳記時，為了使神靈形象更加完整，往往也會參考口頭的民間故事。最初，這一崇拜的核心本質是殘留的生氣使神祇有能力與邪魔鬥爭，而現在民間故事中加入祂幫助普通百姓的內容，剛開始祂被視為一條可以帶來雨水的龍的化身，進而又可以拯救陷入困境中的少女。民間傳說的地位越來越突出，這表明文字傳統對於口頭文化的影響極其有限。

保護百姓免受暴力威脅——這些威脅從帶來洪水和疾病的惡魔怪物，到土匪、叛亂者和野蠻人——主要仰賴於關公的武力（或暴力）。從很早的時候開始，祂就被看作一個使用暴力的道德裁判者和執行者。對精英階層而言，還可以透過占卜和扶乩的形式請神靈預卜未來，而在整個清代，隨著文學作品的傳播，每位受過一定教育的人都可以做到這一點。同樣重要的是，還有一些即使人們要求，關公也極少會做的事情。比如祂不會參與到人們求取子嗣的活動中，只有一個例外，在這個例子中，女性被忽略了，而希望獲得子嗣的男方則認為自己和兄弟與神靈一樣正直，所以可以向關公提出請求。同樣地，神祇向那些違反道德的人降下疾病，以為懲戒，但是祂自己從來不是一位醫者。易言之，如果祂看到道德方面的改善與悔恨，便有可能收回疾病，但是除此以外，人們在祈禱神靈治癒疾病時，並不偏愛於關公。最後，儘管很多人都崇拜關公，但並非所有人都如此。最引人注目的是女性的缺席。我很少發現女性崇拜關公的證據，儘管有人猜測她們作為地方社區的成員可能還是會參與其中。由於關公在祈子和治病方面並不是太活躍——出於對家庭成員的關愛，這兩點是女性特別關心的，所以信眾在性別上的不平衡並不意外。

晚明時期，精英階層在文學作品中塑造一個精通《春秋》的神靈形象，成為與孔夫子相侔的一個符號象徵——關夫子。這一新形象的接受者有夥計、商人、童生、秀才、舉人和進士等。儘管如此，他們眼中的關羽形象只是部分源於《三國演義》的敘事傳統。事實上，只有在一六八〇年由毛宗崗出版、經過大量編輯並附有評論的版本中，精通《春秋》的關羽形象才出現。事實上，我甚至無法排除這種可能性，那就是毛宗崗和他父親毛綸對小說進行系統性改寫，以使其更加傾向於同情蜀國（即同情劉備、關羽和張飛），這或許正是直接受到關公崇拜的影響。

將社會價值觀念合法化

在中華帝國的最後幾個世紀裡，關公崇拜帶來的意識型態方面的變化是非常顯著的，人們稱其為崇拜的儒家化。我在自己的分析中通常避免使用儒家及相關的概念。無論是作為積極還是消極的標籤，儒家這個名詞的使用都很不規範，可以指涉非常不同的思想內容。正如基里·帕拉摩爾（Kiri Paramore）在日本研究中指出的，事實上有很多種不同的儒學，對中國來說同樣如此。[4]這也意味著這個名詞所具有的分析性價值是受限的，很明顯本書這一與中國相關的有限個案研究裡，不可能觸及這一名詞內涵的各個方面。人們似乎假設關公代表的很多價值觀，比如忠誠和正直等是非常典型的儒家價值觀，由於並不清楚他們使用的「儒家」的定義是什麼——通常而言，這不容易說清楚——所以要評判他們的假設是很困難的。我還想說的是，對絕大部分道德的支持並非僅僅來自「儒學」——無論我們如何定義它，也有可能來自其他思想，以及類似於地方崇拜和家庭等諸類社會風俗與制度。事實上，關公崇拜獨立於大部分的主流思想，它是保護、施行和傳遞地方價值觀的一個重要途徑。

在任何關於「儒家」，或者由它所派生的「儒家化」的分析中存在一個更為嚴重的問題，它完全是一個很晚才出現於英文傳教文獻中的現代概念，在過去兩個世紀中被賦予不同的內涵。這個名詞最初指的是一系列宗教性儀式，從來也不是人們認為的具體的儒家價值。[5]只是到了二十世紀，當我們解釋儒家這一名詞時，才開始聚焦於價值觀和哲學思想。因此，我們現在對儒家的概念化與傳統中國的社會政治和意識型態幾乎沒有關係。十八、十九世紀的宗教活動家們創造並傳播扶乩文書，對他們而言，儒家這個概念更不容易理解。我們可以將其作為一個分析性的概念加以使用，但是它的部分迷人之處是假設性地認為這是一個真實的中國人概念，而且一直以來人們都這麼認為，但事實上並非如此。

我們可以肯定的是，自晚明以來，在精英階層的腦海中，關公和孔子享有同等的地位，因為兩者都享有人們所說的「夫子」的稱謂，在某種程度上也都精通《春秋》，但也僅此而已。關公透過顯靈直接幫助百姓和社區，而孔子則並非如此。人們相信關公支持孝道，這也經常被認為是一種典型的儒家道德，但事實上佛教和道教的傳統，特別是葬禮和七月分的鬼節，對於這一價值觀的保存和表達無疑是更為重要的。實際上，我們可以更確切地說，關公崇拜是在實踐地方社會的價值觀，包括忠誠、正直及孝道等，這些價值觀最終需要地方化表達的落實，無論其學理背景如何。將這些價值加以標籤化的另一種途徑，可能就是將其視為對現存社會和性別秩序的順從。

事實上，有人也可能反過來爭論說，這些被宣稱屬於古典或儒家的價值已經被納入持續作為中國宗教文化基礎的鬼神學框架中。這樣的觀點可能有助於更公正地看待神祇持續使用武力（我們稱之為暴力）的重要性，因為運用武力意味著重建或者保持整個社會及其道德價值觀的穩定。在公開場合，人們越來越強調「忠誠」和「正直」是關公神祇的核心價值，同時也認為這些應該有助於孝道的延續，但是這並不意味著人們拒絕暴力。

將關公地位提升至與孔子並列，是為了支持一種觀點，即認為關公和作為先師的孔子享有同樣的威望，同時也占據相同的道德高度。透過賦予關公某種特定的道德視角，甚至更為精細的道德綱領，讓個人和更廣泛的崇拜者群體，可以為其特殊形式的道德重整贏得合法性。我們已經看到這樣的做法是如何圍繞著神祇發展出一個全新的神話，在這個神話中，關公成了人類的救世主，甚至玉帝的繼承者。將關公與孔子等同，把祂的道德價值「儒家化」是一種意識型態的觀點，而不一定有利於分析。

因此，下一步的研究應該是循著柯若樸（Philip Clart）鋪設的道路前行，柯氏曾自問是否存在一個類似於「民間儒教」（popular Confucianism）這樣的東西。[6] 與試圖定義這一名詞的做法相反，他反問自己臺灣的扶乩群體是如何使用「儒」這個詞彙的，我經常將其翻譯為「classicism」（古典學），而他將其等同於「Confucianism」（儒學）。換句話說，他試圖將其作為一種自我稱謂，而不是一種比較客觀的分析性術語。儘管並不完全贊同他的分析，但我認為這是一條正確的路徑。他總結問題有三個可能的答案。從儒家正統觀點而言，他所研究的扶乩崇拜行為沒有資格成為儒家，因為其強調薩滿實踐，關注神祇及其神化，對儒家術語進行非正統的解釋，同時還強調不同信仰的融合。但如果站在扶乩群體的立場看，答案會是肯定的，因為他們踐行儒家禮儀，實踐相應的價值觀，根據儒家經典定義他們的「道」，並且自認為是儒家。最後，柯若樸覺得從學者研究的角度看，答案也是肯定的，只是要加上一個限定性的形容詞「民間的」。在他看來，一種綜合性的方法是不要將儒家傳統與道教、佛教和教派性宗教割裂開來。[7] 第八章中討論的因扶乩崇拜形成的文本與柯若樸的分析不謀而合。毫無疑問，這些文本的作者把對文本內容和關公崇拜的踐行視為「儒」／「古典學」，他們認為關公和孔子具有同等的地位。但是我認為沒有必要去證明他們的教義（或者柯若樸研究的群體）具有融合性，因為所有號稱為儒家或者新儒家的傳統始終都是具有融合性的。把不同宗教和哲學來源的資源整合在一起，就是一種宗教創新。為它們加上「民間」的標籤會錯誤地提示人們，這種活動或者融合某種程度上屬於低層次的智力活動。柯若樸研究的臺灣群體和中華帝國晚期的關公信徒都明白，把他們的崇拜和類似於「儒」或者「孔子」等處於主體地位的文化範疇聯繫在一起的意義所在。當然，這並不意味著他們的理解和分析具有歷史正確性。

解釋神靈崇拜的模型

在過去數十年中，人們已經提出很多不同的解釋傳統中國宗教文化的模型和概念。在此，我想借助於前面章節中已經介紹、總結並分析過的材料，來對其中的一些模型進行重新檢視。其中的第一個概念是「複刻」（superscrition）。在一九八八年那篇非常重要的關於關公崇拜的論文中，杜贊奇（Prasenjit Duara）提出這一概念。我們從這個概念開始討論似乎是合適的。儘管我透過關公崇拜的實證研究得出的結論與一九八〇年代有很大不同，但他所提出的「複刻」概念還是可以幫助我們描述一種信仰如何在舊的文化要素仍然存在的同時，獲得新的文化要素。他說道：

> 我們所擁有的是一種神話觀，以及其中或斷裂或持續的文化象徵。當然，神話的核心並不是一成不變的，而是對外界的變化非常敏感。神話中的一些要素也許會真的消失，但是與其他形式的社會變動不同的是，神話和象徵的變化往往不會表現為徹底的斷裂；相反地，在歷史語境中，這一領域發生的變動經常是潛移默化的。如此，那些文化象徵可以在某種層面上，向不同的社會群體展示連續性，甚至當其自身已經處於轉變過程中時仍然可以做到這一點。我把這種文化象徵演進的特殊模式稱為象徵的複刻。[8]

對類似於關公崇拜這類文化資源的演變過程，我們還有另一個觀察視角，就是康豹（Paul Katz）在關於溫元帥崇拜的那本書中所提出的「共生」（cogeneration）這一概念，他利用這一概念指出（某一信仰）的不同文化層是同時形成的，並不存在互相替代的問題。[9]

我同意以上所有的分析，儘管在實際中用具體的概念去描述作為個體的信徒和具體的社區是有困難的。在前面的章節中，為了便於向讀者展示我的資料，在大部分行文中，我都假定這一崇拜的不同側面都被所有信徒所接受。但事實上，這是根本不可能的。所以，透過「複刻」和「共生」（還有人們可以想到的其他概念）而形成的關公崇拜，構成了一種內涵更為豐富的文化資源。個體和地方社區基於當地的固有傳統與個人或集體的需求利用，而不是試圖全盤掌控這一文化資源。因此，這些概念可以用來描述文化資源整體上的發展，但是究竟如何理解地方層面發生的有選擇性地利用這一資源的現象，它們卻甚少助益。

由於我們所擁有的是內涵更為豐富的文化資源，而不僅僅是某一群體中每個個體的信仰與實踐的彙集，所以很難對另一個著名的分析性論點作出評判，那就是一九八五年華琛（James Waston）在一篇論文中所提出的「神靈的標準化」這一概念。[10]他觀察到人們對單一的文化資源（在他的研究中即指媽祖或天后崇拜）有不同的解釋，但與此同時，國家又透過對神靈進行標準化和打壓崇拜的多樣性，成功擴大了這一信仰的傳播範圍，透過提出「神靈的標準化」這一概念，他試圖為兩種現象的並存作出解釋。他強調被標準化的是象徵（符號），或者我可能會補充的是正統實踐（othopraxis）；而不一定是信仰，或者我可能會加上內容。[11]我最早的學術論文之一，透過展現福建地方崇拜不斷發展的多樣性，挑戰了帝國晚期神靈變得越來越標準化的觀點。[12] 坦白說，我並不完全贊同華琛關於象徵和信仰的劃分，而且其論文的大部分批評看起來持有同樣的偏見，它們聚焦的是象徵背後的多樣性，而不是越來越標準化的實踐。[13] 事實上，某些特定的神祇崇拜確實會比其他的神靈崇拜傳播得更廣，其中包括天后崇拜和關公崇拜。與華琛類似，我認為這得益於頻繁的人際互動及由此形成的口頭文化的力量，一整套連貫的故事與實踐伴隨著神祇崇拜一起得到傳播。然而與華琛不同的是，我並不認為神靈崇拜的傳播與國家力量的捲入有關，事實上，國家力量的介入時間相當晚，而且影響有限。

關於關公崇拜傳播與分布情況的史料，促使我們對華琛最初的觀點進一步加以限定，因為很明顯地，儘管關公崇拜在全國擴展得越來越快，但是與此同時，華北卻比華南表現得更加顯著。更細緻的研究表明，在跨文化的邊界地區，關羽崇拜的擴展往往並不理想，我們很容易就能夠將之歸因於某一特定區域內方言的多樣性。這再次表明國家並沒有發揮主要作用，因為很難想像國家的力量會無法打破地理和文化的界限。令人驚訝的是，儘管關公崇拜傳遍華北的大部分地區，但在其他地方則主要在兩個特定人群中傳播，那就是軍人和受過良好教育的精英（國家則是這兩個群體的衍生物）。隨著清代教育涵蓋面的擴展，識字人群增多了，這也是特定的關公崇拜文獻能夠迅速在各類不同的新興宗教群體中得以傳播的原因。二十世紀關公崇拜傳入臺灣後，此類文獻做為載體，吸引了中等教育群體的崇信，成為一種大眾崇拜（而非軍事和國家性的崇拜）。我們可以發現，信仰崇拜作為一種文化資源，仍受到地理文化和職業群體的限制。

這一限制引發了對華琛觀點更重要的質疑，也就是將崇拜標準化作為共同符號以促進中國一體化的質疑。我們面臨著如何衡量中國過去和現在整合程度的問題。超越意識形態和政治動機驅動的先驗假設，即中國現在是，並且「因此」過去也一直是單一的整體。但在我們解決衡量問題之前，事實是崇拜在中國內部無法跨越文化邊界，這表明中華古帝國並未一開始就是統合的。即使是像關帝這樣具有潛在全國吸引力的崇拜，也主要是相對區域性的，除了在兩個全國性群體中傳播：軍事和教育階層。因此，為了進一步探討華琛的觀點，我們需要解決測量的問題，而非把它變成一個阻礙自由討論或評估的意識型態或政治問題，並且必須具體說明哪些地區和哪些社會群體正在被整合。

道德在關公崇拜中的核心地位，也表明關公崇拜和魅力式（Charisma）的崇拜之間的關鍵性區別。正如萬志英在對江南五通神崇拜的詳細研究中指出的，後一種崇拜在根本上是反道德的。人們為了個人和家族利益而崇奉這些神祇，但是他們的訴求幾乎都與其他人的利益構成衝突。比如在一個傳統的農業社區中，在五通神的幫助下，有些個人或家族透過犧牲他人的利益增加自身的財富，從本質上而言，這樣的行為當然是不道德的。因此不僅是五通神，也包括北方的狐仙，經常被想像為薄情寡義和有悖公德。關公是一個非常不同的神祇，因為作為神靈，絕大部分時候祂都與地方集體利益聯繫在一起，祂可以帶來雨水，保護社區，僅僅與精英階層建立起真正的私人關係。在祂的相關神話中，祂是一個徹頭徹尾的好人，隨時準備幫助他人，對朋友赤膽忠心。在本書中，我們看到祂的神蹟是如何呈現出強烈的道德高度，從忠誠和正直的角度來看，這合情合理。

這並不是說關公崇拜總會支持國家利益。從那些相關的民間故事層面來看更是如此，這些故事講述其前生作為一條龍，如何反抗玉帝的旨意，又是如何與那些作為國家代表的不道德的地方官員抗爭。國家希望利用對祂的崇拜在新征服的區域顯示自身的權威（如新疆），或者利用對祂的官方崇拜儀式來顯示國家在地方社會中的權威，但這並不意味著地方社會就會盲從於官方的模式。人們覺得關公神祇支持各種道德行為，在本研究中，我們已經對其中的部分內容進行分析解讀。我們的核心觀點並不在於關公支持主流道德觀，而在於我們認為神祇在地方社區、文人團體、新興宗教運動、遊走於法律邊緣的犯罪集團，以及國家等各種不同的層面上，支持他們所認定的「道德」。

與其聚焦於關公崇拜如何獲得不同闡釋的途徑，我建議還不如把該崇拜看作一種文化資源，其中包括一些限制性的解釋規則，但除此以外，關公對於其受眾是完全開放的。關公神祇有一個非常具體的形象，對其進行改動的空間很小。祂特別善於興雲布雨，可以抵抗任何威脅，為人們提供庇護，但卻幾乎從來不會為人們帶來子嗣，並且很少被女性崇拜。儘管祂會將嚴重的疾病作為懲罰手段，但祂醫者的角色卻是隱晦不彰的。對於識字者或與這一群體有密切接觸的人來說，祂透過占卜為人們提供關於未來的預言，而且還會降靈於乩壇。另一方面，儘管祂會透過夢境、顯像、占卜及扶乩等方式與人們溝通，但在史料中卻很少被描繪成一個直接擁有通靈能力的神靈。[14]這一文化資源累積了多重可能性，對於這些可能性，我們能夠利用杜贊奇、康豹和華琛等學者提供的概念加以解釋。作為信徒的個人或群體無法單純地選擇（或表達）他（很少情況下是她）的需求，而首先必須按照已經存在的公認規則行事。那位將獲得子嗣歸功於神祇的晚明文人便是按此行事，認為這是他為人正直的回報，而正直正是關公的典型價值觀。當神祇獲得財神的角色時，人們認為這與祂的忠誠品質有關，卻忽略了祂對漢帝國的背叛，而是強調祂聲稱繼承漢朝正統的蜀國的忠誠。當神祇變得越來越有文化時，在祂的相關敘事中加入大量（與忠誠相關）的內容，祂熟讀《左傳》、《春秋》都被看作歷史的證據。即使在這種情況下，清初的關公傳記中還是添加大量關於祂和祂的祖先忠於漢王朝的細節。在向人們傳播並說明關公神祇的行為準則時，與其忠誠和正直相關的神蹟故事和民間傳說扮演關鍵性角色。

關於傳統中國的宗教文化還有一個層面缺乏理論性研究，那就是它在二十世紀的命運。[15]正如許多在我之前的觀察者已指出的，這種文化大部分已被摧毀或自願放棄，而其中一些以不同的形式並且改變了故事的方式倖存下來。但如果關帝崇拜及其他類似的崇拜確實如本書試圖證明的，具有重要的意義和廣泛的情感影響，我們便面臨一個重要的問題：它們被什麼所取代？這種崇拜曾在北京無處不在，但現在這座城市內幾乎已完全消失。在北方農村的其他地方，仍然可以找到一些現存的廟宇，但大多數已經消失或陷入失修狀態，僅有少數幾座廟宇被部分修復，主要是出自於觀光目的。[16]雖然研究當代中國宗教文化的專家對傳統的韌性和新發展的多樣性感到驚訝，但這一切都發生在巨大的歷史破壞背景之前。廟宇不再是村莊或城市社會組織的核心，而在其他地方的華人社區中，寺廟仍能照常發揮這項功能。

關公崇拜還填補了幾個重要的象徵性位置，例如對敵人暴力行為的讚揚，這被神聖化為為了公共利益的勇武行為。這些故事曾經是集體認同的重要組成，但現在已被抗日戰爭與國共內戰烈士的故事和儀式所取代。對比新故事及填補舊空缺的具體實踐，想必是非常具有啟發性。同樣地，關公崇拜中也有祈雨的作用，至少在中國北方是如此。即使我們可以預想到，這個乘載人們期望的心理功能，已被天氣預報所取代。研究這些儀式和節日的社會功能是否能延續？如何來延續？仍然是非常有趣。因此，探究關公崇拜和類似崇拜在中國傳統文化中的意義是一個重要的成果。而現在，我們需要轉向下一項任務：去調查接替而來的是什麼？傳統文化是如何被覆蓋、重塑並再次利用。

1 Tian, 'Slashing the Three Kingdoms: A Case Study of Fan Production on the Chinese Web', 224–277.

2 可以和日本相比，參見Morris, *The Nobility of Failure: Tragic Heroes in the History of Japan*.

3 無可否認地，對於一小部分的讀書人而言，他們有很多管道可以接觸到《三國志》和司馬光的《資治通鑑》，但是並沒有絲毫的證據可以表明這些著作影響到關公崇拜的塑成。

4 Paramore, *Japanese Confucianism: A Cultural History*.

5 Ter Haar, 'From Field to Test in the Study of Chinese Religion', 85–105.

6 Clart, 'Confucius and the Mediums: Is There a "Popular Confucianism"?', 1–38.

7 Clart, 'Confucius and the Mddiums: Is There a "Popular Confucianism"?', 36.

8 Duara, 'Superscribing Symbols: The Myth of Guandi, Chinese God of War', 779–780.

9 Katz, *Demon Hordes and Burning Boats*, 114.

10 Waston, 'Standardizing the Gods: The Promotion of T'ien Hou (Empress of Heaven) along the South China Coast, 960–1960', 292–324.

11 還可參見華琛的另一篇有影響的論文：'Rites or Beliefs? The Construction of A Unified Culture in Late Imperial China', 80–103. 關於我早年對該論文的看法，請參見ter Haar, *Ritual and Mythology of the Chinese Triads: Creating an Identity*, 149–150.

12 Ter Haar, 'The Genesis and Spread of Temple Cults in Fukien', 349–396.

13 關於對華琛觀點的更為詳盡的回應，讀者可參看*Modern China*在二〇〇七年由Donald Sutton主編的特輯。參見Sutton, 'Ritual, Cultural Standardization, and Orthopraxy in China: Reconsidering James L. Watson's Ideas', 3–21; Pomeranz, 'Orthopraxy, Orthodoxy, and the Goddess(es) of Taishan', 22–46; Szonyi, 'Making Claims about Standardization and Orthopraxy', 47–71; Katz, 'Orthopraxy and Heteropraxy beyond the State: Standardizing Ritual in Chinese Society', 72–90; Sutton, 'Death Rites and Chinese Culture: Standardization and Variation in Ming and Qing Times', 125–153.

14 不過在過去幾次訪問臺灣時，我確實親眼見證過關公附體的情形，然而當時並沒有將其很好地記錄下來。

15 關於這方面的開創性研究，可以參見Goossaert and Palmer, *The Religious Question in Modern China*.

16 我的一些短期的田野調查證明這一點。這些調查的開展要感謝胡小偉（二〇〇七年）和曹新宇（二〇一六年），以及我的學生李娜，他們於二〇一六年協助我在山西進行調查。

參考文獻

透過標注原始文獻作者的生卒年或者最初的出版日期，我們至少可以儘量提供一些相關文獻形成年代的線索。希望有助於讀者評估文獻的歷史價值。

地方志和寺廟志通常有非常複雜的共同編纂群體。我一般根據朱士嘉等編寫的《中國地方志聯合目錄》（北京：中華書局，一九八五年）一書加以援引，該書包含豐富的方志書目和收藏資訊。

佛教經典文獻彙編則引自漢文佛典電子化（Chinese Buddhist Electronic Text Association, CBETA）網站（http://www.cbeta.org）。我很清楚其中可能會有一些小錯誤，但對本書而言，無傷大雅。

如果某本書的作者不明，那麼在書目中，我會直接列上該書的書名，不再另外增加「作者不明」的書目類別。

主要集成類文獻

《大正新脩大藏經》（T），東京：大藏出版株式會社，一九八八年。
《中國地方志集成》（FJFZ），福建府縣志輯，上海：上海書店，二〇〇〇年。
《中國地方志集成》（XZZ），鄉鎮志專輯，上海：上海書店，一九九二年。
《中國佛寺史志彙刊》（ZGFS），臺北：明文書局，一九八〇年。
《天一閣藏明代方志選刊》（TYGK），上海：上海古籍書店，一九八一－一九八二年。
《天一閣藏明代方志選刊續編》（TYGB），上海：上海書店，一九九〇年。
《日本藏中國罕見地方志叢刊》，北京：書目文獻出版社，一九九一年。
《北京圖書館古籍珍本叢刊》（BJGJ），北京：書目文獻出版社，出版日期不明。
《四庫未收書輯刊》（SKWS），北京：北京出版社，二〇〇〇年。
《四庫全書存目叢書》（SKCM），濟南：齊魯書社，一九九五－一九九七年。
《永樂大典方志輯佚》（YLDD），北京：中華書局，二〇〇四年。
《石刻史料新編》（SKSL），臺北：新文豐出版公司，一九七七年。
《卍新纂大日本續藏經》（X），東京：大藏出版株式會社，一九七五－一九八九年。
《宋元方志叢刊》（SYFZ），北京：中華書局，一九九〇年。
《景印文淵閣四庫全書》（SKQS），臺北：商務印書館，一九八六年。
《稀見中國地方志彙刊》（XJZG），北京：中國書店，一九九二年。
《筆記小說大觀》（BJXS），揚州：江蘇廣陵古籍刻印社，一九八三－一九八四年。
《道藏》，上海：上海書店；北京：文物出版社；天津：天津古籍出版社，一九八六年。關於道教經典的著作，可參見Kristofer Schipper and Franciscus Verellen (eds), *The Taoist Canon: A Historical Companion to the Daozang* (Chicago: University of Chicago Press, 2004)獲取更多資訊。
《嘉興大藏經》（J），臺北：新文豐出版公司，一九八七年。
《叢書集成》，上海：商務印書館，一九三五年。
《叢書集成續編》，臺北：新文豐出版公司，一九八九年。

《藏外道書》（ZWDS），成都：巴蜀書社，一九九二年。
《續修四庫全書》（XXSK），上海：上海古籍出版社，一九九五－一九九九年。
王見川、車錫倫、宋軍、李世偉、范純武編：《明清民間宗教經卷文獻續編》（MQXB），臺北：新文豐出版公司，二〇〇六年。
王見川、林萬傳編：《明清民間宗教經卷文獻》（MQWX），臺北：新文豐出版公司，一九九九年。
張羽新、張雙志：《關帝文化集成》（GDWH），北京：線裝書局，二〇〇八年。
韓國經典資料庫（http://db.itkc.or.kr）（二〇一四年夏天查閱）

書目

中文、日文類

《八閩通志》（一四九一）（BJGJ）。
《三原志》（一五三五）（SKCM）。
《三國志通俗演義》（嘉靖本），見《古本小說集成》，上海：上海古籍出版社，一九九〇年。
《三國志傳》（一六〇五），見《古本小說叢刊》，北京：中華書局，一九九一年。
《上虞縣志》（一六七一）。
《大元聖政國朝典章》（XXSK）。
《大名府志》（一四四五）（XJZG）。
《大冶縣志》（一五四〇）。
《山西通志》（一七三一）（SKQS）。
《山西通志》（一八九二）（XXSK）。
《山西通志》（一六二九）（XJZG）。
《中牟縣志》（一七五五）。
《中國民間故事集成》，北京：新華書局，一九九二－一九九八年。
《中國民間美術全集．祭祀編．神像卷》，濟南：山東教育出版社，一九九三年。
《中都志》（一四五八－一四八七）（TYGB）。

《仁和縣志》（一五四九），臺北：成文出版社，一九七五年。
《內邱縣志》（一八三二）。
《六合縣志》（一七八五）。
《天台山方外志》（一六〇三年；一八九四年修訂）（ZGFS）。
《天賜救劫真經》（MQWX）卷十，頁四六五－四七四。
《太谷縣志》（一七六五）（XJZG）。
《太倉州志》（一五四八）（TYGB）。
《加摹乾隆京城全圖》，北京：北京燕山出版社，一九九六年。
《北京圖書館藏中國歷代石刻拓本匯編》，鄭州：中州古籍出版社，一九九〇年。
《四明續志》（一三四二）（SYFZ）。
《平陸縣志》（一七六四）。
《平湖縣志》（一六二七）。
《平陽府志》（一六一五）。
《汀州府志》（一六三七）。
《玉泉寺志》（一八八五）（GDWH）。
《交河縣志》（一九一六）。
《全宋詩》，北京：北京大學出版社，一九九一年。
《全唐詩》，北京：中華書局，一九七九年第二版。
《合肥縣志》（一五七三）（XJZG）。
《如皋縣志》（一五六〇）。
《安吉縣志》（一八七四）。
《江都縣志》（一五九九）（XJZG）。
《池州府志》（一六一二）。
《西安府志》（一七七九）。
《西豐縣志》（一九三八）。

《沔陽州志》（一五三一），一九二六年重印。
《來安縣志》（一六二二）。
《姑蘇志》（一四七四）（SKQS）。
《岳州府志》（一五六八）（TYGB）。
《延平府志》（一五二五）（TYGK）。
《忠義覺世真經》（一八六三年；一九〇一年重印）卷七（MQXB）。
《承天府志》（一六〇二）。
《明州阿育王山志》（一七五七）（ZGFS）。
《明英宗實錄》，臺北：中央研究院歷史語言研究所，一九六六年。
《東昌府志》（一六〇〇）。
《東嶽大帝寶懺》，《道藏》卷十。
《東豐縣志》（一九三一）。
《武勝縣新志》（一九三一）。
《武聖消劫度人賑濟利幽科範》（MQXB）卷七，頁一一七－一五一。
《河南郡志》（一四九九）。
《河南總志》（一四八四）。
《法海遺珠》（DZ 1166），《道藏》卷二十六。
《法華鄉志》（一九二二）（XZZ）。
《邳州志》（一五三七）。
《邵武府志》（一五四三）（TYGK）。
《長安志》（一二九六），《宋元地方志叢刊》。
《長洲縣志》（一五七一）（TYGB）。
《青州府志》（一五六五）。
《保定郡志》（一六〇八）（TYGK）。
《南雄路志》（一四二五年以前）（YLDD）。

《咸淳臨安志》（一二六八）（SYFZ）。

《宣和遺事》，見《宋元平話集》，上海：上海古籍出版社，一九九〇年。

《指路寶筏》卷十一（MQWX）。

《洛陽市志・文物志》，鄭州：鄭州古籍出版社，一九九五年。

《洛陽縣志》（一七四五），臺北：成文出版社，一九七六年。

《洞冥記》（GDWH）卷四十二至四十三。

《洪武京城圖志》（約一三九〇年代）（YLDD）。

《重修普陀山志》（一六〇七）（ZGFS）。

《徐州志》（一五七七）。

《徐州府志》（一八七四），見《中國方志叢書》，臺北：成文出版社，一九七六年。

《桐鄉縣志》（一六七八）。

《海昌外志》（一六二八－一六四四收稿）（SKCM）。

《海城縣志》（一九三七）。

《涇縣志》（一五五二）（TYGB）。

《烏程縣志》（一六三八），《日本藏中國罕見地方志叢刊》。

《破迷》，鐘鳴旦（Nicolas Standaert）、杜鼎克（Ad Dudink）、蒙曦（Nathalie Monnet）主編：《法國國家圖書館明清天主教文獻》卷十一，臺北：台北利氏學社，二〇〇九年。

《高陵縣志》（一五四一）。

《尉氏縣志》（一五四八）（TYGB）。

《常州府志》（一六一八）。

《常熟私志》（一六二八－一六四四）。

《曹縣志》（一八八四）。

《梨樹縣志》（一九二九；一九三四）。

《深澤縣志》（一六七五）（XJZG）。

《清豐縣志》（一五五八）。

《章丘縣志》（一四九二年，一五三〇年修訂）（TYGB）。
《揚州府志》（一六〇一）（BJGJ）。
《景定建康志》（SYFZ）。
《湖海新聞夷堅續志》，北京：中華書局，一九八六年。
《湖廣圖經志書》（一五二二），見《日本藏中國罕見地方志叢刊》。
《湖廣總志》（一五七六）（SKCM）。
《萊州府志》（一六〇四）。
《詔安縣志》（一八七四）（FJFX）。
《開州志》（一五三四）（TYGK）。
《陽信縣志》（一九二六）。
《順天府志》（一五九三）。
《順德府志》（一四八八－一五〇五）。
《黃巖縣志》（一八八〇），臺北：成文出版社，一九七五年。
《廈門志》（一八三二－一八三八），見《臺灣文獻叢刊》，臺北：臺灣銀行，一九六一年。
《慈谿縣志》（一六二四）。
《新化縣志》（一五四九）。
《新編連相搜神廣記》，見王秋桂、李豐楙主編：《中國民間信仰資料彙編》，臺北：臺灣學生書局，一九八九年。
《榆次縣志》（一六〇九）。
《滁陽志》（一六一四）（XJZG）。
《滄州志》（一六〇三）。
《義縣志》（一九三一）。
《萬泉縣志》（一七五八）。
《虞鄉縣新志》（一九二〇）。
《解州志》（一五二五）。
《道法會元》（DZ 1220），《道藏》卷二十八至三十。

《鼎峙春秋》，《古本戲曲叢刊》第九輯，北京：中華書局，一九六四年。
《嘉禾志》（一二八八）（SYFZ）。
《嘉定縣志》（一六〇五）（SKCM）。
《嘉靖萬曆固原州志》，銀川：寧夏人民出版社，一九八五年。
《嘉靖潁州志》（一五三六）。
《壽寧縣志》（一六三七）。
《寧波府志》（一五六〇）。
《寧陝廳志》（一八二九）。
《漢中府志》（一五四四）。
《漢天師世家》（一六〇七）（DZ 1463），《道藏》卷三十四。
《臺灣府志》（一七四七），見蔣毓英：《臺灣府志三種》，北京：中華書局，一九八五年。
《蒲州府志》（一七五四）。
《趙州志》（一五六七）（TYGB）。
《鄞縣通志》（一九三五－一九五一），臺北：成文出版社，一九七四年。
《銅山志》（一七六〇）（FJFX）。
《儀真縣志》（一五六七）。
《德安府志》（一五一七）。
《慶陽府志》（一五五七）（XJZG）。
《潮陽縣志》（一五七二）（TYGK）。
《稷山縣志》（一七六三）。
《蔚州志》（一六三五）。
《衛輝府志》（一六〇三）（XJZG）。
《魯西民間故事》，濟南：山東文藝出版社，一九八六年。
《歙志》（一六〇九）。
《潞安府志》（一七七〇）。

《潞州志》（一四九五），北京：中華書局，一九九五年。
《興化縣志》（一五九一）。
《醒迷篇》，見鐘鳴旦（Nicolas Standaert）、杜鼎克（Ad Dudink）編：《耶穌會羅馬檔案館．明清天主教文獻》卷九，臺北：台北利氏學社，二〇〇二年。
《龍游縣志》（一六一二）。
《龍關縣志》（一九三三）。
《龍巖縣志》（一五五八）。
《徽州府志》（一五〇二）（TYGK）。
《濮院瑣志》（一七七四）（XZZ）。
《濱州志》（一五八三）。
《臨川志》（一四二五年以前）（YLDD）。
《臨汀志》（一四二五年以前）（YLDD）。
《臨江府志》（一五三六）（TYGB）。
《臨朐縣志》（一八八四）。
《臨晉縣志》（一六八六）（XJZG）。
《襄陽府志》（一五八四）（XJZG）。
《鎮江志》（一三三二）（SYFZ）。
《雙城縣志》（一九二六）。
《懷仁縣志》（一六〇一）。
《關帝明聖經全集》卷四（ZWDS）。
《關雲長大破蚩尤》一六一五年抄本，參見《孤本元明雜劇》卷八，臺北：臺灣商務印書館，一九七七年。
《關聖帝君明聖經》（一八九一）（GDWH）卷十九，頁一九一－二六六。
《關聖帝君明聖經》，一八七三年，一八八八－一八八九年多次重印並略有增補。
《關聖帝君感應明聖經註解》（一八八八）（越南語版：Quan thánh đế quân cảm ú'ng minh thánh quân chú giải查閱於https://lib.nomfoundation.org/collection/1/volume/334/）。

《關聖帝君覺世寶訓》（ZWDS）卷四，頁一二〇—一六四。
《寶清縣志》（一九一一—一九四九）。
《寶寧寺明代水陸畫》，太原：山西省博物館，一九八八年。
《蘇州府志》（一三七九），《宿州志》（一五三七）（TYGK）。
《醴泉縣志》（一五三五）。
《續修廣饒縣志》（一九三五）。
《護國佑民伏魔寶卷》，早稻田大學保存的副本，見http://www.wul.waseda.ac.jp/kotenseki/furyobunko/index.html，二〇一五年九月二十六日下載。
《護國嘉濟江東王靈籤》（DZ 1305），《道藏》卷三十二。
《衢州府志》（一六二二）。
《鹽城縣志》（一五八三）（BJGJ）。
《欒志》（一五四八）。
丁錫根點校：《宋元平話集》，上海：上海古籍出版社，一九九〇年。
么書儀：〈晚清關公戲演出與伶人的關公崇拜〉，見《戲曲研究》，二〇〇六年第六十一期，頁一—三〇。
大塚秀高：〈関羽と劉淵：関羽像の成立過程〉，《東洋文化研究所紀要》，一九九七年，第一三四期，頁一—一七。
大塚秀高：〈關羽の物語について〉，《埼玉大学紀要教育学部》，一九九四年，第三十期，頁六九—一〇三。
大塚秀高：《斬首龍の物語》，《埼玉大学紀要教育学部》，一九九五年，第三十一期，頁四一—七五。
小松謙：《中國古典演劇研究》，東京：汲古書院，二〇〇一年。
山本斌：《中国の民間伝承》，東京：太平出版社，一九七五年。
山根幸夫、細野浩二編：《日本現存明代地方志目錄（增補）》，東京：東洋文庫明代史研究室，一九七一年。
中村喬：《中国の年中行事》，東京：平凡社，一九八八年。
井上以智為：〈關羽祠廟の由來並に變遷〉，《史林》，一九四一年第二十六卷，頁四一—五一、二四二—二七五。
井上泰山、大木康、金文京、氷上正、古屋昭弘編譯：《花關索傳の研究》，東京：汲古書院，一九八九年。
元好問：《續夷堅志》，北京：中華書局，一九八六年。
元明善撰：《龍虎山志》，見《道教文獻》卷一，臺北：丹青圖書有限公司，一九八三年。

內田智雄：《中國農村の家族と信仰》，東京都：弘文堂，一九七〇年。
尤玘：《萬柳溪邊舊話》，見《百部叢書》。
方勺：《泊宅編》，北京：中華書局，一九八三年。
牛東梅：〈雲南武洞經會信仰背景研究〉，《交響：西安音樂學院學報》，二〇一一年，第三十卷第二期，頁五四－六一。
牛誠修：《定襄金石考》（SKSL）。
王一奇：《三國人物別傳》，北京：中國戲劇出版社，一九九〇年。
王士禛：《池北偶談》（SKQS）。
王夫之：《識小錄》，見《船山全書》，長沙：嶽麓書社，一九九二年。
王世貞：《弇州四部稿》（SKQS）。
王兆雲：《揮麈新談》（SKCM）。
王兆雲：《漱石閒談》，見《四庫全書存目》。
王同軌：《耳談》，鄭州：中州古籍出版社，一九九〇年。
王同軌：《耳談類增》（XXSK）。
王見川：〈唐宋官與信仰初探——兼談其與佛教之因緣〉，《圓光佛學學報》，一九九九年第六期，頁一一一－一二五。
王見川：〈從「關帝」到「玉皇」探索〉，見王見川、蘇慶華、劉文星編：《近代的關帝信仰與經典：兼談其在新、馬的發展》，臺北：博揚文化，二〇一〇年，頁一〇七－一二一。
王見川：〈清朝中晚期關帝信仰的探索：從「武廟」談起〉，見王見川、蘇慶華、劉文星編：《近代的關帝信仰與經典：兼談其在新、馬的發展》，臺北：博揚文化，二〇一〇年，頁七一－一〇六。
王見川：〈臺灣「關帝當玉皇」傳說的由來〉，原始文獻見《臺北文獻》直字一一八號，一九九六年，頁二一三－二三二。高致華：《探尋民間諸神與信仰文化》中亦有收錄，合肥：黃山出版社，二〇〇六年，頁二六一－二八一。
王見川：〈龍虎山張天師的興起與其在宋代的發展〉，《光武通識學報》，二〇〇三年第一期，頁二四三－二八三。
王見川：《漢人宗教民間信仰與預言書的探索》，臺北：博揚文化，二〇〇八年。
王明清：《揮麈錄》，北京：中華書局，一九六一年。
王芳：〈明清時期陝北榆林的關帝信仰〉，《中國宗教》，二〇一一年第五十期。
王思任：《王季重十種》，杭州：浙江古籍出版社，一九八七年。

王禹錫：《海陵三仙傳》，見《叢書集成》。
王耕心：《摩訶阿彌陀經衷論》（X 22n0401）。
王惲：《秋澗集》（SKQS）。
王椷：《秋燈叢話》（XXSK）。
王福才：〈山西民間演劇概述〉，《中華戲曲》，二〇〇七年第二期，頁六九－八一。
王福才：〈沁水縣下格碑村聖王行宮元碑及賽戲考〉，《民俗曲藝》，一九九七年第一〇七－一〇八期，頁九一－一一六。
王應奎：《柳南隨筆》，北京：中華書局，一九八三年。
王謇：《宋平江城坊考》，南京：江蘇古籍出版社，一九八六年。
王麗娟：〈英雄不好色——秉燭達旦、關斬貂蟬的民間解讀〉，《華南農業大學學報》，二〇〇六年第五期，頁一〇〇－一〇五。
弘贊：《六道集》（X 88n1645）。
田仲一成：《中國巫系演劇研究》東京：東京大学出版会，一九九三年。
田仲一成：《中國祭祀演劇研究》，東京：東京大学出版会，一九八一年。
田藝衡：《留青日札》（XXSK）。
任光偉：〈賽戲鐃鼓雜戲初探〉，《中華戲曲》，一九八七年第三期，頁一九五－二一〇。
全漢昇：《唐宋帝國與運河》，上海：商務印書館，一九四六年。
同恕：《榘菴集》（SKQS）。
如惺：《明高僧傳》（T 50n2062）。
寺田隆信：《山西商人の研究》，京都：東洋史研究会，一九七二年。
成尋著，王麗萍點校：《校參天台五台山記》，上海：上海古籍出版社，二〇〇九年。
曲六乙：〈中國各民族儺戲的分類、特徵及其「活化石」價值〉，見庹修明、顧樸光編：《中國儺文化論文選》，貴陽：貴州民族出版社，一九八九年，頁一－二一。
朱國禎：《湧幢小品》（BJXS）。
朱翊清：《埋憂集》（一八七四年序言）（XXSK）。
朱熹：《朱子語類》（SKQS）。
朱彝尊：《欽定日下舊聞考》（SKQS）。

江雲、韓致中：《三國外傳》，上海：上海文藝出版社，一九八六年。
池小芳：《中國古代小學教育研究》，上海：上海教育出版社，一九九八年。
竹內真彥：〈關羽と呂布、そして赤兎馬——『三國志演義』における傳說の受容〉，《東方學》，一九九九年第九十八期，頁四三－五八。
何薳：《春渚紀聞》，北京：中華書局，一九八三年。
吳振棫：《養吉齋叢錄》（XXSK）。
呂威：〈近代中國民間的財神信仰〉，《中國民間文化》，一九九四年第四期，頁四一－六二。
孛蘭肹等：《元一統志》，北京：中華書局，一九六六年。
宋濂：《元史》，北京：中華書局，一九七六年。
宋濂：《文憲集》（SKQS）。
志賀市子：《中国のこっくりさん：扶鸞信仰と華人社会》，東京：大修館書店，二〇〇三年。
志磐：《佛祖統紀》（T 49n2035）。
戒顯：《現果隨錄》（X 88n1642）。
李元龍：《京劇瑣話》，香港：香港宏業書局，一九六〇年。
李心傳：《建炎以來繫年要錄》（SKQS）。
李斗：《揚州畫舫錄》（XXSK）。
李平：〈民間信仰中關羽的祭祀與中國戲曲〉，《中國民間文化》，一九九二年，頁一九八－二一三。
李光庭：《鄉言解頤》（XXSK）。
李宜顯：《庚子燕行雜識》，見http://db.itkc.or.kr。
李洪春、董維賢、長白雁：《關羽戲集》，上海：上海文藝出版社，一九六二年。
李海應：《薊山紀程》，見http://db.itkc.or.kr。
李彬：《山西民俗大觀》，北京：中國綠洲出版社，一九九三年。
李淩霞：〈關帝的兩岸香火緣——淺析福建東山銅陵關帝廟地位的擢升及其動力〉，《臺灣源流》，二〇〇八年第四十三期，頁八五－九一。
李清：《三垣筆記》（XXSK）。

李福清：《關公傳說與三國演義》，臺北：雲龍出版社，一九九九年。
李福清編：《中國木版年畫集成・俄羅斯藏品卷》，北京：中華書局，二〇〇九年。
李綱：《梁谿集》（SKQS）。
李慧筠：〈香港警察的關帝崇拜〉，《臺灣宗教研究通訊》，二〇〇三年第五期，頁二二三－二三六。
杜臻：《澎湖臺灣紀略》，臺北：臺灣銀行，一九六一年。
汪鋆：《十二硯齋金石過眼錄》（SKSL）。
汪藝朋、汪建民：〈北京慈壽寺及永安萬壽塔〉，《首都師範大學學報（自然科學版）》，二〇一二年，第三十三卷第六期，頁八〇－八七。
沈長卿：《沈氏弋說》（XXSK）。
沈起鳳：《諧鐸》，香港：香港藝美圖書公司，一九六〇年。
沈榜：《宛署雜記》（一五九三），北京：北京古籍出版社，一九八〇年。
阮元：《兩浙金石志》（SKSL）。
周克復：《觀音經持驗記》（X 78n1542）。
周暉：《金陵瑣事》，北京：文學古籍刊行社，一九五五年。
周夢顏：《西歸直指》（X 62n1173）。
周夢顏：《萬善先資集》，見周安士：《安士全書》，一八八一年重印。
周廣業、崔應榴：《關帝事蹟徵信編》（一八二四）（GDWH）。
妹尾達彥：〈鹽池の國家祭祀——唐代河東鹽池，池神廟の誕生とその變遷〉，《中國史學》，一九九二年第二期，頁一七五－二〇九。
孟元老著，鄧之誠注：《東京夢華錄注》，北京：中華書局，一九八二年。
孟海生：《保護解州關帝廟的回憶》，《文史月刊》，二〇〇七年第五期，頁三五－三九。
昌彼得等編：《宋人傳記資料索引》，臺北：鼎文書局，一九七五年。
林國平：《籤占與中國社會文化》，北京：人民出版社，二〇一四年。
林聖智：〈明代道教圖像學研究：以〈玄帝瑞應圖〉為例〉，《美術史研究集刊》，一九九九年第六期，頁一三三－一九一。
武內房司著，顏芳姿譯：〈清末四川的宗教運動——扶鸞・宣講型宗教結社的誕生〉，見王見川、蔣竹山編：《明清以來民間宗教的探索：紀念戴玄之教授論文集》，臺北：商鼎文化出版社，一九九六年，頁二四〇－二六五。
武田熙編：《華北宗教年鑑》，北京：興亞宗教協會，一九四一年。
武億：《安陽縣金石錄》（SKSL）。
直江廣治：《中国の民俗学》，東京：岩崎美術社，一九六七年。
祁彪佳：《祁忠敏公日記》，見《祁彪佳文稿》，北京：書目文獻出版社，一九九一年。
邵雍：〈義和團運動中的道教信仰〉，《社會科學》，二〇一〇年第三期，頁一四四－一五〇。
金文京：〈関羽の息子と孫悟空〉，《文学》，（上）一九八六年，第五十四卷六號，頁七六－八八；（下）一九八六年，第五十四卷九號，頁八二－九二。
金文京：《三國志演義の世界》，東京：東方書店，一九九三年。
金昌業：《老稼齋燕行日記》，見http://db.itkc.or.kr。
金景善：《燕轅直指》，見http://db.itkc.or.kr。
金維諾：《河北石家莊毗盧寺壁畫》，石家莊：河北美術出版社，二〇〇一年。
青城子：《志異續編》（BJXS）。
星斌夫：《明清時代交通史の研究》，東京：山川出版社，一九七一年。
昭槤：《嘯亭續錄》（XXSK）。
段成式：《酉陽雜俎續集》，《四部叢刊》，上海：商務印書館，一九二九－一九三六年。
洪大容：《湛軒燕記》（一七六五）（repr. in *Yŏnhaengnok sŏnjip*, Seoul, 1960）。
洪梅菁：〈貂蟬故事之演變研究〉，《文學前瞻》，二〇〇七年第七期，頁一一一－一二三。
洪淑苓：《關公「民間造型」之研究：以關公傳說為重心的考察》，臺北：國立大學出版委員會，一九九五年。
洪邁：《夷堅志》，北京：中華書局，一九八一年。
洪邁：《容齋隨筆》，上海：上海古籍出版社，一九七八年。
紀昀：《閱微草堂筆記》（BJXS）。
胡小偉：〈唐代社會轉型與唐人小說的忠義觀念——兼論唐代的關羽崇拜〉，《文學遺產》，二〇〇三年第二期，頁三一－四六。
胡小偉：《關公信仰研究系列》卷五，香港：科華圖書出版公司，二〇〇五年。
胡聘之：《山右石刻叢編》（SKSL）。

胡道靜校注：《夢溪筆談校證》，上海：古典文學出版社，一九五七年。
苗善時：《純陽帝君神化妙通紀》（DZ 305），《道藏》卷五（苗善時序，一三一〇年；張志敬序，一三四〇年）。
范致明：《岳陽風土記》（SKQS）。
范攄：《雲溪友議》，《四部叢刊》，上海：商務印書館，一九二九－一九三六年。
原田正巳：〈関羽信仰の二三の要素について〉，《東方宗教》，一九五五年第八－九期，頁二九－四〇。
孫光憲：《北夢瑣言》，上海：上海古籍出版社，一九八一年。
孫星衍、邢澍：《寰宇訪碑錄》（SKSL）。
孫高亮：《于少保萃忠傳》，見《古本小說集成》，上海：上海古籍出版社，一九九〇年。
孫維昌：〈清代關聖帝君覺世真經〉，《南方文物》，二〇〇四年第一期，頁七四。
孫緒：《沙溪集》（SKQS）。
宮田安：《唐通事家系論攷》，長崎：長崎文獻社，一九七九年。
徐永年：《（增輯）都門紀略》，見《近代中國史料叢刊．正編》，臺北：文海出版社，一九七一年。
徐沁君：《新校元刊雜劇三十種》，北京：中華書局，一九八〇年。
徐宗幹：《濟州金石志》（SKSL）。
徐岳：《見聞錄》（XXSK）。
徐昌祚：《新刻徐比部燕山叢錄》（SKCM）。
徐松輯：《宋會要輯稿》，北京：中華書局，一九五七年。
徐芳：《諾皐廣志》，見《叢書集成續編．昭代叢書》。
徐時棟：《煙嶼樓筆記》（XXSK）。
徐渭：《徐文長逸稿》，臺北：淡江書局，一九五六年。
徐道：《歷代神仙通鑑》（編譯於一六四五－一七〇〇），見《中國民間信仰資料彙編》，臺北：臺灣學生書局，一九八九年。
柴澤俊：《山西寺觀壁畫》，北京：文物出版社，一九九七年。
柴澤俊：《解州關帝廟》，北京：文物出版社，二〇〇二年。
班固：《漢書》，北京：中華書局，一九六二年。
祝允明：《懷星堂集》（SKQS）。

耿淑艷：〈聖諭宣講小說：一種被湮沒的小說類型〉，《學術研究》，二〇〇七年第四期，頁一三七－一四三。
袁枚：《子不語》，長沙：嶽麓書社，一九八五年。
袁枚：《續子不語》（BJXS）。
袁珂：《中國神話傳說》，臺北：七海，一九八七年。
袁曉慶：〈高古婉通王雷夏〉，首發於二〇一二年十二月五日《泰州日報》，見http://www.tzhl.gov.cn/art/2012/12/3/art_409_185526.html，二〇一四年六月閱覽。
郝經：《陵川集》（SKQS）。
酒井忠夫：〈江戸前期日本における中國善書の流通〉，《東方宗教》，一九六五年第二十六期，頁一－一六。
酒井忠夫：〈善書：近世日本文化に及ばせる中國善書の影響並び流通〉，見多賀秋五郎編：《近世アジア教育史研究》，東京：文理書院，一九六六年，頁八二一－八五〇。
酒井忠夫：《增補中國善書の研究》（一九七〇；修訂版，東京：国書刊行会，一九九九－二〇〇〇）。
馬元活：《雙林寺彩塑佛像》，臺北：美術家出版社，一九九七年。
馬昌儀：〈論民間口頭傳說中的關公及其信仰〉，見李亦園、王秋桂編：《中國神話與傳說學術研討會論文集》，臺北：漢學研究中心，一九九六年，頁三六九－三九七。
婁近垣：《龍虎山志》（一七四〇）（ZWDS）卷十九。
庹修明：〈古樸的戲劇，有趣的面具：貴州省德江土家族地區儺堂戲〉，見《儺戲論文選》，貴陽：貴州民族出版社，一九八七年，頁一九三－二一〇。
庹修明：〈貴州黔東北民族地區的儺戲群〉，《民俗曲藝》，一九九一年第六十九期，頁一六五－二〇七。
張之洞：《張文襄公全集》，臺北：文海出版社，一九六三年。
張天雨：《玄品錄》（一三三五）（DZ 781），《道藏》卷十八。
張月琴：〈明清邊塞城堡的廟宇及其祀神——以鎮川堡為例〉，《歷史研究》，二〇〇七年第四期，頁三一－三二。
張唐英：《蜀檮杌》（SKQS）。
張禕琛：〈清代聖諭宣講類善書的刊刻與傳播〉，《復旦學報》，二〇一一年第三期，頁一三四－一四〇。
張鎮：《關帝志》（一七五六）（GDWH）。
張瀚：《虞初新志》（一六八三），上海：上海書店，一九八六年。

梁恭辰：《北東元筆錄》（BJXS）。
梁章鉅：《歸田瑣記》（XXSK）。
梁曉萍：〈山西偏關縣老牛灣關帝廟、禹王廟及其戲臺碑刻考述〉，《中華戲曲》，二〇一〇年第一期，頁三七－五五。
畢沅：《續資治通鑑》（XXSK）。
章學誠、周震榮：《永清縣志》（一七七九），《章氏遺書》，上海：商務印書館，一九三六年。
脫脫：《宋史》，北京：中華書局，一九七七年。
許地山：《扶箕迷信底研究》（一九四七），上海：上海文藝出版社，一九八八年。
許奉恩：《里乘》（XXSK）。
許篈：《荷谷先生朝天記》（一五七四），見http://db.itkc.or.kr。
郭正忠：《宋代鹽業經濟史》，北京：人民出版社，一九九〇年。
郭沫若：《沫若自傳．少年時代》，上海：新文藝出版社，一九五五年（一九四七年）。
郭彖：《睽車志》（約一一八一）（BJXS）。
陳元靚：《纂圖增新群書類要事林廣記》（一三三〇－一三三三）（XXSK）。
陳垣編纂，陳智超、曾慶瑛校補：《道家金石略》，北京：文物出版社，一九八八年。
陳傑：《自堂存稿》（SKQS）。
陳翔華：〈三國故事劇考略〉，見周兆新主編：《三國演義叢考》，北京：北京大學出版社，一九九五年，頁三六三－四三五。
陳鼓應：《黃帝四經今注今譯：馬王堆漢墓出土帛書》，臺北：商務印書館，一九九五年。
陳壽：《三國志》，北京：中華書局，一九五九年。
陳慶浩、王秋桂主編：《山西民間故事》，臺北：遠流出版事業，一九八九年。
陳慶浩、王秋桂主編：《陝西民間故事》，臺北：遠流出版事業，一九八九年。
陶弘景：《古今刀劍錄》，見《增訂漢魏叢書》。
陶汝鼐：《榮木堂合集》（康熙版，未注明日期）。
陸游：《入蜀記》，上海：上海遠東出版社，一九九六年。
陸粲：《庚巳編》，北京：中華書局，一九八七年。
景星杓：《山齋客譚》（XXSK）。

智旭：《見聞錄》（X 88n1641）。

曾敏行：《獨醒雜志》（一一八五年以前）（SKQS）。

曾景來：《臺灣宗教と迷信陋習》，臺北：臺灣宗教研究會，一九三八年。

曾棗庄、劉琳主編：《全宋文》，上海：上海辭書出版社；合肥：安徽教育出版社，二〇〇六年。

游子安：〈明中葉以來的關帝信仰：以善書為探討中心〉，見王見川、蘇慶華、劉文星編：《近代的關帝信仰與經典：兼談其在新、馬的發展》，臺北：博揚文化，二〇一一年，頁三－四六。

游子安：〈從宣講聖論到說善書〉，《文化遺產》，二〇〇八年第二期，頁四九－五八。

游子安：〈敷化宇內：清代以來關帝善書及其信仰的傳播〉，《中國文化研究所學報》，二〇一〇年第五十期，頁二一九－二五二。

游子安：《善書與中國宗教：游子安自選集》，臺北：博揚文化，二〇一二年。

游子安：《善與人同：明清以來的慈善與教化》，北京：中華書局，二〇〇五年。

湯斌：《湯子遺書》（SKQS）。

無是道人：《金剛經如是解》（X 25n0485）。

程歗：〈拳民意識與民俗信仰〉，《中國社會科學》，一九九一年第三期，頁一五五－一七二。

童萬周：《三國志玉璽傳》，鄭州：中州古籍出版社，一九八六年。

袾宏：《雲棲法彙》（J 33nB277）。

馮俊杰：《山西戲曲碑刻輯考》，北京：中華書局，二〇〇二年。

黃一農：〈曹寅好友張純修家世生平考〉，《故宮學術季刊》，二〇一二年，第二十九卷第三期，頁一－三〇。

黃休復：《益州名畫錄》（一〇〇六）（SKQS）。

黃竹三、王福才：《山西省曲沃縣任莊村「扇鼓神譜」調查報告》，臺北：施合鄭民俗文化基金會，一九九三年。

黃竹三：〈我國戲曲史料的重大發現〉，《中華戲曲》，一九八七年第三期，頁一四五－一四六。

黃宗羲編：《明文海》（SKQS）。

黃芝岡：《中國的水神》（一九三五），上海：上海文藝出版社，一九八八年。

黃啟江：〈泗州大聖僧伽傳奇新論：宋代佛教居士與僧伽崇拜〉，《佛學研究中心學報》，二〇〇四年第九期，頁一七七－二三〇。

黃啟曙：《關帝全書》（一八五八）（GDWH）卷七至十一。

黃華節：《關公的人格與神格》，臺北：臺灣商務印書館，一九六七年。

黃溥：《閒中今古錄摘抄》，見《叢書集成新編》。
楊孟衡校注：《上黨古賽寫卷十四種箋注》，臺北：施合鄭民俗文化基金會，二〇〇〇年。
楊箏：〈關公神格的地方性闡釋〉，見《河南科技大學學報（社會科學版）》，二〇〇五年，第二十三卷第二期，頁二四－二六。
葉紹袁：《崇禎記聞錄》，臺北：臺灣銀行，中華書局經手，一九六八年。
董含：《三岡識略》（SKWS）。
賈建飛：〈清代新疆的內地壇廟：人口流動，政府政策與文化認同〉，《中國邊疆史地研究》，二〇一二年，第二十二卷第二期，頁九〇－一〇三。
道宣：《續高僧傳》（T 50n2060）。
廖奔：《中國古代劇場史》，鄭州：中州古籍出版社，一九九七年。
廖奔：《宋元戲曲文物與民俗》，北京：中國戲劇出版社，一九八九年。
褚人穫：《堅瓠集》（XXSK）。
趙世瑜：《狂歡與日常：明清以來的廟會與民間社會》，北京：生活．讀書．新知三聯書店，二〇〇二年。
趙彥衛：《雲麓漫抄》，北京：中華書局，一九九六年。
趙欽湯、焦竑等：《漢前將軍關公祠志》（一六〇三）（GDWH）。
趙慎畛：《榆巢雜誌》，北京：中華書局，二〇〇一年。
趙憲：《重峯先生東還封事》，http://db.itkc.or.kr。
儀潤證義：《百丈清規證義記》（一八二三）（X 63n1244）。
劉大彬：《茅山志》，見《道藏》。
劉小龍：《海峽聖靈》，福州：海風出版社，二〇〇三年。
劉沅：《村學究語》，見《槐軒全書》，一九〇五年。
劉侗、于奕正：《帝京景物略》，北京：北京古籍出版社，一九八〇年。
劉昌詩：《蘆浦筆記》（BJXS）。
劉若愚：《酌中志》，見《四庫禁燬書叢刊》，北京：北京出版社，一九九七年。
劉斐、張虹倩：〈漢壽亭侯考辨〉，《蘭州教育學院學報》，二〇一一年，第七卷第一期，頁一－一二。

劉壎：《隱居通議》，見《叢書集成》。
樂史：《太平寰宇記》（一八〇三）。
歐陽恩良：〈民間教門與咸同貴州號軍起義〉，《貴州師範大學學報（社科版）》，二〇〇五年第六期，頁七四－七八。
潘季馴：《總理河漕奏疏》（一五九八），見《中國文獻珍本叢書》，北京：全國圖書館文獻縮微複製中心，二〇〇七年。
蔡相輝：〈臺灣的關帝信仰及其教化功能〉，見盧曉衡編：《關羽、關公和關聖：中國歷史文化中的關羽學術研討會論文集》，北京：社會科學文獻出版社，二〇〇二年，頁一六三－一八七。
蔡絛：《鐵圍山叢談》，北京：中華書局，一九八三年。
蔡獻臣：《清白堂稿》（SKWS）。
蔣超伯：《麓澞薈錄》（SKWS）。
衛惠林：《豐都宗教習俗調查》，四川：鄉村建設學院研究試驗部，一九三五年。
談遷：《國榷》，臺北：鼎文書局，一九七八年。
談遷：《棗林雜俎》（一六四四）（SKCM）。
諸葛緯：《三國人物傳說》，上海：上海文藝出版社，一九八六年。
諸聯：《明齋小識》（BJXS）。
鄭仲夔：《玉塵新譚》（XXSK）。
魯貞：《桐山老農集》（SKQS）。
盧湛：《關聖帝君聖蹟圖誌全集》（一六九二）（GDWH）卷二、卷三。
錢大昕：《潛研堂金石文跋尾》（SKSL）。
錢希言：《獪園》（XXSK）。
錢曾：《讀書敏求記》（一七〇一），北京：中華書局，一九九〇年。
錢謙益：《重編義勇武安王集》（GDWH）。
戴冠：《濯纓亭筆記》（一五四七）（SKCM）。
薛朝選：《異識資諧》（約一六〇〇年）。
薛福成：《庸盦筆記》（XXSK）。
謝肇淛：《塵餘》（XXSK）。

歷史大講堂

關羽：由凡入神的歷史與想像

2024年8月初版　　定價：新臺幣530元

著者　Barend J. ter
譯者　王健、尹薇
　　　閆愛萍
　　　屈嘯宇
叢書編輯　陳胤慧
校對　蘇淑君
內文排版　林婕瀅
封面設計　劉耘桑

出版者　聯經出版事業股份有限公司
地址　新北市汐止區大同路一段369號1樓
叢書編輯電話　(02)86925588轉5317
台北聯經書房　台北市新生南路三段94號
電話　(02)23620308
郵政劃撥帳戶第0100559-3號
郵撥電話　(02)23620308
印刷者　文聯彩色製版有限公司
總經銷　聯合發行股份有限公司
發行所　新北市新店區寶橋路235巷6弄6號2樓
電話　(02)29178022

編務總監　陳逸華
總編輯　涂豐恩
總經理　陳芝宇
社長　羅國俊
發行人　林載爵

行政院新聞局出版事業登記證局版臺業字第0130號

本書如有缺頁，破損，倒裝請寄回台北聯經書房更換。　ISBN 978-957-08-7436-5 (平裝)
聯經網址：www.linkingbooks.com.tw
電子信箱：linking@udngroup.com

國家圖書館出版品預行編目資料

關羽：由凡入神的歷史與想像/Barend J. ter Haar著．王健、尹薇、閆愛萍、屈嘯宇譯．初版．新北市．聯經．2024年8月．480面．14.8×21公分（歷史大講堂）
譯自：Guan Yu: the religious afterlife of a failed hero
ISBN 978-957-08-7436-5（平裝）

1.CST：（三國）關羽　2.CST：傳記　3.CST：崇拜　4.CST：文化研究

782.823　　113009261

van der Loon, Piet. 'Les origines rituelles du theatre chinois'. *Journal Asiatique* 265 (1977):141–68.

Van Lieu, Joshua. 'A Farce that Wounds Both High and Low: The Guan Yu Cult in Chosŏn–Ming Relations'. *Journal of Korean Religions* 5.2 (2014): 39–70.

Verellen, Franciscus. *Du Guangting (850–933): taoïste de cour à la fin de la Chine medieval* (Paris: Collège de France, Institut des hautes études chinoises, 1989).

Vermeer, E. B. 'P'an Chi–hsün's Solutions for the Yellow River Problems of the Late 16th Century'. *T'oung Pao* 73.1–3 (1987): 33–67.

Volpert, A. 'Das chinesische Schauspielwesen in Südschantung'. *Anthropos* 5.2 (1910): 367–80.

von Glahn, Richard. *The Sinister Way: The Divine and the Demonic in Chinese Religious Culture* (Berkeley, CA: University of California Press, 2004).（中譯本參見萬志英：《左道：中國宗教中的神與魔》，社會科學文獻出版社，二〇一八年）

Wang, Eugene Y. *Shaping the Lotus Sutra: Buddhist Visual Culture in Medieval China* (Seattle, WA: University of Washington Press, 2005).

Watson, James L. 'Standardizing the Gods: The Promotion of T'ien Hou (Empress of Heaven) along the South China Coast, 960–1960'. In *Popular Culture in Late Imperial China*, edited by David Johnson, Andrew J. Nathan, and Evelyn S. Rawski (Berkeley, CA: University of California Press, 1985), 292–324.

Watson, James L. 'Rites or Beliefs? The Construction of a Unified Culture in Late Imperial China'. In *China's Quest for National Identity*, edited by Lowell Dittmer and Samuel S. Kim (Ithaca, NY: Cornell University Press, 1993), 80–103.

Werblowsky, R. J. Zwi. *The Beaten Track of Science: The Life and Work of J. J. M. de Groot*, ed. Hartmut Walravens (Wiesbaden: Harrassowitz Verlag, 2002).

Worthy, Edmund H. 'Regional Control in the Southern Sung Salt Administration'. In *Crisis and Prosperity in Sung China*, edited by J. W. Haeger (Tucson, AZ: University of Arizona Press, 1975), 101–41.

Wu, Jiang. *Enlightenment in Dispute: The Reinvention of Chan Buddhism in Seventeenth–century China* (New York: Oxford University Press, 2008).

Yu, Anthony (tr.). *The Journey to the West* (rev. edn, Chicago: University of Chicago Press, 2012).

Yu, Chun–fang. *Kuan–yin: The Chinese Transformation of Avalokitesvara* (New York: Columbia University Press, 2000).（中譯本見于君方：《觀音：菩薩中國化的演變》，法鼓文化，二〇〇九年）

Zarrow, Peter. 'Political Ritual in the Early Republic of China'. In *Constructing Nationhood in Modern East Asia*, edited by Chow Kai–wing, Kevin Michael Doak, and Fu Poshek (Ann Arbor, MI: University of Michigan Press, 2001).